고교학점제 과목 선택과
학점 관리를 위한

고1

기획·개발 씨마스진로교육연구소   감수 한상근 임은미

씨마스21

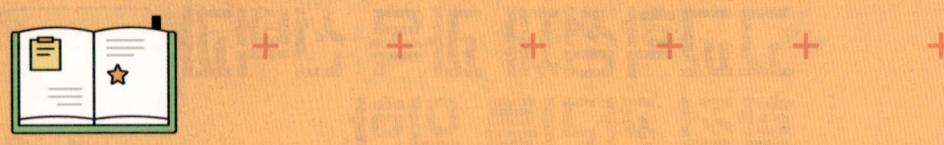

"

　나는 희망이라는 것에 생각이 미치자 갑자기 무서워졌다. 룬투가 향로와 촛대를 달라고 했을 때, 나는 마음속으로 몰래 그를 비웃었다. 그는 줄곧 우상을 숭배하고, 언제라도 잊지 못하는구나 생각했다. 하지만 지금 내가 말하는 희망 역시 내 스스로의 손으로 만들어 낸 우상이 아닌가? 단지 그의 소망이 현실에 아주 가까운 것이라면, 나의 소망은 막연하고 아득하다는 것뿐이다.

　몽롱한 나의 눈앞에 바닷가의 파란 모래사장이 떠올라 왔다. 위로는 질은 쪽빛 하늘에 황금빛 보름달이 걸려 있다.

　나는 생각했다. 희망이란 것은 본래 있다고도 할 수 없고, 없다고도 할 수 없다. 그것은 마치 땅 위의 길과 같은 것이다. 사실 땅 위에는 본래 길이 없었다. 걸어가는 사람이 많아지면서 곧 길이 된 것이다.

루쉰의 〈고향〉 중에서

"

고등학교에서는 학교 지정 과목 외에는 자신이 스스로 선택한 과목으로 시간표를 채우게 됩니다. 고교학점제가 적용되기 때문입니다. 고교학점제란 고등학교 3년 동안 정해진 졸업 학점을 이수하되, 학생들 스스로 자신의 진로와 적성에 따라 듣고 싶은 교과목을 선택하여 이수하는 제도를 말합니다. 이는 학생들의 자율성을 존중하고 맞춤형 교육을 실현하고자 도입되었습니다. 그러나 이제 막 고등학교에 입학한 학생들에게 자신이 들을 과목을 스스로 골라서 시간표를 짜는 일이 쉽지만은 않을 것입니다.

이 책은 그러한 학생들에게 도움이 되고자 만들었습니다. 일찌감치 자신의 진로를 정한 학생들은 이 책을 통해 자신의 진로에 맞는 학과는 어디인지, 그 학과에 진학하기 위해 어떤 선택 과목을 듣고 어떤 준비를 해야 할지 알 수 있습니다. 한편 자신의 진로를 정하지 못한 학생들은 이 책의 대표 학과 정보를 틈틈이 읽으며 자신에게 맞는 학과를 알아보고 자신의 진로를 찾아갈 수 있을 것입니다.

수많은 학생이 "진로에 맞춘 학업 설계를 해야 한다."라는 말을 들었을 때 막막함을 느낍니다. 학생 시절에는 누구나 자신의 미래와 진로가 잘 보이지 않아 답답해하고, 꿈과 진로를 수시로 바꾸기도 하고, 심지어는 진로를 잘 찾아 나가는 다른 학생들과 자신을 비교하며 절망하기도 합니다. 이는 모두 자신에게 맞는 진로를 찾아가는 과정에서 나타나는 자연스러운 현상입니다.

중국의 문호 루쉰은 자전적인 소설 〈고향〉을 통해, 20세기 초 혼란한 사회 한복판에서 불투명한 미래에 불안감을 안고 살아가던 동시대 사람들을 위로하는 멋진 문장을 남겼습니다. 이 문장은 오늘날 우리에게도 큰 위로를 줍니다. 원래 땅 위에 길이 없었듯이 지금은 진로가 보이지 않을 수 있습니다. 그러나 다양한 책을 읽어 보고, 여러 학과를 탐색하며 공부하고, 자신이 좋아하는 것과 잘하는 것을 생각하다 보면 자신의 진로를 찾는 일도 어렵지만은 않을 것입니다.

차 | 례

이 책의 구성

1부 고교학점제와 학업 설계에 대한 이해

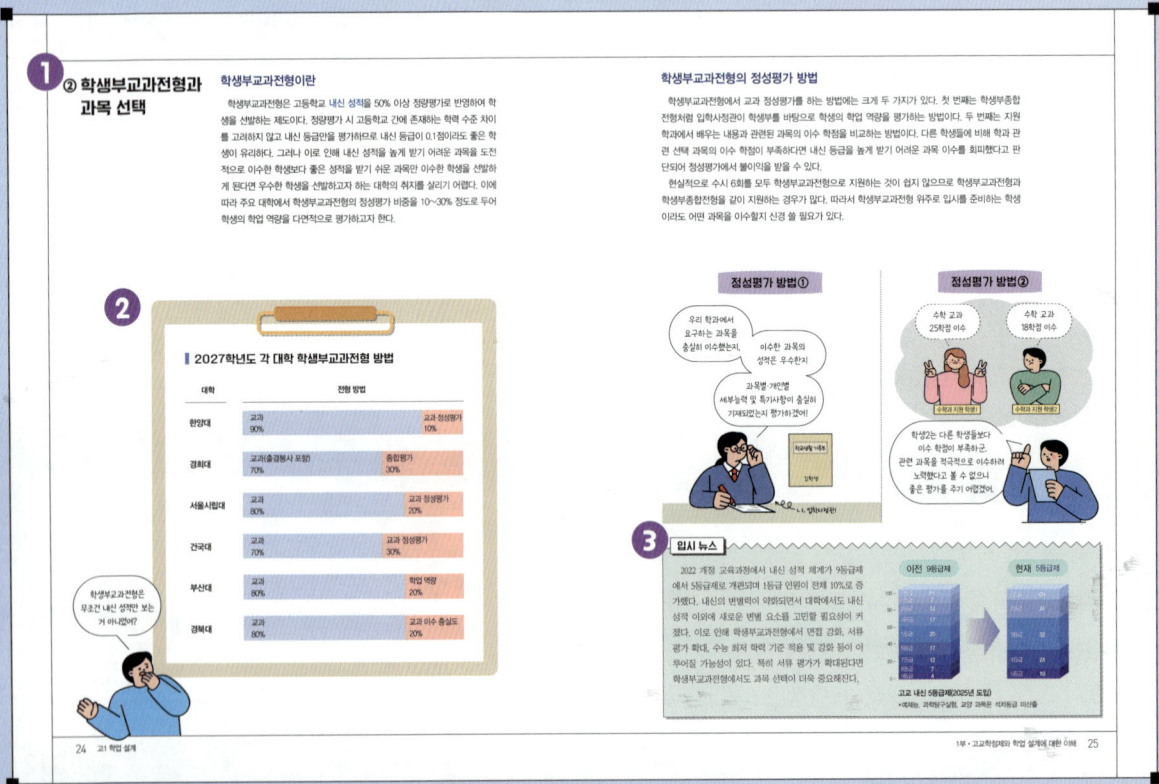

❶ **본문** 학업 설계와 관련된 설명으로 중요한 단어는 강조 처리하여 읽기에 도움을 주었습니다. 학업 설계 전 알아야 하는 정보를 파악할 수 있습니다.

❷ **시각 자료** 본문의 내용 정리, 관련 자료, 예시를 인포그래픽, 캐릭터 등 시각적으로 표현했습니다. 본문에서 설명하는 내용을 쉽게 이해하는 데 도움을 줍니다.

❸ **추가 자료** 본문 관련 참고 자료, 입시 제도 관련 소식, 온라인 플랫폼 사용 방법 등 읽어 보면 도움이 되는 정보입니다.

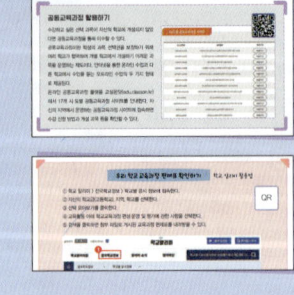

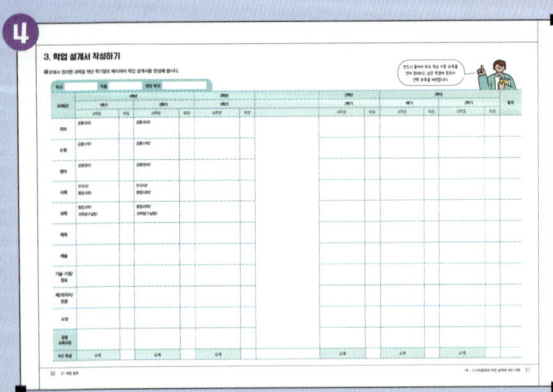

❹ **활동** 본문에서 파악한 내용을 바탕으로 직접 자신의 학업 설계서를 작성해 보는 활동입니다.
1. 나의 진로 특성 정리하기
2. 우리 학교 교육과정 확인하기
3. 학업 설계서 작성하기

2부 대표 학과 90개 전공 연계 과목 선택 안내

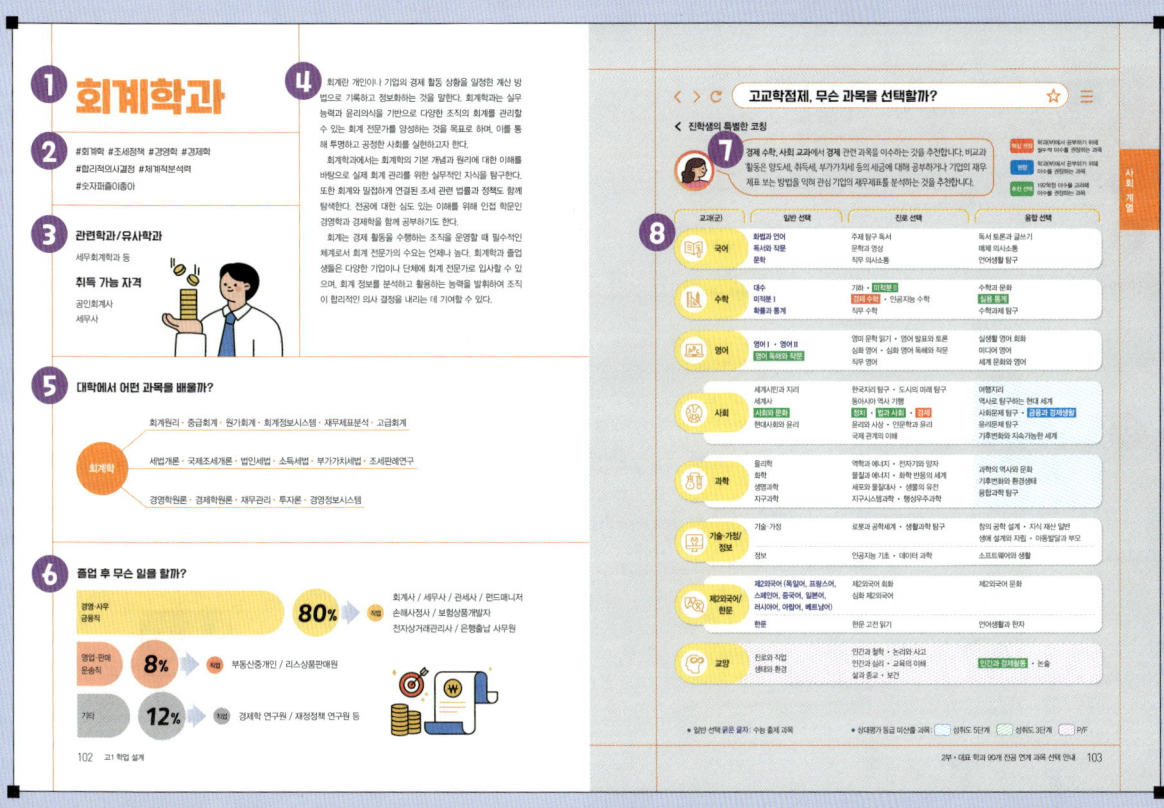

❶ 대표 학과 대표 학과의 정보를 통해 희망 학과를 탐색할 수 있습니다.

❷ 학과 키워드 학과 특성을 한눈에 파악할 수 있습니다.

❸ 관련학과/유사학과 대표 학과와 연구 분야가 비슷한 학과가 제시되어 있어 희망 학과 선택 시 함께 고려할 수 있습니다.
*일부 학과의 경우 학과 공부로 취득할 수 있는 전문 자격을 확인하고 진로 탐색에 도움을 얻을 수 있습니다.

❹ 학과 소개 ①목적, ②학습·연구하는 내용, ③기타 정보(전망 등)로 구성되어 학과 선택에 도움을 얻을 수 있습니다.

❺ 대학 교과목 학과 대표 교과목을 통해 학과 진학에 어떤 학업 준비가 필요한지 파악할 수 있습니다.

❻ 졸업 후 진출 분야/직업 졸업 후 첫 직업 분야와 관련 직업을 통해 학과 졸업 후 진로를 예측할 수 있습니다.

❼ 진학샘의 특별한 코칭 학과별 과목 선택 팁과 학과 진학에 도움이 되는 비교과 활동을 확인할 수 있습니다.

❽ 추천 선택 과목 학과 진학을 위해 대학에서 이수를 권장하는 과목이 중요도별로 표시되어 있습니다. 학업 설계 시 과목을 선택할 때 참고할 수 있습니다.

핵심 권장 학과(부)에서 공부하기 위해 필수적 이수를 권장하는 과목

권장 학과(부)에서 공부하기 위해 이수를 권장하는 과목

추천 선택 192학점 이수를 고려해 이수를 권장하는 과목

* ❽의 표에서 전체 선택 과목 목록과 함께 수능 출제 과목, 성적 부담이 적은 상대평가 등급 미산출(절대평가) 과목도 확인할 수 있습니다.

● 일반 선택 **굵은 글자**: 수능 출제 과목
● 상대평가 등급 미산출 과목
 성취도 5단계 성취도 3단계 P/F

3부 고등학교 선택 과목 272개

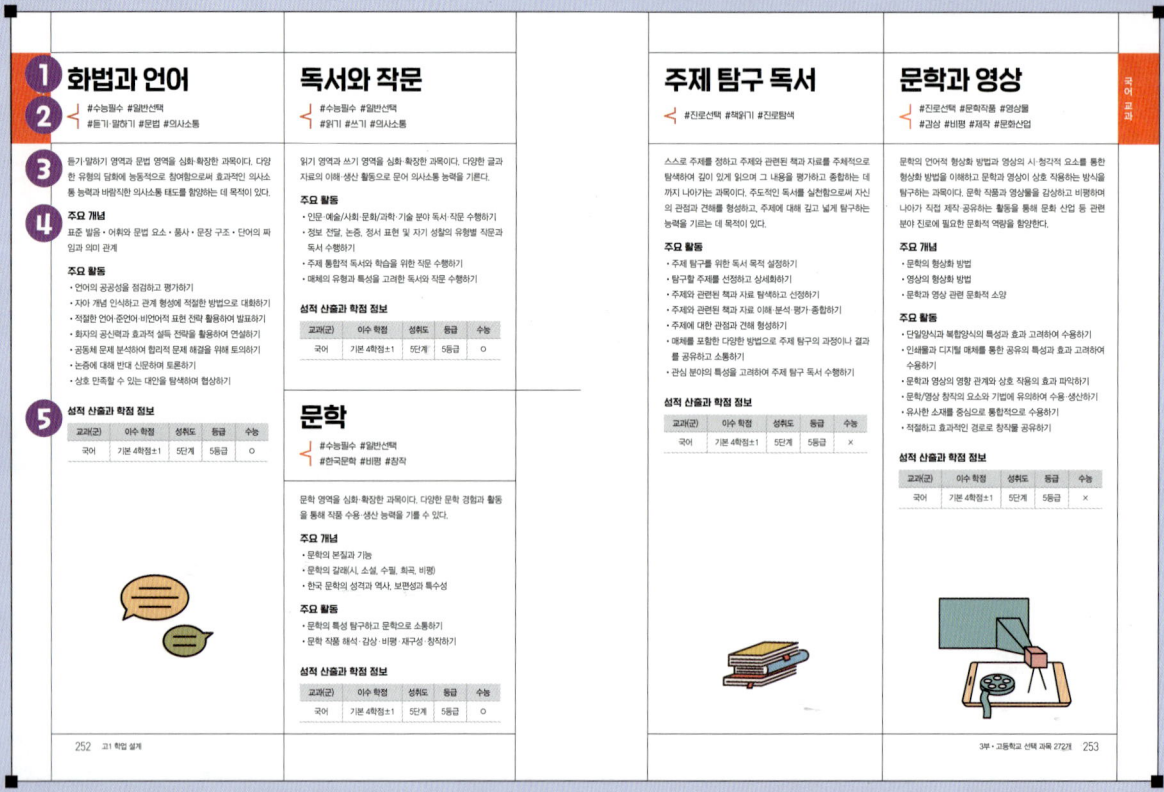

① 화법과 언어
② #수능필수 #일반선택
#듣기·말하기 #문법 #의사소통

③ 듣기·말하기 영역과 문법 영역을 심화·확장한 과목이다. 다양한 유형의 담화에 능동적으로 참여함으로써 효과적인 의사소통 능력과 바람직한 의사소통 태도를 함양하는 데 목적이 있다.

④ **주요 개념**
표준 발음·어휘와 문법 요소·품사·문장 구조·단어의 짜임과 의미 관계

주요 활동
- 언어의 공공성을 점검하고 평가하기
- 자아 개념 인식하고 관계 형성에 적절한 방법으로 대화하기
- 적절한 언어·준언어·비언어적 표현 전략 활용하여 발표하기
- 화자의 공신력과 효과적 설득 전략을 활용하여 연설하기
- 공동체 문제 분석하여 합리적 문제 해결을 위해 토의하기
- 논증에 대해 반대 신문하며 토론하기
- 상호 만족할 수 있는 대안을 탐색하며 협상하기

⑤ **성적 산출과 학점 정보**

교과(군)	이수 학점	성취도	등급	수능
국어	기본 4학점±1	5단계	5등급	O

독서와 작문
#수능필수 #일반선택
#읽기 #쓰기 #의사소통

읽기 영역과 쓰기 영역을 심화·확장한 과목이다. 다양한 글과 자료의 이해·생산 활동으로 문어 의사소통 능력을 기른다.

주요 활동
- 인문·예술/사회·문화/과학·기술 분야 독서·작문 수행하기
- 정보 전달, 논증, 정서 표현 및 자기 성찰의 유형별 작문과 독서 수행하기
- 주제 통합적 독서와 학습을 위한 작문 수행하기
- 매체의 유형과 특성을 고려한 독서와 작문 수행하기

성적 산출과 학점 정보

교과(군)	이수 학점	성취도	등급	수능
국어	기본 4학점±1	5단계	5등급	O

문학
#수능필수 #일반선택
#한국문학 #비평 #창작

문학 영역을 심화·확장한 과목이다. 다양한 문학 경험과 활동을 통해 작품 수용·생산 능력을 기를 수 있다.

주요 개념
- 문학의 본질과 기능
- 문학의 갈래시: 소설, 수필, 희곡, 비평)
- 한국 문학의 성격과 역사, 보편성과 특수성

주요 활동
- 문학의 특성 탐구하고 문학으로 소통하기
- 문학 작품 해석·감상·비평·재구성·창작하기

성적 산출과 학점 정보

교과(군)	이수 학점	성취도	등급	수능
국어	기본 4학점±1	5단계	5등급	O

주제 탐구 독서
#진로선택 #책읽기 #진로탐색

스스로 주제를 정하고 주제와 관련된 책과 자료를 주체적으로 탐색하며 깊이 있게 읽으며 그 내용을 평가하고 종합하는 데까지 나아가는 과목이다. 주도적인 독서를 실천함으로써 자신의 관점과 견해를 형성하고, 주제에 대해 깊고 넓게 탐구하는 능력을 기르는 데 목적이 있다.

주요 활동
- 주제 탐구를 위한 독서 목적 설정하기
- 탐구할 주제를 선정하고 상세화하기
- 주제와 관련된 자료 탐색하고 선정하기
- 주제와 관련된 책과 자료 이해·분석·평가·종합하기
- 주제에 대한 관점과 견해 형성하기
- 매체를 포함한 다양한 방법으로 주제 탐구의 과정이나 결과를 공유하고 소통하기
- 관심 분야의 특성을 고려하여 주제 탐구 독서 수행하기

성적 산출과 학점 정보

교과(군)	이수 학점	성취도	등급	수능
국어	기본 4학점±1	5단계	5등급	×

문학과 영상
#진로선택 #문학작품 #영상물
#영상 #비평 #제작 #문화산업

문학의 언어와 형상화 방법과 영상의 시·청각적 요소를 통한 형상화 방법을 이해하고 문학과 영상이 상호 작용하는 방식을 탐구하는 과목이다. 문학 작품과 영상물을 감상하고 비평하며 나아가 직접 제작·공유하는 활동을 통해 문화 산업 등 관련 분야 진로에 필요한 문화적 역량을 함양한다.

주요 개념
- 문학의 형상화 방법
- 영상의 형상화 방법
- 문학과 영상 관련 문화적 소양

주요 활동
- 단입양식과 복합양식의 특성과 효과 고려하여 수용하기
- 인쇄물과 디지털 매체를 통한 공유의 특성과 효과 고려하여 수용하기
- 문학과 영상의 영향 관계와 상호 작용의 효과 파악하기
- 문학/영상 창작의 요소와 기법에 유의하여 수용·생산하기
- 유사한 소재를 중심으로 통합적으로 수용하기
- 적절하고 효과적인 경로로 창작물 공유하기

성적 산출과 학점 정보

교과(군)	이수 학점	성취도	등급	수능
국어	기본 4학점±1	5단계	5등급	×

---

① **선택 과목** 보통 교과 과목 137개와 특수 목적고 과목 135개를 바탕으로 선택 과목을 탐색할 수 있습니다.

② **과목 키워드** 과목의 기본 정보와 주요 학습 요소로 구성되어 과목 특성을 한눈에 파악할 수 있습니다.

③ **과목 소개** 과목의 학습 내용과 학습 목적을 확인하여 과목 특성을 파악하고 과목 선택에 도움을 얻을 수 있습니다.

④ **주요 내용** 과목 특성에 따라 단원, 제재, 주요 개념, 주요 활동 중 일부가 제시되어 있습니다. 각 과목에서 어떤 내용을 배우는지 파악할 수 있습니다.

⑤ **성적 산출과 학점 정보** 과목의 교과(군), 이수 학점, 성취도, 등급, 수능 과목 여부로 구성되어 과목 선택 시 고려해야 하는 평가 관련 기본 정보를 파악할 수 있습니다.

* 특수 목적고 선택 과목은 계열-교과(군)별로 묶어서 제시하였습니다.

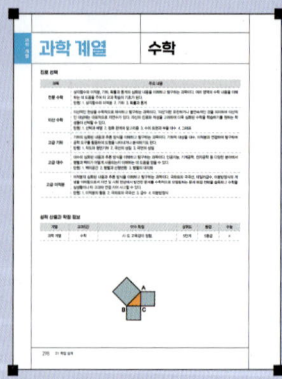

부록

학과별 추천 도서 학과 진학을 위해 읽어야 하는 기본적인 도서의 목록입니다. 비교과 독서 활동 등에 활용할 수 있습니다.

* 더 알아보기(331쪽)에 관심 분야 도서를 더 찾아 읽고자 할 때 참고할 수 있는 추천 도서 목록 QR을 제시하였습니다.

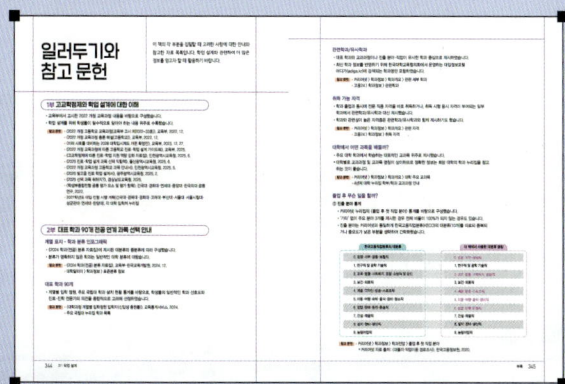

일러두기와 참고 문헌 이 책에 대한 안내 사항과 참고한 자료 목록입니다. 제시된 자료를 바탕으로 학업 설계와 관련하여 더 많은 정보를 알아볼 수 있습니다.

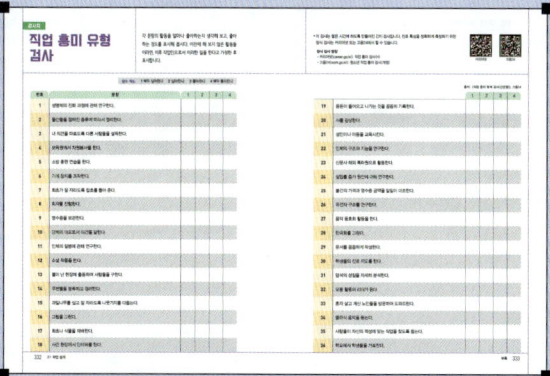

진로 간이 검사지 학업 설계 전 자신의 희망 직업과 학과를 선택할 때 활용할 수 있는 간이 검사지입니다. 이를 통해 자신의 진로 특성을 파악할 수 있습니다.

- 직업 흥미 유형 검사
- 직업 적성 검사
- 직업 가치관 검사

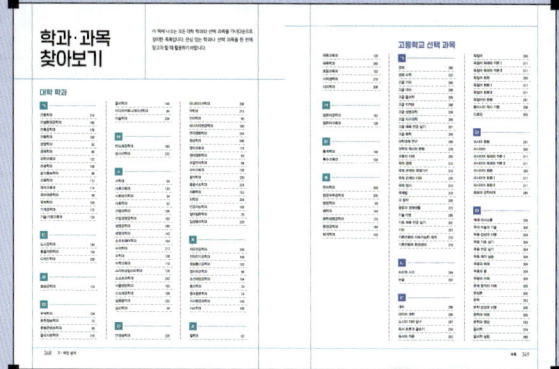

학과·과목 찾아보기 대학 학과와 고등학교 선택 과목이 가나다순으로 제시되어 있습니다. 관심이 가는 학과나 과목을 확인하고자 할 때 쉽게 찾을 수 있습니다.

1부

고교학점제와
학업 설계에 대한 이해

들어가기

옛날 사람들도 학문적 열정이 대단했구나.
나도 고등학교에서는 달라질 거야!

셀수스 도서관 2세기경 고대 도시 에페수스에 건립된 도서관으로 현재 튀르키예 땅에 속한다. 알렉산드리아 도서관, 페르가몬 도서관과 함께 고대 세계에서 가장 규모가 큰 3대 도서관 중 하나로 꼽히며 약 12,000권의 장서를 보유했던 것으로 추정된다.

중학교와 다른 고등학교 생활, 어떤 점에서 달라지지?

고등학교 생활이 어떠한지 알기 위해서는 고교학점제와 2022 개정 교육과정의 특징을 살펴보아야 한다. 이에 따라 수업 형태, 평가 방법, 수능 등과 관련된 핵심적인 정책이 정해지기 때문이다.

	구분	내용	해설
학교 생활	교육과정	2022 개정 교육과정	2025년 고1부터 적용
수업 형태	수업 운영	학기제 운영	대부분의 과목이 한 학기에 마치도록 설계됨.
	선택 과목	일반 선택, 진로 선택, 융합 선택	학교 지정 과목 외에 학점을 채우기 위해 자신이 과목을 선택함.
평가	평가 방법	상대평가와 절대평가 병행 표기 단, 사회, 과학 융합 선택 과목은 절대평가만 표기	상대평가: 5등급 절대평가: 5단계(A~E) 또는 3단계(A~C)
	시간표	2, 3학년 때 선택하는 과목에 따라 학생별로 시간표가 달라짐.	
	이수 학점	3개년 총 192학점	교과: 174학점 창체: 18학점
	과목 이수 기준	2/3 이상 출석, 학업 성취율 40% 이상	
수능	수능 시험	통합형 수능	모든 학생이 똑같은 과목을 시험 봄.
	수능 과목	1교시 국어　[공통] 화법과 언어, 독서와 작문, 문학 2교시 수학　[공통] 대수, 미적분Ⅰ, 확률과 통계 3교시 영어　[공통] 영어Ⅰ, 영어Ⅱ 4교시 한국사　[공통] 한국사 　　　　탐구　[공통] 통합사회, 통합과학 5교시 제2외국어/한문　[선택] 9과목 중 택1 (독일어, 프랑스어, 스페인어, 중국어, 일본어, 러시아어, 아랍어, 베트남어, 한문)	

진로 학업 설계는
언제, 어떻게 진행할까?

학생이 과목을 체계적으로 선택하여 이수할 수 있도록 각 고등학교에서는 지도팀을 구성하여 운영한다. 지도팀은 담임교사, 진로·진학 상담 교사, 교육과정부장 등으로 구성되며 진로 학업 설계와 그에 따른 교육과정 이수 등을 지도하는 역할을 한다.

학교마다 교육과정 운영 일정 및 방법이 다를 수 있습니다. 소속 학교의 교육과정 운영 규정을 꼭 확인하세요.

고교학점제 교육과정 학교 운영 일정 (예시)

3~4월 고교학점제 이해 및 진로 탐색
- 고교학점제 주요 내용* 안내
  * 고교학점제 운영 과정, 학교 교육과정 편성, 과목 이수, 최소 성취수준 보장지도, 졸업 학점 등
- 진로·적성 검사 및 진로·학업 상담 (또는 5~6월)
  * 학생이 자기 주도적으로 진로를 설계할 수 있도록 지원
- 1학기 최소 성취수준 보장 예방 지도

5~6월 과목 탐색 및 과목 이수 설계
- 교육과정 및 선택 과목 안내
  * 교육과정 박람회 등 각종 프로그램을 통해 교육과정 편성 현황 및 교과별 선택 과목 등 안내·지원
- **1차 희망 조사** (가수요 조사)
- 1학기 최소 성취수준 보장 예방 지도 계속

7~8월 과목 이수 설계 구체화 및 학업 관리
- 교육과정 설계 및 과목 선택 안내
  * 진로·학업 설계 지원을 위한 각종 프로그램 지속 운영
- **2차 희망 조사** (수강 신청 대상 과목 확정)
- 1학기 최소 성취수준 보장 보충 지도
  * 미도달 학생 대상 학교 여건에 맞게 운영

9~10월 과목 선택
- 차년도 선택 과목 **최종 선택** (수강 신청)
  * 학칙이 정한 절차와 기한에 따라 선택 과목 변경 가능
- 2학기 최소 성취수준 보장 예방 지도

상시
진로·학업 상담
(담임, 진로·진학
상담교사 등
교육과정
이수지도팀)

Ⅰ 고교학점제와 학업 설계가 뭐지?

고교학점제는 학생이 기초 소양과 기본 학력을 바탕으로 진로·적성에 따라 **과목을 선택**하고 이수 기준에 도달한 과목의 학점을 취득·누적하여 졸업하는 제도이다. **졸업 이수 학점은 192학점**으로, 과목별 **수업 일수의 2/3 이상 출석**하고 **학업 성취율 40% 이상**을 달성해야 학점을 이수할 수가 있다.

고교학점제에서는 학생들이 서로 다른 시간표에 따라 과목을 이수하고 졸업에 이르게 된다. 따라서 학생들이 자신의 진로와 적성에 따라 배우고 싶은 과목을 선택할 수 있도록 돕는 **진로 및 학업 설계서** 작성이 필요하다.

고교학점제의 특징

진로에 따라 다양한 과목 선택

자신의 진로·적성에 따라 원하는 과목을 선택하여 수업 수강

목표 성취수준에 도달해야 과목 이수 가능

목표 성취수준에 충분히 도달한 경우에만 과목 이수 인정하여 배움의 질 보장

누적 학점이 기준에 도달해야 졸업 가능

누적된 과목 이수 학점이 졸업 기준에 도달한 경우에만 졸업이 가능하여 실질적인 학력 인정 실현

① 고교학점제 운영 원리

고교학점제 운영 과정

　고교학점제 운영을 위해서는 먼저 고등학교별로 졸업 기준 학점을 고려하여 교육과정을 편성하는 과정이 필요하다. 이때 학교에서는 선택 과목에 대한 학생 수요 조사 결과를 반영하여 **개설 과목을 확정**한다. 학생들은 학교에서 운영하는 진로 및 학업 설계 프로그램과 다양한 지원을 바탕으로 자신의 **진로·학업을 설계**하고, 이에 맞추어 **수업을 신청·수강**한 후 **평가**를 받는다. 평가 결과에 따라 **과목 이수 여부가 결정**되며, 이렇게 이수한 누적 학점이 졸업 기준에 도달하면 **고등학교를 졸업**하게 된다.

1단계 다양한 과목 개설
학생 맞춤형
교육과정 준비

2단계 진로·학업 설계
• 진로·학업 상담
• 이수 과목 안내
• 학업 설계서 작성

3단계 수강 신청
학업 설계
↓
수강 신청

4단계 수업 운영
• 학생 주도 학습
• 다양한 수업 방법

5단계 학생 평가
• 과정 중심 평가
• 성취평가제

이수 / 미이수
보충 이수 지원

6단계 누적 학점 취득
과목별 성취수준
도달 시 학점 취득

7단계 졸업
3년간
192학점 이상 취득

필수 이수 학점과 자율 이수 학점

고교학점제에서는 학생의 과목 선택권을 최대한 보장하고 학교의 특색을 살릴 수 있는 학교 교육과정 설계를 권장한다. 이를 위해 **필수 이수 학점(84학점)**보다 **자율 이수 학점(90학점)**의 비중을 크게 두어 학교에 자율성을 부여했다. 이는 2022 개정 교육과정에서 강조하는 다양성 지원과 맞춤형 교육 실현이라는 취지에 부합한다.

고등학교 학점 배당 기준

교과(군)	공통 과목	필수 이수 학점	자율 이수 학점
국어	공통국어1, 공통국어2	8	학생의 적성과 진로를 고려하여 편성
수학	공통수학1, 공통수학2	8	
영어	공통영어1, 공통영어2	8	
사회 (역사/도덕 포함)	한국사1, 한국사2	6	
	통합사회1, 통합사회2	8	
과학	통합과학1, 통합과학2 과학탐구실험1, 과학탐구실험2	10	
체육	−	10	
예술	−	10	
기술·가정/정보/ 제2외국어/ 한문/교양	−	16	
소계		84	90
창의적 체험 활동		18 (288시간)	
총 이수 학점 (3년간 이수)		192학점	

출처: 〈2022 개정 교육과정 총론〉, 교육부, 2022. 12.

고등학생의 과목 선택권

필수 이수 학점이 높으면 과목 선택에 제약이 있다. 1학년 이수 과목만으로 필수 이수 학점을 충족할 수 없는 경우 2, 3학년 때 진로·적성과 무관하게 필수 이수 학점을 채우기 위한 과목을 수강해야 하는 문제가 발생한다. 2022 개정 교육과정에서는 국어, 수학, 영어, 사회, 과학 교과의 필수 이수 학점을 1학년에서 이수한 공통 과목만으로 충족할 수 있도록 하여 위에서 언급한 문제점을 해결하고 학생의 과목 선택권을 확대했다. 한 과목을 한 학기에 끝내는 학기제 수업 운영 방식 또한 과목 선택의 자율성을 높인다. 선택 기회가 총 2번 주어지는 학년제와 달리 학기제에서는 2학년 1·2학기, 3학년 1·2학기로 총 4번의 선택 기회를 보장한다.

> 나는 철학과 진학을 희망하니까 2, 3학년 때 과학 교과를 더 안 들어도 되겠지?

> 1학년 때 과학 교과 필수 이수 학점을 충족했다면 과학을 추가로 이수하지 않아도 괜찮아.

공동교육과정 활용하기

수강하고 싶은 선택 과목이 자신의 학교에 개설되지 않았다면 공동교육과정을 통해 이수할 수 있다.

공동교육과정이란 학생의 과목 선택권을 보장하기 위해 여러 학교가 협력하여 개별 학교에서 개설하기 어려운 과목을 운영하는 제도이다. 인터넷을 통한 온라인 수업과 다른 학교에서 수업을 듣는 오프라인 수업의 두 가지 형태로 제공된다.

온라인 공동교육과정 플랫폼 교실온닷(edu.classon.kr)에서 17개 시·도별 공동교육과정 사이트를 안내한다. 자신의 지역에서 운영하는 공동교육과정 사이트에 접속하면 수강 신청 방법과 개설 과목 등을 확인할 수 있다.

시·도별 공동교육과정 사이트

시도교육청	상세정보	바로가기
서울특별시교육청	서울특별시교육청 학교 간 협의 교육과정 온라인 지원 시스템	바로가기
부산광역시교육청	부산광역시교육청 고교학점제지원센터·공동교육과정	바로가기
대구광역시교육청	대구교육포털 에듀나비·공동교육과정	바로가기
인천광역시교육청	인천광역시교육청 고교학점제·꿈두레 공동교육과정	바로가기
광주광역시교육청	광주광역시교육청 고교학점제지원센터·학교 간 공동교육과정	바로가기
대전광역시교육청	너두나두 공동교육과정 온라인 접수 시스템	바로가기
울산광역시교육청	울산광역시교육청 고교학점제지원센터·공동교육과정	바로가기
세종특별자치시교육청	세종특별자치시교육청 캠퍼스형 공동교육과정 온라인접수 시스템	바로가기
경기도교육청	경기 고교학점제·공동교육과정	바로가기
강원특별자치도교육청	강원특별자치도교육청 꿈 더하기 공동교육과정 온라인 신청 시스템	바로가기
충청북도교육청	충청북도교육청 고교학점제·공동교육과정	바로가기
충청남도교육청	충청남도교육청 참학력 공동교육과정	바로가기

② 2022 개정 고등학교 교육과정 교과목

고등학교 교육과정의 교과목 구성

2022 개정 교육과정에서는 고등학교 1학년부터 3학년까지를 학점 기반 선택 중심 교육과정으로 명시하고 있다. 이를 따르는 학생들은 무슨 과목을 언제 어떻게 들어야 할지 정하여 자신의 고등학교 3년간 교육과정을 설계해야 한다. 이를 위해서는 가장 먼저 고등학교 교과목에 무엇이 있는지 살펴봐야 한다.

고등학교 교육과정은 **교과**와 **창의적 체험 활동**으로 편성된다. 교과는 **보통 교과**와 **전문 교과**로 구성되어 있으며, 창의적 체험 활동은 **자율·자치 활동, 동아리 활동, 진로 활동** 영역으로 구성된다. 또한 보통 교과는 **공통 과목**과 **선택 과목**으로 다시 구분된다. 공통 과목은 대한민국 고등학생이라면 누구나 꼭 이수해야 하는 필수 과목이고, 선택 과목은 진로·적성에 따라 학생별로 다르게 선택하여 듣는 과목이다.

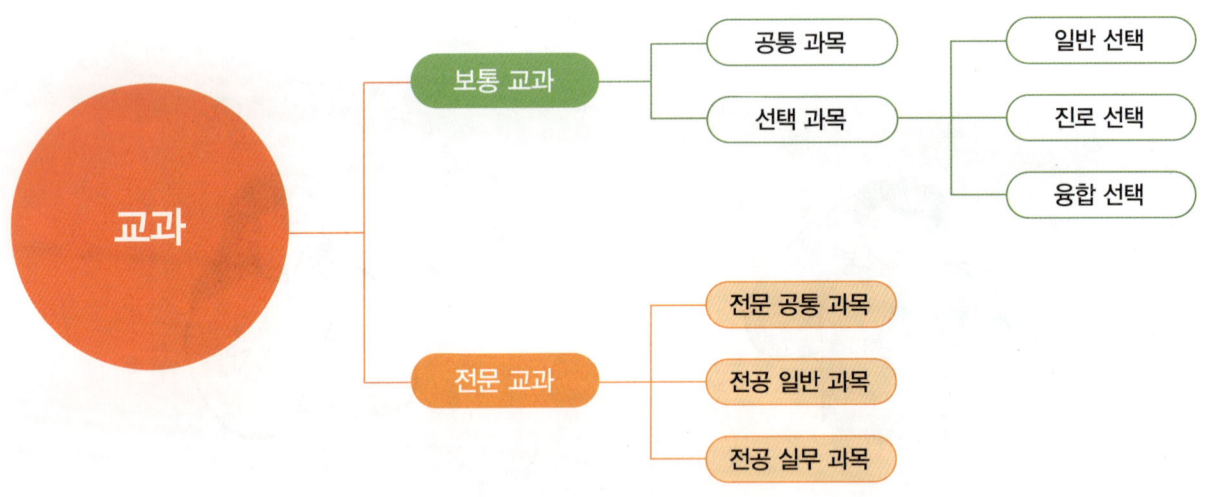

교과
- 보통 교과
  - 공통 과목
  - 선택 과목
    - 일반 선택
    - 진로 선택
    - 융합 선택
- 전문 교과
  - 전문 공통 과목
  - 전공 일반 과목
  - 전공 실무 과목

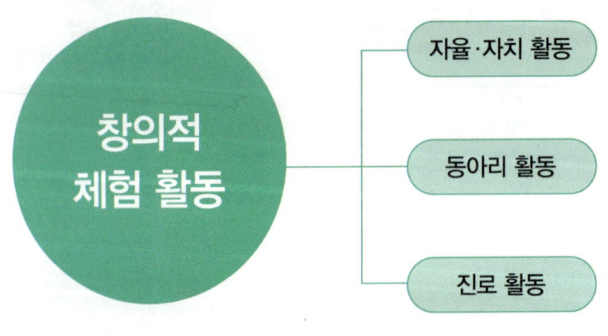

창의적 체험 활동
- 자율·자치 활동
- 동아리 활동
- 진로 활동

고등학교 교과목 – 보통 교과

출처: 〈2022 개정 교육과정 총론〉, 교육부, 2022. 12.

교과(군)	공통 과목	선택 과목		
		일반 선택	진로 선택	융합 선택
국어	공통국어1 공통국어2	화법과 언어 독서와 작문 문학	주제 탐구 독서 문학과 영상 직무 의사소통	독서 토론과 글쓰기 매체 의사소통 언어생활 탐구
수학	공통수학1 공통수학2 기본수학1 기본수학2	대수 미적분 I 확률과 통계	기하 · 미적분 II 경제 수학 · 인공지능 수학 직무 수학	수학과 문화 실용 통계 수학과제 탐구
영어	공통영어1 공통영어2 기본영어1 기본영어2	영어 I · 영어 II 영어 독해와 작문	영미 문학 읽기 · 영어 발표와 토론 심화 영어 · 심화 영어 독해와 작문 직무 영어	실생활 영어 회화 미디어 영어 세계 문화와 영어
사회 (역사/ 도덕 포함)	한국사1 한국사2 통합사회1 통합사회2	세계시민과 지리 세계사 사회와 문화 현대사회와 윤리	한국지리 탐구 · 도시의 미래 탐구 동아시아 역사 기행 정치 · 법과 사회 · 경제 윤리와 사상 · 인문학과 윤리 국제 관계의 이해	여행지리 역사로 탐구하는 현대 세계 사회문제 탐구 · 금융과 경제생활 윤리문제 탐구 기후변화와 지속가능한 세계
과학	통합과학1 통합과학2 과학탐구실험1 과학탐구실험2	물리학 화학 생명과학 지구과학	역학과 에너지 · 전자기와 양자 물질과 에너지 · 화학 반응의 세계 세포와 물질대사 · 생물의 유전 지구시스템과학 · 행성우주과학	과학의 역사와 문화 기후변화와 환경생태 융합과학 탐구
체육		체육1 · 체육2	운동과 건강 스포츠 문화 · 스포츠 과학	스포츠 생활1 · 스포츠 생활2
예술		음악 미술 연극	음악 연주와 창작 · 음악 감상과 비평 미술 창작 · 미술 감상과 비평	음악과 미디어 미술과 매체
기술·가정/ 정보		기술·가정	로봇과 공학세계 · 생활과학 탐구	창의 공학 설계 · 지식 재산 일반 생애 설계와 자립 · 아동발달과 부모
		정보	인공지능 기초 · 데이터 과학	소프트웨어와 생활
제2외국어/ 한문		독일어 · 프랑스어 스페인어 · 중국어 일본어 · 러시아어 아랍어 · 베트남어	독일어 회화 · 프랑스어 회화 스페인어 회화 · 중국어 회화 일본어 회화 · 러시아어 회화 아랍어 회화 · 베트남어 회화 심화 독일어 · 심화 프랑스어 심화 스페인어 · 심화 중국어 심화 일본어 · 심화 러시아어 심화 아랍어 · 심화 베트남어	독일어권 문화 · 프랑스어권 문화 스페인어권 문화 · 중국 문화 일본 문화 · 러시아 문화 아랍 문화 · 베트남 문화
		한문	한문 고전 읽기	언어생활과 한자
교양		진로와 직업 생태와 환경	인간과 철학 · 논리와 사고 인간과 심리 · 교육의 이해 삶과 종교 · 보건	인간과 경제활동 · 논술

보통 교과에는 이런 과목들도 있어.
원래는 특수 목적고 학생들이 듣는 과목이지만, 일반고(자율고 포함) 학생들도
원한다면 수강할 수 있도록 해서 과목 선택권이 더 넓어졌지.

특수 목적 고등학교 선택 과목					
계열	교과(군)	진로 선택			융합 선택
과학 계열	수학	전문 수학 고급 미적분	이산 수학	고급 기하	고급 대수	
	과학	고급 물리학 과학과제 연구	고급 화학	고급 생명과학	고급 지구과학	물리학 실험 화학 실험 생명과학 실험 지구과학 실험
	정보	정보과학				
체육 계열	체육	스포츠 개론 기초 체육 전공 실기 스포츠 경기 기술	육상 심화 체육 전공 실기 스포츠 경기 분석	체조 고급 체육 전공 실기	수상 스포츠 스포츠 경기 체력	스포츠 교육 스포츠 생리의학 스포츠 행정 및 경영
예술 계열	예술	음악 이론 합창·합주	음악사 음악 공연 실습	시창·청음	음악 전공 실기	음악과 문화
		미술 이론 조형 탐구	드로잉	미술사	미술 전공 실기	미술 매체 탐구 미술과 사회
		무용의 이해 안무	무용과 몸 무용 제작 실습	무용 기초 실기 무용 감상과 비평	무용 전공 실기	무용과 매체
		문예 창작의 이해 소설 창작	문장론 극 창작	문학 감상과 비평	시 창작	문학과 매체
		연극과 몸 연극 제작 실습 편집·사운드	연극과 말 연극 감상과 비평 영화 제작 실습	연기 영화의 이해 영화 감상과 비평	무대 미술과 기술 촬영·조명	연극과 삶 영화와 삶
		사진의 이해 사진 감상과 비평	사진 촬영	사진 표현 기법	영상 제작의 이해	사진과 삶
외국어· 국제 계열	영어	심화 영어 회화 I 심화 영어 독해 I	심화 영어 회화 II 심화 영어 독해 II	심화 영어 I 심화 영어 작문 I	심화 영어 II 심화 영어 작문 II	
	사회 (역사/ 도덕 포함)	국제 정치 한국 사회의 이해 현대 세계의 변화	국제 경제 비교 문화 사회 탐구 방법	국제법 세계 문제와 미래 사회 사회과제 연구	지역 이해 국제 관계와 국제기구	
	제2 외국어	전공 기초 독일어 독일어 독해와 작문 II	독일어 회화 I 심화 독일어	독일어 회화 II	독일어 독해와 작문 I	독일어권 문화
		전공 기초 프랑스어 프랑스어 독해와 작문 II	프랑스어 회화 I 심화 프랑스어	프랑스어 회화 II	프랑스어 독해와 작문 I	프랑스어권 문화
		전공 기초 스페인어 스페인어 독해와 작문 II	스페인어 회화 I 심화 스페인어	스페인어 회화 II	스페인어 독해와 작문 I	스페인어권 문화
		전공 기초 중국어 중국어 독해와 작문 II	중국어 회화 I 심화 중국어	중국어 회화 II	중국어 독해와 작문 I	중국 문화
		전공 기초 일본어 일본어 독해와 작문 II	일본어 회화 I 심화 일본어	일본어 회화 II	일본어 독해와 작문 I	일본 문화
		전공 기초 러시아어 러시아어 독해와 작문 II	러시아어 회화 I 심화 러시아어	러시아어 회화 II	러시아어 독해와 작문 I	러시아 문화
		전공 기초 아랍어 아랍어 독해와 작문 II	아랍어 회화 I 심화 아랍어	아랍어 회화 II	아랍어 독해와 작문 I	아랍 문화
		전공 기초 베트남어 베트남어 독해와 작문 II	베트남어 회화 I 심화 베트남어	베트남어 회화 II	베트남어 독해와 작문 I	베트남 문화

출처: 〈2022 개정 교육과정 총론〉, 교육부, 2022. 12.

Ⅱ 대입 전형과 과목 선택은 어떤 관련이 있을까?

고교학점제는 진로와 적성에 따라 과목 선택을 하는 것이 핵심이지만 과목을 선택할 때 진로·적성 못지않게 고려해야 하는 것이 **대학 입시**이다. 어떤 과목을 이수했는지가 대학에서 학생을 평가할 때 영향을 미치기 때문이다. 대표적인 입시 전형인 ①학생부종합전형, ②학생부교과전형, ③논술전형, ④정시전형에서 각각 과목 선택이 어떤 영향을 미치는지 알아보고 과목 선택 시 이를 고려해야 한다.

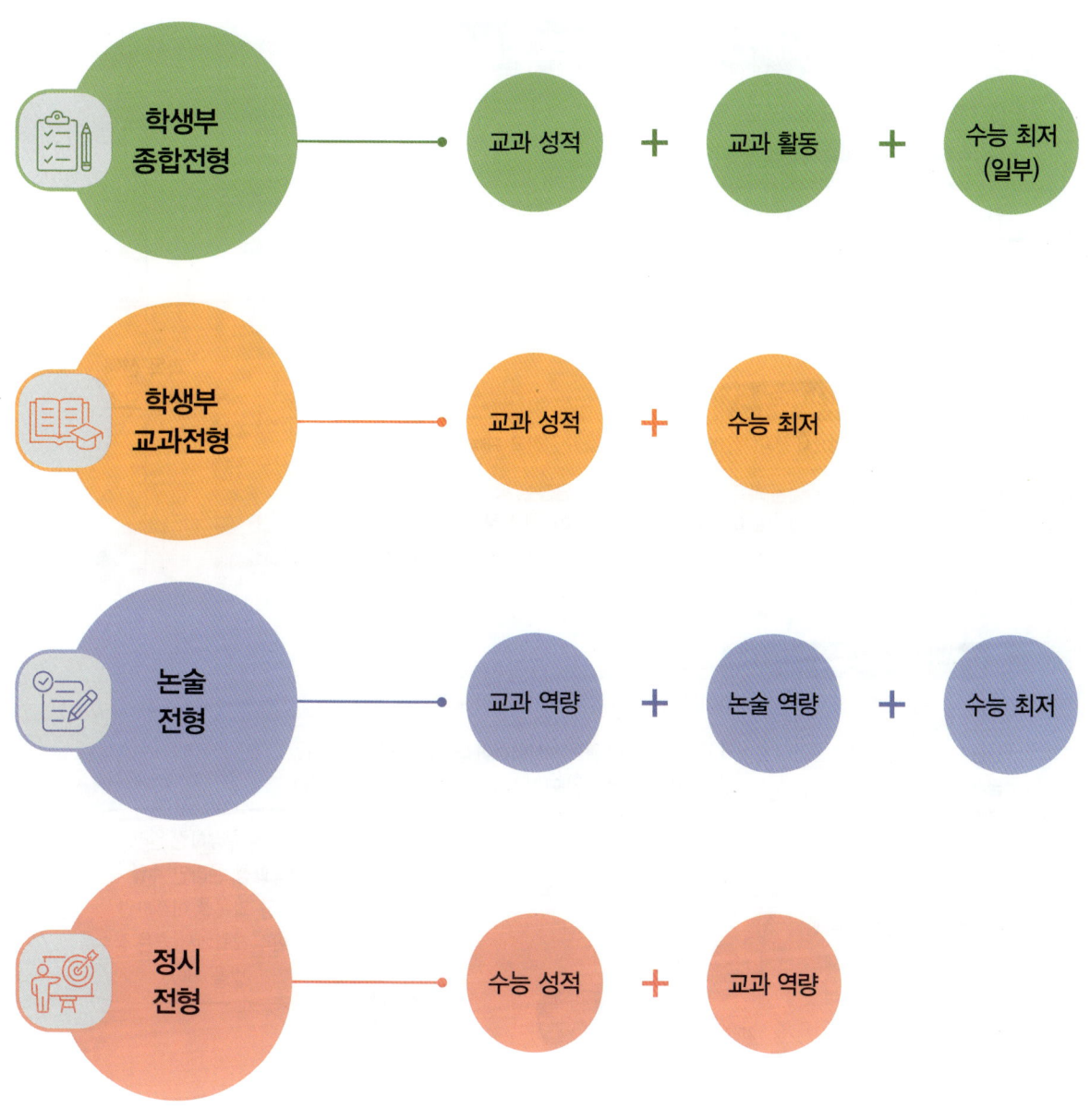

① 학생부종합전형과 과목 선택

학생부종합전형이란

학생부종합전형은 대학에서 학생 선발을 담당하는 입학사정관이 지원자(학생)의 학교생활기록부를 정성평가*해서 학생을 선발하는 제도이다. 내신 성적뿐만 아니라 교과 세특, 비교과 활동 등 학교생활을 다면적으로 평가하여 발전 가능성이 높고 대학 입학 후 학과 수업을 잘 따라갈 수 있는 학생을 가려내고자 한다. 이때 지원 학과와 관련된 과목을 충실히 이수했는지도 평가한다. 실제로 학생부종합전형에서 주로 사용하는 평가 요소 중 진로 역량에서는 **전공(계열) 관련 교과 이수 노력**과 **성취도**를 세부 평가 내용으로 활용하고 있다.

*정성평가: 내용, 가치, 전문성 따위의 질을 중심으로 평가하는 것. 내신 성적과 같이 객관적으로 비교할 수 있는 요소를 기준으로 평가하는 '정량평가'와 대비되는 개념이다.

대학에서 제시한 평가 요소 엿보기

학생부종합전형 평가 요소 – 진로 역량

1) 전공(계열) 관련 교과 이수 노력

의미	고교 교육과정에서 전공(계열)에 필요한 과목을 선택하여 이수한 정도
세부 평가 내용	• 전공(계열)과 관련된 과목을 적절하게 선택하고, 이수한 과목은 얼마나 되는가? • 전공(계열)과 관련된 과목을 이수하기 위하여 추가적인 노력을 하였는가? • 선택 과목(일반/진로)은 교과목 학습 단계(위계)에 따라 이수하였는가?

2) 전공(계열) 관련 교과 성취도

의미	고교 교육과정에서 전공(계열)에 필요한 과목을 수강하고 취득한 학업 성취수준
세부 평가 내용	• 전공(계열)과 관련된 과목의 석차등급/성취도, 원점수, 평균, 표준편차, 이수단위, 수강자 수, 성취도별 분포 비율 등을 종합적으로 고려한 성취수준은 적절한가? • 전공(계열)과 관련된 동일 교과 내 일반 선택 과목 대비 진로 선택 과목의 성취수준은 어떠한가?

과목 선택 관련 요소

3) 진로 탐색 활동과 경험

의미	자신의 진로를 탐색하는 과정에서 이루어진 활동이나 경험 및 노력 정도
세부 평가 내용	• 자신의 관심 분야나 흥미와 관련한 다양한 활동에 참여하여 노력한 경험이 있는가? • 교과 활동이나 창의적 체험 활동에서 전공(계열)에 대한 관심을 가지고 탐색한 경험이 있는가?

학생부종합전형에서는 과목 선택이 중요하다는데, 희망 학과에 가기 위해 꼭 들어야 하는 과목이 개설되지 않았어!

아직 절망하긴 일러. **공동교육과정, 온라인 수업** 등으로 해당 과목을 이수하면 교과 이수 노력에서 좋은 점수를 받을 거야.

과목 선택의 중요성

　희망 학과에서 중요하게 생각하는 과목을 확인하고 이를 이수하려 노력해야 학생부종합전형에서 경쟁력을 높일 수 있다. 특히 고등학교 때 수학, 과학의 기초 학습이 잘 되어 있어야 대학교에 진학 후 전공 수업을 따라갈 수 있는 학과는 과목 선택이 더욱 중요하다. 예를 들어 기계공학과에 입학하여 학습하기 위해서는 고등학교의 물리학, 역학과 에너지, 전자기와 양자 과목 학습이 선행되어야 한다. 이 과목들을 충실히 이수해 두어야 관련 학과에서 학습이 용이하므로 학생부종합전형으로 지원 시 좋은 평가를 받을 수 있다.

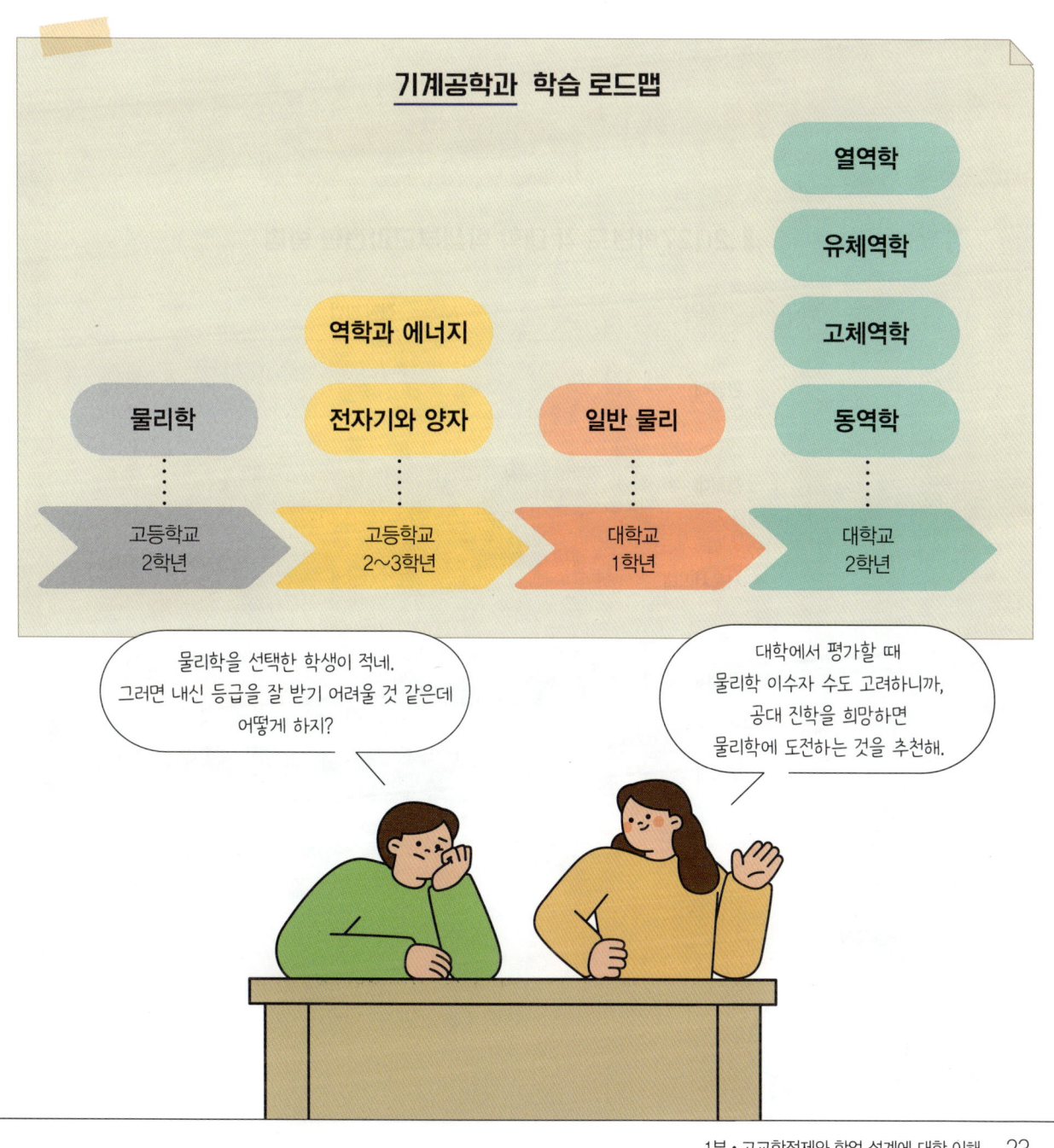

② 학생부교과전형과 과목 선택

학생부교과전형이란

　학생부교과전형은 고등학교 내신 성적을 50% 이상 정량평가로 반영하여 학생을 선발하는 제도이다. 정량평가 시 고등학교 간에 존재하는 학력 수준 차이를 고려하지 않고 내신 등급만을 평가하므로 내신 등급이 0.1점이라도 좋은 학생이 유리하다. 그러나 이로 인해 내신 성적을 높게 받기 어려운 과목을 도전적으로 이수한 학생보다 좋은 성적을 받기 쉬운 과목만 이수한 학생을 선발하게 된다면 우수한 학생을 선발하고자 하는 대학의 취지를 살리기 어렵다. 이에 따라 주요 대학에서 학생부교과전형의 정성평가 비중을 10~30% 정도로 두어 학생의 학업 역량을 다면적으로 평가하고자 한다.

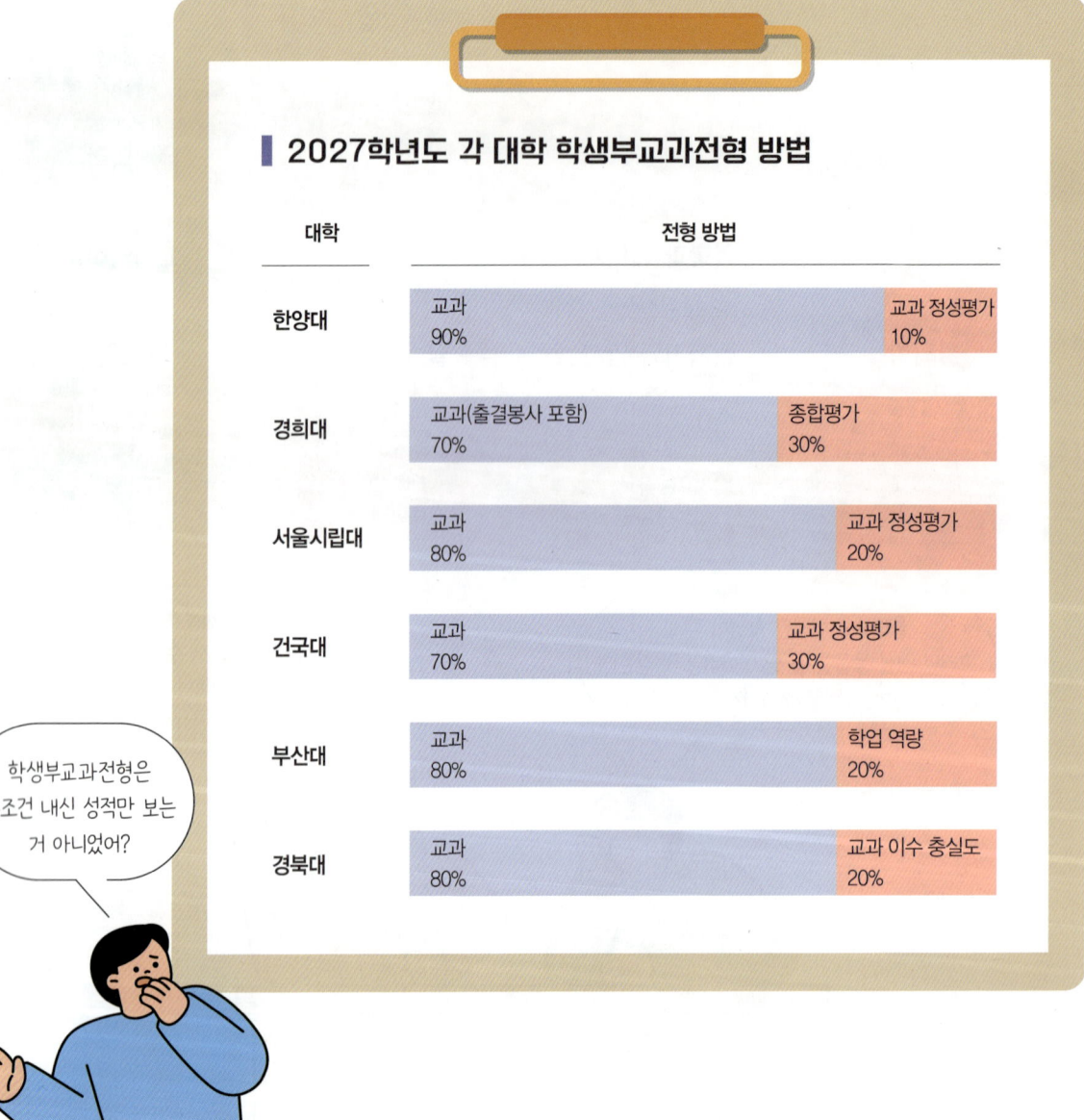

2027학년도 각 대학 학생부교과전형 방법

대학	전형 방법	
한양대	교과 90%	교과 정성평가 10%
경희대	교과(출결봉사 포함) 70%	종합평가 30%
서울시립대	교과 80%	교과 정성평가 20%
건국대	교과 70%	교과 정성평가 30%
부산대	교과 80%	학업 역량 20%
경북대	교과 80%	교과 이수 충실도 20%

학생부교과전형은 무조건 내신 성적만 보는 거 아니었어?

학생부교과전형의 정성평가 방법

학생부교과전형에서 교과 정성평가를 하는 방법에는 크게 두 가지가 있다. 첫 번째는 학생부종합 전형처럼 입학사정관이 학생부를 바탕으로 학생의 학업 역량을 평가하는 방법이다. 두 번째는 지원 학과에서 배우는 내용과 관련된 과목의 이수 학점을 비교하는 방법이다. 다른 학생들에 비해 학과 관련 선택 과목의 이수 학점이 부족하다면 내신 등급을 높게 받기 어려운 과목 이수를 회피했다고 판단되어 정성평가에서 불이익을 받을 수 있다.

현실적으로 수시 6회를 모두 학생부교과전형으로 지원하는 것이 쉽지 않으므로 학생부교과전형과 학생부종합전형을 같이 지원하는 경우가 많다. 따라서 학생부교과전형 위주로 입시를 준비하는 학생이라도 어떤 과목을 이수할지 신경 쓸 필요가 있다.

정성평가 방법①

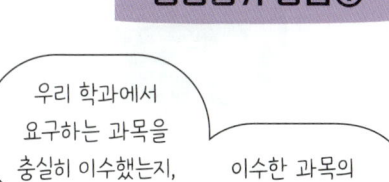

정성평가 방법②

입시 뉴스

2022 개정 교육과정에서 내신 성적 체계가 9등급제에서 5등급제로 개편되며 1등급 인원이 전체 10%로 증가했다. 내신의 변별력이 약화되면서 대학에서도 내신 성적 이외에 새로운 변별 요소를 고민할 필요성이 커졌다. 이로 인해 학생부교과전형에서 면접 강화, 서류 평가 확대, 수능 최저 학력 기준 적용 및 강화 등이 이루어질 가능성이 있다. 특히 서류 평가가 확대된다면 학생부교과전형에서도 과목 선택이 더욱 중요해진다.

고교 내신 5등급제(2025년 도입)
*예체능, 과학탐구실험, 교양 과목은 석차등급 미산출

③ 논술전형과 과목 선택

논술전형은 대학에서 출제한 논술 시험의 성적을 반영하여 학생을 선발하는 제도이다. 인문 계열 학과에서는 주로 제시문을 읽고 글을 쓰는 **인문 논술**을 보고, 자연 계열 학과에서는 주로 수학 문제를 푸는 **수리 논술**을 본다.

인문 논술은 사회, 문학, 경제, 시사 등과 관련된 제시문을 정확히 이해하고 자신의 의견을 논리적으로 서술하는 것이 중요하다. 제시문의 주제나 소재로 자주 활용되는 사회 과목의 개념을 익혀 두면 지문 이해 속도를 높일 수 있다.

수리 논술은 출제 범위에 따라 공부해야 하는 내용이 달라진다. 주요 대학의 수리 논술을 준비할 계획이 있는 학생들은 과목을 이수할 수 있는 학기를 고려하여 수리 논술에 도움이 될 수학 과목을 최대한 미리 이수하는 것이 좋다.

인문 논술

특징

- 제시문을 읽고 글을 쓰는 형태
- 제시문의 내용을 정확히 이해하고 자신의 의견을 논리적으로 서술하는 연습이 중요
- 사회, 문학, 경제, 시사 등과 관련된 제시문이 주어짐.

31개 대학 인문 논술 문항 관련 과목

과목명	문항 수
통합사회	58
생활과 윤리	54
사회문화	37
경제	27
윤리와 사상	25
정치와 법	20

출처: 각 대학 2025학년도 선행학습 영향평가 보고서

기출 문제

(가)의 문제 상황에 대한 (나)와 (다)의 견해를 비교·분석하고, 이를 바탕으로 ㉠에 대한 자신의 답변을 서술하시오. [1,200자, 100점]

(가) 인간이 아무것도 먹지 않고 그나마 버틸 수 있는 기간은 보통 3주이다. …

출처: 2025학년도 한양대 인문 계열 논술

수리 논술

특징

- 수학 문제를 푸는 형태
- 출제 범위를 고려한 과목 선택 중요
  *논술 출제 범위는 대입 전형 시행 계획이나 수시 모집 요강에서 발표됨. (고2~3 시기)
- 수능 수학 과목(대수, 미적분 I, 확률과 통계) 외에도 상위권 대학에서는 기하, 미적분 II도 출제될 수 있음.

기출 문제

두 번 미분가능한 세 함수 $y=f(x)$, $y=g(x)$, $y=h(x)$가 다음 조건을 만족시킨다. …
구간 $(-1, 1)$에서, $g(x)=g(-x)$임을 설명하시오. [10점]

출처: 2025학년도 고려대 자연 계열 논술

④ 정시전형과 과목 선택

정시전형은 수능 성적을 기준으로 학생을 선발하는 제도이다. 그러나 수능 성적 외에 학생부를 반영하는 대학도 있으므로 지원 대학의 정시전형이 수능 100%인지, 학생부를 반영한다면 정량평가인지, 정성평가인지를 확인하여 대비하는 것이 중요하다. 학생부를 정성평가하여 반영하는 대학의 경우 고등학교에서 어떤 과목을 이수했는지, 지원 학과와 관련된 과목의 성적이 우수한지 등이 평가에 영향을 미친다.

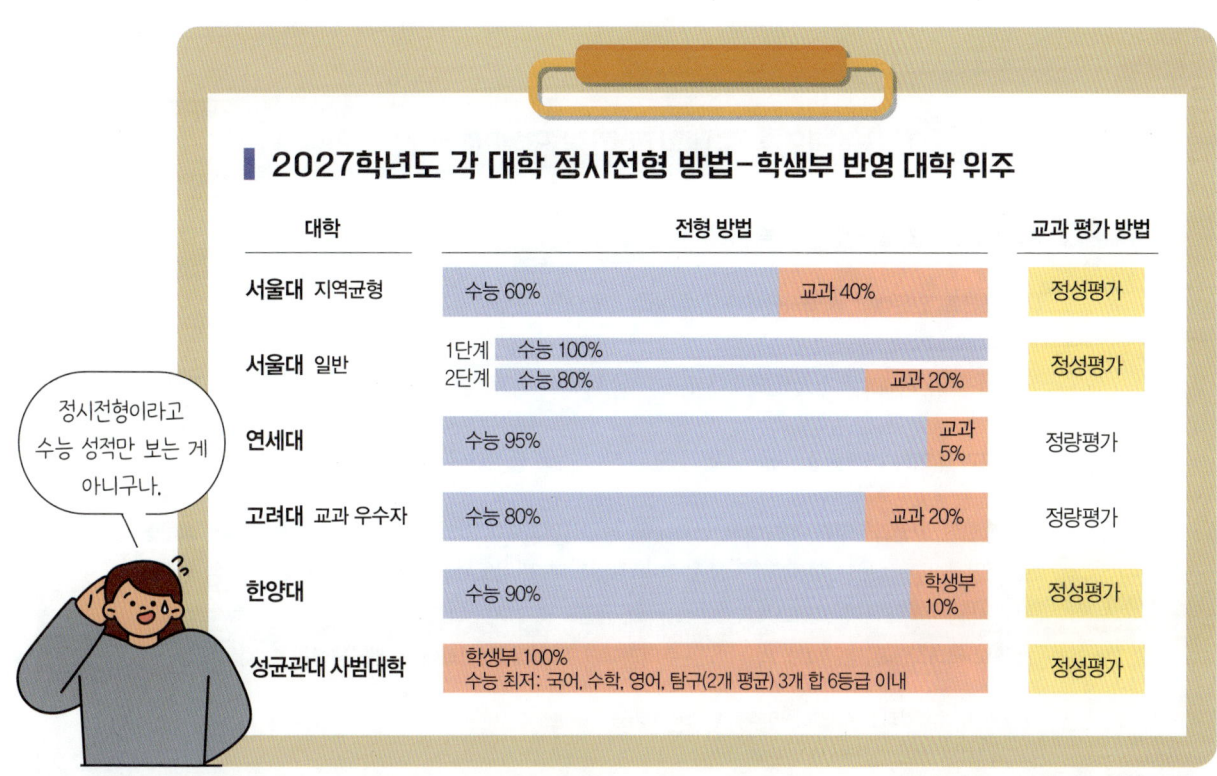

2027학년도 각 대학 정시전형 방법 - 학생부 반영 대학 위주

대학	전형 방법	교과 평가 방법
서울대 지역균형	수능 60% / 교과 40%	정성평가
서울대 일반	1단계 수능 100% / 2단계 수능 80% 교과 20%	정성평가
연세대	수능 95% / 교과 5%	정량평가
고려대 교과 우수자	수능 80% / 교과 20%	정량평가
한양대	수능 90% / 학생부 10%	정성평가
성균관대 사범대학	학생부 100% 수능 최저: 국어, 수학, 영어, 탐구(2개 평균) 3개 합 6등급 이내	정성평가

정시전형이라고 수능 성적만 보는 게 아니구나.

입시 뉴스

2028학년도 대입 전형 개편안이 발표된 후 수능 변별력이 약화될 수 있다는 우려가 제기되고 있다. 수능 수학 출제 범위에서 미적분과 기하가 제외되었고, 탐구 영역 범위도 이전 고2, 고3 수준 과목들에서 고1 수준 공통 과목으로 변경되며 전체적으로 시험 범위가 축소되었기 때문이다. 이처럼 수능 변별력이 약화되면 대학은 수능 이외에 다른 평가 요소를 같이 활용할 가능성이 높다. 그래서 2028학년도에는 정시전형에서 학생부를 평가에 반영하는 대학이 늘어날 것이라고 예측된다.

	~2027학년도 수능	2028학년도 수능
공통	수학 I 수학 II	대수 미적분 I 확률과 통계
선택 *택1	확률과 통계 미적분 기하	
사회탐구	한국지리, 세계지리, 세계사, 동아시아사, 경제, 정치와 법, 사회·문화, 생활과 윤리, 윤리와 사상	통합사회 통합과학
과학탐구	물리학 I·II, 화학 I·II, 생명과학 I·II, 지구과학 I·II *전체 17과목 중 택2	

수능 출제 범위 (수학, 탐구)

Ⅲ 어떤 과목을 선택해야 할까?
―나에게 유리한 과목 뽑기

학교에 개설되는 수많은 선택 과목 중에서 자신의 진로·적성에 맞고 수강하기에 유리한 과목을 고르기 위해서는 여러 가지 요소를 고려해야 한다. ①희망 대학과 학과, ②평가 운영 방식, ③나의 흥미와 능력 등이 그 요소가 될 수 있다. 특히 희망 대학과 학과는 과목 선택 시 제일 먼저 고려해야 하는 요소로서 각 학과·계열에서 공부하기 위해 미리 들어 두어야 하는 과목은 각 대학에서 **이수 권장 과목**이나 **과목 선택 가이드**로 발표하기도 한다. 따라서 과목 선택 시 이를 미리 확인하고 학업 설계에 반영해야 한다.

2028학년도 서울대학교 전공 연계 과목 선택 안내

유형❶ 제2외국어/한문 교과에서 **1과목 이상** 이수를 권장함.

> **모집 단위** **인문대학, 사회과학대학, 간호대학, 경영대학, 농업생명과학대학**(농경제사회학부), **사범대학**(교육학과, 국어교육과, 영어교육과, 독어교육과, 불어교육과, 사회교육과, 역사교육과, 지리교육과, 윤리교육과), **생활과학대학**(소비자아동학부, 식품영양학과, 의류학과)

유형❷ 수학 교과의 **기하·미적분Ⅱ**, 과학 교과의 진로 선택 과목 중 **3과목 이상** 이수를 권장함.

> **모집 단위** **자연과학대학, 간호대학, 공과대학, 농업생명과학대학**(식물생산과학부, 산림과학부, 식품동물생명공학부, 응용생물화학부, 조경·지역시스템공학부, 바이오시스템·소재학부, 스마트시스템과학과), **사범대학**(수학교육과, 물리교육과, 화학교육과, 생물교육과, 지구과학교육과), **생활과학대학**(식품영양학과, 의류학과), **수의과대학, 약학대학, 의과대학, 첨단융합학부, 치의학과**

*간호대학, 치의학과는 기하 또는 미적분Ⅱ 중 택1 가능
*의과대학은 세포와 물질대사, 생물의 유전을 포함하여 3과목 이상 이수
*일부 모집 단위에서는 전공 특성에 따라 일반 선택 과목 중 물리학, 화학, 생명과학, 지구과학 등 특정 과목을 우선하여 이수하는 것을 권장합니다.

출처: 〈2028학년도 전공 연계 과목 선택 안내〉, 서울대학교 입학본부

이런 식으로 **과목 선택 가이드**를 발표하는구나.

나는 공과대학 학과를 지망하니까, 일단 기하와 미적분Ⅱ는 꼭 들어야겠어.

① 희망하는 대학, 학과 고려하기

과목 선택의 큰 방향성은 **희망 학과**나 **계열**에 맞추어 정할 수 있으므로 이를 먼저 생각해 보는 것이 좋다. 희망 학과는 진로 탐색을 통해 진로 목표를 설정한 후 이에 따라 결정하면 효율적이다.

희망 학과나 계열을 정했다면 학과에서 배우게 될 내용, 학과에서 공부하기 위한 기초적인 자질, 자신의 관심 분야, 선택 과목들 간의 연계성 등을 고려하여 과목을 선택한다.

🚩 계열별 과목 선택 가이드 – 인문·사회·교육

💬 학과별 더 자세한 추천 선택 과목은 **2부 대표 학과 90개 전공 연계 과목 선택 안내**를 참고하세요.

인문 계열
- `국어` `영어` `사회` `제2외국어` 교과의 희망 전공 관련 과목
- **Tip** 인문 계열 지망 학생이 뚜렷한 이유 없이 과학 교과 과목을 선택하면 입시에 도움이 되기보다 학습 부담만 가중되기 쉽다는 점에 유의해야 한다.

사회 계열
- `사회` 교과에서 정치, 법, 사회, 경제, 역사 등 관심 분야와 관련된 과목
- 자신의 일반 선택 과목과 연계된 진로/융합 선택 과목
  - 예 `일반` 사회와 문화 / `진로` 정치, 법과 사회, 경제 / `융합` 사회문제 탐구, 금융과 경제생활
- 수학이 중요한 학과(경영/경제/회계학과 등)는 **경제 수학, 실용 통계** 선택
- **Tip** 경제학과 지망 학생은 심화된 학습으로 진학에 도움을 얻고 싶은 경우 미적분Ⅱ를 이수해도 좋지만, 낮은 내신 등급을 받으면 불리할 수 있으므로 자신의 수학 실력도 고려해야 한다.

교육 계열
- 교사로서 가르치고 싶은 분야의 관련 과목
- 교육자 자질 함양을 위한 **교육의 이해, 인간과 심리**
- **Tip** 유치원교사, 초등교사 등 전 교과를 아우르는 역량이 중요한 교사를 지망하는 경우 음악, 미술을 포함하여 전 교과를 고루 선택하는 것이 좋다.

> **인문·사회 계열** 학과는 대학에서 이수 권장과목을 제시하지 않는 경우가 많습니다. 자신의 흥미나 관심에 따라 자유롭게 과목을 선택하는 것을 추천합니다.

계열별 과목 선택 가이드 – 자연·공학

💬 학과별 더 자세한 추천 선택 과목은 **2부 대표 학과 90개 전공 연계 과목 선택 안내**를 참고하세요.

자연 계열

● 희망 학과와 관련된 **수학** **과학** 교과 과목
● 자신의 일반 선택 과목과 연계된 진로 선택 과목

일반 선택	진로 선택
물리학	역학과 에너지 • 전자기와 양자
화학	물질과 에너지 • 화학 반응의 세계
생명과학	세포와 물질대사 • 생물의 유전
지구과학	지구시스템과학 • 행성우주과학

● 학과 공부의 기초를 다지기 위한 **기하, 미적분Ⅱ**도 추천

Tip 심화된 학습으로 진학에 도움을 얻고 싶은 학생들은 **특수 목적고** 선택 과목 중 **과학 계열 – 수학, 과학 교과** 과목도 적극적으로 이수하면 좋다.

공학 계열

● **기하, 미적분Ⅱ** 필수
● 희망 학과 관련 **과학** 교과 과목 중 **일반 선택 과목 2개** 이상, 이와 연계된 **진로 선택 과목 4개** 이상
● 컴퓨터 관련 학과는 **정보** 교과를 최대한 선택
● 공학적 소양 외에도 미적 감각이나 인문학적 소양이 필요한 학과(건축학과 등)는 **미술** **사회** 교과 과목도 선택

Tip 심화된 학습으로 진학에 도움을 얻고 싶은 학생들은 **특수 목적고** 선택 과목 중 **과학 계열 – 과학 교과** 과목도 적극적으로 이수하면 좋다.

자연·공학 계열 학과는 학과 공부를 위해 이수해야 하는 기초 과목이 정해져 있는 경우가 많으므로 목표 대학의 이수 권장 과목을 꼭 확인하세요.

계열별 과목 선택 가이드 – 의약보건·예체능

💬 학과별 더 자세한 추천 선택 과목은 **2부 대표 학과 90개 전공 연계 과목 선택 안내**를 참고하세요.

의약보건 계열

- **과학** 교과 과목 중 **생명과학, 화학** 관련 과목

일반 선택	진로 선택
화학	물질과 에너지 · 화학 반응의 세계
생명과학	세포와 물질대사 · 생물의 유전

- 의약 계열 학과(의학/치의학/한의학/약학/수의학과)는 **기하, 미적분Ⅱ** 필수

  보건 계열 학과(그 외): **기하, 미적분Ⅱ**를 상황에 따라 선택

  *목표 대학이나 전형, 입시 예상 결과 등을 고려해야 함.

  Tip 경쟁이 치열한 의약 계열 학과를 학생부종합전형으로 준비하는 학생들은 **특수 목적고** 선택 과목 중 **과학 계열 – 수학, 과학 교과** 과목도 적극적으로 선택해야 한다. 그러나 보건 계열 학과 지망 학생들은 보통 교과 과목을 충실히 이수하는 것이 낫다.

예체능 계열

- 예체능 실기 시험에 대비하기 위한 실기 연습 위주의 **특수 목적고** 선택 과목 중 **체육, 예술 계열** 과목

체육 계열	체육	스포츠 개론 기초 체육 전공 실기 스포츠 경기 기술	육상 심화 체육 전공 실기 스포츠 경기 분석	체조 고급 체육 전공 실기	수상 스포츠 스포츠 경기 체력	스포츠 교육 스포츠 생리의학 스포츠 행정 및 경영
예술 계열	예술	음악 이론 합창·합주	음악사 음악 공연 실습	시창·청음	음악 전공 실기	음악과 문화
		미술 이론 조형 탐구	드로잉	미술사	미술 전공 실기	미술 매체 탐구 미술과 사회
		무용의 이해 안무	무용과 몸 무용 제작 실습	무용 기초 실기 무용 감상과 비평	무용 전공 실기	무용과 매체
		문예 창작의 이해 소설 창작	문장론 극 창작	문학 감상과 비평	시 창작	문학과 매체
		연극과 몸 연극 제작 실습 편집·사운드	연극과 말 연극 감상과 비평 영화 제작 실습	연기 영화의 이해 영화 감상과 비평	무대 미술과 기술 촬영·조명	연극과 삶 영화와 삶
		사진의 이해 사진 감상과 비평	사진 촬영	사진 표현 기법	영상 제작의 이해	사진과 삶

> 특수 목적고 선택 과목이 학교에 개설되지 않았다면 **공동교육과정**을 활용하여 이수할 수 있습니다.

💬 공동교육과정 관련 안내는 17쪽을 참고하세요.

② 고등학교 평가 운영 방식 고려하기

성적 산출 방식 – 상대평가와 절대평가

선택 과목의 평가 운영 방식, 즉 **성적을 산출하는 방식**에 따라 과목을 이수하기 위해 들여야 하는 시간과 노력, 예상되는 결과, 입시에 대한 영향력이 달라질 수 있다. 따라서 과목 선택 시 이를 고려할 필요가 있다.

보통 교과 선택 과목은 기본적으로 **상대평가 석차등급**과 **절대평가 성취도**를 모두 산출한다. 동시에 일부 과목들은 절대평가 성취도만 산출하여 학생들이 성적 부담을 덜고 흥미 분야를 자유롭게 탐구할 수 있도록 운영한다. 그중에서도 교양 교과 과목은 이수(P)/미이수(F)만 표기된다.

구분	절대평가		상대평가	통계 정보		
	원점수	성취도	석차등급	성취도별 분포 비율	과목 평균	수강자 수
보통 교과	○	A·B·C·D·E	5등급	○	○	○
사회·과학 융합 선택	○	A·B·C·D·E	–	○	○	○
체육·예술/과학탐구실험	–	A·B·C	–	–	–	–
교양	–	P	–	–	–	–
전문 교과	○	A·B·C·D·E	5등급	○	○	○

출처: 교육부 〈미래 사회를 대비하는 2028 대학입시제도 개편 확정안〉

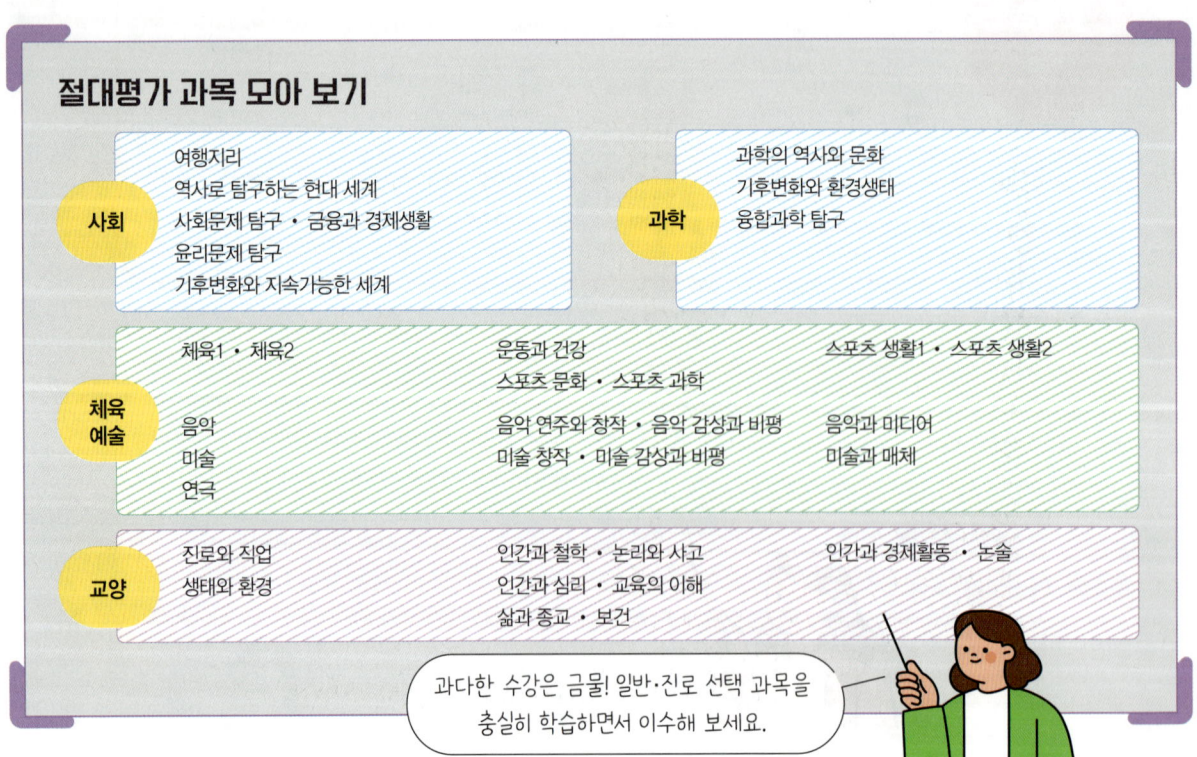

절대평가 과목 모아 보기

사회
여행지리
역사로 탐구하는 현대 세계
사회문제 탐구 · 금융과 경제생활
윤리문제 탐구
기후변화와 지속가능한 세계

과학
과학의 역사와 문화
기후변화와 환경생태
융합과학 탐구

체육 예술
체육1 · 체육2
음악
미술
연극

운동과 건강
스포츠 문화 · 스포츠 과학
음악 연주와 창작 · 음악 감상과 비평
미술 창작 · 미술 감상과 비평

스포츠 생활1 · 스포츠 생활2
음악과 미디어
미술과 매체

교양
진로와 직업
생태와 환경

인간과 철학 · 논리와 사고
인간과 심리 · 교육의 이해
삶과 종교 · 보건

인간과 경제활동 · 논술

과다한 수강은 금물! 일반·진로 선택 과목을 충실히 학습하면서 이수해 보세요.

최소 성취수준 보장 지도 정책

 고교학점제에서 선택한 과목의 학점을 취득하기 위해서는 각 과목의 **최소 성취수준**에 도달해야 한다. 최소 성취수준은 **학업 성취율 40% 이상**으로, 만약 이 수준에 도달하지 못했다면 선택 과목 학습을 마쳤더라도 해당 과목을 이수하지 않은 것으로 간주된다.

 학습한 선택 과목이 미이수 처리되는 것을 피하기 위하여 최소 성취수준에 미도달했거나 미도달할 것이 예상되는 학생은 학교에서 운영하는 **최소 성취수준 보장 지도**에 참여해야 한다. **예방 지도**를 통해 과목 이수 과정에서 도움을 얻을 수 있고, **보충 지도**를 통해 성적 산출 이후 부족한 학습 부분을 보완하여 이수 인정을 받을 수 있다.

성취율(%)		100~90	90~80	80~70	70~60	60~40	40~0
성취도	5단계	A	B	C	D	E	미이수
	3단계	A		B		C	

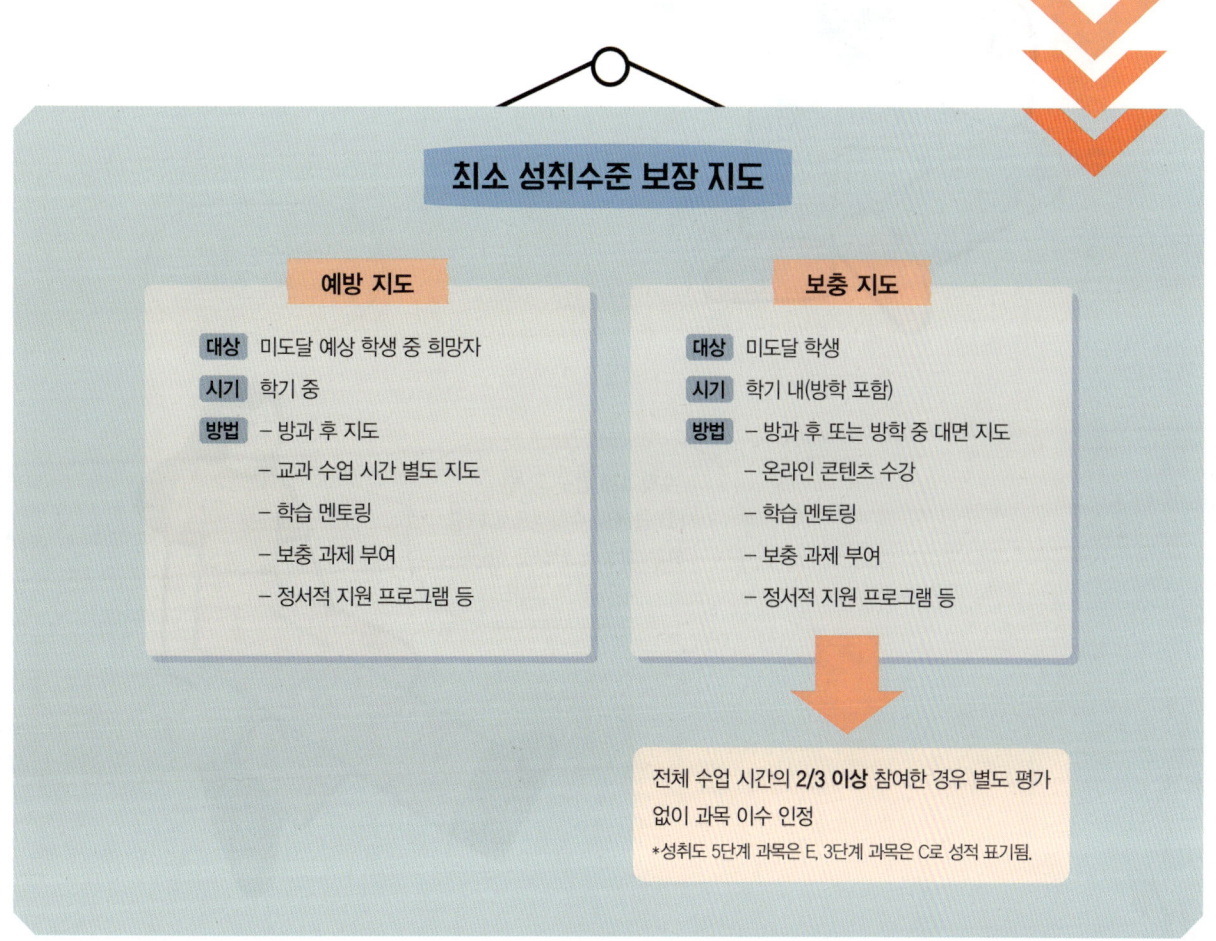

최소 성취수준 보장 지도

예방 지도

- **대상** 미도달 예상 학생 중 희망자
- **시기** 학기 중
- **방법** – 방과 후 지도
  – 교과 수업 시간 별도 지도
  – 학습 멘토링
  – 보충 과제 부여
  – 정서적 지원 프로그램 등

보충 지도

- **대상** 미도달 학생
- **시기** 학기 내(방학 포함)
- **방법** – 방과 후 또는 방학 중 대면 지도
  – 온라인 콘텐츠 수강
  – 학습 멘토링
  – 보충 과제 부여
  – 정서적 지원 프로그램 등

전체 수업 시간의 **2/3 이상** 참여한 경우 별도 평가 없이 과목 이수 인정

*성취도 5단계 과목은 E, 3단계 과목은 C로 성적 표기됨.

③ 나의 흥미와 능력 고려하기

고교학점제의 취지 중 하나는 학생들이 자신의 진로·적성에 따라 원하는 과목을 선택하도록 지원하는 것이다. 따라서 과목 선택 시 자신이 **좋아하는 것**과 **잘하는 것**은 무엇인지도 고려 대상에 포함해야 한다. 자신의 흥미와 능력에 맞는 과목을 수강하면 학습 효율을 높일 수 있으며 희망 학과와 관련된 진로 역량을 보여 주기에도 좋다.

특히 융합 선택 과목은 다양한 탐구 활동을 하기에 적합하여 자신의 흥미 또는 진로와 연관된 창의적인 세특 활동의 기회로 삼을 수 있다. 자연 계열에서는 **수학과제 탐구**와 **융합과학 탐구**, 인문 계열에서는 **사회문제 탐구**와 **윤리문제 탐구** 과목이 대표적이다. 융합 선택 과목은 비교적 학습 난도가 낮고 사회·과학 교과의 경우 절대평가로 성적 부담이 적으므로 계열에 구애받지 않고 수강하여 융합적인 인재로서의 면모를 보여 주어도 좋다.

나는 **인공지능**에 관심이 많은데, 어떤 선택 과목을 들으면 좋을까?

윤리문제 탐구 과목에서 인공지능 관련 윤리 문제의 해결 방법을 탐구해 보면 교과 세특 기록이 풍부해질 거야.

나는 수학 문제 푸는 것을 좋아해.

수학과제 탐구 과목에서 사회 문제를 수학적으로 해결하는 활동을 한다고 하네. 재밌을 것 같아!

④ 그 외 요소 고려하기

과목 선택에 하나의 정답은 없으며, 다양한 요소를 고려하여 자신에게 유리한 과목을 선택해야 한다. 앞에서 살펴본 요소 외에도 자신의 내신 성적, 준비하는 입시 전형 등 다양한 요소가 과목 선택에 영향을 미칠 수 있다.

선택 과목의 **학습 위계**도 고려해야 할 요소 중 하나이다. 위계가 있는 과목으로는 수학, 과학, 제2외국어 교과 과목이 대표적이다. 학교에서는 이러한 과목들을 위계에 따라 순차적으로 이수할 수 있도록 편성하기 때문에 과목 선택 시 해당 교과의 전체 개설 과목을 보고 먼저 이수해야 하는 과목을 확인할 필요가 있다. 또한 **수능 출제 과목**도 수능 준비를 위해 기본으로 수강해야 한다. 학교에서 수능 과목을 학교 지정 과목으로 운영하지 않는다면 과목 선택 시 수능 과목 이수도 고려해야 한다.

Q 과목 선택을 할 때 대입 전형은 어떻게 고려하나요?

A 대입 전형별로 정해진 과목은 없지만 보다 유리한 과목이 있을 수 있습니다. 예를 들어 수학과제 탐구와 전문 수학 중 하나를 선택해야 한다면 학생부종합전형에서는 진로 관련 세특 활동을 할 수 있는 수학과제 탐구가, 정시전형에서는 수능 준비에 도움이 되는 전문 수학이 유리할 수 있습니다.

Q 학습 위계는 어떻게 지켜야 하나요?

A Ⅰ과 Ⅱ로 구분되어 있는 과목은 특별한 경우를 제외하고는 Ⅰ을 먼저 이수하고 Ⅱ를 이수해야 합니다. 또한 과목명에서 위계가 드러나지 않더라도 내용상 위계가 있을 수 있으니 과목 정보나 담당 선생님을 통해 확인하는 것이 좋습니다.

Q 대학의 이수 권장 과목을 이수하지 않으면 불이익이 큰가요??

A 이수 권장과목 중 일부를 듣지 않았다고 해서 결격 처리되지는 않습니다. 그러나 학교가 개설하지 못해 이수하지 못한 학생과 개설했음에도 이수하지 않은 학생은 다르게 평가합니다. 또한 공동교육과정 이수 등 이수를 위한 추가 노력도 기대합니다. 유사 명칭의 과목을 이수해도 좋습니다.

Ⅳ 학업 설계서는 어떻게 작성할까?

학업 설계서는 고등학교 3년 동안의 학업 계획을 정리한 것이다. 자신의 진로(학과)를 바탕으로 학업 설계서를 작성하기 전 제일 먼저 자신의 학교에 개설된 선택 과목을 확인해야 한다. 개설 과목은 학교의 교육과정 편제표를 통해 알 수 있다. 교육과정 편제표에서 학년·학기별로 개설된 과목 목록을 보고 수강할 선택 과목을 정리하는 것이 학업 설계서 작성의 기본이다.

학교별 교육과정 편제표는 소속 학교 누리집 혹은 학교 알리미(schoolinfo.go.kr)에서 확인할 수 있다.

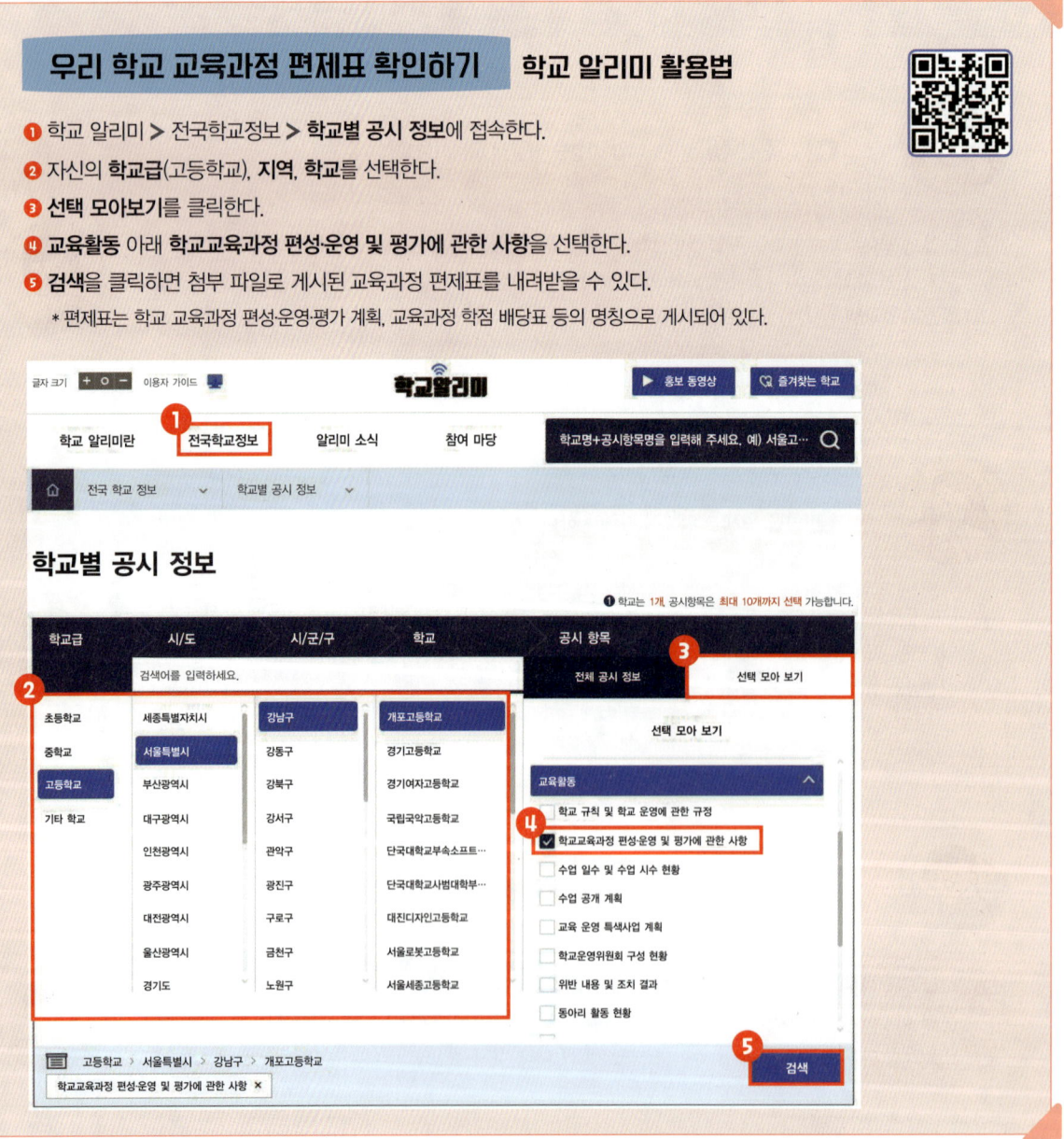

우리 학교 교육과정 편제표 확인하기 학교 알리미 활용법

❶ 학교 알리미 > 전국학교정보 > 학교별 공시 정보에 접속한다.
❷ 자신의 학교급(고등학교), 지역, 학교를 선택한다.
❸ 선택 모아보기를 클릭한다.
❹ 교육활동 아래 학교교육과정 편성·운영 및 평가에 관한 사항을 선택한다.
❺ 검색을 클릭하면 첨부 파일로 게시된 교육과정 편제표를 내려받을 수 있다.
  * 편제표는 학교 교육과정 편성·운영·평가 계획, 교육과정 학점 배당표 등의 명칭으로 게시되어 있다.

① 교육과정 편제표(편성표) 이해하기

교육과정 편제표란 고등학교 3년 동안 개설된 과목을 정리한 표를 말한다. 어떤 과목이 어느 시기에 개설되는지에 따라 자신의 과목 선택과 입시 경쟁력이 달라질 수 있다. 현명한 과목 선택을 위해서는 학교의 교육과정을 해석하고 이해하는 능력을 기르는 것이 중요하다.

* 예시로 구성한 편제표로서 학교에 따라 형식은 일부 다를 수 있습니다.

구분	교과(군)	과목유형	과목	기준학점	운영학점	1학년		2학년		3학년		이수학점	필수이수학점
						1학기	2학기	1학기	2학기	1학기	2학기		
학교지정	국어	공통	공통국어1	4	4	4						20	8
		공통	공통국어2	4	4		4						
		일반	화법과 언어	4	4			4					
		일반	독서와 작문	4	4				4				
		일반	문학	4	4					4			
	수학	공통	공통수학1	4	4	4						20	8
		공통	공통수학2	4	4		4						
		일반	대수	4	4			4					
		일반	미적분 I	4	4				4				
		일반	확률과 통계	4	4					4			
	영어	공통	공통영어1	4	4	4						20	8
		공통	공통영어2	4	4		4						
		일반	영어 I	4	4			4					
		일반	영어 II	4	4				4				
		일반	영어 독해와 작문	4	4					4			
학생선택	사회(역사/도덕 포함)	일반	세계시민과 지리	4	3			9 (택3)					
		일반	세계사	4	3								
		일반	사회와 문화	4	3								
		일반	현대사회와 윤리	4	3								
	과학	일반	물리학	4	3								
		일반	화학	4	3								
		일반	생명과학	4	3								
		일반	지구과학	4	3								
	사회(역사/도덕 포함)	진로	정치	4	3								
		진로	법과 사회	4	3								
		진로	경제	4	3								
		진로	윤리와 사상	4	3								
		진로	인문학과 윤리	4	3			12 (택4)					
	과학	진로	역학과 에너지	4	3								
		진로	물질과 에너지	4	3								
		진로	세포와 물질대사	4	3								
		진로	지구시스템과학	4	3								
		융합	융합과학 탐구	4	3								
이수 학점 소계						29	29	29	29	29	29	174	84
창의적 체험 활동						3	3	3	3	3	3	18	18
학기별 총 이수 학점						32	32	32	32	32	32	192	

교육과정 용어① 학점

 학점은 해당 학기에 수업하는 횟수(시간)와 일치한다. 1학점은 50분을 기준으로 1주일에 1시간씩 총 16회를 이수하는 수업량이다. 즉 어떤 과목이 한 학기에 **3학점**을 운영한다면 **1주일**에 **3시간** 수업이 이루어진다고 이해할 수 있다.

 교육과정 편제표에서 각 과목 운영 학점이 몇 학년 몇 학기에 배정되어 있는지 확인하면 내가 언제 어떤 과목을 들어야 하는지 파악할 수 있다.

편제표에 따르면 **1학년 1학기** 시간표에 **공통국어1**이 4번 나오게 됩니다.

구분	교과(군)	과목 유형	과목	❶ 기준 학점	❷ 운영 학점	1학년 1학기	1학년 2학기	2학년 1학기	2학년 2학기	3학년 1학기	3학년 2학기	❸ 이수 학점	❹ 필수 이수 학점
학교 지정	국어	공통	공통국어1	4	4	4						20	8
		공통	공통국어2	4	4		4						
		일반	화법과 언어	4	4			4					
		일반	독서와 작문	4	4				4				
		일반	문학	4	4					4			
이수 학점 소계						29	29	29	29	29	29	174	68
창의적 체험 활동						3	3	3	3	3	3	18	18
학기별 총 이수 학점						32	32	32	32	32	32	192	

❶ **기준 학점**　　교육부에서 정한 표준 학점
❷ **운영 학점**　　학교에서 편성·운영하는 학점　*기준 학점에서 1학점 증감 가능
❸ **이수 학점**　　교과(군)별로 3년간 학생이 이수하는 학점
❹ **필수 이수 학점**　졸업을 위해 각 교과(군)에서 반드시 이수해야 하는 최소 학점

퀴즈 타임!
위 편제표에 따르면
독서와 작문은 언제 들을까요?

이건 너무 쉽지요.
2학년 2학기에 듣습니다.
수업은 일주일에 **4번** 한다는
의미이고요.

교육과정 편제표 맨 하단에서 전체 학점을 볼 수 있다. 고등학교 학점 배당 기준에서 졸업을 위한 최소 이수 학점으로 정해진 **192학점**(교과 174학점, 창의적 체험 활동 18학점)을 충족하기 위하여 학기별로 **32학점**(교과 29학점, 창의적 체험 활동 3학점)을 이수하는 것이 기본이다. 또한 학기별 총 학점은 1주일 동안 듣는 총 수업 시간과 동일하다.

💬 고등학교 학점 배당 기준은 16쪽을 참고하세요.

구분	교과(군)	과목 유형	과목	기준 학점	운영 학점	1학년		2학년		3학년		이수 학점	필수 이수 학점
						1학기	2학기	1학기	2학기	1학기	2학기		
학교 지정	국어	공통	공통국어1	4	4	4						20	8
		공통	공통국어2	4	4		4						
		일반	화법과 언어	4	4			4					
		일반	독서와 작문	4	4				4				
		일반	문학	4	4					4			
❶ 이수 학점 소계						29	29	29	29	29	29	174	68
❷ 창의적 체험 활동						3	3	3	3	3	3	18	18
❸ 학기별 총 이수 학점						32	32	32	32	32	32	192	

❶ **이수 학점 소계** 교과 수업에 배당된 총 학점 (총 174학점)
❷ **창의적 체험 활동** 창의적 체험 활동에 배당된 총 학점 (총 18학점)
❸ **학기별 총 이수 학점** 학생이 매 학기마다 이수하는 학점의 총량 (6학기 총 192학점)

창의적 체험 활동

창의적 체험 활동은 교과 외에 학생이 주도적으로 수행하는 활동으로 **자율·자치 활동, 동아리 활동, 진로 활동**으로 이루어진다. 학생부 평가에 영향을 미치는 주요 요소 중 하나이므로 자신의 관심 분야나 진로와 연계하여 다양한 창의적 체험 활동에 주도적으로 참여하고 그 과정과 결과를 기록해 두면 좋다.

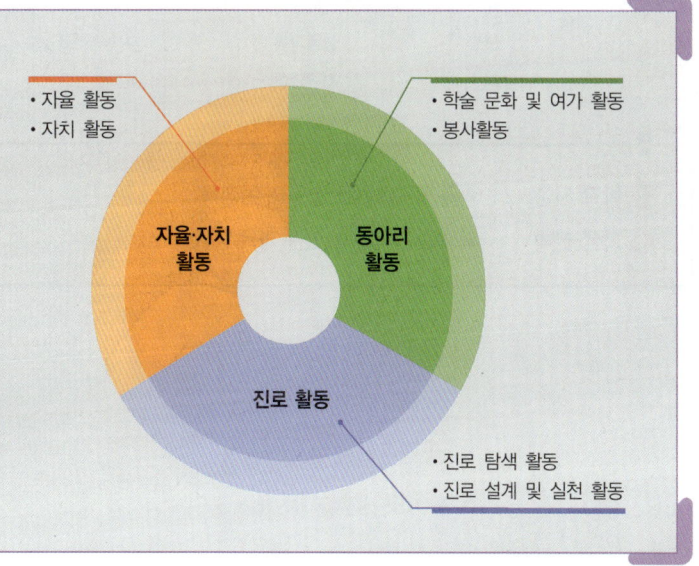

• 자율 활동
• 자치 활동

• 학술 문화 및 여가 활동
• 봉사활동

자율·자치 활동

동아리 활동

진로 활동

• 진로 탐색 활동
• 진로 설계 및 실천 활동

교육과정 용어② 학교 지정/학생 선택

교육과정 편제표에서 각 과목은 **학교 지정**과 **학생 선택** 중 하나로 편성된다. 학교 지정 과목은 나의 선택 여부와 상관없이 모두 수강해야 하는 과목으로 고등학교 1학년 때 배우는 공통 과목과 수능 과목 위주로 편성되어 있다. 학생 선택 과목은 2~3학년에 주로 듣는 선택 과목으로 선택 과목 이수 계획을 세울 때 살펴봐야 한다.

학생 선택 과목은 학기당 학점만 표기된 학교 지정 과목과 달리 정해진 선택 과목 묶음 내에서 선택해야 하는 **과목 수**가 함께 표기되어 있으므로 이에 맞추어 과목을 선택하면 된다.

> 학생 선택 과목의 **9(택3)**는 제시된 사회·과학 8과목 중 총 **3과목**을 선택하여 **9학점**을 이수한다는 뜻입니다.

구분	교과(군)	과목 유형	과목	기준 학점	운영 학점	1학년		2학년		3학년		이수 학점	필수 이수 학점
						1학기	2학기	1학기	2학기	1학기	2학기		
❶ 학교 지정	국어	공통	공통국어1	4	4	4						20	8
		공통	공통국어2	4	4		4						
		일반	화법과 언어	4	4			4					
		일반	독서와 작문	4	4				4				
		일반	문학	4	4					4			
❷ 학생 선택	사회 (역사/도덕 포함)	일반	세계시민과 지리	4	3			9 (택3)					
		일반	세계사	4	3								
		일반	사회와 문화	4	3								
		일반	현대사회와 윤리	4	3								
	과학	일반	물리학	4	3								
		일반	화학	4	3								
		일반	생명과학	4	3								
		일반	지구과학	4	3								

❶ **학교 지정**   학교에서 설정한 필수 이수 과목
❷ **학생 선택**   학생이 선택할 수 있는 과목 범위

> 각 과목은 3학점이니, 한 과목당 1주일에 3시간 수업하겠구나.

교육과정 용어③ 일반/진로/융합 선택

고등학교 선택 과목은 과목의 성격에 따라 **일반 선택, 진로 선택, 융합 선택**으로 나뉜다.

일반 선택 과목은 특정 학문 영역의 주요 학습 내용을 이해하고 탐구하기 위한 과목이다. 자신의 희망 학과 또는 관심 분야와 관련된 일반 선택 과목은 우선적으로 이수해야 한다.

진로 선택 과목은 일반 선택 과목에서 배운 내용을 심화 학습하기 위한 과목으로 자신의 진로·적성에 따라 적극적으로 선택하여 이수하면 좋다. 이때 일반 선택 과목과의 연계성을 고려하여 이수할 과목과 순서를 정해야 한다.

융합 선택 과목은 여러 교과의 주제를 융합하여 학습하거나 실생활에 응용하기 위한 과목이다. 폭넓은 탐구 활동이 가능하다.

구분	교과(군)	과목 유형	과목	기준 학점	운영 학점	1학년		2학년		3학년		이수 학점	필수 이수 학점
						1학기	2학기	1학기	2학기	1학기	2학기		
학생 선택	사회 (역사/도덕 포함)	**①** 일반	세계시민과 지리	4	3								
		일반	세계사	4	3								
		일반	사회와 문화	4	3								
		일반	현대사회와 윤리	4	3			9 (택3)					
	과학	일반	물리학	4	3								
		일반	화학	4	3								
		일반	생명과학	4	3								
		일반	지구과학	4	3								
	사회 (역사/도덕 포함)	**②** 진로	정치	4	3								
		진로	법과 사회	4	3								
		진로	경제	4	3								
		진로	윤리와 사상	4	3								
		진로	인문학과 윤리	4	3					12 (택4)			
	과학	진로	역학과 에너지	4	3								
		진로	물질과 에너지	4	3								
		진로	세포와 물질대사	4	3								
		진로	지구시스템과학	4	3								
		③ 융합	융합과학 탐구	4	3								

① **일반 선택** 교과별 학문 영역 내의 주요 학습 내용 이해와 탐구를 위한 과목

② **진로 선택** 교과별 심화 학습과 진로 관련 학습을 위한 과목

③ **융합 선택** 교과 내 혹은 교과 간 주제 융합과 실생활 응용을 위한 과목

② 학업 설계서 예시

학업 설계서에는 학년·학기별로 자신이 **수강할 과목**이 나타나야 한다. 학교에 개설되지 않아 공동교육과정으로 이수할 과목이 있다면 별도로 정리하고, 각 과목에 배당된 **학점**도 함께 기록한다.

학교	학설고등학교	이름	김공학	희망 학과	기계공학과

교과(군)	2학년				3학년			
	1학기		2학기		1학기		2학기	
	과목명	학점	과목명	학점	과목명	학점	과목명	학점
국어	화법과 언어	4	독서와 작문	4	문학	4	주제 탐구 독서	3
수학	대수	4	미적분Ⅰ	4	확률과 통계	4	수학과제 탐구	3
	인공지능 수학	3	기하	3	미적분Ⅱ	3		
영어	영어Ⅰ	4	영어Ⅱ	4	영어 독해와 작문	4	영어 발표와 토론	3
사회							사회문제 탐구	3
과학	물리학	3	역학과 에너지	3	전자기와 양자	3	과학의 역사와 문화	3
	화학	3	물질과 에너지	3	화학 반응의 세계	3	기후변화와 환경생태	3
	지구과학	3	융합과학 탐구	3	행성우주과학	3		
체육	스포츠 생활1	2	스포츠 생활2	2	스포츠 과학	1	스포츠 문화	1
예술					음악 연주와 창작	2	미술 창작	2
기술·가정/정보			인공지능 기초	3			로봇과 공학세계	3
제2외국어/한문	독일어	3					독일어권 문화	3
교양					생태와 환경	2	논리와 사고	2
공동 교육과정					고급 물리학	2		
이수 학점	소계	29	소계	29	소계	31	소계	29

* ▨로 표시된 부분은 학교 지정 과목입니다.

공학 계열 희망 학생과 사회 계열 희망 학생의 학업 설계서가 어떻게 다른지 확인해 봅시다. 1학년은 일반적으로 학교 지정 과목만 수강하므로 학업 설계의 핵심은 2학년부터입니다.

학교 학설고등학교   이름 최사회   희망 학과 경제학과

교과(군)	2학년				3학년			
	1학기		2학기		1학기		2학기	
	과목명	학점	과목명	학점	과목명	학점	과목명	학점
국어	화법과 언어	4	독서와 작문	4	문학	4	독서 토론과 글쓰기	3
수학	대수	4	미적분 I	4	확률과 통계	4	실용 통계	3
	경제 수학	3						
영어	영어 I	4	영어 II	4	영어 독해와 작문	4	심화 영어	3
			영어 발표와 토론	3				
사회	세계사	3	정치	3	국제 관계의 이해	3	인문학과 윤리	3
	사회와 문화	3	법과 사회	3	사회문제 탐구	3	여행지리	3
	현대사회와 윤리	3	경제	3	금융과 경제생활	3	윤리문제 탐구	3
과학								
체육	스포츠 생활1	2	스포츠 생활2	2	스포츠 과학	1	스포츠 문화	1
예술					음악 연주와 창작	2	음악과 미디어	2
기술·가정/정보			데이터 과학	3	인공지능 기초	3	지식 재산 일반	3
제2외국어/한문	독일어	3					독일어권 문화	3
교양					인간과 경제활동	2	논술	2
공동 교육과정			국제 경제	2				
이수 학점	소계	29	소계	31	소계	29	소계	29

③ 학업 설계서 체크리스트

과목 선택을 확정하기 전 나의 선택이 적절한지 마지막으로 확인해 보는 것이 중요하다. 필수 이수 학점 충족 여부, 과목 간 위계, 평가 운영 방식, 수능 과목 여부, 폐강 위험 등을 미리 확인하여 추후 문제가 생기지 않도록 준비하는 것이 좋다.

확인해야 하는 사항을 체크리스트로 만들면 자신의 과목 선택을 체계적으로 검토할 수 있다. 검토 후 부족한 점이 있다면 보완하는 과정도 중요하다. 예를 들어 과목 위계상 먼저 이수해야 하는 과목 중 불충분한 영역이 있다면 보완하고, 듣고 싶은 과목이 개설되지 않거나 폐강되었다면 공동교육과정을 통한 이수 계획을 마련해야 한다.

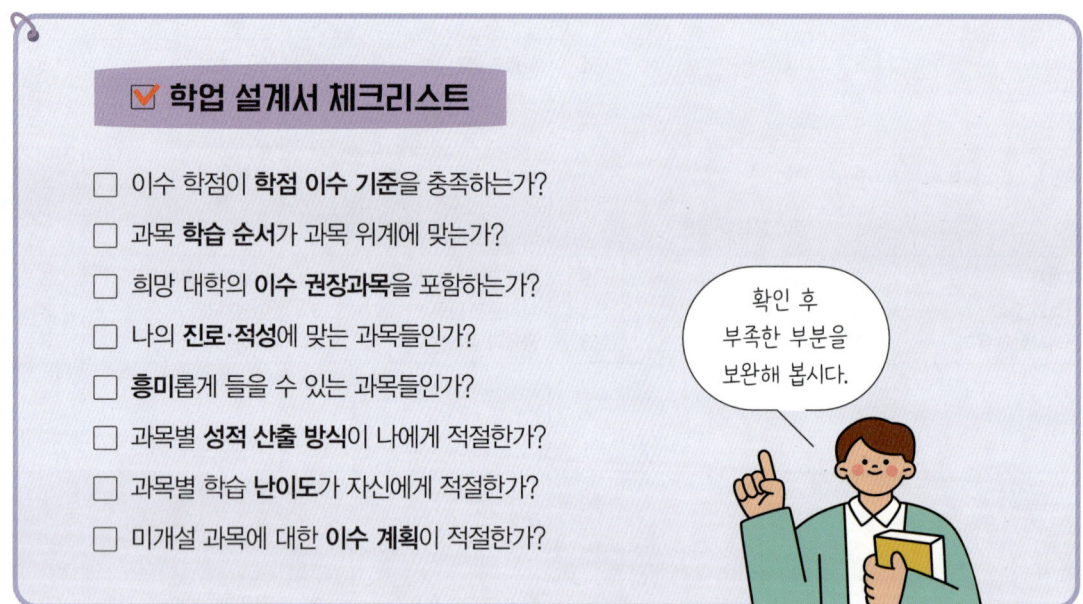

☑ 학업 설계서 체크리스트

- ☐ 이수 학점이 **학점 이수 기준**을 충족하는가?
- ☐ 과목 **학습 순서**가 과목 위계에 맞는가?
- ☐ 희망 대학의 **이수 권장과목**을 포함하는가?
- ☐ 나의 **진로·적성**에 맞는 과목들인가?
- ☐ **흥미**롭게 들을 수 있는 과목들인가?
- ☐ 과목별 **성적 산출 방식**이 나에게 적절한가?
- ☐ 과목별 학습 **난이도**가 자신에게 적절한가?
- ☐ 미개설 과목에 대한 **이수 계획**이 적절한가?

확인 후 부족한 부분을 보완해 봅시다.

학점 이수 기준

최소 이수 학점 (창·체 제외)	174학점			
교과(군)별 필수 이수 학점	국어	8	수학	8
	영어	8	한국사	6
	사회	8	과학	10
	체육	10	예술	10
	기술·가정/정보 제2외국어/한문/교양			16
기초 교과(국·수·영) 최대 학점	81학점 *총 이수 학점이 174학점을 초과하는 경우 전체 교과 이수 학점의 50%			

과목 선택 시 확인해야 하는 사항 중 하나로 **학점 이수 기준**이 있다. 학업 설계서에 정리한 전체 및 교과(군)별 학점이 이수 기준을 충족해야 한다. 또한 기초 교과인 국어, 수학, 영어 교과는 교과 이수 학점이 174학점인 경우 총 81학점을 초과하지 않도록 정해져 있다. 만약 기초 교과 과목을 학교 교육과정 외의 방법으로 추가 이수하여 전체 이수 학점의 50%를 넘게 되는 경우, 기초 교과가 아닌 과목도 추가 이수하여 비율을 조정해야 한다.

Ⅴ 나만의 학업 설계서 작성하기

1. 나의 진로 특성 정리하기

❶ 나의 진로 특성을 바탕으로 희망 직업과 학과를 정리해 봅시다.

> 진로 특성을 알지 못한다면 부록(332~343쪽)의 진로 간이 검사지로 확인할 수 있습니다. 정식 검사는 커리어넷 또는 고용24를 활용하세요.

나의 진로 특성

☑ 내가 알고 있는 나의 진로 특성을 정리해 봅시다.

직업 흥미 유형 (상위 2개)

- ☐ 현실형(R)
- ☐ 예술형(A)
- ☐ 진취형(E)
- ☐ 탐구형(I)
- ☐ 사회형(S)
- ☐ 관습형(C)

직업 적성 (상위 3개)

- ☐ 신체·운동능력
- ☐ 음악능력
- ☐ 수리·논리력
- ☐ 자연친화력
- ☐ 손재능
- ☐ 창의력
- ☐ 자기성찰능력
- ☐ 예술시각능력
- ☐ 공간지각력
- ☐ 언어능력
- ☐ 대인관계능력

직업 가치관 (상위 3개)

- ☐ 안정성
- ☐ 즐거움
- ☐ 도전성
- ☐ 성취
- ☐ 보수
- ☐ 소속감
- ☐ 영향력
- ☐ 사회적 인정
- ☐ 일과 삶의 균형
- ☐ 자기 계발
- ☐ 사회적 기여
- ☐ 자율성

➡ 가치 지향 유형: ☐ 안정지향형　☐ 의미지향형　☐ 변화지향형　☐ 성취지향형

희망 직업

나의 진로 특성에 맞는 추천 직업을 바탕으로 희망 직업을 생각해 봅시다.

1순위 _____

2순위 _____

3순위 _____

희망 학과

희망 직업을 갖기 위해 진학해야 하는 학과를 정해 봅시다.

1순위 _____

2순위 _____

3순위 _____

2. 우리 학교 교육과정 확인하기

❶ 우리 학교 교육과정 편제표를 찾아 붙여 봅시다.

💬 편제표를 찾기 위한 학교 알리미(schoolinfo.go.kr) 활용법은 36쪽을 참고하세요.

우리 학교 교육과정 편제표

구분	교과(군)	과목 유형	과목	기준 학점	운영 학점	1학년 1학기	1학년 2학기	2학년 1학기	2학년 2학기	3학년 1학기	3학년 2학기	이수 학점	필수 이수 학점
학교 지정	국어	공통	공통국어1	4	4	4						20	8
		공통	공통국어2	4	4		4						
		일반	화법과 언어	4	4			4					
		일반	독서와 작문	4	4				4				
		일반	문학	4	4					4			
	수학	공통	공통수학1	4	4	4						20	8
		공통	공통수학2	4	4		4						
		일반	대수	4	4			4					
		일반	미적분 I	4	4				4				
		일반	확률과 통계	4	4					4			
학생 선택	사회 (역사/도덕 포함)	진로	정치	4	3								
		진로	법과 사회	4	3								
		진로	경제	4	3								
		진로	윤리와 사상	4	3								
		진로	인문학과 윤리	4	3				12 (택4)				
	과학	진로	역학과 에너지	4	3								
		진로	물질과 에너지	4	3								
		진로	세포와 물질대사	4	3								
		진로	지구시스템과학	4	3								
		융합	융합과학 탐구	4	3								
이수 학점 소계						29	29	29	29	29	29	174	84
창의적 체험 활동						3	3	3	3	3	3	18	18
학기별 총 이수 학점						32	32	32	32	32	32	192	

❷ ❶의 편제표를 참고하여 48~49쪽 선택 과목 목록에 다음과 같이 표시해 봅시다.

■ 학교 지정 과목

☆ 희망 학과에서 공부하기 위해 반드시 수강해야 하는 과목

○ 수강하면 좋거나 흥미가 있는 과목

✕ 우리 학교에 개설되지 않은 과목

Tip 개설 과목 중 선택 과목 목록에 없는 과목이 있다면 '그 외' 칸에 정리합니다.

💬 학과별 추천 선택 과목은 2부(54~249쪽)를 참고하세요.

💬 각 선택 과목에 대한 안내는 3부(250~311쪽)를 참고하세요.

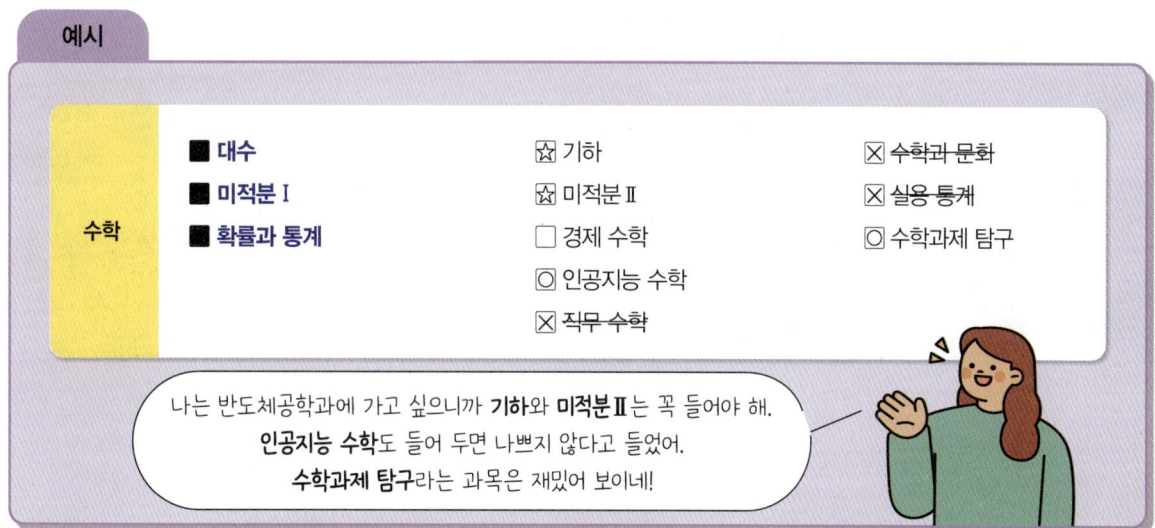

예시

수학	■ 대수	☑ 기하	✕ 수학과 문화
	■ 미적분 I	☑ 미적분 II	✕ 실용 통계
	■ 확률과 통계	☐ 경제 수학	○ 수학과제 탐구
		○ 인공지능 수학	
		✕ 직무 수학	

나는 반도체공학과에 가고 싶으니까 **기하**와 **미적분Ⅱ**는 꼭 들어야 해. **인공지능 수학**도 들어 두면 나쁘지 않다고 들었어. **수학과제 탐구**라는 과목은 재밌어 보이네!

❸ 미개설 과목 중 듣고 싶은 과목을 정리하고 이수 계획을 세워 봅시다.

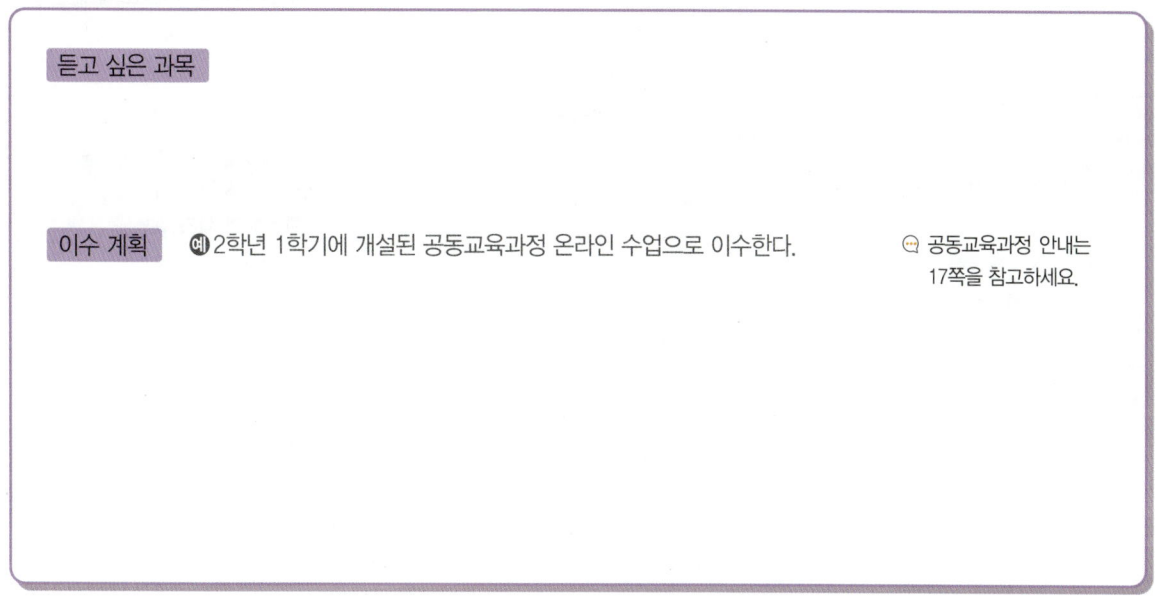

듣고 싶은 과목

이수 계획 　예2학년 1학기에 개설된 공동교육과정 온라인 수업으로 이수한다.

💬 공동교육과정 안내는 17쪽을 참고하세요.

선택 과목 목록

- ■ 학교 지정 과목
- ☆ 희망 학과에서 공부하기 위해 반드시 수강해야 하는 과목
- ○ 수강하면 좋거나 흥미가 있는 과목
- ✕ 우리 학교에 개설되지 않은 과목

교과(군)	일반 선택	진로 선택	융합 선택
국어	☐ **화법과 언어** ☐ **독서와 작문** ☐ **문학**	☐ 주제 탐구 독서 ☐ 문학과 영상 ☐ 직무 의사소통	☐ 독서 토론과 글쓰기 ☐ 매체 의사소통 ☐ 언어생활 탐구
수학	☐ **대수** ☐ **미적분 I** ☐ **확률과 통계**	☐ 기하 ☐ 미적분 II ☐ 경제 수학 ☐ 인공지능 수학 ☐ 직무 수학	☐ 수학과 문화 ☐ 실용 통계 ☐ 수학과제 탐구
영어	☐ **영어 I** ☐ **영어 II** ☐ 영어 독해와 작문	☐ 영미 문학 읽기 ☐ 영어 발표와 토론 ☐ 심화 영어 ☐ 심화 영어 독해와 작문 ☐ 직무 영어	☐ 실생활 영어 회화 ☐ 미디어 영어 ☐ 세계 문화와 영어
사회	☐ 세계시민과 지리 ☐ 세계사 ☐ 사회와 문화 ☐ 현대사회와 윤리	☐ 한국지리 탐구 ☐ 도시의미래탐구 ☐ 동아시아 역사 기행 ☐ 정치 ☐ 법과 사회 ☐ 경제 ☐ 윤리와 사상 ☐ 인문학과 윤리 ☐ 국제 관계의 이해	☐ 여행지리 ☐ 역사로 탐구하는 현대 세계 ☐ 사회문제 탐구 ☐ 금융과 경제생활 ☐ 윤리문제 탐구 ☐ 기후변화와 지속가능한 세계
과학	☐ 물리학 ☐ 화학 ☐ 생명과학 ☐ 지구과학	☐ 역학과 에너지 ☐ 전자기와 양자 ☐ 물질과 에너지 ☐ 화학 반응의 세계 ☐ 세포와 물질대사 ☐ 생물의 유전 ☐ 지구시스템과학 ☐ 행성우주과학	☐ 과학의 역사와 문화 ☐ 기후변화와 환경생태 ☐ 융합과학 탐구

교과(군)	일반 선택	진로 선택		융합 선택
체육	☐ 체육1 ☐ 체육2	☐ 운동과 건강 ☐ 스포츠 문화 ☐ 스포츠 과학		☐ 스포츠 생활1 ☐ 스포츠 생활2
예술	☐ 음악 ☐ 미술 ☐ 연극	☐ 음악 연주와 창작 ☐ 음악 감상과 비평 ☐ 미술 창작 ☐ 미술 감상과 비평		☐ 음악과 미디어 ☐ 미술과 매체
기술·가정/ 정보	☐ 기술·가정	☐ 로봇과 공학세계 ☐ 생활과학 탐구		☐ 창의 공학 설계 ☐ 지식 재산 일반 ☐ 생애 설계와 자립 ☐ 아동발달과 부모
	☐ 정보	☐ 인공지능 기초 ☐ 데이터 과학		☐ 소프트웨어와 생활
제2외국어/ 한문	☐ **독일어** ☐ **프랑스어** ☐ **스페인어** ☐ **중국어** ☐ **일본어** ☐ **러시아어** ☐ **아랍어** ☐ **베트남어**	☐ 독일어 회화 ☐ 프랑스어 회화 ☐ 스페인어 회화 ☐ 중국어 회화 ☐ 일본어 회화 ☐ 러시아어 회화 ☐ 아랍어 회화 ☐ 베트남어 회화	☐ 심화 독일어 ☐ 심화 프랑스어 ☐ 심화 스페인어 ☐ 심화 중국어 ☐ 심화 일본어 ☐ 심화 러시아어 ☐ 심화 아랍어 ☐ 심화 베트남어	☐ 독일어권 문화 ☐ 프랑스어권 문화 ☐ 스페인어권 문화 ☐ 중국 문화 ☐ 일본 문화 ☐ 러시아 문화 ☐ 아랍 문화 ☐ 베트남 문화
	☐ **한문**	☐ 한문 고전 읽기		☐ 언어생활과 한자
교양	☐ 진로와 직업 ☐ 생태와 환경	☐ 인간과 철학 ☐ 논리와 사고 ☐ 인간과 심리 ☐ 교육의 이해 ☐ 삶과 종교 ☐ 보건		☐ 인간과 경제활동 ☐ 논술
그 외	**Tip** 개설 과목 중 선택 과목 목록에 없는 과목이 있다면 '그 외' 칸에 정리합니다.			

3. 학업 설계서 작성하기

❶ 2에서 정리한 과목을 학년·학기별로 배치하여 학업 설계서를 완성해 봅시다.

학교		이름		희망 학과		

교과(군)	1학년				2학년	
	1학기		2학기		1학기	
	과목명	학점	과목명	학점	과목명	학점
국어	공통국어1		공통국어2			
수학	공통수학1		공통수학2			
영어	공통영어1		공통영어2			
사회	한국사1 통합사회1		한국사2 통합사회2			
과학	통합과학1 과학탐구실험1		통합과학2 과학탐구실험2			
체육						
예술						
기술·가정/ 정보						
제2외국어/ 한문						
교양						
공동 교육과정						
이수 학점	소계		소계		소계	

반드시 들어야 하는 학교 지정 과목을 먼저 정리하고, 남은 학점에 맞추어 선택 과목을 배정합니다.

2학년		3학년				합계
2학기		1학기		2학기		
과목명	학점	과목명	학점	과목명	학점	
소계		소계		소계		

❷ 나의 학업 설계서에 문제가 없는지 체크리스트에 따라 점검하고 보완해 봅시다.

✔ 학업 설계서 체크리스트

☐ 이수 학점이 **학점 이수 기준**을 충족하는가?

	내 학점			기준			충족 여부
교과 전체	_____학점			174학점 이상			○ ×
교과(군)	국어		수학	국어	8	수학	8	○ ×
	영어		한국사	영어	8	한국사	6	
	사회		과학	사회	8	과학	10	
	체육		예술	체육	10	예술	10	
	기술·가정/정보 제2외국어/한문/교양			기술·가정/정보 제2외국어/한문/교양		16	
기초 교과 (국·수·영)	_____학점			81학점 이하 *총 이수 학점이 174학점을 초과하는 경우 전체 교과 이수 학점의 50% 이하			○ ×

☐ 과목 **학습 순서**가 과목 위계에 맞는가?

☐ 희망 대학의 **이수 권장과목**을 포함하는가?

☐ 나의 **진로·적성**에 맞는 과목들인가?

☐ **흥미**롭게 들을 수 있는 과목들인가?

☐ 과목별 **성적 산출 방식**이 나에게 적절한가?

☐ 과목별 학습 **난이도**가 자신에게 적절한가?

☐ 미개설 과목에 대한 **이수 계획**이 적절한가?

☐

☐

☐

더 확인해야 할 사항이 있다면
추가해 봅시다.

📟 온라인으로 학업 설계서 작성하기   e-플래너 활용법

e-플래너란

e-플래너는 교육부에서 운영하는 개인별 맞춤형 교육과정 설계·관리 플랫폼이다. 우리 학교 교육과정 확인, 진로 및 교육과정 관련 정보 탐색, 온라인 진로·학업 설계서 작성을 지원한다. 또한 학업 설계서 작성 시 자동으로 전체 및 학기별/교과(군)별 학점을 계산해 준다.

*학교별 교육과정은 학교에 따라 제공하지 않는 경우도 있음.

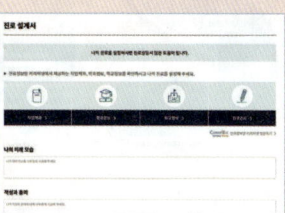

진로 설계 작성 화면

진로·학업 설계서 작성법

❶ 진로·학업 설계 > 나의 진로·학업 설계서에 접속한다.

❷ 작성자 정보의 학교 등록하기를 클릭하여 학교를 등록한다.

❸ 진로 설계 작성을 클릭하여 나의 희망 직업과 학과를 등록한다.

❹ 학업 설계 작성에서 우리 학교 교육과정을 바탕으로 선택 과목을 등록한다.

➡ 작성한 내용을 저장하고 필요에 따라 활용한다.

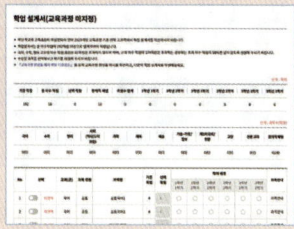

학업 설계 작성 화면

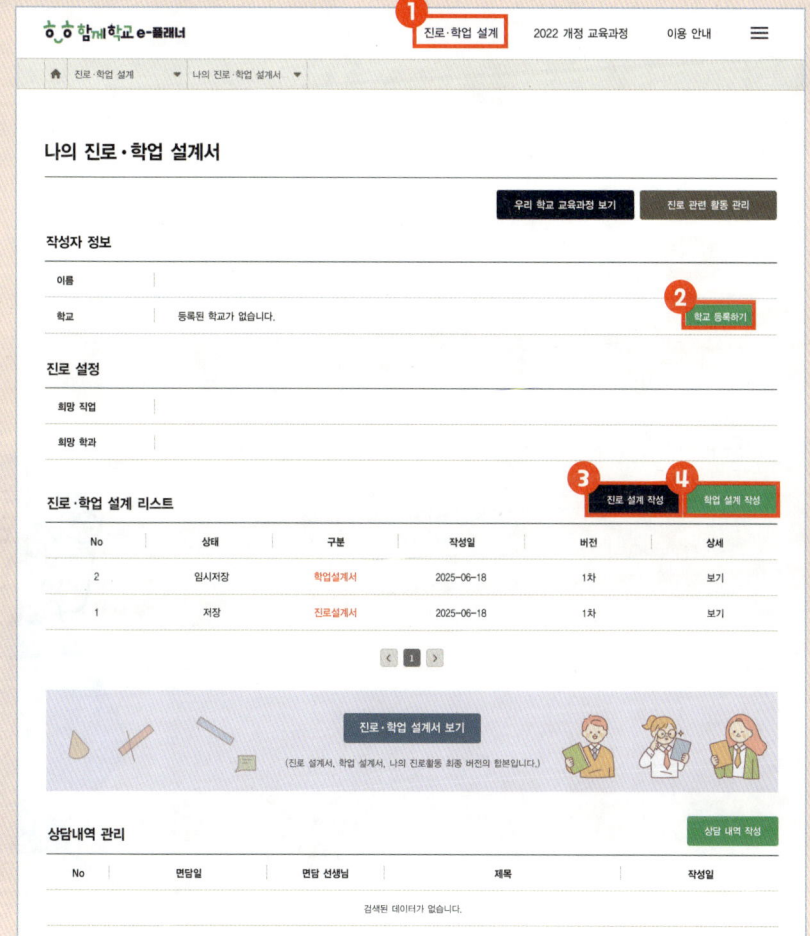

2부

대표 학과 90개
전공 연계 과목 선택 안내

미래의 전문가가 되려면
전문적 교육이 필요하지.
내 꿈을 이뤄 줄 학과는 어디일까?

볼로냐 대학교 해부학 극장 11세기 설립되어 현재의 대학 시스템을 확립한 세계 최초의 대학으로 당시 의학 교육의
선구자 역할을 했다. 지동설을 주장하여 과학 혁명의 시작을 알린 코페르니쿠스가 수학한 학교이기도 하다.

인문 계열의 학과는 인문학에 속하는 학문들을 교육하고 연구하는 것을 목적으로 한다. 인문학(Human Studies)이라는 말은 '인간다움'을 뜻하는 라틴어 '후마니타스(Humanitas)'에서 유래되었다. 인문학은 모든 학문의 근본이 되는 기초 학문으로, 인간의 문화, 가치, 자기표현 능력 등 인간과 관련된 다양한 영역을 탐구한다. 구체적으로는 어학, 문학, 역사학, 철학 등의 학문으로 구성되어 있다.

① 인문 계열

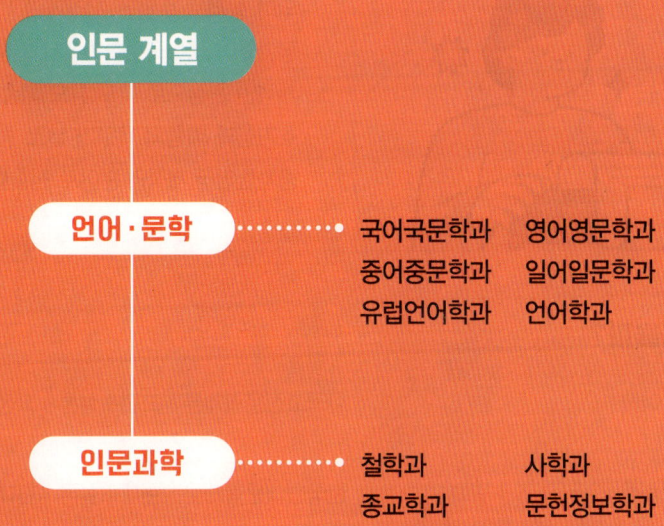

인문 계열

언어 · 문학 .... 국어국문학과   영어영문학과
중어중문학과   일어일문학과
유럽언어학과   언어학과

인문과학 .... 철학과   사학과
종교학과   문헌정보학과

국어국문학과

#국어학 #현대문학 #고전문학
#문해력 #의사소통능력
#문학사랑해

관련학과/유사학과

한국어문학과
한국어문화학과
국어국문문예창작학부
글로벌한국어문화학과 등

국어국문학과는 우리나라의 언어와 문학을 깊이 있게 연구하여 민족 문화를 창조적으로 계승하고 발전시키는 것을 목적으로 한다. 한 민족의 삶은 말/글과 함께 이루어졌으므로 국어국문학의 연구를 통해 우리 민족의 정신과 문화가 지닌 가치를 발굴하고 널리 알릴 수 있다. 이를 위해 국어학 분야에서는 우리말의 역사와 구조를 탐구하고, 고전과 현대의 문학 분야에서는 그 작품에 담긴 시대정신과 작품이 지닌 가치를 연구한다. 또한 우리말과 문학 작품에 대한 분석·연구를 바탕으로 실제 작품 창작과 글쓰기 방법론에 관한 연구도 이루어진다.

국어국문학과의 교과과정에서 폭넓게 이루어지는 문장 훈련과 창작 수업은 전문 작가를 지망하는 이들에게 큰 도움이 되며 실제로 수많은 시인과 소설가, 드라마 작가, 극작가, 비평가들이 국어국문학과에서 배출되었다. 한편 한류가 전 세계적인 관심으로 떠오른 오늘날, 한국어와 한국 문화에 대한 호기심과 배움의 욕구가 날로 증가하고 있어 국어국문학 전공자들이 국제적인 분야로 진출할 기회 역시 늘어나고 있다.

대학에서 어떤 과목을 배울까?

국어국문학

- 한국어연구입문 · 한국어문법의 이해
- 한국어음운론 · 한국어어휘론
- 한국어의 역사 · 우리 옛말의 이해
- 한국어의 문장과 구조 · 언어와 사회
- 한국고전문학개론 · 고전소설론 · 고전시가론
- 한국현대문학개론 · 현대소설론 · 현대시론 · 현대희곡론
- 현대비평론 · 여성문학론 · 아동청소년문학론
- 소설·시·시나리오창작연습

졸업 후 무슨 일을 할까?

경영·사무 금융직	49%	직업	기획 사무원 / 광고 및 홍보 사무원 / 브랜드관리사 브랜드네이밍 전문가
예술·방송 스포츠직	15%	직업	시인 / 소설가 / 극작가 / 평론가 / 출판기획·편집자 / 신문기자 방송기자 / 방송작가 / 카피라이터 / 문화콘텐츠기획자
교육·법률 사회복지 경찰직	10%	직업	국어교사 / 한국어강사 / 논술지도사 / 대학교수
기타	26%	직업	출판물영업원 / 서적판매원 등

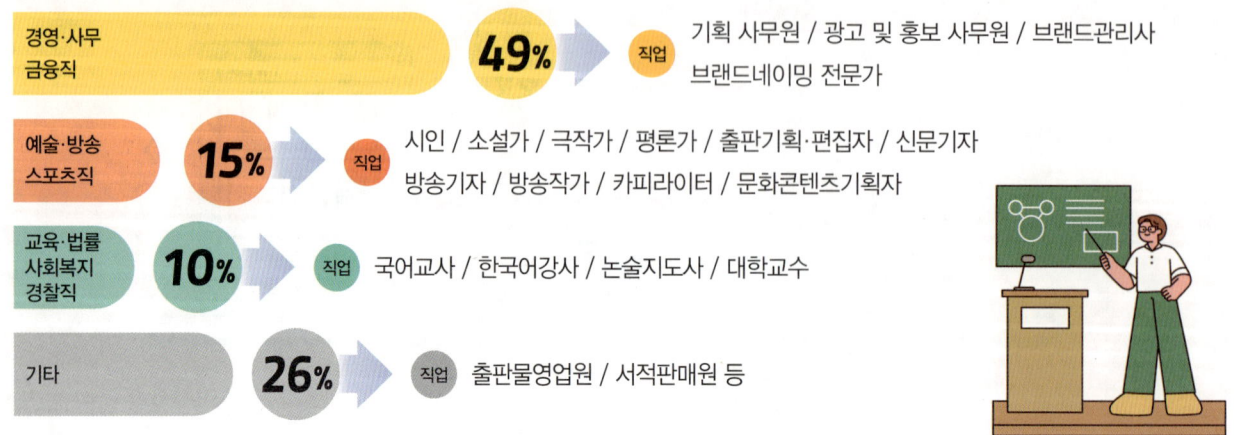

< > ↻ **고교학점제, 무슨 과목을 선택할까?** ☆ ☰

< 진학샘의 특별한 코칭

국어 교과를 이수하는 것을 추천합니다. 비교과 활동은 소설, 시, 서평 등 다양한 글쓰기를 통해 국어 성적만으로 보여 줄 수 없는 글쓰기 실력을 드러내거나, 외래어·외계어를 표준어로 바꿔 보는 것을 추천합니다.

 핵심 권장 학과(부)에서 공부하기 위해 필수적 이수를 권장하는 과목

 권장 학과(부)에서 공부하기 위해 이수를 권장하는 과목

추천 선택 192학점 이수를 고려해 이수를 권장하는 과목

교과(군)	일반 선택	진로 선택	융합 선택
국어	화법과 언어 독서와 작문 문학	주제 탐구 독서 문학과 영상 직무 의사소통	독서 토론과 글쓰기 매체 의사소통 언어생활 탐구
수학	대수 미적분 I 확률과 통계	기하 · 미적분 II 경제 수학 · 인공지능 수학 직무 수학	수학과 문화 실용 통계 수학과제 탐구
영어	영어 I · 영어 II 영어 독해와 작문	영미 문학 읽기 · 영어 발표와 토론 심화 영어 · 심화 영어 독해와 작문 직무 영어	실생활 영어 회화 미디어 영어 세계 문화와 영어
사회	세계시민과 지리 세계사 사회와 문화 현대사회와 윤리	한국지리 탐구 · 도시의 미래 탐구 동아시아 역사 기행 정치 · 법과 사회 · 경제 윤리와 사상 · 인문학과 윤리 국제 관계의 이해	여행지리 역사로 탐구하는 현대 세계 사회문제 탐구 · 금융과 경제생활 윤리문제 탐구 기후변화와 지속가능한 세계
과학	물리학 화학 생명과학 지구과학	역학과 에너지 · 전자기와 양자 물질과 에너지 · 화학 반응의 세계 세포와 물질대사 · 생물의 유전 지구시스템과학 · 행성우주과학	과학의 역사와 문화 기후변화와 환경생태 융합과학 탐구
예술	음악 미술 연극	음악 연주와 창작 · 음악 감상과 비평 미술 창작 · 미술 감상과 비평	음악과 미디어 미술과 매체
기술·가정/정보	기술·가정 정보	로봇과 공학세계 · 생활과학 탐구 인공지능 기초 · 데이터 과학	창의 공학 설계 · 지식 재산 일반 생애 설계와 자립 · 아동발달과 부모 소프트웨어와 생활
제2외국어/한문	제2외국어 (독일어, 프랑스어, 스페인어, 중국어, 일본어, 러시아어, 아랍어, 베트남어) 한문	제2외국어 회화 심화 제2외국어 한문 고전 읽기	제2외국어 문화 언어생활과 한자
교양	진로와 직업 생태와 환경	인간과 철학 · 논리와 사고 인간과 심리 · 교육의 이해 삶과 종교 · 보건	인간과 경제활동 · 논술

● 일반 선택 **굵은 글자**: 수능 출제 과목　　● 상대평가 등급 미산출 과목: ▨ 성취도 5단계　▨ 성취도 3단계　▨ P/F

영어영문학과

#영어학 #영문학 #통번역
#문화적감수성 #의사소통능력
#국어보다영어가쉬워

관련학과/유사학과

영미인문학과
영미문학·문화학과
글로벌커뮤니케이션학부
영어산업학과 등

영어영문학과는 영어권 사회의 문화를 이해하고 국제적으로 소통하는 방법을 익히는 것을 목적으로 한다. 이를 통해 국내외 인문학 연구의 폭을 넓히고자 한다.

영어영문학과의 연구 분야는 크게 영어학과 영문학으로 나뉜다. 영어학 분야에서는 영어의 구조, 문법, 의미 등을 연구하고, 영문학 분야에서는 영미권의 핵심적인 문학 작품을 어학, 비평, 문화적 측면에서 해석하고 연구한다. 이와 함께 영어 회화나 작문, 통역, 번역과 같은 실용적인 영어 기술을 익히기도 한다.

현대에 이르러 영문학은 아프리카, 아시아 등 다양한 문화권에서 영어로 쓰인 문학 작품을 연구 대상에 포함하며 국가와 민족의 경계를 넘나드는 학문으로 발전하는 모습을 보인다. 이로써 영어영문학은 국제 통용어인 영어를 습득하는 것 이상으로 국제 사회의 다양한 모습과 관계를 이해하고 세계시민으로서의 역량을 강화하는 학문으로 자리매김하고 있다.

대학에서 어떤 과목을 배울까?

영어영문학

영어학입문 · 영어의미론 · 영어구문론 · 영미음운론 · 영어통사론 · 영어발달사

영문학입문 · 영미소설 · 영미희곡 · 영미시 · 영미작가연구 · 영미문학사 · 영미문학비평 · 영미문학과 대중문화

영작문 · 영어말하기와 토론 · 영어담화분석 · 고급영어글쓰기 · 번역연습

졸업 후 무슨 일을 할까?

경영·사무 금융직 — **58%** → 직업 외교관 / 국제공무원 / 국제회의 전문가 무역 사무원 / 호텔관리자

교육·법률 사회복지 경찰직 — **12%** → 직업 영어교사 / 학원강사

미용·여행 음식·경비직 — **12%** → 직업 여행 사무원 / 여행상품개발자 / 여행안내원 관광통역안내원 / 크루즈승무원

기타 — **18%** → 직업 통역가 / 번역가 / 출판기획·편집자 / 신문기자 / 방송기자 등

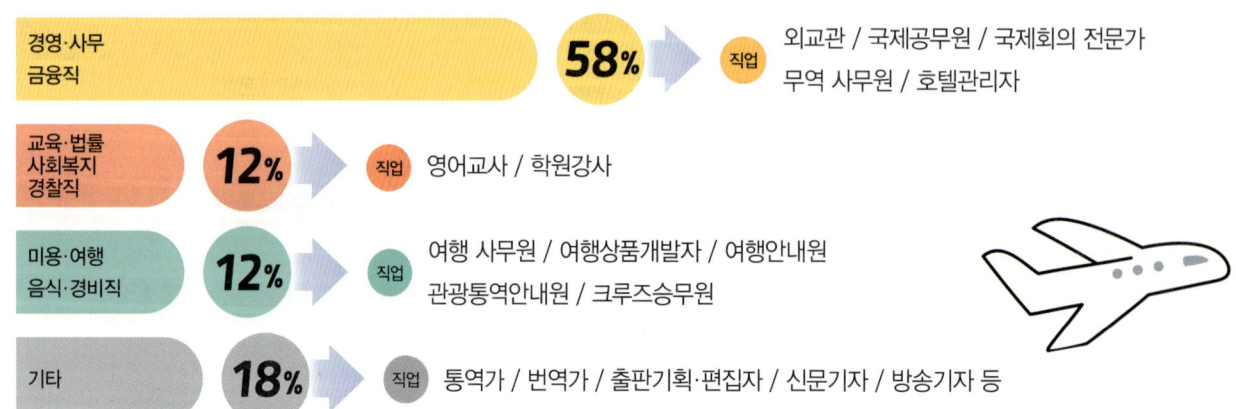

고교학점제, 무슨 과목을 선택할까?

진학샘의 특별한 코칭

영어 교과를 이수하는 것을 추천합니다. 비교과 활동은 관심 주제를 영어로 발표하는 학교 프로그램에 참가해 영어 말하기 실력을 드러내거나, 영미 문학 작품을 한국인 정서나 문화를 고려해 한국어로 번역하는 것을 추천합니다.

핵심 권장 학과(부)에서 공부하기 위해 필수적 이수를 권장하는 과목

권장 학과(부)에서 공부하기 위해 이수를 권장하는 과목

추천 선택 192학점 이수를 고려해 이수를 권장하는 과목

교과(군)	일반 선택	진로 선택	융합 선택
국어	**화법과 언어** **독서와 작문** **문학**	주제 탐구 독서 문학과 영상 직무 의사소통	독서 토론과 글쓰기 매체 의사소통 언어생활 탐구
수학	**대수** **미적분Ⅰ** **확률과 통계**	기하 · 미적분Ⅱ 경제 수학 · 인공지능 수학 직무 수학	수학과 문화 실용 통계 수학과제 탐구
영어	**영어Ⅰ · 영어Ⅱ** 영어 독해와 작문	영미 문학 읽기 · 영어 발표와 토론 심화 영어 · 심화 영어 독해와 작문 직무 영어	실생활 영어 회화 미디어 영어 세계 문화와 영어
사회	세계시민과 지리 세계사 사회와 문화 현대사회와 윤리	한국지리 탐구 · 도시의 미래 탐구 동아시아 역사 기행 정치 · 법과 사회 · 경제 윤리와 사상 · 인문학과 윤리 국제 관계의 이해	여행지리 역사로 탐구하는 현대 세계 사회문제 탐구 · 금융과 경제생활 윤리문제 탐구 기후변화와 지속가능한 세계
과학	물리학 화학 생명과학 지구과학	역학과 에너지 · 전자기와 양자 물질과 에너지 · 화학 반응의 세계 세포와 물질대사 · 생물의 유전 지구시스템과학 · 행성우주과학	과학의 역사와 문화 기후변화와 환경생태 융합과학 탐구
예술	음악 미술 연극	음악 연주와 창작 · 음악 감상과 비평 미술 창작 · 미술 감상과 비평	음악과 미디어 미술과 매체
제2외국어/한문	제2외국어 (독일어, 프랑스어, 스페인어, 중국어, 일본어, 러시아어, 아랍어, 베트남어) 한문	독일어 회화 · 프랑스어 회화 스페인어 회화 · 러시아어 회화 심화 독일어 · 심화 프랑스어 심화 스페인어 · 심화 러시아어 한문 고전 읽기	독일어권 문화 · 프랑스어권 문화 스페인어권 문화 · 러시아 문화 언어생활과 한자
교양	진로와 직업 생태와 환경	인간과 철학 · 논리와 사고 인간과 심리 · 교육의 이해 삶과 종교 · 보건	인간과 경제활동 · 논술

- 일반 선택 **굵은 글자**: 수능 출제 과목
- 상대평가 등급 미산출 과목: 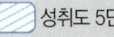 성취도 5단계 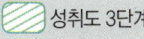 성취도 3단계 P/F

철학과

관련학과/유사학과

유학·동양학과
미학과 등

철학은 동서양 사상의 흐름을 이해하고 이를 바탕으로 세계와 인간에 대한 근본적인 문제들을 비판적으로 탐구하여 인류의 올바른 지향점을 모색하는 것을 목적으로 한다.

철학과의 주된 연구 분야에는 사고의 규칙과 질서를 연구하는 논리학, 존재와 그 특성을 연구하는 형이상학, 지식의 본성과 범위 및 한계를 연구하는 인식론, 옳은 행위의 기준과 실천방법을 연구하는 윤리학 등이 있다. 이 외에도 철학의 학문적 성과를 지역이나 시대에 따라 나누어 탐구하거나 언어학, 심리학 등 타 학문 분야의 철학적 토대를 탐구하기도 한다.

철학은 흔히 말하는 '실용적' 학문과는 거리가 멀어 보이지만 철학과에서 훈련할 수 있는 논리적이고 비판적인 사고 방법은 모든 학문의 토대가 된다. 철학과 학생들은 비판적 사고력과 통찰력을 바탕으로 다양한 분야에서 활동할 수 있으며 특히 문화 산업으로의 진출이 활발하다.

오늘날 우리는 급격한 사회 변화로 '어떻게 살아갈 것인가'를 사유할 필요가 커지고 있어 철학과 인문학에 대한 수요는 사라지지 않을 것으로 전망한다.

대학에서 어떤 과목을 배울까?

철학

- 서양철학개론 · 서양윤리학사 · 서양철학사 · 서양근대철학 · 플라톤철학 · 칸트철학
- 동양철학개론 · 한국철학사 · 한국유학사상 · 중국고대철학 · 도가철학 · 불교철학사
- 기초논리학 · 존재론과 형이상학 · 논리철학 · 실존철학 · 현상학 · 인식론 · 윤리학 · 철학원전강독 · 해석학
- 미학 · 언어철학 · 과학철학 · 사회철학 · 역사철학 · 문화철학 · 법철학 · 정치철학 · 심리철학

졸업 후 무슨 일을 할까?

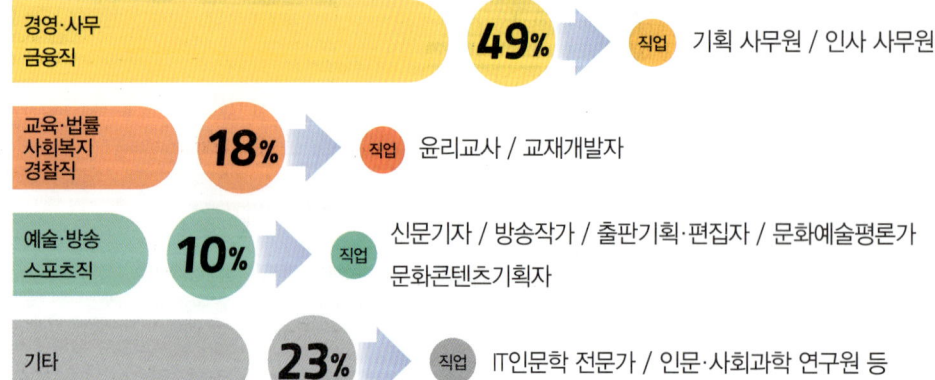

| 경영·사무 금융직 | **49%** | 직업 | 기획 사무원 / 인사 사무원 / 상품기획자 |

| 교육·법률 사회복지 경찰직 | **18%** | 직업 | 윤리교사 / 교재개발자 |

| 예술·방송 스포츠직 | **10%** | 직업 | 신문기자 / 방송작가 / 출판기획·편집자 / 문화예술평론가 문화콘텐츠기획자 |

| 기타 | **23%** | 직업 | IT인문학 전문가 / 인문·사회과학 연구원 등 |

고교학점제, 무슨 과목을 선택할까?

< 진학샘의 특별한 코칭

 사회 교과에서 윤리 관련 과목을 이수하는 것을 추천합니다. 비교과 활동은 동서양 철학자의 사상을 탐구하거나 '학생은 왜 교복을 입어야 하나?' 같은 주제에 대해 철학 사상을 바탕으로 사고해 보는 것을 추천합니다.

- **핵심 권장** 학과(부)에서 공부하기 위해 필수적 이수를 권장하는 과목
- **권장** 학과(부)에서 공부하기 위해 이수를 권장하는 과목
- **추천 선택** 192학점 이수를 고려해 이수를 권장하는 과목

교과(군)	일반 선택	진로 선택	융합 선택
국어	**화법과 언어** **독서와 작문** **문학**	주제 탐구 독서 문학과 영상 직무 의사소통	독서 토론과 글쓰기 매체 의사소통 언어생활 탐구
수학	**대수** **미적분Ⅰ** **확률과 통계**	기하 · 미적분Ⅱ 경제 수학 · 인공지능 수학 직무 수학	수학과 문화 실용 통계 수학과제 탐구
영어	**영어Ⅰ · 영어Ⅱ** 영어 독해와 작문	영미 문학 읽기 · 영어 발표와 토론 심화 영어 · 심화 영어 독해와 작문 직무 영어	실생활 영어 회화 미디어 영어 세계 문화와 영어
사회	세계시민과 지리 세계사 사회와 문화 현대사회와 윤리	한국지리 탐구 · 도시의 미래 탐구 동아시아 역사 기행 정치 · 법과 사회 · 경제 윤리와 사상 · 인문학과 윤리 국제 관계의 이해	여행지리 역사로 탐구하는 현대 세계 사회문제 탐구 · 금융과 경제생활 윤리문제 탐구 기후변화와 지속가능한 세계
과학	물리학 화학 생명과학 지구과학	역학과 에너지 · 전자기와 양자 물질과 에너지 · 화학 반응의 세계 세포와 물질대사 · 생물의 유전 지구시스템과학 · 행성우주과학	과학의 역사와 문화 기후변화와 환경생태 융합과학 탐구
기술·가정/ 정보	기술·가정 정보	로봇과 공학세계 · 생활과학 탐구 인공지능 기초 · 데이터 과학	창의 공학 설계 · 지식 재산 일반 생애 설계와 자립 · 아동발달과 부모 소프트웨어와 생활
제2외국어/ 한문	제2외국어 (독일어 , 프랑스어, 스페인어, 중국어 , 일본어, 러시아어, 아랍어, 베트남어) 한문	제2외국어 회화 심화 제2외국어 한문 고전 읽기	독일어권 문화 · 중국 문화 언어생활과 한자
교양	진로와 직업 생태와 환경	인간과 철학 · 논리와 사고 인간과 심리 · 교육의 이해 삶과 종교 · 보건	인간과 경제활동 · 논술

- 일반 선택 **굵은 글자**: 수능 출제 과목
- 상대평가 등급 미산출 과목: 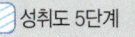 성취도 5단계 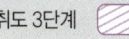 성취도 3단계 P/F

사학과

#연구방법론 #한국사 #동양사 #서양사

#분석과체계화 #통찰력

#역사는나의삶

관련학과/유사학과

역사학과
국사학과
한국사학과
역사문화학과
문화인류고고학과
역사콘텐츠전공 등

사학과는 한국사를 중심으로 동서양의 역사를 탐구함으로써 과거의 사실을 토대로 현재를 바르게 이해하고 미래를 올바른 방향으로 설계할 전문가를 기르는 것을 목적으로 한다.

이를 위해 역사적 사고를 정립하고 연구 방법론을 익혀 사료 독해와 분석 능력을 훈련한다. 이후 다양한 지역의 역사를 각 문화권의 특수성과 인류의 보편성 관점에서 탐구한다. 사상, 경제 등 세부적인 분야에 특화된 연구도 함께 이루어진다. 또한 동양, 서양과 같이 크게 분류된 지역사와 함께 한국, 중국, 일본, 인도, 유럽, 이슬람 문명 등 특정 지역이나 문명의 역사를 집중하여 연구하기도 한다.

인문학 안에서 전통이 깊은 분야인 사학 전공자에 대한 수요는 꾸준히 존재한다. 졸업생들은 박물관, 문화 유적지, 학술 단체, 문화 콘텐츠, 출판 등 다양한 진로로 나아가기에 유리하며, 지자체 등 공공기관에 필수적으로 배치되는 기록관리 전문가로 진출할 수도 있다.

대학에서 어떤 과목을 배울까?

사학

- 역사연구방법론 • 기록관리학개론 • 지역사연구의 이론과 실습 • 박물관과 문화기획 • 고고학 • 생태환경사
- 한국사학개론 • 한국고대/중세사 • 한국근대/현대사 • 한국사회경제사 • 한국지역사연구 • 한문사료읽기
- 동양사학개론 • 중국고대문명과 동아시아의 문화 • 동아시아언어와 사료 • 동서문화교류사 • 중국사논저강독
- 서양사학개론 • 서양문명의 발전과 환경의 변화 • 서양사사료읽기 • 근현대국제관계사 • 서양사와 여성의 역사

졸업 후 무슨 일을 할까?

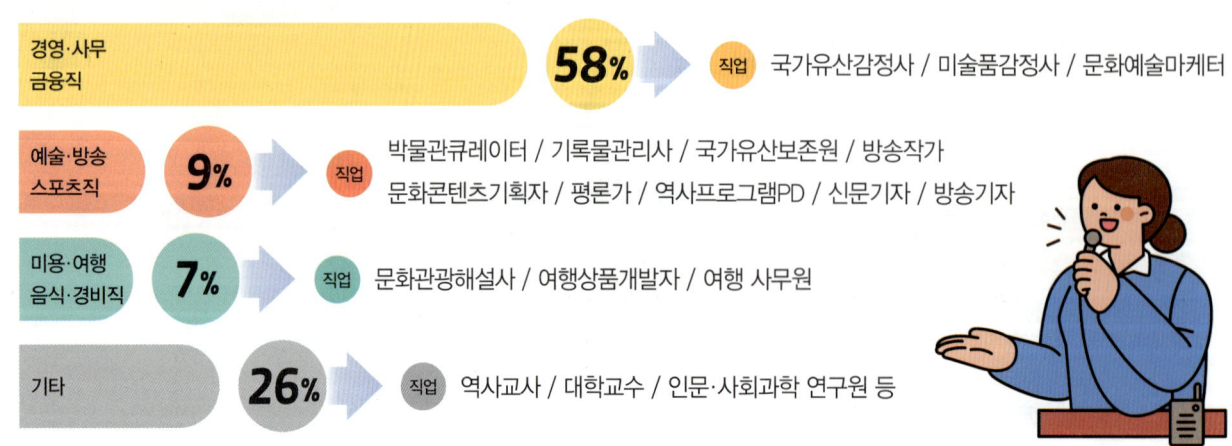

경영·사무 금융직 — **58%** → 직업 국가유산감정사 / 미술품감정사 / 문화예술마케터

예술·방송 스포츠직 — **9%** → 직업 박물관큐레이터 / 기록물관리사 / 국가유산보존원 / 방송작가
문화콘텐츠기획자 / 평론가 / 역사프로그램PD / 신문기자 / 방송기자

미용·여행 음식·경비직 — **7%** → 직업 문화관광해설사 / 여행상품개발자 / 여행 사무원

기타 — **26%** → 직업 역사교사 / 대학교수 / 인문·사회과학 연구원 등

고교학점제, 무슨 과목을 선택할까?

< 진학샘의 특별한 코칭

사회 교과에서 **역사** 관련 과목을 이수하는 것을 추천합니다. 비교과 활동은 역사 드라마나 영화에서 역사 왜곡 부분을 찾아 바로잡거나, 올바른 역사의식 함양을 위해 학교에서 역사 캠페인을 하는 활동을 추천합니다.

핵심 권장 학과(부)에서 공부하기 위해 필수적 이수를 권장하는 과목

권장 학과(부)에서 공부하기 위해 이수를 권장하는 과목

추천 선택 192학점 이수를 고려해 이수를 권장하는 과목

교과(군)	일반 선택	진로 선택	융합 선택
국어	**화법과 언어** **독서와 작문** **문학**	주제 탐구 독서 문학과 영상 직무 의사소통	독서 토론과 글쓰기 매체 의사소통 언어생활 탐구
수학	**대수** **미적분 I** **확률과 통계**	기하 · 미적분 II 경제 수학 · 인공지능 수학 직무 수학	수학과 문화 실용 통계 수학과제 탐구
영어	**영어 I · 영어 II** 영어 독해와 작문	영미 문학 읽기 · 영어 발표와 토론 심화 영어 · 심화 영어 독해와 작문 직무 영어	실생활 영어 회화 미디어 영어 세계 문화와 영어
사회	세계시민과 지리 세계사 사회와 문화 현대사회와 윤리	한국지리 탐구 · 도시의 미래 탐구 동아시아 역사 기행 정치 · 법과 사회 · 경제 윤리와 사상 · 인문학과 윤리 국제 관계의 이해	여행지리 역사로 탐구하는 현대 세계 사회문제 탐구 · 금융과 경제생활 윤리문제 탐구 기후변화와 지속가능한 세계
과학	물리학 화학 생명과학 지구과학	역학과 에너지 · 전자기와 양자 물질과 에너지 · 화학 반응의 세계 세포와 물질대사 · 생물의 유전 지구시스템과학 · 행성우주과학	과학의 역사와 문화 기후변화와 환경생태 융합과학 탐구
기술·가정/ 정보	기술·가정 정보	로봇과 공학세계 · 생활과학 탐구 인공지능 기초 · 데이터 과학	창의 공학 설계 · 지식 재산 일반 생애 설계와 자립 · 아동발달과 부모 소프트웨어와 생활
제2외국어/ 한문	**제2외국어 (독일어, 프랑스어, 스페인어, 중국어, 일본어, 러시아어, 아랍어, 베트남어)** 한문	제2외국어 회화 심화 제2외국어 한문 고전 읽기	중국 문화 · 일본 문화 언어생활과 한자
교양	진로와 직업 생태와 환경	인간과 철학 · 논리와 사고 인간과 심리 · 교육의 이해 삶과 종교 · 보건	인간과 경제활동 · 논술

● 일반 선택 **굵은 글자**: 수능 출제 과목   ● 상대평가 등급 미산출 과목: 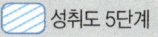 성취도 5단계 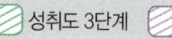 성취도 3단계   P/F

언어학과

#음운론 #통사론 #의미론 #컴퓨터언어
#논리적사고력 #분석력
#언어는힘이세다

관련학과/유사학과

언어정보학과
언어인지과학과 등

언어학과는 인간의 고유한 특징인 언어를 과학적으로 연구하여 인간 본성에 대한 깊이 있는 통찰을 얻는 것을 목적으로 한다. 언어학을 통해 다양한 문화권에서 사용되는 언어의 원리와 구조, 현상 등을 체계적으로 탐구할 수 있다.

언어학과의 연구 분야는 일반 언어학과 응용 언어학으로 나눌 수 있다. 일반 언어학 분야에서는 언어학 이론을 통해 언어의 구조와 의미를 깊이 있게 탐구한다. 응용 언어학 분야에서는 타 학문 분야와 융합된 실용적인 언어학을 연구하며, 특히 방대한 텍스트 데이터를 바탕으로 한 대형 언어 모델(LLM) 등 언어학과 인공지능이 연계된 기술에 대한 연구가 더욱 활발해지고 있다. 이 외에도 개별 국가나 민족의 언어를 구체적으로 연구하기도 한다.

인공지능의 언어 능력 발전에 기여할 수 있는 언어학의 중요성은 크게 확대될 전망이다. 언어학과 졸업생은 광고 문구 작성과 같은 실용적인 분야로도 진출할 수 있으며, 언어장애나 치료 분야로 학업을 지속할 경우 언어장애 전문가, 언어재활사로의 진출도 기대할 수 있다.

대학에서 어떤 과목을 배울까?

언어학

언어학입문 · 음성학 · 언어학사 · 음운론 · 통사론 · 형태론 · 화용론 · 의미론

광고언어학 · 심리언어학 · 사회언어학 · 언어와 미디어 · 언어장애 및 치료 · 언어와 컴퓨터 · 언어데이터과학

세계의 언어 · 만주어 · 스와힐리어 · 몽골어 · 핀란드어 · 알타이언어학 · 수어언어학

졸업 후 무슨 일을 할까?

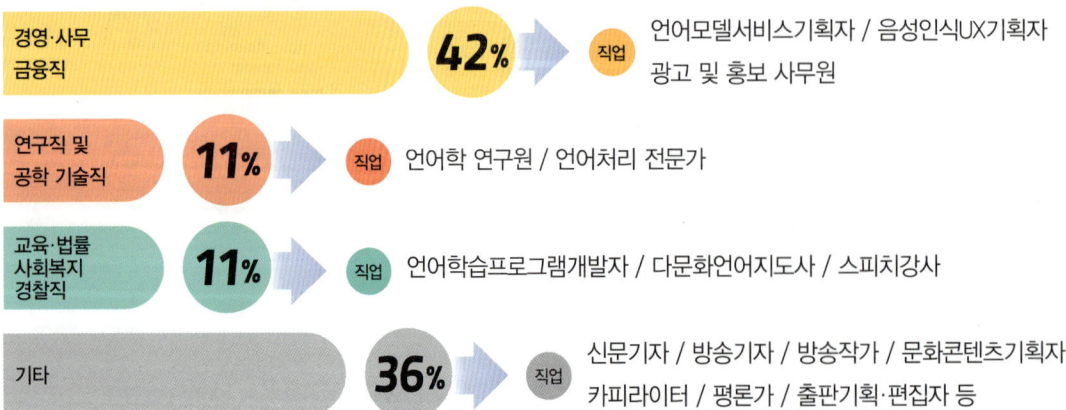

경영·사무 금융직 **42%** → 직업 언어모델서비스기획자 / 음성인식UX기획자 광고 및 홍보 사무원

연구직 및 공학 기술직 **11%** → 직업 언어학 연구원 / 언어처리 전문가

교육·법률 사회복지 경찰직 **11%** → 직업 언어학습프로그램개발자 / 다문화언어지도사 / 스피치강사

기타 **36%** → 직업 신문기자 / 방송기자 / 방송작가 / 문화콘텐츠기획자 카피라이터 / 평론가 / 출판기획·편집자 등

고교학점제, 무슨 과목을 선택할까?

< 진학샘의 특별한 코칭

국어, 영어, 제2외국어, 정보 교과를 이수하는 것을 추천합니다. 비교과 활동은 관심 있는 언어의 특성을 공부하거나, 은어·비속어를 대체할 수 있는 말을 알아보고 바른 말 고운 말 쓰기 캠페인을 하는 것을 추천합니다.

핵심 권장: 학과(부)에서 공부하기 위해 필수적 이수를 권장하는 과목
권장: 학과(부)에서 공부하기 위해 이수를 권장하는 과목
추천 선택: 192학점 이수를 고려해 이수를 권장하는 과목

교과(군)	일반 선택	진로 선택	융합 선택
국어	**화법과 언어** **독서와 작문** **문학**	주제 탐구 독서 문학과 영상 직무 의사소통	독서 토론과 글쓰기 매체 의사소통 언어생활 탐구
수학	**대수** **미적분 I** **확률과 통계**	기하 · 미적분 II 경제 수학 · 인공지능 수학 직무 수학	수학과 문화 실용 통계 수학과제 탐구
영어	**영어 I · 영어 II** 영어 독해와 작문	영미 문학 읽기 · 영어 발표와 토론 심화 영어 · 심화 영어 독해와 작문 직무 영어	실생활 영어 회화 미디어 영어 세계 문화와 영어
사회	세계시민과 지리 세계사 사회와 문화 현대사회와 윤리	한국지리 탐구 · 도시의 미래 탐구 동아시아 역사 기행 정치 · 법과 사회 · 경제 윤리와 사상 · 인문학과 윤리 국제 관계의 이해	여행지리 역사로 탐구하는 현대 세계 사회문제 탐구 · 금융과 경제생활 윤리문제 탐구 기후변화와 지속가능한 세계
과학	물리학 화학 생명과학 지구과학	역학과 에너지 · 전자기와 양자 물질과 에너지 · 화학 반응의 세계 세포와 물질대사 · 생물의 유전 지구시스템과학 · 행성우주과학	과학의 역사와 문화 기후변화와 환경생태 융합과학 탐구
기술·가정/ 정보	기술·가정 ----- 정보	로봇과 공학세계 · 생활과학 탐구 ----- 인공지능 기초 · 데이터 과학	창의 공학 설계 · 지식 재산 일반 생애 설계와 자립 · 아동발달과 부모 ----- 소프트웨어와 생활
제2외국어/ 한문	**제2외국어** (독일어 , 프랑스어 , 스페인어 , 중국어 , 일본어 , 러시아어 , 아랍어 , 베트남어) ----- 한문	제2외국어 회화 심화 제2외국어 ----- 한문 고전 읽기	제2외국어 문화 ----- 언어생활과 한자
교양	진로와 직업 생태와 환경	인간과 철학 · 논리와 사고 인간과 심리 · 교육의 이해 삶과 종교 · 보건	인간과 경제활동 · 논술

• 일반 선택 **굵은 글자**: 수능 출제 과목
• 상대평가 등급 미산출 과목: 성취도 5단계 성취도 3단계 P/F

유럽언어학과
독일, 프랑스, 스페인, 러시아

#독일어 #프랑스어 #스페인어 #러시아어
#의사소통능력 #문화의다양성
#세계를품을래

관련학과/유사학과

독일학과　　　프랑스어문학과
스페인어학과　러시아어문학과
유럽문화학과 등

유럽언어학과는 유럽의 문학, 역사, 문화 등에 대한 전문적인 지식과 언어 능력을 바탕으로 유럽 국가들과의 교류를 확대·발전시킬 수 있는 전문 인력 양성을 목적으로 한다.

유럽언어학과는 일반적으로 독어독문학과, 불어불문학과와 같이 대표적인 유럽 국가별로 학과가 분화되어 있다. 이에 따라 국가별 언어의 문법과 회화를 습득하고 문학 작품을 연구한다. 또한 유럽 전체의 역사적 맥락을 바탕으로 각 나라의 문화가 어떻게 형성되었는지도 함께 탐구한다.

독일, 프랑스, 스페인, 러시아는 유럽 국가들 중 중요한 위치를 차지하며, 이들 나라와 언어권에 대한 이해는 유럽 국가와 교류하는 데 큰 도움을 준다. 기후위기와 같은 전 지구적인 위협의 증가로 국제 협력이 더욱 중요해지는 상황에서 세계 질서에 영향을 끼칠 수 있는 유럽 국가에 대한 전문 지식을 갖추는 것은 세계가 필요로 하는 인재가 되는 바탕이라 할 수 있다.

대학에서 어떤 과목을 배울까?

유럽 언어학

독일어연습 · 독문법특강 · 독일어통번역연습 · 독일문학사 · 독일어권의 문화와 예술

초급프랑스어회화 · 불어음성학 · 불어구조의 이해 · 프랑스어글쓰기 · 현대프랑스문화분석

스페인어회화 · 스페인어문법 · 스페인어번역 및 통역 · 스페인희곡 · 스페인시강독 · 중남미외교와 국제관계

러시아어말하기 · 러시아문학사 · 러시아문화의 이해 · 러시아연극 · 러시아어 어원탐구

졸업 후 무슨 일을 할까?

경영·사무 금융직 **61%** → 직업 외교관 / 국제공무원 / 출입국심사관 무역 사무원

영업·판매 운송직 **13%** → 직업 해외영업원 / 제품영업원 / 상점판매원

미용·여행 음식·경비직 **8%** → 직업 관광통역안내원 / 항공기객실승무원 / 여행상품개발자 / 여행안내원

기타 **18%** → 직업 통역가 / 번역가 / 출판기획·편집자 / 해외취재기자 방송PD / 자막제작자 / 작가 등

고교학점제, 무슨 과목을 선택할까?

< 진학샘의 특별한 코칭

유럽 언어 중 하나를 선택해서 이수하는 것을 추천합니다. 비교과 활동은 관심 있는 유럽 언어를 열심히 공부해 회화 능력을 높이거나 유럽 문화와 우리나라 문화를 비교·분석해 보는 활동을 추천합니다.

핵심 권장 학과(부)에서 공부하기 위해 필수적 이수를 권장하는 과목

권장 학과(부)에서 공부하기 위해 이수를 권장하는 과목

추천 선택 192학점 이수를 고려해 이수를 권장하는 과목

교과(군)	일반 선택	진로 선택	융합 선택
국어	**화법과 언어** **독서와 작문** **문학**	주제 탐구 독서 문학과 영상 직무 의사소통	독서 토론과 글쓰기 매체 의사소통 언어생활 탐구
수학	**대수** **미적분Ⅰ** **확률과 통계**	기하 · 미적분Ⅱ 경제 수학 · 인공지능 수학 직무 수학	수학과 문화 실용 통계 수학과제 탐구
영어	**영어Ⅰ · 영어Ⅱ** 영어 독해와 작문	영미 문학 읽기 · 영어 발표와 토론 심화 영어 · 심화 영어 독해와 작문 직무 영어	실생활 영어 회화 미디어 영어 세계 문화와 영어
사회	세계시민과 지리 세계사 사회와 문화 현대사회와 윤리	한국지리 탐구 · 도시의 미래 탐구 동아시아 역사 기행 정치 · 법과 사회 · 경제 윤리와 사상 · 인문학과 윤리 국제 관계의 이해	여행지리 역사로 탐구하는 현대 세계 사회문제 탐구 · 금융과 경제생활 윤리문제 탐구 기후변화와 지속가능한 세계
과학	물리학 화학 생명과학 지구과학	역학과 에너지 · 전자기와 양자 물질과 에너지 · 화학 반응의 세계 세포와 물질대사 · 생물의 유전 지구시스템과학 · 행성우주과학	과학의 역사와 문화 기후변화와 환경생태 융합과학 탐구
예술	음악 미술 연극	음악 연주와 창작 · 음악 감상과 비평 미술 창작 · 미술 감상과 비평	음악과 미디어 미술과 매체
제2외국어/ 한문	**제2외국어 (독일어, 프랑스어, 스페인어, 중국어, 일본어, 러시아어, 아랍어, 베트남어)**	독일어 회화 · 프랑스어 회화 스페인어 회화 · 러시아어 회화 심화 독일어 · 심화 프랑스어 심화 스페인어 · 심화 러시아어	독일어권 문화 · 프랑스어권 문화 스페인어권 문화 · 러시아 문화
	한문	한문 고전 읽기	언어생활과 한자
교양	진로와 직업 생태와 환경	인간과 철학 · 논리와 사고 인간과 심리 · 교육의 이해 삶과 종교 · 보건	인간과 경제활동 · 논술

● 일반 선택 **굵은 글자**: 수능 출제 과목 ● 상대평가 등급 미산출 과목: 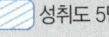 성취도 5단계 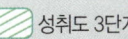 성취도 3단계 P/F

종교학과

#종교철학 #종교심리학 #종교사회학
#탐구력 #공동체역량
#종교에숨은문화가궁금해

관련학과/유사학과

신학과
기독교학과
불교학부 등

'인간은 종교적 동물이다.'라는 말처럼 종교는 동서양을 막론하고 등장하는 보편적인 인간 활동이다. 그러나 종교의 차이는 세계사에서 수많은 갈등을 일으켜 온 원인이 되기도 했다. 종교학과의 목표는 종교에 대한 정확한 이해를 바탕으로 종교로 인한 갈등을 해결할 수 있는 인재를 양성하는 것이다.

종교학과의 연구 분야는 크게 종교 일반과 개별 종교로 나뉜다. 종교 일반 분야에서는 세계 종교의 보편적인 특성을 연구한다. 개별 종교 분야에서는 기독교, 불교 등 다양한 종교의 역사와 교리, 특징을 탐구한다. 또한 철학, 심리학 등 타 학문 분야의 관점과 방법론을 활용하여 종교의 특성을 연구하기도 한다.

다른 인문학 전공들과의 관련성이 높은 학과로서 인문학에 대한 전반적인 흥미와 호기심이 있는 학생에게 적합한 학과이다. 다양한 문화권의 사람들이 어울려 살아가는 현대 사회에서 타 문화권의 문화와 종교를 존중하는 태도가 요구되는 만큼 세계 문화에 대해 폭넓게 연구하는 종교학과 졸업생들이 앞으로 더욱 중요한 역할을 맡을 것으로 기대된다.

대학에서 어떤 과목을 배울까?

종교학

현대사회와 종교 · 종교학사 · 조직신학 · 실천신학 · 종교현상학 · 비교종교학 · 종교의례 · 신화학

불교개론 · 기독교개론 · 유교개론 · 이슬람교개론 · 고대종교 · 한국유교 · 한국불교 · 일본종교

종교사회학 · 종교철학 · 종교심리학 · 종교인류학 · 종교교육론

졸업 후 무슨 일을 할까?

분야	비율	직업
경영·사무 금융직	33%	종교기관 사무원 / 종교콘텐츠기획자 / 종교상품기획자
교육·법률 사회복지 경찰직	31%	대학교수 / 성직자(목사, 신부, 수녀, 전도사 등)
예술·방송 스포츠직	7%	방송연출가 / 신문기자 / 출판기획·편집자 / 작가
기타	29%	장례지도사 / 장례상담원 / 돌봄서비스 종사자 등

고교학점제, 무슨 과목을 선택할까?

< > C ☆ ≡

< 진학샘의 특별한 코칭

삶과 종교, 사회 교과에서 역사, 윤리 관련 과목을 이수하는 것을 추천합니다. 비교과 활동은 자신이 믿는 신앙의 교리를 탐구하거나 종교별 특징을 알아보는 활동을 추천합니다.

핵심 권장 학과(부)에서 공부하기 위해 필수적 이수를 권장하는 과목

권장 학과(부)에서 공부하기 위해 이수를 권장하는 과목

추천 선택 192학점 이수를 고려해 이수를 권장하는 과목

교과(군)	일반 선택	진로 선택	융합 선택
국어	**화법과 언어** **독서와 작문** **문학**	주제 탐구 독서 문학과 영상 직무 의사소통	독서 토론과 글쓰기 매체 의사소통 언어생활 탐구
수학	**대수** **미적분 I** **확률과 통계**	기하 · 미적분 II 경제 수학 · 인공지능 수학 직무 수학	수학과 문화 실용 통계 수학과제 탐구
영어	**영어 I · 영어 II** 영어 독해와 작문	영미 문학 읽기 · 영어 발표와 토론 심화 영어 · 심화 영어 독해와 작문 직무 영어	실생활 영어 회화 미디어 영어 세계 문화와 영어
사회	세계시민과 지리 세계사 사회와 문화 현대사회와 윤리	한국지리 탐구 · 도시의 미래 탐구 동아시아 역사 기행 정치 · 법과 사회 · 경제 윤리와 사상 · 인문학과 윤리 국제 관계의 이해	여행지리 역사로 탐구하는 현대 세계 사회문제 탐구 · 금융과 경제생활 윤리문제 탐구 기후변화와 지속가능한 세계
과학	물리학 화학 생명과학 지구과학	역학과 에너지 · 전자기와 양자 물질과 에너지 · 화학 반응의 세계 세포와 물질대사 · 생물의 유전 지구시스템과학 · 행성우주과학	과학의 역사와 문화 기후변화와 환경생태 융합과학 탐구
기술·가정/ 정보	기술·가정 정보	로봇과 공학세계 · 생활과학 탐구 인공지능 기초 · 데이터 과학	창의 공학 설계 · 지식 재산 일반 생애 설계와 자립 · 아동발달과 부모 소프트웨어와 생활
제2외국어/ 한문	**제2외국어 (독일어, 프랑스어, 스페인어, 중국어, 일본어, 러시아어, 아랍어, 베트남어)** **한문**	제2외국어 회화 심화 제2외국어 한문 고전 읽기	제2외국어 문화 언어생활과 한자
교양	진로와 직업 생태와 환경	인간과 철학 · 논리와 사고 인간과 심리 · 교육의 이해 삶과 종교 · 보건	인간과 경제활동 · 논술

● 일반 선택 **굵은 글자**: 수능 출제 과목 ● 상대평가 등급 미산출 과목: 성취도 5단계 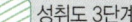 성취도 3단계 P/F

문헌정보학과

#정보조직학 #정보학 #서지학 #기록관리학
#체계적분류 #의사소통능력
#도서관편해

취득 가능 자격

정사서
사서교사

문헌정보학과는 가치 있는 정보들을 선별하여 체계적으로 관리하는 기술을 연구하는 학과이다. 문헌정보학과의 목표는 빅데이터 시대에 활약할 수 있는 정보 관리 전문가를 양성하는 것이다.

이를 위해 정보 조직 분야에서는 다양한 형태의 정보를 분류하고 목록화하여 관리하는 방법을 연구한다. 정보학 분야에서는 정확한 정보를 제공하기 위한 정보 검색 이론과 기법, 시스템 개발 방법을 연구한다. 도서 문헌을 주로 다루는 서지학과 기록물 관리 방법을 탐구하는 기록 관리학도 연구 분야에 포함된다.

과거에는 '도서관학과'로 불리며 졸업 후 진출 분야가 제한된 편이었지만, 최근 빅데이터 사회로 진입하면서 지식·정보의 체계적인 관리와 활용에 기여하는 문헌정보학과의 성장 가능성도 크게 높아졌다. 문헌정보학은 전통적인 문헌뿐만 아니라 다양한 디지털 자료와 데이터를 다루는 융합 학문으로 떠오르고 있어 앞으로 더 주목받을 것으로 기대된다.

대학에서 어떤 과목을 배울까?

문헌 정보학

정보조직론 · 문헌분류론 · 정보자료구성론 · 고문헌목록연습 · 한국학문헌정보론

정보학개론 · 데이터베이스설계 · 정보검색론 · 정보서비스론 · 정보시스템구축론 · 뉴미디어

서지학개론 · 기록관리학 · 도서관정보센터경영론 · 독서지도론 · 빅데이터프로그래밍

졸업 후 무슨 일을 할까?

경영·사무 금융직 **42%** 직업 기획 사무원 / 인사 사무원

예술·방송 스포츠직 **39%** 직업 도서관사서 / 기록물관리사 국가유산보존원

연구직 및 공학 기술직 **4%** 직업 인문과학 연구원 / 데이터베이스관리자 / 빅데이터 전문가

기타 **15%** 직업 사서교사 / 독서지도사 / 저작권에이전트 교재·교구개발자 등

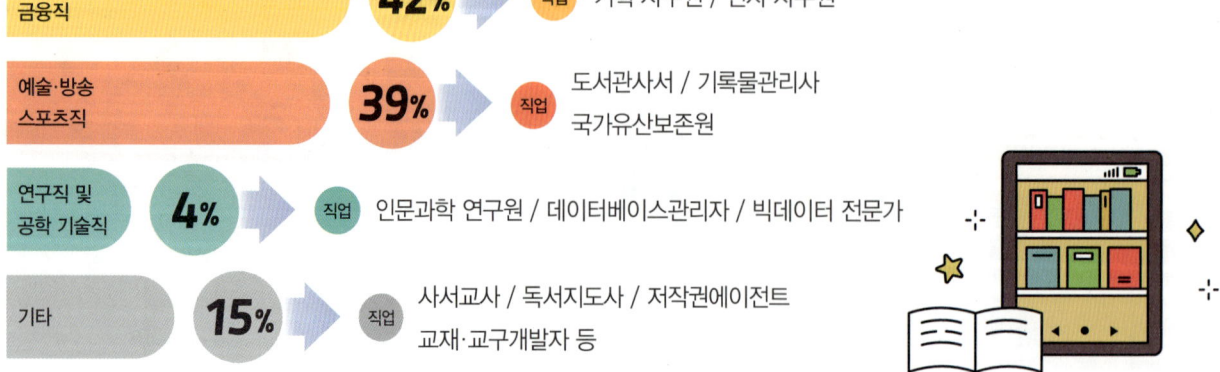

< > ↻ 고교학점제, 무슨 과목을 선택할까? ☆ ≡

< 진학샘의 특별한 코칭

국어, 사회, 정보 교과를 이수하는 것을 추천합니다. 비교과 활동은 학교 도서관에서 사서 선생님을 도와주는 봉사활동이나 다양한 분야의 책을 읽고 토론하는 활동을 추천합니다.

핵심 권장 학과(부)에서 공부하기 위해 필수적 이수를 권장하는 과목

권장 학과(부)에서 공부하기 위해 이수를 권장하는 과목

추천 선택 192학점 이수를 고려해 이수를 권장하는 과목

교과(군)	일반 선택	진로 선택	융합 선택
국어	화법과 언어 독서와 작문 문학	주제 탐구 독서 문학과 영상 직무 의사소통	독서 토론과 글쓰기 매체 의사소통 언어생활 탐구
수학	대수 미적분Ⅰ 확률과 통계	기하 · 미적분Ⅱ 경제 수학 · 인공지능 수학 직무 수학	수학과 문화 실용 통계 수학과제 탐구
영어	영어Ⅰ · 영어Ⅱ 영어 독해와 작문	영미 문학 읽기 · 영어 발표와 토론 심화 영어 · 심화 영어 독해와 작문 직무 영어	실생활 영어 회화 미디어 영어 세계 문화와 영어
사회	세계시민과 지리 세계사 사회와 문화 현대사회와 윤리	한국지리 탐구 · 도시의 미래 탐구 동아시아 역사 기행 정치 · 법과 사회 · 경제 윤리와 사상 · 인문학과 윤리 국제 관계의 이해	여행지리 역사로 탐구하는 현대 세계 사회문제 탐구 · 금융과 경제생활 윤리문제 탐구 기후변화와 지속가능한 세계
과학	물리학 화학 생명과학 지구과학	역학과 에너지 · 전자기와 양자 물질과 에너지 · 화학 반응의 세계 세포와 물질대사 · 생물의 유전 지구시스템과학 · 행성우주과학	과학의 역사와 문화 기후변화와 환경생태 융합과학 탐구
기술·가정/정보	기술·가정 정보	로봇과 공학세계 · 생활과학 탐구 인공지능 기초 · 데이터 과학	창의 공학 설계 · 지식 재산 일반 생애 설계와 자립 · 아동발달과 부모 소프트웨어와 생활
제2외국어/한문	제2외국어 (독일어, 프랑스어, 스페인어, 중국어, 일본어, 러시아어, 아랍어, 베트남어) 한문	제2외국어 회화 심화 제2외국어 한문 고전 읽기	제2외국어 문화 언어생활과 한자
교양	진로와 직업 생태와 환경	인간과 철학 · 논리와 사고 인간과 심리 · 교육의 이해 삶과 종교 · 보건	인간과 경제활동 · 논술

• 일반 선택 **굵은 글자**: 수능 출제 과목   • 상대평가 등급 미산출 과목: 성취도 5단계 성취도 3단계 P/F

중어중문학과

#중국어 #중국문학 #중국문화
#의사소통능력 #문화적감수성
#중국어수업은내가Top

관련학과/유사학과

중국학과
중국언어문화학부
중국어문학전공 등

중어중문학과는 중국어를 포함해 중국의 정치, 경제, 역사, 문화 등에 관한 폭넓은 이해를 도모함으로써 중국과 깊이 있는 교류를 확대하는 것을 목적으로 한다.

중어중문학과의 연구 분야는 크게 중국어, 중국문학, 중국학 분야로 나뉜다. 중국어 분야에서는 중국어의 역사와 구조를 탐구하며 중국어 독해와 회화, 작문 등을 함께 연구한다. 문학 분야에서는 중국의 문화와 정신을 보여 주는 고전과 현대의 문학 작품들을 분석하고 연구한다. 이와 함께 중국의 지리, 정치, 경제, 문화 등 다양한 영역을 비판적으로 분석하고 이해하기 위한 중국학 분야의 연구도 이루어진다.

중국은 세계 2위의 경제 대국으로서 국제 사회에 다방면으로 영향을 끼치고 있다. 이에 따라 중국 문화에 대한 이해와 중국어 능력을 갖춘 중어중문학과 졸업생들이 진출할 수 있는 분야도 다양하다. 또한 중어중문학과 졸업생들은 한자와 한문을 필수적으로 익히게 되므로 동아시아 국가와의 소통에도 유리한 측면이 있다.

대학에서 어떤 과목을 배울까?

**중어
중문학**

중국어학의 이해 · 한문문법 · 중국어문법 · 중국어음성학 · 고급중국어 · 중국어글쓰기

중국문학사 · 현대중국소설 · 중국고전문학 · 현대중국의 영화와 사회 · 중국고전강독

현대중국사회의 이해 · 인물로 보는 중국문화 · 노장사상과 중국문화 · 중국사회문화론특강

졸업 후 무슨 일을 할까?

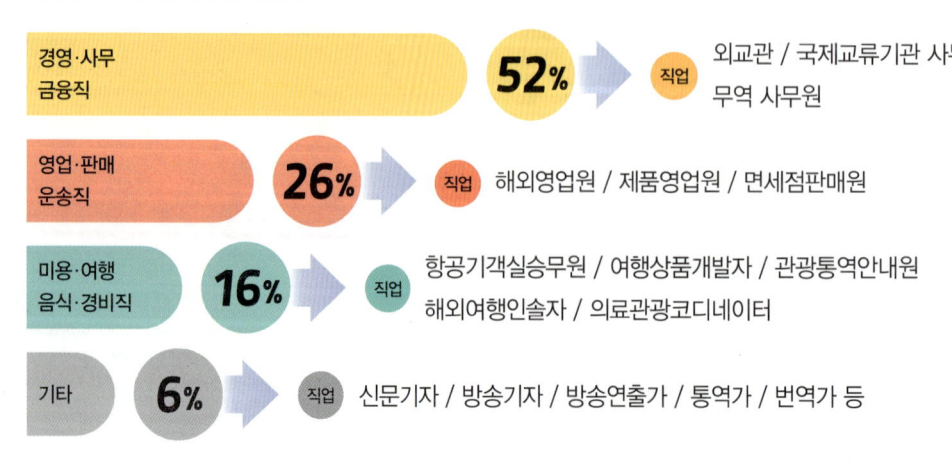

경영·사무
금융직 · **52%** · 직업 · 외교관 / 국제교류기관 사무원
무역 사무원

영업·판매
운송직 · **26%** · 직업 · 해외영업원 / 제품영업원 / 면세점판매원

미용·여행
음식·경비직 · **16%** · 직업 · 항공기객실승무원 / 여행상품개발자 / 관광통역안내원
해외여행인솔자 / 의료관광코디네이터

기타 · **6%** · 직업 · 신문기자 / 방송기자 / 방송연출가 / 통역가 / 번역가 등

고교학점제, 무슨 과목을 선택할까?

< 진학샘의 특별한 코칭

중국어와 한문을 이수하는 것을 추천합니다. 비교과 활동은 중국어를 열심히 공부해 중국어 회화 능력을 높이거나 중국 역사, 문화, 우리나라와 중국의 국제 관계 등에 대해 탐구해 보는 것을 추천합니다.

핵심 권장 학과(부)에서 공부하기 위해 필수적 이수를 권장하는 과목

권장 학과(부)에서 공부하기 위해 이수를 권장하는 과목

추천 선택 192학점 이수를 고려해 이수를 권장하는 과목

교과(군)	일반 선택	진로 선택	융합 선택
국어	**화법과 언어** **독서와 작문** **문학**	주제 탐구 독서 문학과 영상 직무 의사소통	독서 토론과 글쓰기 매체 의사소통 언어생활 탐구
수학	**대수** **미적분Ⅰ** **확률과 통계**	기하 · 미적분Ⅱ 경제 수학 · 인공지능 수학 직무 수학	수학과 문화 실용 통계 수학과제 탐구
영어	**영어Ⅰ · 영어Ⅱ** **영어 독해와 작문**	영미 문학 읽기 · 영어 발표와 토론 심화 영어 · 심화 영어 독해와 작문 직무 영어	실생활 영어 회화 미디어 영어 세계 문화와 영어
사회	세계시민과 지리 세계사 사회와 문화 현대사회와 윤리	한국지리 탐구 · 도시의 미래 탐구 동아시아 역사 기행 정치 · 법과 사회 · 경제 윤리와 사상 · 인문학과 윤리 국제 관계의 이해	여행지리 역사로 탐구하는 현대 세계 사회문제 탐구 · 금융과 경제생활 윤리문제 탐구 기후변화와 지속가능한 세계
과학	물리학 화학 생명과학 지구과학	역학과 에너지 · 전자기와 양자 물질과 에너지 · 화학 반응의 세계 세포와 물질대사 · 생물의 유전 지구시스템과학 · 행성우주과학	과학의 역사와 문화 기후변화와 환경생태 융합과학 탐구
기술·가정/ 정보	기술·가정 정보	로봇과 공학세계 · 생활과학 탐구 인공지능 기초 · 데이터 과학	창의 공학 설계 · 지식 재산 일반 생애 설계와 자립 · 아동발달과 부모 소프트웨어와 생활
제2외국어/ 한문	제2외국어 (독일어, 프랑스어, 스페인어, 중국어, 일본어, 러시아어, 아랍어, 베트남어) 한문	중국어 회화 심화 중국어 한문 고전 읽기	중국 문화 언어생활과 한자
교양	진로와 직업 생태와 환경	인간과 철학 · 논리와 사고 인간과 심리 · 교육의 이해 삶과 종교 · 보건	인간과 경제활동 · 논술

● 일반 선택 **굵은 글자**: 수능 출제 과목   ● 상대평가 등급 미산출 과목: 성취도 5단계   성취도 3단계 P/F

일어일문학과

#일본어 #일본문학 #일본문화
#의사소통능력 #문화적감수성
#일본어수업은내가Top

관련학과/유사학과

일본학과
일본언어문화학과
일본어문학전공 등

こんにちは！

일어일문학과는 일본어와 함께 일본의 문학, 사회, 정치, 경제, 문화 등을 탐구함으로써 한일 관계를 선도할 수 있는 일본 전문가를 양성하고자 한다.

일어일문학과의 연구 분야는 크게 일본어, 일본문학, 일본사회·문화 분야로 나뉜다. 일본어 분야에서는 일본어의 역사와 구조, 어휘, 문법 등 어학 이론을 연구한다. 문학 분야에서는 일본의 주요한 문학 작품을 읽고 작가의 문학적 성향을 분석·비평하며 일본 문학의 특징을 탐구한다. 또한 사상, 종교, 예술 등 일본의 문화를 총체적으로 이해하기 위한 연구도 함께 이루어진다.

일본은 한국과 지리적으로 가까운 나라로서 다양한 분야에서 교류가 이루어지고 있다. 한국과 일본은 여러 역사적 굴곡으로 인해 때로는 협력과 교류를, 때로는 갈등과 대립을 반복해 왔지만 앞으로는 올바른 역사 인식을 바탕으로 협력 관계를 구축해 나갈 필요가 있다. 이때 일어일문학과 졸업생들이 중요한 역할을 할 수 있을 것으로 기대된다.

대학에서 어떤 과목을 배울까?

일어일문학

초급일본어 · 현대일본어문법 · 일본어작문 · 일본어독해 · 일본어구문론 · 일본사회와 언어 · 일본어사

일본현대소설입문 · 일본고전문학의 이해 · 일본문학과 미디어 · 일본문예평론 · 일본디아스포라문학

일본문화의 이해 · 일본역사의 이해 · 현대일본의 국제관계 · 현대일본대중문화 · 재난과 일본문화

졸업 후 무슨 일을 할까?

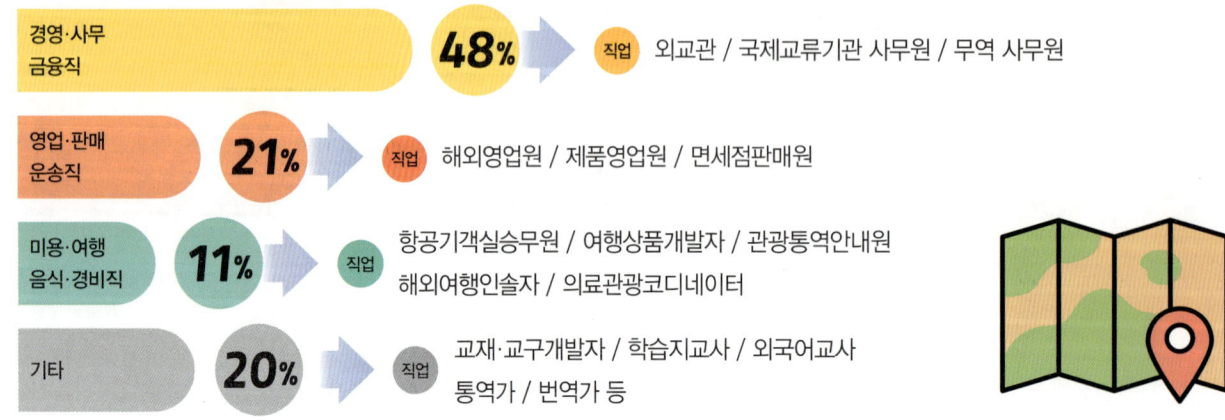

경영·사무 금융직	48%	직업	외교관 / 국제교류기관 사무원 / 무역 사무원
영업·판매 운송직	21%	직업	해외영업원 / 제품영업원 / 면세점판매원
미용·여행 음식·경비직	11%	직업	항공기객실승무원 / 여행상품개발자 / 관광통역안내원 해외여행인솔자 / 의료관광코디네이터
기타	20%	직업	교재·교구개발자 / 학습지교사 / 외국어교사 통역가 / 번역가 등

고교학점제, 무슨 과목을 선택할까?

진학샘의 특별한 코칭

일본어와 **한문**을 이수하는 것을 추천합니다. 비교과 활동은 일본어를 공부해 일본어 회화 능력을 높이거나 일본 역사와 문화를 알아보는 것, 국제 분쟁 및 사건에 따른 한일 관계를 탐구해 보는 것을 추천합니다.

핵심 권장 학과(부)에서 공부하기 위해 필수적 이수를 권장하는 과목

권장 학과(부)에서 공부하기 위해 이수를 권장하는 과목

추천 선택 192학점 이수를 고려해 이수를 권장하는 과목

교과(군)	일반 선택	진로 선택	융합 선택
국어	화법과 언어 독서와 작문 문학	주제 탐구 독서 문학과 영상 직무 의사소통	독서 토론과 글쓰기 매체 의사소통 언어생활 탐구
수학	대수 미적분 I 확률과 통계	기하 · 미적분 II 경제 수학 · 인공지능 수학 직무 수학	수학과 문화 실용 통계 수학과제 탐구
영어	영어 I · 영어 II 영어 독해와 작문	영미 문학 읽기 · 영어 발표와 토론 심화 영어 · 심화 영어 독해와 작문 직무 영어	실생활 영어 회화 미디어 영어 세계 문화와 영어
사회	세계시민과 지리 세계사 사회와 문화 현대사회와 윤리	한국지리 탐구 · 도시의 미래 탐구 동아시아 역사 기행 정치 · 법과 사회 · 경제 윤리와 사상 · 인문학과 윤리 국제 관계의 이해	여행지리 역사로 탐구하는 현대 세계 사회문제 탐구 · 금융과 경제생활 윤리문제 탐구 기후변화와 지속가능한 세계
과학	물리학 화학 생명과학 지구과학	역학과 에너지 · 전자기와 양자 물질과 에너지 · 화학 반응의 세계 세포와 물질대사 · 생물의 유전 지구시스템과학 · 행성우주과학	과학의 역사와 문화 기후변화와 환경생태 융합과학 탐구
기술·가정/정보	기술·가정 정보	로봇과 공학세계 · 생활과학 탐구 인공지능 기초 · 데이터 과학	창의 공학 설계 · 지식 재산 일반 생애 설계와 자립 · 아동발달과 부모 소프트웨어와 생활
제2외국어/한문	제2외국어 (독일어, 프랑스어, 스페인어, 중국어, 일본어, 러시아어, 아랍어, 베트남어) 한문	일본어 회화 심화 일본어 한문 고전 읽기	일본 문화 언어생활과 한자
교양	진로와 직업 생태와 환경	인간과 철학 · 논리와 사고 인간과 심리 · 교육의 이해 삶과 종교 · 보건	인간과 경제활동 · 논술

● 일반 선택 **굵은 글자**: 수능 출제 과목　　● 상대평가 등급 미산출 과목: 성취도 5단계　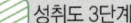 성취도 3단계　 P/F

사회 계열의 학과는 사회의 여러 현상을 과학적·체계적으로 연구하는 것을 목적으로 한다. 사회의 지속적인 발전을 위해서는 과학기술의 발전뿐만 아니라 사회의 변화를 분석하고 대안을 제시하는 사회과학의 발전이 뒷받침되어야 한다. 사회 계열 학문의 교육과 연구를 통해 사회 문제를 진단하고 처방하는 전문가의 소양을 육성할 수 있다. 구체적으로는 사회학, 정치학, 경제학 등의 학문으로 구성되어 있다.

❷ 사회 계열

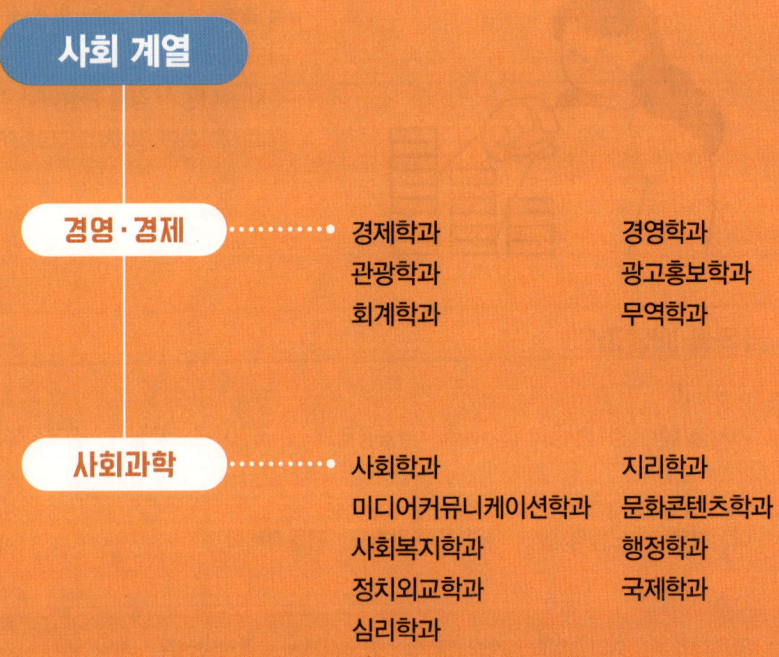

사회 계열

경영·경제 ········· 경제학과   경영학과
관광학과   광고홍보학과
회계학과   무역학과

사회과학 ········· 사회학과   지리학과
미디어커뮤니케이션학과   문화콘텐츠학과
사회복지학과   행정학과
정치외교학과   국제학과
심리학과

경제학과

#거시경제학 #미시경제학 #국가경제
#공동체역량 #통찰력
#모두가잘사는삶을위해

관련학과 / 유사학과

금융경제학과
소비자경제학과
글로벌경제학과
식품자원경제학과 등

경제학은 한정된 자원 내에서 최선의 선택을 내리는 방법을 연구하는 학문이다. 경제학과의 목표는 개인·기업·국가가 경제적 의사 결정 상황에서 합리적인 판단을 내리고 문제를 해결하도록 기여할 수 있는 경제 전문가를 양성하는 것이다.

경제학의 연구 분야는 크게 거시경제학과 미시경제학으로 나뉜다. 거시경제학은 국민 소득을 바탕으로 국가 단위의 경제 정책이 가지는 효과 등 국가 경제 전체의 문제에 대해서 연구한다. 미시경제학은 시장에서 소비자, 기업, 정부와 같은 경제 주체들이 상호 교류하는 현상을 탐구한다. 또한 경제를 연구할 때 필요한 수학과 통계학을 전문적으로 다루는 경제수학도 중요한 연구 분야 중 하나이다.

경제학 지식과 경제학적 의사 결정 능력은 다양한 분야에서 활용도가 높아 금융·회계 분야뿐만 아니라 일반 기업체에서도 경제학과 졸업생에 대한 수요가 높다. 평소 일상에서 마주치는 다양한 경제 현상이나 경제 문제에 대한 탐구심이 높은 학생이라면 경제학과로의 진학을 고려해 볼 만하다.

대학에서 어떤 과목을 배울까?

경제학

거시경제학 · 경기변동과 경기예측 · 금융경제학 · 한국경제론 · 재정학 · 경제정책론

미시경제학 · 노동경제학 · 자원 및 환경경제 · 행동경제학

경제학원론 · 수리경제학 · 계량경제학 · 한국경제사 · 경제발전론 · 게임이론

졸업 후 무슨 일을 할까?

경영·사무 금융직	73%	직업	금융자산운용사 / 펀드매니저 / 은행원 / 관세사
영업·판매 운송직	7%	직업	해외영업원 / 제품영업원 / 상품중개인 / 경매사
연구직 및 공학 기술직	4%	직업	경제학 연구원 / 국제경제분석가 / 경제평론가
기타	16%	직업	신문기자(경제) / 번역가 / 스포츠에이전트 등

고교학점제, 무슨 과목을 선택할까? ☆ ≡

< 진학샘의 특별한 코칭

경제 수학, 사회 교과에서 경제 관련 과목 이수를 추천하며, 수학에 자신이 있으면 미적분Ⅱ 이수를 권장합니다. 비교과 활동은 베블런 효과, 밴드왜건 효과, 스놉 효과 같은 경제 용어를 공부하거나, 관심 산업 분야의 경제 통계 자료를 엑셀이나 데이터 분석 프로그램으로 분석해 보는 것을 추천합니다.

핵심 권장 학과(부)에서 공부하기 위해 필수적 이수를 권장하는 과목

권장 학과(부)에서 공부하기 위해 이수를 권장하는 과목

추천 선택 192학점 이수를 고려해 이수를 권장하는 과목

사회 계열

교과(군)	일반 선택	진로 선택	융합 선택
국어	화법과 언어 독서와 작문 문학	주제 탐구 독서 문학과 영상 직무 의사소통	독서 토론과 글쓰기 매체 의사소통 언어생활 탐구
수학	대수 미적분 I 확률과 통계	기하 · 미적분Ⅱ 경제 수학 · 인공지능 수학 직무 수학	수학과 문화 실용 통계 수학과제 탐구
영어	영어 I · 영어Ⅱ 영어 독해와 작문	영미 문학 읽기 · 영어 발표와 토론 심화 영어 · 심화 영어 독해와 작문 직무 영어	실생활 영어 회화 미디어 영어 세계 문화와 영어
사회	세계시민과 지리 세계사 사회와 문화 현대사회와 윤리	한국지리 탐구 · 도시의 미래 탐구 동아시아 역사 기행 정치 · 법과 사회 · 경제 윤리와 사상 · 인문학과 윤리 국제 관계의 이해	여행지리 역사로 탐구하는 현대 세계 사회문제 탐구 · 금융과 경제생활 윤리문제 탐구 기후변화와 지속가능한 세계
과학	물리학 화학 생명과학 지구과학	역학과 에너지 · 전자기와 양자 물질과 에너지 · 화학 반응의 세계 세포와 물질대사 · 생물의 유전 지구시스템과학 · 행성우주과학	과학의 역사와 문화 기후변화와 환경생태 융합과학 탐구
기술·가정/ 정보	기술·가정 정보	로봇과 공학세계 · 생활과학 탐구 인공지능 기초 · 데이터 과학	창의 공학 설계 · 지식 재산 일반 생애 설계와 자립 · 아동발달과 부모 소프트웨어와 생활
제2외국어/ 한문	제2외국어 (독일어, 프랑스어, 스페인어, 중국어, 일본어, 러시아어, 아랍어, 베트남어) 한문	제2외국어 회화 심화 제2외국어 한문 고전 읽기	제2외국어 문화 언어생활과 한자
교양	진로와 직업 생태와 환경	인간과 철학 · 논리와 사고 인간과 심리 · 교육의 이해 삶과 종교 · 보건	인간과 경제활동 · 논술

- 일반 선택 **굵은 글자**: 수능 출제 과목
- 상대평가 등급 미산출 과목: 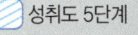 성취도 5단계 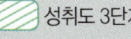 성취도 3단계 P/F

경영학과

#인사관리 #재무관리 #마케팅 #경영관리
#의사소통능력 #정보처리능력
#착한기업을꿈꾸다

관련학과/유사학과

파이낸스경영학과
국제경영학과
경영융합학부
경영정보학과 등

경영학은 기업이 추구하는 목적을 달성하기 위해 필요한 효율적인 기업 운영 이론과 기술을 연구하는 학문이다. 경영학과의 목표는 사회적 책임을 바탕으로 새로운 가치를 창출하는 조직을 운영할 수 있는 인재를 양성하는 것이다.

이를 위해 인사관리 분야에서는 인력을 선발하고 관리하는 데 사용되는 기초 이론과 제도를 연구한다. 재무관리 분야에서는 기업 경영에 필요한 자금을 공급하고 운용하는 방법을 익힌다. 마케팅 분야에서는 마케팅 이론과 실용적인 전략을 탐구한다. 이 외에도 제품 생산을 위한 공정, 설비, 전략 등을 연구하는 생산관리 분야, 데이터를 기반으로 한 경영 전략을 연구하는 경영정보 분야, 기업의 재무 상태를 분석하고 관리하는 회계 분야 등 다양한 세부 분야가 있다.

경영 기술은 기업뿐만 아니라 사회에 존재하는 다양한 형태의 조직을 운영할 때에도 필요한 능력이다. 따라서 경영학과를 졸업한 학생들은 기업체뿐만 아니라 다양한 분야로 진출할 수 있으며, 경영학과에서 익힌 노하우를 바탕으로 자신의 기업을 창업하여 새로운 길을 개척할 수도 있다.

대학에서 어떤 과목을 배울까?

경영학

- 인사관리 · 조직이론 · 노사관계론
- 재무관리 · 기업재무론 · 회계원리 · 관리회계 · 국제금융관리론
- 마케팅관리 · 마케팅조사론 · 서비스운영관리 · 디지털마케팅 · 마케팅애널리틱스
- 경영의 이해 · 경제학원론 · 투자론 · 국제경영 · 경영철학과 윤리 · 경영전략 · ESG경영

졸업 후 무슨 일을 할까?

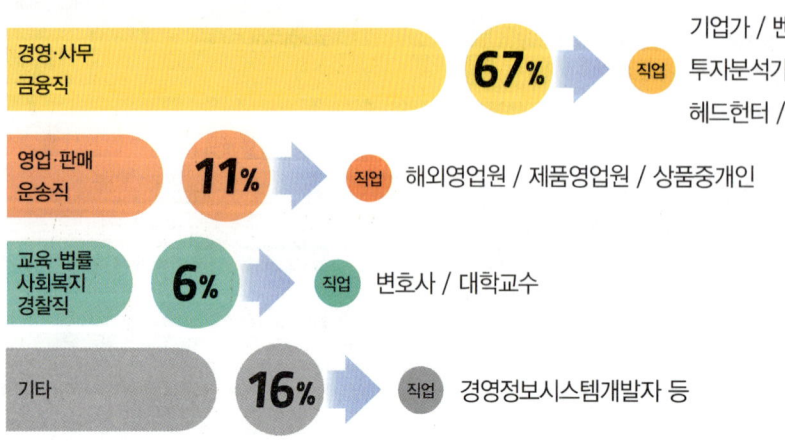

경영·사무 금융직 **67%** 직업 기업가 / 벤처창업가 / 경영컨설턴트 / 시장조사 전문가 / 투자분석가 / 광고 및 홍보 사무원 / 무역 사무원 / 헤드헌터 / 세무사 / 회계사

영업·판매 운송직 **11%** 직업 해외영업원 / 제품영업원 / 상품중개인

교육·법률 사회복지 경찰직 **6%** 직업 변호사 / 대학교수

기타 **16%** 직업 경영정보시스템개발자 등

< **진학샘의 특별한 코칭**

경제 수학, 사회 교과에서 경제 관련 과목 이수를 추천합니다. 비교과 활동은 ESG 경영에 대해 공부하고 이를 실천하는 기업을 탐방하거나, 4차 산업 혁명 이후 성장하는 기업의 경영 전략 및 성장 이유를 분석하는 것을 추천합니다.

 핵심 권장 학과(부)에서 공부하기 위해 필수적 이수를 권장하는 과목

 권장 학과(부)에서 공부하기 위해 이수를 권장하는 과목

추천 선택 192학점 이수를 고려해 이수를 권장하는 과목

사 회 계 열

교과(군)	일반 선택	진로 선택	융합 선택
국어	**화법과 언어** **독서와 작문** **문학**	주제 탐구 독서 문학과 영상 직무 의사소통	독서 토론과 글쓰기 매체 의사소통 언어생활 탐구
수학	**대수** **미적분Ⅰ** **확률과 통계**	기하 · 미적분Ⅱ **경제 수학** · 인공지능 수학 직무 수학	수학과 문화 **실용 통계** 수학과제 탐구
영어	**영어Ⅰ · 영어Ⅱ** **영어 독해와 작문**	영미 문학 읽기 · **영어 발표와 토론** **심화 영어** · **심화 영어 독해와 작문** 직무 영어	실생활 영어 회화 미디어 영어 세계 문화와 영어
사회	세계시민과 지리 세계사 **사회와 문화** 현대사회와 윤리	한국지리 탐구 · 도시의 미래 탐구 동아시아 역사 기행 **정치** · **법과 사회** · **경제** 윤리와 사상 · 인문학과 윤리 **국제 관계의 이해**	여행지리 역사로 탐구하는 현대 세계 사회문제 탐구 · **금융과 경제생활** 윤리문제 탐구 기후변화와 지속가능한 세계
과학	물리학 화학 생명과학 지구과학	역학과 에너지 · 전자기와 양자 물질과 에너지 · 화학 반응의 세계 세포와 물질대사 · 생물의 유전 지구시스템과학 · 행성우주과학	과학의 역사와 문화 기후변화와 환경생태 융합과학 탐구
기술·가정/ 정보	기술·가정 정보	로봇과 공학세계 · 생활과학 탐구 인공지능 기초 · 데이터 과학	창의 공학 설계 · 지식 재산 일반 생애 설계와 자립 · 아동발달과 부모 소프트웨어와 생활
제2외국어/ 한문	**제2외국어 (독일어, 프랑스어, 스페인어, 중국어, 일본어, 러시아어, 아랍어, 베트남어)** **한문**	제2외국어 회화 심화 제2외국어 한문 고전 읽기	제2외국어 문화 언어생활과 한자
교양	진로와 직업 생태와 환경	인간과 철학 · 논리와 사고 인간과 심리 · 교육의 이해 삶과 종교 · 보건	**인간과 경제활동** · 논술

● 일반 선택 **굵은 글자**: 수능 출제 과목　　● 상대평가 등급 미산출 과목: 성취도 5단계　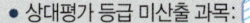성취도 3단계　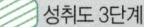P/F

미디어커뮤니케이션학과

#매체 #콘텐츠제작 #의사소통능력 #공동체역량
#세상에내생각을펼칠래

관련학과/유사학과

신문방송학과 디지털미디어학과
언론영상학부 언론정보학과
언론홍보학과 등

미디어커뮤니케이션학과는 개인 또는 조직의 의사소통에서부터 대중매체에 이르기까지 사회에서 이루어지는 커뮤니케이션 과정을 과학적으로 연구하는 학과이다. 사회적 의사소통을 효과적으로 수행할 수 있는 전문인력을 양성하는 데 목적이 있다.

이를 위해 커뮤니케이션의 특성과 효과 등을 개괄적으로 탐구하고 구체적인 매체들의 커뮤니케이션 과정을 연구한다. 비교적 공신력이 있는 매체인 신문·방송 분야와, 영상·광고·뉴미디어 등 보다 자유로운 토대를 지닌 미디어 분야가 대표적이다. 또한 실제 미디어 콘텐츠 제작에 필요한 실용적인 기술을 습득하거나 언론 윤리 및 법을 탐구하기도 한다.

과거에는 '신문방송학과'로 불리며 신문 혹은 방송 기자 진출을 주목적으로 삼았으나, 연구 대상을 '매스 커뮤니케이션' 전체로 넓히면서 연구 영역이 늘어났다. 언론인을 꿈꾸는 학생들뿐만 아니라 사회적 커뮤니케이션 자체에 관심이 있는 학생들에게도 적합한 학과이다.

대학에서 어떤 과목을 배울까?

미디어 커뮤니케이션학

- 커뮤니케이션의 이해 · 커뮤니케이션연구방법론 · 매스컴원론
- 저널리즘의 이해 · 탐사보도 분석과 기획 · 취재보도론 · 방송저널리즘 · 데이터저널리즘
- 디지털미디어의 이해 · 영상문화입문 · 뉴미디어콘텐츠와 문화 · 여론과 대중매체
- 미디어스토리텔링 · 소셜미디어스타만들기 · 미디어발달사 · 언론윤리 · 언론법

졸업 후 무슨 일을 할까?

경영·사무 금융직 — **48%** → 직업 광고기획자 / 소셜미디어홍보 사무원 / 연예기획자

예술·방송 스포츠직 — **19%** → 직업 신문기자 / 방송기자 / 방송연출가 / 방송감독 / 카피라이터 미디어콘텐츠창작자 / 평론가 / 출판기획·편집자

연구직 및 공학 기술직 — **14%** → 직업 언론학 연구원 / 데이터분석가

기타 — **19%** → 직업 미디어중독치료사 / 대학교수 등

< 진학샘의 특별한 코칭

국어, 영어, 사회 교과를 이수하는 것을 추천합니다. 비교과 활동은 방송부, 신문부, 영상제작부 등의 미디어 관련 동아리에 들어가거나, 좋아하는 텔레비전 프로그램이 사회에 미치는 영향을 탐구해 보는 것을 추천합니다.

핵심 권장 학과(부)에서 공부하기 위해 필수적 이수를 권장하는 과목
권장 학과(부)에서 공부하기 위해 이수를 권장하는 과목
추천 선택 192학점 이수를 고려해 이수를 권장하는 과목

사 회 계 열

교과(군)	일반 선택	진로 선택	융합 선택
국어	**화법과 언어** **독서와 작문** **문학**	주제 탐구 독서 문학과 영상 직무 의사소통	독서 토론과 글쓰기 매체 의사소통 언어생활 탐구
수학	**대수** **미적분 I** **확률과 통계**	기하 · 미적분 II 경제 수학 · 인공지능 수학 직무 수학	수학과 문화 실용 통계 수학과제 탐구
영어	**영어 I · 영어 II** **영어 독해와 작문**	영미 문학 읽기 · 영어 발표와 토론 심화 영어 · 심화 영어 독해와 작문 직무 영어	실생활 영어 회화 미디어 영어 세계 문화와 영어
사회	세계시민과 지리 세계사 사회와 문화 현대사회와 윤리	한국지리 탐구 · 도시의 미래 탐구 동아시아 역사 기행 정치 · 법과 사회 · 경제 윤리와 사상 · 인문학과 윤리 국제 관계의 이해	여행지리 역사로 탐구하는 현대 세계 사회문제 탐구 · 금융과 경제생활 윤리문제 탐구 기후변화와 지속가능한 세계
과학	물리학 화학 생명과학 지구과학	역학과 에너지 · 전자기와 양자 물질과 에너지 · 화학 반응의 세계 세포와 물질대사 · 생물의 유전 지구시스템과학 · 행성우주과학	과학의 역사와 문화 기후변화와 환경생태 융합과학 탐구
기술·가정/ 정보	기술·가정 정보	로봇과 공학세계 · 생활과학 탐구 인공지능 기초 · 데이터 과학	창의 공학 설계 · 지식 재산 일반 생애 설계와 자립 · 아동발달과 부모 소프트웨어와 생활
제2외국어/ 한문	**제2외국어 (독일어, 프랑스어, 스페인어, 중국어, 일본어, 러시아어, 아랍어, 베트남어)** **한문**	제2외국어 회화 심화 제2외국어 한문 고전 읽기	제2외국어 문화 언어생활과 한자
교양	진로와 직업 생태와 환경	인간과 철학 · 논리와 사고 인간과 심리 · 교육의 이해 삶과 종교 · 보건	인간과 경제활동 · 논술

● 일반 선택 **굵은 글자**: 수능 출제 과목   ● 상대평가 등급 미산출 과목: 성취도 5단계   성취도 3단계   P/F

광고홍보학과

#광고학 #홍보학
#창의적사고력 #의사소통능력
#통통튀는생각을현실로

관련학과/유사학과

홍보광고학과
미디어광고학과 등

광고홍보학과는 기업이나 단체가 소비자에게 전달하고자 하는 메시지를 다양한 매체를 통해 효과적으로 표현하는 방법을 연구하는 학과이다. 광고홍보학과의 목표는 미디어 환경 변화에 유연하게 대응하며 소비자와 소통할 수 있는 광고·홍보 전문가를 육성하는 것이다.

광고홍보학과의 연구 분야는 크게 광고와 홍보 분야로 나뉜다. 광고 분야에서는 텔레비전, 신문, 잡지, 라디오, 소셜미디어 등 다양한 광고 매체의 특성에 대한 이해를 바탕으로 효과적으로 메시지를 전달할 수 있는 광고 기획 전략과 제작 기술을 탐구한다. 홍보 분야에서는 언론 기사나 이벤트 등 다양한 경로의 홍보 활동에 필요한 일반적인 지식과 전략, 기술을 폭넓게 습득한다.

흔히 광고·홍보 분야에 진출하기 위해서는 선천적인 창의력이 뒷받침되어야 한다고 생각하지만, 유능한 광고·홍보 전문가가 되기 위해 필요한 창의력은 훈련을 통해 길러질 수 있다. 광고홍보학과에서 이러한 창의력을 발휘하는 법을 훈련할 수 있을 것이다.

대학에서 어떤 과목을 배울까?

광고 홍보학

- 광고학개론 • 국제광고론 • 광고기획관리론 • 광고매체기획 • 광고제작론 • 광고와 사회 • 디지털광고실습
- 홍보학개론 • 이벤트기획관리론 • 사회마케팅 • 여론과 트렌드 • 브랜드커뮤니케이션
- 설득커뮤니케이션 • 수용자와 미디어전략 • 소비자심리 • 광고윤리법제

졸업 후 무슨 일을 할까?

경영·사무 금융직	**69%** ➡ 직업	광고기획자 / 마케팅 전문가 / 홍보기관 사무원
예술·방송 스포츠직	**12%** ➡ 직업	카피라이터 / 광고감독 / 방송작가 / 1인 크리에이터 방송기자 / 작가 / 출판기획·편집자
영업·판매 운송직	**7%** ➡ 직업	제품영업원 / 기술영업원 / 해외영업원 / 상품판매원
기타	**12%** ➡ 직업	언론학 연구원 / 사회단체활동가 등

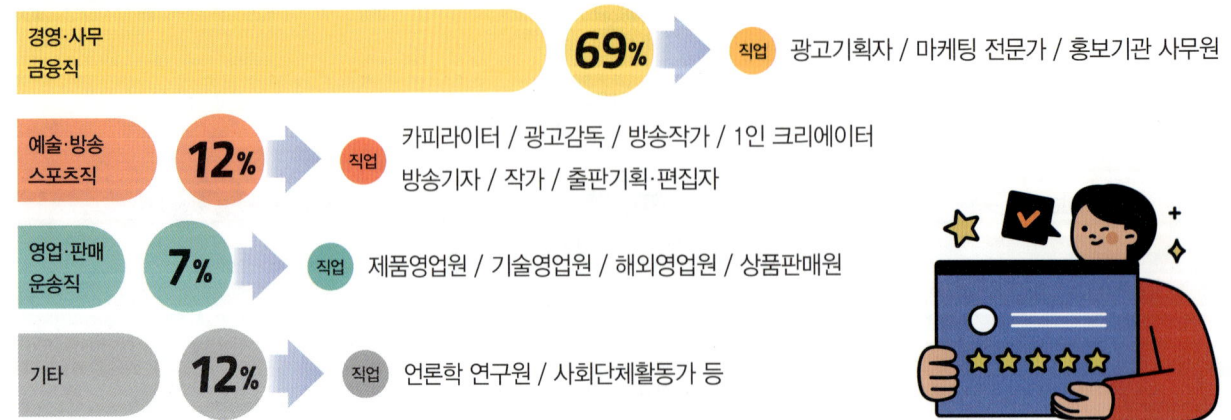

< 진학샘의 특별한 코칭

국어, 영어, 사회 교과를 이수하는 것을 추천합니다. 비교과 활동은 관심 제품의 마케팅 전략을 분석하고 직접 기획해 보거나, 스마트폰, 화장품 등의 구매 기준을 설문 조사해 보는 것을 추천합니다.

핵심 권장	학과(부)에서 공부하기 위해 필수적 이수를 권장하는 과목
권장	학과(부)에서 공부하기 위해 이수를 권장하는 과목
추천 선택	192학점 이수를 고려해 이수를 권장하는 과목

사 회 계 열

교과(군)	일반 선택	진로 선택	융합 선택
국어	화법과 언어 독서와 작문 문학	주제 탐구 독서 문학과 영상 직무 의사소통	독서 토론과 글쓰기 매체 의사소통 언어생활 탐구
수학	대수 미적분 I 확률과 통계	기하 · 미적분 II 경제 수학 · 인공지능 수학 직무 수학	수학과 문화 실용 통계 수학과제 탐구
영어	영어 I · 영어 II 영어 독해와 작문	영미 문학 읽기 · 영어 발표와 토론 심화 영어 · 심화 영어 독해와 작문 직무 영어	실생활 영어 회화 미디어 영어 세계 문화와 영어
사회	세계시민과 지리 세계사 사회와 문화 현대사회와 윤리	한국지리 탐구 · 도시의 미래 탐구 동아시아 역사 기행 정치 · 법과 사회 · 경제 윤리와 사상 · 인문학과 윤리 국제 관계의 이해	여행지리 역사로 탐구하는 현대 세계 사회문제 탐구 · 금융과 경제생활 윤리문제 탐구 기후변화와 지속가능한 세계
과학	물리학 화학 생명과학 지구과학	역학과 에너지 · 전자기와 양자 물질과 에너지 · 화학 반응의 세계 세포와 물질대사 · 생물의 유전 지구시스템과학 · 행성우주과학	과학의 역사와 문화 기후변화와 환경생태 융합과학 탐구
기술·가정/ 정보	기술·가정	로봇과 공학세계 · 생활과학 탐구	창의 공학 설계 · 지식 재산 일반 생애 설계와 자립 · 아동발달과 부모
	정보	인공지능 기초 · 데이터 과학	소프트웨어와 생활
제2외국어/ 한문	제2외국어 (독일어, 프랑스어, 스페인어, 중국어, 일본어, 러시아어, 아랍어, 베트남어)	제2외국어 회화 심화 제2외국어	제2외국어 문화
	한문	한문 고전 읽기	언어생활과 한자
교양	진로와 직업 생태와 환경	인간과 철학 · 논리와 사고 인간과 심리 · 교육의 이해 삶과 종교 · 보건	인간과 경제활동 · 논술

● 일반 선택 **굵은 글자**: 수능 출제 과목　　● 상대평가 등급 미산출 과목: 성취도 5단계 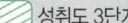 성취도 3단계 P/F

심리학과

#발달심리학 #인지심리학 #사회심리학
#인간에대한공감 #의사소통능력
#마음의소리를듣는나

관련학과/유사학과

상담심리학과
사회심리학과
산업심리학과
심리치료학과 등

심리학은 인간의 마음과 행동을 과학적으로 연구하여 인간에 대한 이해를 높이는 것을 목적으로 한다. 심리학과의 목표는 자신과 타인, 그리고 사회에 대한 과학적인 이해를 바탕으로 개인이 건강하고 행복한 삶을 누릴 수 있도록 도우며 사회를 올바른 방향으로 개선하는 것이다.

심리학의 연구 분야는 크게 기초 심리학과 응용 심리학으로 나눌 수 있다. 기초 심리학은 인간의 마음과 행동을 이론적으로 연구하는 분야이다. 응용 심리학은 기초 심리학의 연구 성과를 실제 개인과 사회에 적용하여 긍정적인 변화를 이끌어 내는 분야이다.

심리학은 다른 인문학 분과에 비해 과학을 많이 활용하며, 자연과학·사회과학 등 여러 학문 분야를 유기적으로 연결하는 융합 학문이다. 또한 상담 분야와의 연계가 활발하여 청소년상담, 임상심리상담, 직업상담 등 각종 심리상담 분야로의 진출이 가능하다. 현대 사회에서 심리 및 정신적 문제에 대한 관심이 확대되고 있는 만큼 학생들의 관심도가 높고 전망이 밝은 학과이다.

대학에서 어떤 과목을 배울까?

성격심리학 · 발달심리학 · 정서심리학 · 인지심리학

생물심리학 · 인지신경과학

심리학연구방법론 및 실습 · 심리통계

심리학

임상심리학 · 이상심리학 · 상담심리학 · 심리치료

건강심리학 · 긍정심리학 · 언어심리학 · 로봇심리학

사회심리학 · 조직심리학 · 광고심리학 · 범죄심리학

졸업 후 무슨 일을 할까?

분야	비율	직업
경영·사무 금융직	48%	시장조사 전문가 / 사회조사 전문가 마케팅 전문가 / 커리어코치 / 생활코치
교육·법률 사회복지 경찰직	25%	상담 전문가 / 청소년상담사 / 상담교사 / 도박상담원 거짓말탐지분석가 / 범죄심리 전문가(프로파일러)
영업·판매 운송직	9%	제품영업원 / 해외영업원 / 상품판매원
기타	18%	임상심리사 / 놀이치료사 / 중독치료사 등

< 진학샘의 특별한 코칭

> 인간과 심리, 사회 교과를 이수하는 것을 추천합니다. 비교과 활동은 프로이트, 아들러, 융과 같은 심리학자들의 심리학 이론을 공부하거나 또래 상담을 해 보는 것을 추천합니다.

핵심 권장 학과(부)에서 공부하기 위해 필수적 이수를 권장하는 과목
권장 학과(부)에서 공부하기 위해 이수를 권장하는 과목
추천 선택 192학점 이수를 고려해 이수를 권장하는 과목

사회 계열

교과(군)	일반 선택	진로 선택	융합 선택
국어	**화법과 언어** **독서와 작문** **문학**	주제 탐구 독서 문학과 영상 직무 의사소통	독서 토론과 글쓰기 매체 의사소통 언어생활 탐구
수학	**대수** **미적분 I** **확률과 통계**	기하 · 미적분 II 경제 수학 · 인공지능 수학 직무 수학	수학과 문화 실용 통계 수학과제 탐구
영어	**영어 I · 영어 II** **영어 독해와 작문**	영미 문학 읽기 · 영어 발표와 토론 심화 영어 · 심화 영어 독해와 작문 직무 영어	실생활 영어 회화 미디어 영어 세계 문화와 영어
사회	세계시민과 지리 세계사 사회와 문화 현대사회와 윤리	한국지리 탐구 · 도시의 미래 탐구 동아시아 역사 기행 정치 · 법과 사회 · 경제 윤리와 사상 · 인문학과 윤리 국제 관계의 이해	여행지리 역사로 탐구하는 현대 세계 사회문제 탐구 · 금융과 경제생활 윤리문제 탐구 기후변화와 지속가능한 세계
과학	물리학 화학 생명과학 지구과학	역학과 에너지 · 전자기와 양자 물질과 에너지 · 화학 반응의 세계 세포와 물질대사 · 생물의 유전 지구시스템과학 · 행성우주과학	과학의 역사와 문화 기후변화와 환경생태 융합과학 탐구
기술·가정/정보	기술·가정 정보	로봇과 공학세계 · 생활과학 탐구 인공지능 기초 · 데이터 과학	창의 공학 설계 · 지식 재산 일반 생애 설계와 자립 · 아동발달과 부모 소프트웨어와 생활
제2외국어/한문	제2외국어 (독일어, 프랑스어, 스페인어, 중국어, 일본어, 러시아어, 아랍어, 베트남어) 한문	제2외국어 회화 심화 제2외국어 한문 고전 읽기	제2외국어 문화 언어생활과 한자
교양	진로와 직업 생태와 환경	인간과 철학 · 논리와 사고 인간과 심리 · 교육의 이해 삶과 종교 · 보건	인간과 경제활동 · 논술

● 일반 선택 **굵은 글자**: 수능 출제 과목　　● 상대평가 등급 미산출 과목: 성취도 5단계　 성취도 3단계　P/F

문화 콘텐츠학과

#콘텐츠분석 #콘텐츠제작 #문화연구
#창의적사고력 #문화적감수성 #감동을주는기쁨

관련학과/유사학과

문화미디어학과
문화예술학과
융합콘텐츠학과
관광문화콘텐츠학과 등

문화콘텐츠학과는 새롭고 창의적인 문화 제작물을 기획·생산하는 역량을 기르는 학과이다. 이를 통해 문화 산업에서 활약할 수 있는 인재를 양성하고 전체 문화 산업의 확장과 발전을 도모하고자 한다.

문화콘텐츠학과의 연구 분야는 크게 콘텐츠 분석과 콘텐츠 실무로 나뉜다. 콘텐츠 분석 분야에서는 영상, 만화, 게임 등 기존의 콘텐츠를 인문학적으로 분석하고 비평하는 방법을 탐구한다. 콘텐츠 실무 분야에서는 실제 콘텐츠를 기획하고 제작하는 실습을 통해 실무 역량을 높인다. 이 외에도 문화 산업의 트렌드를 이해하고 대중과 효과적으로 소통하기 위한 다양한 수업들이 이루어진다.

문화 산업이 21세기의 새로운 성장 동력으로 평가받는 만큼 문화콘텐츠학과의 전망은 매우 밝다. 졸업생은 영화, 드라마, 게임, 애니메이션, 공연 등을 제작하는 기획자 또는 마케팅 전문가 등으로 진출할 수 있으며, 포털 사이트, 방송사, 연예기획사 등에서도 경력을 쌓을 수 있다.

대학에서 어떤 과목을 배울까?

문화 콘텐츠학

- 문화이론연구 · 스토리텔링연구 · 영상콘텐츠분석 · 한국문화콘텐츠분석 · 문화이론심화연구

- 멀티미디어콘텐츠실습 · 문화마케팅실습 · 전시콘텐츠 개발과 기획 · 문화콘텐츠종합설계

- 문화테크놀로지연구 · 문화정책과 제도 · 상징과 이미지

졸업 후 무슨 일을 할까?

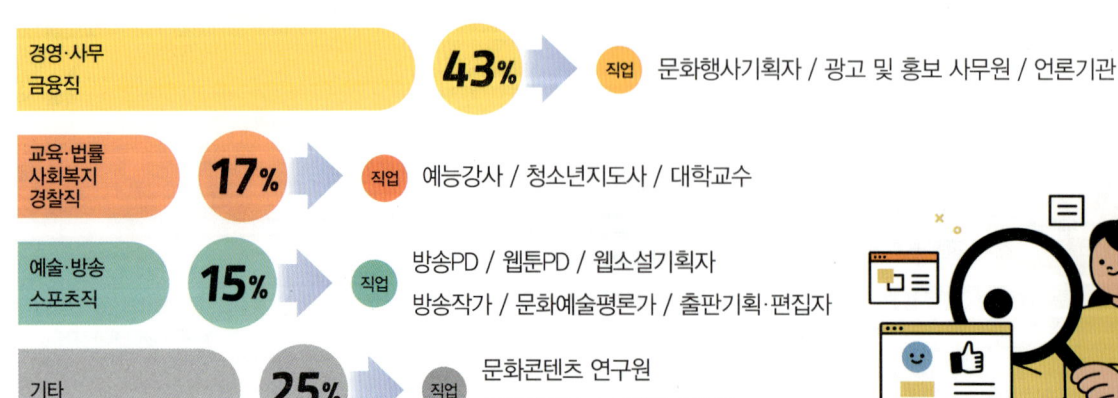

분야	비율		직업
경영·사무 금융직	**43%**	직업	문화행사기획자 / 광고 및 홍보 사무원 / 언론기관 사무원
교육·법률 사회복지 경찰직	**17%**	직업	예능강사 / 청소년지도사 / 대학교수
예술·방송 스포츠직	**15%**	직업	방송PD / 웹툰PD / 웹소설기획자 방송작가 / 문화예술평론가 / 출판기획·편집자
기타	**25%**	직업	문화콘텐츠 연구원 문화해설사 / 여행안내원 등

< 진학샘의 특별한 코칭

국어, 영어, 사회, 예술 교과를 이수하는 것을 추천합니다. 비교과 활동은 케이팝(K-pop), 한국 드라마 등의 한류 콘텐츠가 글로벌 시장에서 인기가 높은 이유를 분석해 보거나, 외국인 대상의 전통문화 체험 프로그램을 기획하는 것을 추천합니다.

핵심 권장 학과(부)에서 공부하기 위해 필수적 이수를 권장하는 과목

권장 학과(부)에서 공부하기 위해 이수를 권장하는 과목

추천 선택 192학점 이수를 고려해 이수를 권장하는 과목

사회 계열

교과(군)	일반 선택	진로 선택	융합 선택
국어	화법과 언어 독서와 작문 문학	주제 탐구 독서 문학과 영상 직무 의사소통	독서 토론과 글쓰기 매체 의사소통 언어생활 탐구
수학	대수 미적분 I 확률과 통계	기하 · 미적분 II 경제 수학 · 인공지능 수학 직무 수학	수학과 문화 실용 통계 수학과제 탐구
영어	영어 I · 영어 II 영어 독해와 작문	영미 문학 읽기 · 영어 발표와 토론 심화 영어 · 심화 영어 독해와 작문 직무 영어	실생활 영어 회화 미디어 영어 세계 문화와 영어
사회	세계시민과 지리 세계사 사회와 문화 현대사회와 윤리	한국지리 탐구 · 도시의 미래 탐구 동아시아 역사 기행 정치 · 법과 사회 · 경제 윤리와 사상 · 인문학과 윤리 국제 관계의 이해	여행지리 역사로 탐구하는 현대 세계 사회문제 탐구 · 금융과 경제생활 윤리문제 탐구 기후변화와 지속가능한 세계
과학	물리학 화학 생명과학 지구과학	역학과 에너지 · 전자기와 양자 물질과 에너지 · 화학 반응의 세계 세포와 물질대사 · 생물의 유전 지구시스템과학 · 행성우주과학	과학의 역사와 문화 기후변화와 환경생태 융합과학 탐구
예술	음악 미술 연극	음악 연주와 창작 · 음악 감상과 비평 미술 창작 · 미술 감상과 비평	음악과 미디어 미술과 매체
기술·가정/정보	기술·가정 정보	로봇과 공학세계 · 생활과학 탐구 인공지능 기초 · 데이터 과학	창의 공학 설계 · 지식 재산 일반 생애 설계와 자립 · 아동발달과 부모 소프트웨어와 생활
제2외국어/한문	제2외국어 (독일어, 프랑스어, 스페인어, 중국어, 일본어, 러시아어, 아랍어, 베트남어) 한문	제2외국어 회화 심화 제2외국어 한문 고전 읽기	제2외국어 문화 언어생활과 한자
교양	진로와 직업 생태와 환경	인간과 철학 · 논리와 사고 인간과 심리 · 교육의 이해 삶과 종교 · 보건	인간과 경제활동 · 논술

● 일반 선택 **굵은 글자**: 수능 출제 과목   ● 상대평가 등급 미산출 과목: ▨ 성취도 5단계 ▨ 성취도 3단계 ▨ P/F

사회학과

#사회이론 #사회문화 #사회계층 #연구방법론
#통찰력 #비판적사고력
#세상에대한호기심

관련학과/유사학과

도시사회학과
정보사회학과
경제정치사회융합학부 등

사회학과는 사람들이 모여 이룬 사회의 여러 현상과 구조, 변화 등을 과학적인 방법론을 통해 연구하는 학이다. 사회학과의 목표는 우리가 일상에서 겪는 크고 작은 문제들과 사회 구조의 밀접한 관련성을 분석하고, 그를 바탕으로 현대 사회의 문제를 해결할 수 있는 인재를 양성하는 것이다.

사회학과의 연구 분야는 사회학 이론을 다루는 분야, 문화와 역사를 다루는 분야, 사회 계층과 집단을 다루는 분야 등으로 나뉜다. 이와 함께 인구, 의료, 기술 발전 등 현대 사회에서 겪고 있는 문제나 미래 사회에 겪게 될 변화를 집중하여 다루는 세부 분야도 존재한다. 또한 사회학 연구를 객관적이고 과학적으로 진행하기 위한 연구 방법론도 중요한 연구 분야 중 하나이다.

사회학은 사회복지학, 여성학, 신문방송학, 정치외교학 등 다양한 사회과 학문의 기초가 되므로 중요성이 높다. 평소 사회 현상에 관심이 많아 어떤 문제가 왜 벌어지는지, 어떻게 해야 그 문제를 해결할 수 있는지를 알고 싶은 학생들에게 적합한 학과이다.

대학에서 어떤 과목을 배울까?

사회학

- 사회학의 이해 · 현대사회학이론 · 사회사상 · 사회학발달사
- 문화사회학 · 도시사회학 · 환경사회학 · 사회발전론 · 비교사회학 · 범죄사회학
- 사회계층과 불평등 · 정치사회학 · 사회운동론 · 젠더와 사회 · 경제사회학 · 법과 사회
- 사회조사방법 · 사회통계학 · 사회학연구실습

졸업 후 무슨 일을 할까?

경영·사무 금융직	67%	직업 행정공무원 / 사회조사 전문가 / 여론조사 전문가
교육·법률 사회복지 경찰직	12%	직업 사회교사 / 사회단체활동가 / 변호사
연구직 및 공학 기술직	4%	직업 데이터분석가 / 사회과학 연구원
기타	17%	직업 신문기자 / 방송기자 / 카피라이터 등

< **진학샘의 특별한 코칭**

국어, 영어, 사회 교과를 이수하는 것을 추천합니다. 비교과 활동은 저출생, 청년 실업, 고령화, 양극화 및 불평등, 교육 격차 등 우리나라 사회 문제의 해결책을 제시해 보는 것을 추천합니다.

핵심 권장	학과(부)에서 공부하기 위해 필수적 이수를 권장하는 과목
권장	학과(부)에서 공부하기 위해 이수를 권장하는 과목
추천 선택	192학점 이수를 고려해 이수를 권장하는 과목

사회 계열

교과(군)	일반 선택	진로 선택	융합 선택
국어	**화법과 언어** **독서와 작문** **문학**	주제 탐구 독서 문학과 영상 직무 의사소통	독서 토론과 글쓰기 매체 의사소통 언어생활 탐구
수학	**대수** **미적분 I** **확률과 통계**	기하 · 미적분 II 경제 수학 · 인공지능 수학 직무 수학	수학과 문화 실용 통계 수학과제 탐구
영어	**영어 I · 영어 II** **영어 독해와 작문**	영미 문학 읽기 · 영어 발표와 토론 심화 영어 · 심화 영어 독해와 작문 직무 영어	실생활 영어 회화 미디어 영어 세계 문화와 영어
사회	세계시민과 지리 세계사 사회와 문화 현대사회와 윤리	한국지리 탐구 · 도시의 미래 탐구 동아시아 역사 기행 정치 · 법과 사회 · 경제 윤리와 사상 · 인문학과 윤리 국제 관계의 이해	여행지리 역사로 탐구하는 현대 세계 사회문제 탐구 · 금융과 경제생활 윤리문제 탐구 기후변화와 지속가능한 세계
과학	물리학 화학 생명과학 지구과학	역학과 에너지 · 전자기와 양자 물질과 에너지 · 화학 반응의 세계 세포와 물질대사 · 생물의 유전 지구시스템과학 · 행성우주과학	과학의 역사와 문화 기후변화와 환경생태 융합과학 탐구
기술·가정/정보	기술·가정 정보	로봇과 공학세계 · 생활과학 탐구 인공지능 기초 · 데이터 과학	창의 공학 설계 · 지식 재산 일반 생애 설계와 자립 · 아동발달과 부모 소프트웨어와 생활
제2외국어/한문	**제2외국어 (독일어, 프랑스어, 스페인어, 중국어, 일본어, 러시아어, 아랍어, 베트남어)** **한문**	제2외국어 회화 심화 제2외국어 한문 고전 읽기	제2외국어 문화 언어생활과 한자
교양	진로와 직업 생태와 환경	인간과 철학 · 논리와 사고 인간과 심리 · 교육의 이해 삶과 종교 · 보건	인간과 경제활동 · 논술

● 일반 선택 **굵은 글자**: 수능 출제 과목   ● 상대평가 등급 미산출 과목: 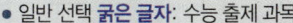 성취도 5단계 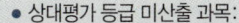 성취도 3단계 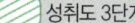 P/F

사회복지학과

#사회복지정책 #사회복지실천
#의사소통능력 #공동체역량
#정의로운사회를위하여

관련학과/유사학과

아동복지학과
사회복지상담학과
생활복지학과 등

사회복지학과는 다양한 사회 문제를 해결하기 위한 사회복지의 이론과 정책, 실천 방법을 연구하는 학과이다. 사회복지학과의 목표는 사회복지 전문가를 양성하여 평등과 정의를 실현하고 행복한 사회를 만드는 것이다.

이를 위해 사회복지 입문 분야에서는 사회복지의 개념과 필요성을 개괄적으로 탐구한다. 사회복지 정책과 행정 분야에서는 사회 구성원의 삶의 질을 향상하는 데 기여할 수 있는 복지 정책과 제도를 연구하며, 이러한 정책을 시행하기 위해 필요한 전문적인 행정의 개념과 원리도 탐색한다. 사회복지 실천 분야에서는 실제 복지가 필요한 사회 구성원이 적절한 상담과 복지 서비스를 받을 수 있는 방안을 연구한다.

사회복지학과에 진학하면 노인, 빈곤층, 장애인, 아동 등 다양한 사회 구성원이 겪는 사회 문제를 이해하고 이를 구조적 관점에서 해결하는 방법을 익힐 수 있다. 따라서 사회 문제에 관심이 높고 그것을 해결하고 싶은 동기가 있는 학생에게 적합한 학과이다.

대학에서 어떤 과목을 배울까?

사회복지학

사회복지개론 · 사회문제론 · 복지국가의 이해 · 사회복지역사

사회복지정책론 · 사회복지행정론 · 사회복지의 정치경제학 · 사회복지법제 · 사회보장론 · 사회복지자료분석론

사회복지실천론 · 노인복지론 · 가족복지론 · 아동복지론 · 지역사회복지론 · 사회복지현장실습

졸업 후 무슨 일을 할까?

교육·법률
사회복지
경찰직
50% 직업 사회복지사 / 청소년상담사 / 국제구호단체활동가

경영·사무
금융직
32% 직업 복지행정가 / 사회복지공무원

기타
18% 직업 출판기획·편집자 / 신문기자 등

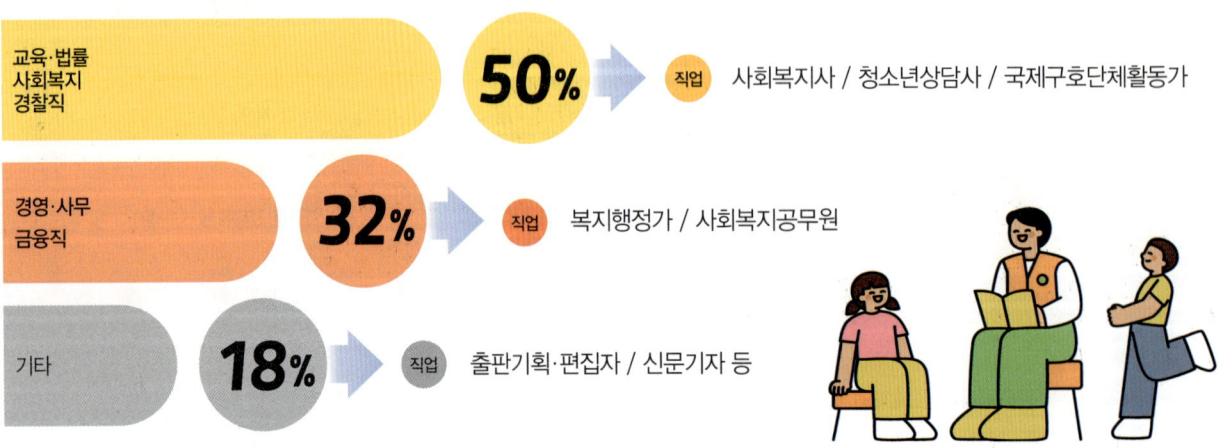

< 진학샘의 특별한 코칭

> 국어, 영어, 사회 교과를 이수하는 것을 추천합니다. 비교과 활동으로 나라별 복지 정책 비교하기, 복지 정책으로 복지 사각지대에 있는 사람들을 돕는 방법 탐구하기, 복지 시설 봉사활동하기 등을 추천합니다.

핵심 권장 학과(부)에서 공부하기 위해 필수적 이수를 권장하는 과목
권장 학과(부)에서 공부하기 위해 이수를 권장하는 과목
추천 선택 192학점 이수를 고려해 이수를 권장하는 과목

사 회 계 열

교과(군)	일반 선택	진로 선택	융합 선택
국어	화법과 언어 독서와 작문 문학	주제 탐구 독서 문학과 영상 직무 의사소통	독서 토론과 글쓰기 매체 의사소통 언어생활 탐구
수학	대수 미적분 I 확률과 통계	기하 · 미적분 II 경제 수학 · 인공지능 수학 직무 수학	수학과 문화 실용 통계 수학과제 탐구
영어	영어 I · 영어 II 영어 독해와 작문	영미 문학 읽기 · 영어 발표와 토론 심화 영어 · 심화 영어 독해와 작문 직무 영어	실생활 영어 회화 미디어 영어 세계 문화와 영어
사회	세계시민과 지리 세계사 사회와 문화 현대사회와 윤리	한국지리 탐구 · 도시의 미래 탐구 동아시아 역사 기행 정치 · 법과 사회 · 경제 윤리와 사상 · 인문학과 윤리 국제 관계의 이해	여행지리 역사로 탐구하는 현대 세계 사회문제 탐구 · 금융과 경제생활 윤리문제 탐구 기후변화와 지속가능한 세계
과학	물리학 화학 생명과학 지구과학	역학과 에너지 · 전자기와 양자 물질과 에너지 · 화학 반응의 세계 세포와 물질대사 · 생물의 유전 지구시스템과학 · 행성우주과학	과학의 역사와 문화 기후변화와 환경생태 융합과학 탐구
기술·가정/정보	기술·가정 정보	로봇과 공학세계 · 생활과학 탐구 인공지능 기초 · 데이터 과학	창의 공학 설계 · 지식 재산 일반 생애 설계와 자립 · 아동발달과 부모 소프트웨어와 생활
제2외국어/한문	제2외국어 (독일어, 프랑스어, 스페인어, 중국어, 일본어, 러시아어, 아랍어, 베트남어) 한문	제2외국어 회화 심화 제2외국어 한문 고전 읽기	제2외국어 문화 언어생활과 한자
교양	진로와 직업 생태와 환경	인간과 철학 · 논리와 사고 인간과 심리 · 교육의 이해 삶과 종교 · 보건	인간과 경제활동 · 논술

● 일반 선택 **굵은 글자**: 수능 출제 과목   ● 상대평가 등급 미산출 과목: 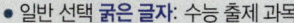 성취도 5단계 성취도 3단계 P/F

정치외교학과

#정치사상 #국제정치 #비교정치
#의사소통능력 #문화적감수성
#국제기구에서일할래

관련학과/유사학과

정치행정학부
경제정치사회융합학부
정치국제학과
Language&Diplomacy 학부 등

정치외교학과는 우리의 삶에 큰 영향을 미치는 정치 현상을 탐구하는 학과이다. 국내외 정치 문제를 해결할 수 있는 전문 인력을 키우는 데 목적이 있다.

정치외교학과의 연구 분야는 크게 정치사상, 국제정치, 비교정치 등으로 구분할 수 있다. 정치사상 분야에서는 철학적 관점에서 정치를 이해하고 탐구한다. 국제정치 분야에서는 국가 간의 상호 작용에 대한 연구를 바탕으로 국제 평화를 이루기 위한 방안을 탐색한다. 비교정치 분야에서는 정치적 차원에서 세계 여러 국가들이 나타내는 공통점과 차이점을 다룬다. 이 외에도 정당, 선거 등 구체적인 정치 활동의 요소들을 특화하여 연구하는 정치과정 분야도 존재한다.

정치외교학 전공자들은 사회에서 발생하는 권력관계에 대한 비판적인 연구를 바탕으로 다양한 분야에 진출하고 있다. 따라서 전문 정치인이 되고 싶은 학생뿐만 아니라 정치 현상이나 권력관계에 흥미를 가진 학생들에게도 추천할 수 있는 학과이다.

대학에서 어떤 과목을 배울까?

정치외교학

- 동양정치사상 · 서양정치사상 · 현대정치철학 · 법과 정치사상 · 현대정치이론 · 한국헌정론
- 국제정치론 · 국제관계이론 · 국제정치경제론 · 전쟁과 평화 · 국제규범과 제도
- 비교정치론 · 중국정치론 · 미국정치론 · 제3세계정치론 · 권위주의체제연구
- 정치과정의 이해 · 정당과 선거 · 여론과 투표행태 · 인터넷과 정치 · 한국의 정치과정

졸업 후 무슨 일을 할까?

분야	비율	직업
경영·사무 금융직	53%	국회의원 / 지방의회의원 / 외교관 / 국제회의 전문가
교육·법률 사회복지 경찰직	21%	국제기구활동가 / 사회단체활동가
영업·판매 운송직	12%	해외영업원 / 자동차영업원 / 상점판매원
기타	14%	신문기자(정치) / 정치학 연구원 등

< **진학샘의 특별한 코칭**

영어, 사회, 제2외국어 교과를 이수하는 것을 추천합니다. 비교과 활동은 학급 회장으로 리더십을 발휘하거나, 학생회 활동에 참여해 학교 발전에 도움이 되는 프로그램을 기획 및 운영해 보는 활동을 추천합니다.

핵심 권장 학과(부)에서 공부하기 위해 필수적 이수를 권장하는 과목

권장 학과(부)에서 공부하기 위해 이수를 권장하는 과목

추천 선택 192학점 이수를 고려해 이수를 권장하는 과목

사회 계열

교과(군)	일반 선택	진로 선택	융합 선택
국어	**화법과 언어** **독서와 작문** **문학**	주제 탐구 독서 문학과 영상 직무 의사소통	독서 토론과 글쓰기 매체 의사소통 언어생활 탐구
수학	**대수** **미적분 I** **확률과 통계**	기하 · 미적분 II 경제 수학 · 인공지능 수학 직무 수학	수학과 문화 실용 통계 수학과제 탐구
영어	**영어 I · 영어 II** **영어 독해와 작문**	영미 문학 읽기 · 영어 발표와 토론 심화 영어 · 심화 영어 독해와 작문 직무 영어	실생활 영어 회화 미디어 영어 세계 문화와 영어
사회	세계시민과 지리 세계사 사회와 문화 현대사회와 윤리	한국지리 탐구 · 도시의 미래 탐구 동아시아 역사 기행 정치 · 법과 사회 · 경제 윤리와 사상 · 인문학과 윤리 국제 관계의 이해	여행지리 역사로 탐구하는 현대 세계 사회문제 탐구 · 금융과 경제생활 윤리문제 탐구 기후변화와 지속가능한 세계
과학	물리학 화학 생명과학 지구과학	역학과 에너지 · 전자기와 양자 물질과 에너지 · 화학 반응의 세계 세포와 물질대사 · 생물의 유전 지구시스템과학 · 행성우주과학	과학의 역사와 문화 기후변화와 환경생태 융합과학 탐구
예술	음악 미술 연극	음악 연주와 창작 · 음악 감상과 비평 미술 창작 · 미술 감상과 비평	음악과 미디어 미술과 매체
제2외국어/ 한문	**제2외국어 (** 독일어 , 프랑스어 , 스페인어 , 중국어 , 일본어 , 러시아어 , 아랍어 , 베트남어 **)** 한문	제2외국어 회화 심화 제2외국어 한문 고전 읽기	제2외국어 문화 언어생활과 한자
교양	진로와 직업 생태와 환경	인간과 철학 · 논리와 사고 인간과 심리 · 교육의 이해 삶과 종교 · 보건	인간과 경제활동 · 논술

● 일반 선택 **굵은 글자**: 수능 출제 과목 ● 상대평가 등급 미산출 과목: 성취도 5단계 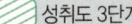 성취도 3단계 P/F

행정학과

#정책학 #조직관리 #방법론
#분석력 #공동체역량
#균형있는조직을위해

관련학과/유사학과

도시행정학과
법무행정학과
정책학과
경찰행정학과
소방행정학과 등

행정학이란 국가를 효율적으로 운영하고 관리하기 위한 전문 지식을 연구하는 학문이다. 행정학을 통해 사회의 여러 분야에서 발생하는 문제를 정책적으로 해결하는 방안을 탐구할 수 있다.

행정학의 연구 분야는 크게 정책, 조직 관리, 방법론으로 나뉜다. 정책 분야에서는 사회 변화에 영향을 끼치는 정책의 분석과 기획, 집행, 평가 등과 관련된 지식을 연구한다. 조직 관리 분야에서는 정부 조직의 특성에 대한 이해를 바탕으로 조직 관리의 지식과 기술을 탐구한다. 방법론 분야에서는 행정 실무에 필요한 도구적인 지식을 습득한다. 이 외에도 행정의 사회적 책임과 역할을 다루는 수업도 이루어진다.

행정학은 조직을 효율적으로 운영하는 방법을 연구한다는 점에서 경영학과 유사하게 여겨지기도 하지만, 사기업의 이윤을 추구하는 경영학과 달리 공공의 이익을 추구한다는 것이 가장 큰 차이점이다. 따라서 조직 운영과 관리뿐만 아니라 사회 전체의 이익과 공공성에도 관심이 있는 학생들에게 적합한 학과이다.

대학에서 어떤 과목을 배울까?

행정학

- 행정학개론 · 민주주의와 행정 · 행정철학과 윤리
- 정책학개론 · 행정법 · 복지정책 · 사회정책론 · 보건정책론 · 정책분석론 · 정책평가론
- 조직이론 · 조직행태론 · 예산과 재무관리 · 정부관료제 · 행정과 리더십
- 행정학방법론 · 조사방법론 · 행정통계분석 · 행정사례분석

졸업 후 무슨 일을 할까?

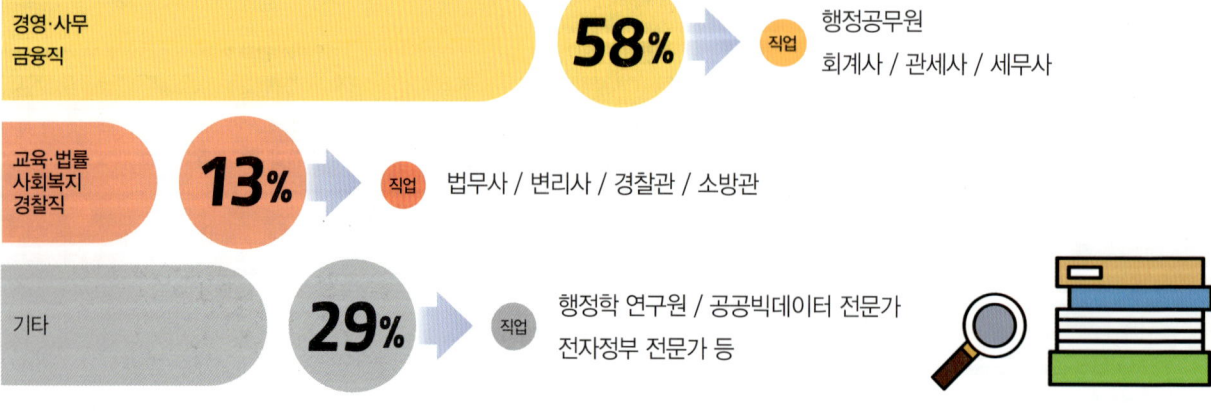

경영·사무 금융직 **58%** → 직업 행정공무원 회계사 / 관세사 / 세무사

교육·법률 사회복지 경찰직 **13%** → 직업 법무사 / 변리사 / 경찰관 / 소방관

기타 **29%** → 직업 행정학 연구원 / 공공빅데이터 전문가 전자정부 전문가 등

사회 계열

< 진학쌤의 특별한 코칭

국어, 영어, 사회 교과를 이수하는 것을 추천합니다. 비교과 활동은 사회 문제와 관련된 정부 정책에 대해 알아보고 정책의 문제점과 발전 방향을 연구하거나, 우리나라와 외국의 정책을 비교·분석해 보는 것을 추천합니다.

핵심 권장 학과(부)에서 공부하기 위해 필수적 이수를 권장하는 과목

권장 학과(부)에서 공부하기 위해 이수를 권장하는 과목

추천 선택 192학점 이수를 고려해 이수를 권장하는 과목

교과(군)	일반 선택	진로 선택	융합 선택
국어	**화법과 언어** **독서와 작문** **문학**	주제 탐구 독서 문학과 영상 직무 의사소통	독서 토론과 글쓰기 매체 의사소통 언어생활 탐구
수학	**대수** **미적분 I** **확률과 통계**	기하 · 미적분 II 경제 수학 · 인공지능 수학 직무 수학	수학과 문화 실용 통계 수학과제 탐구
영어	**영어 I · 영어 II** **영어 독해와 작문**	영미 문학 읽기 · 영어 발표와 토론 심화 영어 · 심화 영어 독해와 작문 직무 영어	실생활 영어 회화 미디어 영어 세계 문화와 영어
사회	세계시민과 지리 세계사 사회와 문화 현대사회와 윤리	한국지리 탐구 · 도시의 미래 탐구 동아시아 역사 기행 정치 · 법과 사회 · 경제 윤리와 사상 · 인문학과 윤리 국제 관계의 이해	여행지리 역사로 탐구하는 현대 세계 사회문제 탐구 · 금융과 경제생활 윤리문제 탐구 기후변화와 지속가능한 세계
과학	물리학 화학 생명과학 지구과학	역학과 에너지 · 전자기와 양자 물질과 에너지 · 화학 반응의 세계 세포와 물질대사 · 생물의 유전 지구시스템과학 · 행성우주과학	과학의 역사와 문화 기후변화와 환경생태 융합과학 탐구
기술·가정/정보	기술·가정 정보	로봇과 공학세계 · 생활과학 탐구 인공지능 기초 · 데이터 과학	창의 공학 설계 · 지식 재산 일반 생애 설계와 자립 · 아동발달과 부모 소프트웨어와 생활
제2외국어/한문	**제2외국어 (독일어, 프랑스어, 스페인어, 중국어, 일본어, 러시아어, 아랍어, 베트남어)** **한문**	제2외국어 회화 심화 제2외국어 한문 고전 읽기	제2외국어 문화 언어생활과 한자
교양	진로와 직업 생태와 환경	인간과 철학 · 논리와 사고 인간과 심리 · 교육의 이해 삶과 종교 · 보건	인간과 경제활동 · 논술

 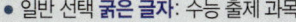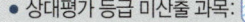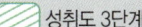

국제학과

#국제통상 #국제정치 #국제문화
#분석과통찰 #의사소통역량
#국제무대를꿈꿔

관련학과/유사학과

국제경영학과
국제관계학과
국제무역학과
정치국제학과 등

국제학이란 여러 나라 사이의 관계를 체계적으로 연구하는 학문으로서 법, 정치, 경제, 사회, 문화 등 다양한 학문 분야를 포괄한다. 국제학과의 목표는 국제학에 대한 전문 지식을 바탕으로 국제 사회의 다양한 문제와 갈등을 입체적으로 이해하고 해결할 수 있는 전문가를 양성하는 것이다.

국제학의 연구 분야는 국제 관계를 주로 경제적 관점에서 연구하는 국제통상 분야와 정치적 관점에서 연구하는 국제정치 분야로 나뉜다. 이 외에도 국제 관계 연구에서 어떤 부문을 특히 강조하느냐에 따라 국제개발, 국제지역학, 통일외교 등 다양한 세부 학문을 두기도 한다.

국제학과의 수업은 대부분 영어로 진행되므로 영어 실력을 길러 두면 학과에 적응하는 데 큰 도움이 된다. 국제학과 졸업생들은 학과 공부를 통해 다져진 외국어 능력과 다학문적 연구 경험을 바탕으로 외교, 무역, 경영, 언론 등 다양한 분야로 진출할 수 있다. 시사와 국제 문제에 관심이 많으며, 다양한 학문 분야를 폭넓게 탐구하여 통합적인 시각을 기르고 싶은 학생들에게 적합한 학과이다.

대학에서 어떤 과목을 배울까?

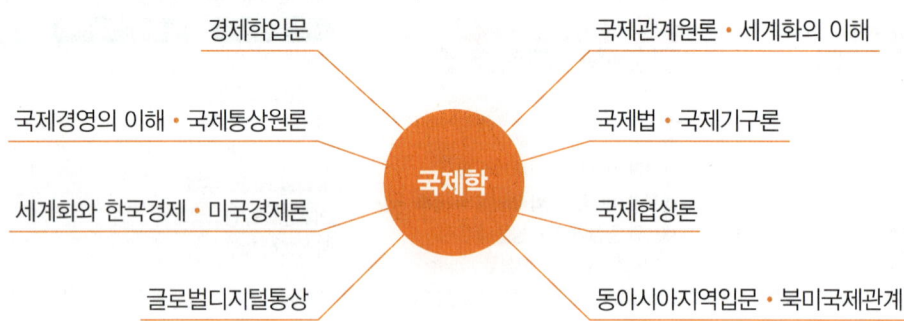

경제학입문

국제관계원론 · 세계화의 이해

국제경영의 이해 · 국제통상원론

국제법 · 국제기구론

국제학

세계화와 한국경제 · 미국경제론

국제협상론

글로벌디지털통상

동아시아지역입문 · 북미국제관계

졸업 후 무슨 일을 할까?

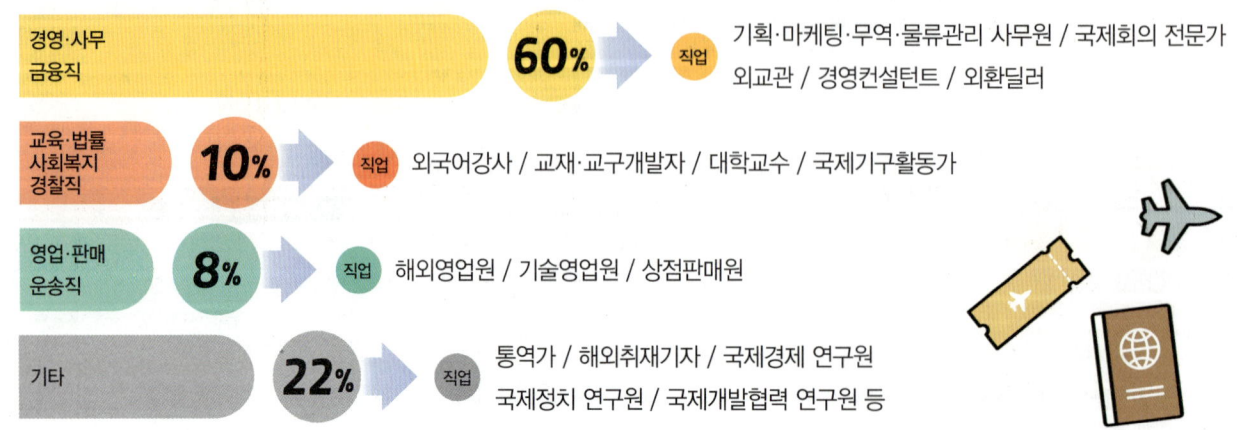

경영·사무
금융직 **60%** 직업 기획·마케팅·무역·물류관리 사무원 / 국제회의 전문가
외교관 / 경영컨설턴트 / 외환딜러

교육·법률
사회복지
경찰직 **10%** 직업 외국어강사 / 교재·교구개발자 / 대학교수 / 국제기구활동가

영업·판매
운송직 **8%** 직업 해외영업원 / 기술영업원 / 상점판매원

기타 **22%** 직업 통역가 / 해외취재기자 / 국제경제 연구원
국제정치 연구원 / 국제개발협력 연구원 등

< **진학샘의 특별한 코칭**

영어, 사회, 제2외국어 교과를 이수하는 것을 추천합니다. 비교과 활동으로는 모의 유엔 프로그램에 참여하거나 기후변화, 환경 오염, 식량 부족, 난민 문제, 러시아와 우크라이나 전쟁 등 국제 사회 문제의 해결책을 제시해 보는 것을 추천합니다.

핵심 권장 학과(부)에서 공부하기 위해 필수적 이수를 권장하는 과목
권장 학과(부)에서 공부하기 위해 이수를 권장하는 과목
추천 선택 192학점 이수를 고려해 이수를 권장하는 과목

사회 계열

교과(군)	일반 선택	진로 선택	융합 선택
국어	**화법과 언어** **독서와 작문** **문학**	주제 탐구 독서 문학과 영상 직무 의사소통	독서 토론과 글쓰기 매체 의사소통 언어생활 탐구
수학	**대수** **미적분 I** **확률과 통계**	기하 · 미적분 II 경제 수학 · 인공지능 수학 직무 수학	수학과 문화 실용 통계 수학과제 탐구
영어	**영어 I · 영어 II** **영어 독해와 작문**	영미 문학 읽기 · 영어 발표와 토론 심화 영어 · 심화 영어 독해와 작문 직무 영어	실생활 영어 회화 미디어 영어 세계 문화와 영어
사회	세계시민과 지리 세계사 사회와 문화 현대사회와 윤리	한국지리 탐구 · 도시의 미래 탐구 동아시아 역사 기행 정치 · 법과 사회 · 경제 윤리와 사상 · 인문학과 윤리 국제 관계의 이해	여행지리 역사로 탐구하는 현대 세계 사회문제 탐구 · 금융과 경제생활 윤리문제 탐구 기후변화와 지속가능한 세계
과학	물리학 화학 생명과학 지구과학	역학과 에너지 · 전자기와 양자 물질과 에너지 · 화학 반응의 세계 세포와 물질대사 · 생물의 유전 지구시스템과학 · 행성우주과학	과학의 역사와 문화 기후변화와 환경생태 융합과학 탐구
기술·가정/ 정보	기술·가정 정보	로봇과 공학세계 · 생활과학 탐구 인공지능 기초 · 데이터 과학	창의 공학 설계 · 지식 재산 일반 생애 설계와 자립 · 아동발달과 부모 소프트웨어와 생활
제2외국어/ 한문	제2외국어 (독일어 , 프랑스어 , 스페인어 , 중국어 , 일본어 , 러시아어 , 아랍어 , 베트남어) 한문	제2외국어 회화 심화 제2외국어 한문 고전 읽기	제2외국어 문화 언어생활과 한자
교양	진로와 직업 생태와 환경	인간과 철학 · 논리와 사고 인간과 심리 · 교육의 이해 삶과 종교 · 보건	인간과 경제활동 · 논술

● 일반 선택 **굵은 글자**: 수능 출제 과목
● 상대평가 등급 미산출 과목: 성취도 5단계 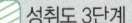 성취도 3단계 P/F

회계학과

#회계학 #조세정책 #경영학 #경제학
#합리적의사결정 #체계적분석력
#숫자퍼즐이좋아

관련학과/유사학과

세무회계학과 등

취득 가능 자격

공인회계사
세무사

회계란 개인이나 기업의 경제 활동 상황을 일정한 계산 방법으로 기록하고 정보화하는 것을 말한다. 회계학과는 실무 능력과 윤리의식을 기반으로 다양한 조직의 회계를 관리할 수 있는 회계 전문가를 양성하는 것을 목표로 하며, 이를 통해 투명하고 공정한 사회를 실현하고자 한다.

회계학과에서는 회계학의 기본 개념과 원리에 대한 이해를 바탕으로 실제 회계 관리를 위한 실무적인 지식을 탐구한다. 또한 회계와 밀접하게 연결된 조세 관련 법률과 정책도 함께 탐색한다. 전공에 대한 심도 있는 이해를 위해 인접 학문인 경영학과 경제학을 함께 공부하기도 한다.

회계는 경제 활동을 수행하는 조직을 운영할 때 필수적인 체계로서 회계 전문가의 수요는 언제나 높다. 회계학과 졸업생들은 다양한 기업이나 단체에 회계 전문가로 입사할 수 있으며, 회계 정보를 분석하고 활용하는 능력을 발휘하여 조직이 합리적인 의사 결정을 내리는 데 기여할 수 있다.

대학에서 어떤 과목을 배울까?

회계학

- 회계원리 · 중급회계 · 원가회계 · 회계정보시스템 · 재무제표분석 · 고급회계
- 세법개론 · 국제조세개론 · 법인세법 · 소득세법 · 부가가치세법 · 조세판례연구
- 경영학원론 · 경제학원론 · 재무관리 · 투자론 · 경영정보시스템

졸업 후 무슨 일을 할까?

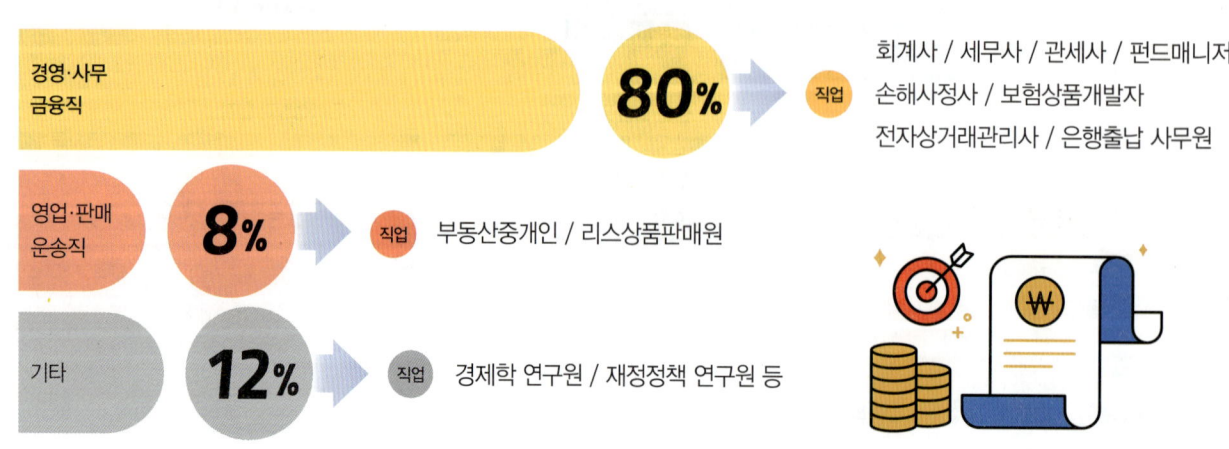

경영·사무 금융직	80%	직업	회계사 / 세무사 / 관세사 / 펀드매니저 손해사정사 / 보험상품개발자 전자상거래관리사 / 은행출납 사무원
영업·판매 운송직	8%	직업	부동산중개인 / 리스상품판매원
기타	12%	직업	경제학 연구원 / 재정정책 연구원 등

< 진학샘의 특별한 코칭

경제 수학, 사회 교과에서 경제 관련 과목을 이수하는 것을 추천합니다. 비교과 활동은 양도세, 취득세, 부가가치세 등의 세금에 대해 공부하거나 기업의 재무제표 보는 방법을 익혀 관심 기업의 재무제표를 분석하는 것을 추천합니다.

핵심 권장	학과(부)에서 공부하기 위해 필수적 이수를 권장하는 과목
권장	학과(부)에서 공부하기 위해 이수를 권장하는 과목
추천 선택	192학점 이수를 고려해 이수를 권장하는 과목

사회계열

교과(군)	일반 선택	진로 선택	융합 선택
국어	화법과 언어 독서와 작문 문학	주제 탐구 독서 문학과 영상 직무 의사소통	독서 토론과 글쓰기 매체 의사소통 언어생활 탐구
수학	대수 미적분 I 확률과 통계	기하 · 미적분 II 경제 수학 · 인공지능 수학 직무 수학	수학과 문화 실용 통계 수학과제 탐구
영어	영어 I · 영어 II 영어 독해와 작문	영미 문학 읽기 · 영어 발표와 토론 심화 영어 · 심화 영어 독해와 작문 직무 영어	실생활 영어 회화 미디어 영어 세계 문화와 영어
사회	세계시민과 지리 세계사 사회와 문화 현대사회와 윤리	한국지리 탐구 · 도시의 미래 탐구 동아시아 역사 기행 정치 · 법과 사회 · 경제 윤리와 사상 · 인문학과 윤리 국제 관계의 이해	여행지리 역사로 탐구하는 현대 세계 사회문제 탐구 · 금융과 경제생활 윤리문제 탐구 기후변화와 지속가능한 세계
과학	물리학 화학 생명과학 지구과학	역학과 에너지 · 전자기와 양자 물질과 에너지 · 화학 반응의 세계 세포와 물질대사 · 생물의 유전 지구시스템과학 · 행성우주과학	과학의 역사와 문화 기후변화와 환경생태 융합과학 탐구
기술·가정/ 정보	기술·가정 정보	로봇과 공학세계 · 생활과학 탐구 인공지능 기초 · 데이터 과학	창의 공학 설계 · 지식 재산 일반 생애 설계와 자립 · 아동발달과 부모 소프트웨어와 생활
제2외국어/ 한문	제2외국어 (독일어, 프랑스어, 스페인어, 중국어, 일본어, 러시아어, 아랍어, 베트남어) 한문	제2외국어 회화 심화 제2외국어 한문 고전 읽기	제2외국어 문화 언어생활과 한자
교양	진로와 직업 생태와 환경	인간과 철학 · 논리와 사고 인간과 심리 · 교육의 이해 삶과 종교 · 보건	인간과 경제활동 · 논술

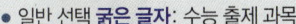 • 일반 선택 **굵은 글자**: 수능 출제 과목   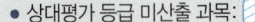 • 상대평가 등급 미산출 과목: 성취도 5단계 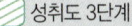 성취도 3단계   P/F

무역학과

#국제무역 #무역정책 #국제물류 #경영학 #경제학
#문화적감수성 #의사소통능력
#넓게보고작은것도놓치지않아

관련학과/유사학과

국제무역학과
글로벌무역학과
국제통상물류학부
경제통상학부 등

무역학과는 국제 무역과 관련된 이론적 지식과 실무 능력을 바탕으로 세계 무대에서 활동할 수 있는 무역 전문 인력을 양성하는 학과이다.

이를 위해 국제 무역 분야에서는 무역의 이론과 원리를 연구하고 실제 무역 업무를 수행하기 위한 실무 감각을 기른다. 해외 시장 진출에 필요한 마케팅 전략과 무역 영어 등 실용적인 지식도 함께 습득한다. 무역 정책과 법규 분야에서는 무역 정책의 수단과 영향력을 이해하고, 효율적인 국제 무역을 위해 정립된 법규와 그 역사 등을 탐색한다. 또한 무역과 관련성이 깊은 경영학과 경제학 지식을 국제적인 관점에서 탐구하기도 한다.

세계화 시대에 국제 무역은 한정된 자원을 가진 나라들이 국가 경쟁력을 제고하고 삶의 질을 높이는 수단으로서 중요한 역할을 하고 있다. 무역학과 학생들은 국제 무역에 대한 전문적인 지식을 바탕으로 금융, 유통, 영업, 학계 등 다양한 분야로 진출하여 활동할 수 있다.

대학에서 어떤 과목을 배울까?

무역학

무역학원론 · 국제통상론 · 글로벌운송물류론 · 무역실무 · 무역결제론 · 무역영어 · 국제마케팅

무역법규 · 관세법 · 무역관계법 · 무역정책론 · 국제통상정책론

경영학원론 · 국제경영 · 국제재무 · 미시경제학 · 거시경제학 · 글로벌경제론 · 해외투자론

졸업 후 무슨 일을 할까?

분야	비율		직업
경영·사무 금융직	67%	직업	물류관리 사무원 / 무역 사무원 국제통상 전문가 / 관세사
영업·판매 운송직	16%	직업	판매관리사 / 온라인쇼핑판매원 / 해외영업원
교육·법률 사회복지 경찰직	6%	직업	대학교수 / 상업교사 / 변호사
기타	11%	직업	국제경제분석가 등

< **진학샘의 특별한 코칭**

영어, 사회, 제2외국어 교과를 이수하는 것을 추천합니다. 비교과 활동은 우리 나라에서 수출입이 크게 증가·감소한 물건을 조사하고 그 이유를 분석하거나, 제품이 소비자까지 전달되는 유통 과정을 알아보는 것을 추천합니다.

핵심 권장 학과(부)에서 공부하기 위해 필수적 이수를 권장하는 과목
권장 학과(부)에서 공부하기 위해 이수를 권장하는 과목
추천 선택 192학점 이수를 고려해 이수를 권장하는 과목

사회 계열

교과(군)	일반 선택	진로 선택	융합 선택
국어	**화법과 언어** **독서와 작문** **문학**	주제 탐구 독서 문학과 영상 직무 의사소통	독서 토론과 글쓰기 매체 의사소통 언어생활 탐구
수학	**대수** **미적분Ⅰ** **확률과 통계**	기하 · 미적분Ⅱ 경제 수학 · 인공지능 수학 직무 수학	수학과 문화 실용 통계 수학과제 탐구
영어	**영어Ⅰ · 영어Ⅱ** **영어 독해와 작문**	영미 문학 읽기 · 영어 발표와 토론 심화 영어 · 심화 영어 독해와 작문 직무 영어	실생활 영어 회화 미디어 영어 세계 문화와 영어
사회	세계시민과 지리 세계사 사회와 문화 현대사회와 윤리	한국지리 탐구 · 도시의 미래 탐구 동아시아 역사 기행 정치 · 법과 사회 · 경제 윤리와 사상 · 인문학과 윤리 국제 관계의 이해	여행지리 역사로 탐구하는 현대 세계 사회문제 탐구 · 금융과 경제생활 윤리문제 탐구 기후변화와 지속가능한 세계
과학	물리학 화학 생명과학 지구과학	역학과 에너지 · 전자기와 양자 물질과 에너지 · 화학 반응의 세계 세포와 물질대사 · 생물의 유전 지구시스템과학 · 행성우주과학	과학의 역사와 문화 기후변화와 환경생태 융합과학 탐구
기술·가정/ 정보	기술·가정 정보	로봇과 공학세계 · 생활과학 탐구 인공지능 기초 · 데이터 과학	창의 공학 설계 · 지식 재산 일반 생애 설계와 자립 · 아동발달과 부모 소프트웨어와 생활
제2외국어/ 한문	**제2외국어 (독일어 , 프랑스어 ,** **스페인어 , 중국어 , 일본어 ,** **러시아어 , 아랍어 , 베트남어)** **한문**	제2외국어 회화 심화 제2외국어 한문 고전 읽기	제2외국어 문화 언어생활과 한자
교양	진로와 직업 생태와 환경	인간과 철학 · 논리와 사고 인간과 심리 · 교육의 이해 삶과 종교 · 보건	인간과 경제활동 · 논술

● 일반 선택 **굵은 글자**: 수능 출제 과목　　● 상대평가 등급 미산출 과목:  성취도 5단계 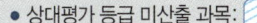 성취도 3단계 P/F

지리학과

#자연지리학 #인문지리학
#분석과통합 #탐구력
#직접발디디는체험이좋아

관련학과/유사학과

지리교육과
위치정보시스템학과 등

지리학과는 인간 생활의 기반이 되는 지역 환경을 연구하는 학과이다. 사회 발전과 지역 문제 해결에 기여할 수 있는 지리 전문가를 양성하는 것을 목적으로 한다.

지리학과의 연구 분야는 크게 자연지리학과 인문지리학으로 나뉜다. 자연지리학 분야에서는 지형, 기후, 토양, 식생 등의 자연환경 조건과 특성을 연구한다. 인문지리학 분야에서는 경제, 정치, 사회, 도시, 역사 등을 지리학적 관점에서 분석하고 고찰한다. '한국지리'와 같이 특정 지역의 지리적 조건을 탐구하는 지역지리학도 지리학의 세부 학문 중 하나이다. 이 외에도 공간 정보를 수집, 탐색, 관리, 분석하는 지리정보시스템(GIS) 기술이 최근 비약적으로 발전하면서 이에 대한 연구도 중요하게 다루어지고 있다.

지구, 화산, 지진, 화석 등 다양한 지리적 현상이나 지형에 관심이 있는 학생이라면 지리학에 흥미를 느낄 가능성이 높다. 지리학과 졸업생들은 기초 과학을 연구하는 연구자가 되거나 자원 관련 공공기관에 취업하는 등 다양한 분야로 진출할 수 있다.

대학에서 어떤 과목을 배울까?

지리학

- 자연지리학 · 기후학 · 지형학 · 토양지리학 · 생물지리학 · 기후변화 · 글로벌기후시스템
- 인문지리학 · 도시지리학 · 사회지리학 · 교통지리학 · 경제지리학 · 인류세지리학
- 지도학 · 지리자료분석 · GIS기초 · GIS응용

졸업 후 무슨 일을 할까?

| 연구직 및 공학 기술직 | **52%** | 직업 | 지리정보시스템(GIS) 전문가 / 도시재생 전문가 / 도시계획가 측량사 / 토지·교통 연구원 / 환경영향평가원 / 환경컨설턴트 |

| 경영·사무 금융직 | **37%** | 직업 | 감정평가사 / 상품공간스토리텔러 지역사회교육코디네이터 공무원(도시계획직) |

| 기타 | **11%** | 직업 | 대학교수 / 지리교사 / 신문기자 / 기술영업원 등 |

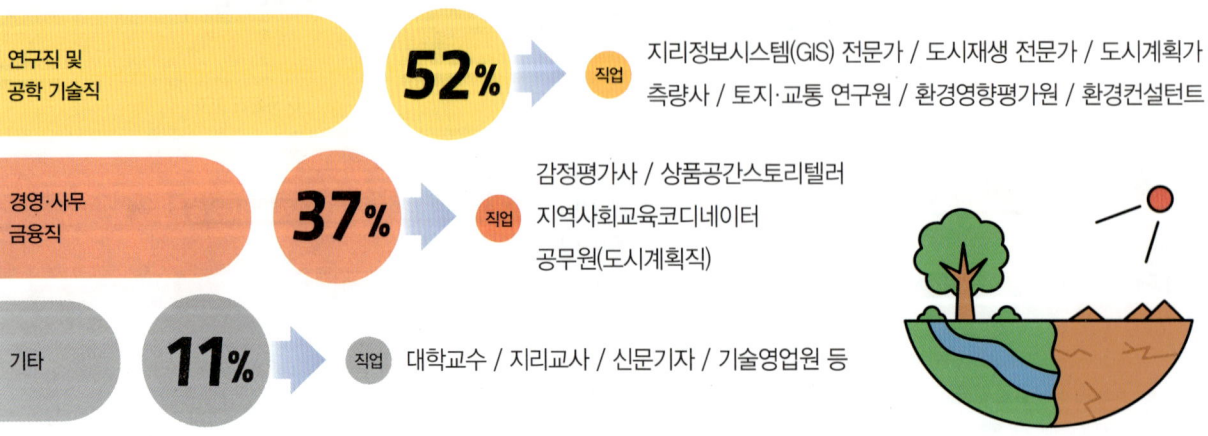

‹ 진학샘의 특별한 코칭

사회 교과의 **지리** 관련 과목과 **정보 교과**를 이수하는 것을 추천합니다. 비교과 활동은 큐지아이에스(QGIS)와 같은 무료 지리정보시스템(GIS) 소프트웨어의 사용 방법을 익혀 직접 지도를 제작해 보거나, 구글어스를 이용해 지형과 경관을 탐험해 보는 것을 추천합니다.

핵심 권장	학과(부)에서 공부하기 위해 필수적 이수를 권장하는 과목
권장	학과(부)에서 공부하기 위해 이수를 권장하는 과목
추천 선택	192학점 이수를 고려해 이수를 권장하는 과목

사회 계열

교과(군)	일반 선택	진로 선택	융합 선택
국어	**화법과 언어** **독서와 작문** **문학**	주제 탐구 독서 문학과 영상 직무 의사소통	독서 토론과 글쓰기 매체 의사소통 언어생활 탐구
수학	**대수** **미적분 I** **확률과 통계**	기하 · 미적분 II 경제 수학 · 인공지능 수학 직무 수학	수학과 문화 실용 통계 수학과제 탐구
영어	**영어 I · 영어 II** 영어 독해와 작문	영미 문학 읽기 · 영어 발표와 토론 심화 영어 · 심화 영어 독해와 작문 직무 영어	실생활 영어 회화 미디어 영어 세계 문화와 영어
사회	세계시민과 지리 세계사 사회와 문화 현대사회와 윤리	한국지리 탐구 · 도시의 미래 탐구 동아시아 역사 기행 정치 · 법과 사회 · 경제 윤리와 사상 · 인문학과 윤리 국제 관계의 이해	여행지리 역사로 탐구하는 현대 세계 사회문제 탐구 · 금융과 경제생활 윤리문제 탐구 기후변화와 지속가능한 세계
과학	물리학 화학 생명과학 지구과학	역학과 에너지 · 전자기와 양자 물질과 에너지 · 화학 반응의 세계 세포와 물질대사 · 생물의 유전 지구시스템과학 · 행성우주과학	과학의 역사와 문화 기후변화와 환경생태 융합과학 탐구
기술·가정/정보	기술·가정 정보	로봇과 공학세계 · 생활과학 탐구 인공지능 기초 · 데이터 과학	창의 공학 설계 · 지식 재산 일반 생애 설계와 자립 · 아동발달과 부모 소프트웨어와 생활
제2외국어/한문	제2외국어 (독일어, 프랑스어, 스페인어, 중국어, 일본어, 러시아어, 아랍어, 베트남어) 한문	제2외국어 회화 심화 제2외국어 한문 고전 읽기	제2외국어 문화 언어생활과 한자
교양	진로와 직업 생태와 환경	인간과 철학 · 논리와 사고 인간과 심리 · 교육의 이해 삶과 종교 · 보건	인간과 경제활동 · 논술

● 일반 선택 **굵은 글자**: 수능 출제 과목 ● 상대평가 등급 미산출 과목: 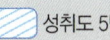 성취도 5단계 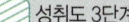 성취도 3단계   P/F

관광학과

#관광산업 #관광자원 #관광경영 #관광경제
#문화적감수성 #정보처리능력
#그곳을알리는나상큼해

관련학과/유사학과

관광경영학과
호텔관광경영학과
글로벌관광경영학과
관광융복합학과
관광컨벤션학과
글로벌Hospitality·관광학과 등

관광학과는 관광 산업 전반에 대한 이론을 습득하고 실제 산업 현장에 필요한 실무 능력을 높일 수 있는 학습 기회를 제공한다. 관광학과의 목표는 미래의 문화생활을 선도할 수 있는 관광 전문가를 양성하는 것이다.

이를 위해 관광 산업 분야에서는 여가 산업을 대표하는 관광 산업의 성격과 특성 등을 탐구하고, 사람들이 관광을 하게끔 만드는 요소인 관광 자원의 개념과 개발 방법도 탐색한다. 관광 경영 분야에서는 관광 산업을 경영하기 위한 경영학적 지식과 마케팅 전략 등을 연구한다. 이 외에도 관광과 관련된 경제, 지리, 정책, 통계 등 다양한 분야를 연구한다.

관광은 특별한 물질 자원 없이도 높은 부가가치를 창출할 수 있어 매장 자원이 부족한 우리나라뿐만 아니라 세계적으로 중요성이 강조되는 산업이다. 한류 콘텐츠가 국제적으로 각광받으면서 한국 관광에 대한 관심도가 높아지고 있지만, 아직 국내 관광의 경쟁력을 높이기 위한 과제들이 산적해 있는 상황이므로 관광학과 졸업생들의 역할도 더욱 중요해질 전망이다.

대학에서 어떤 과목을 배울까?

관광학

- 관광학개론· 관광자원론· 여가론· 지속가능한 관광론· 문화관광과 상호문화주의

- 문화관광경영· 관광산업경영론· 호텔산업경영론· 관광마케팅커뮤니케이션· 관광경제학

- 관광지리의 이해· 관광정책론· 관광영어· 한국관광사· 관광통계학

졸업 후 무슨 일을 할까?

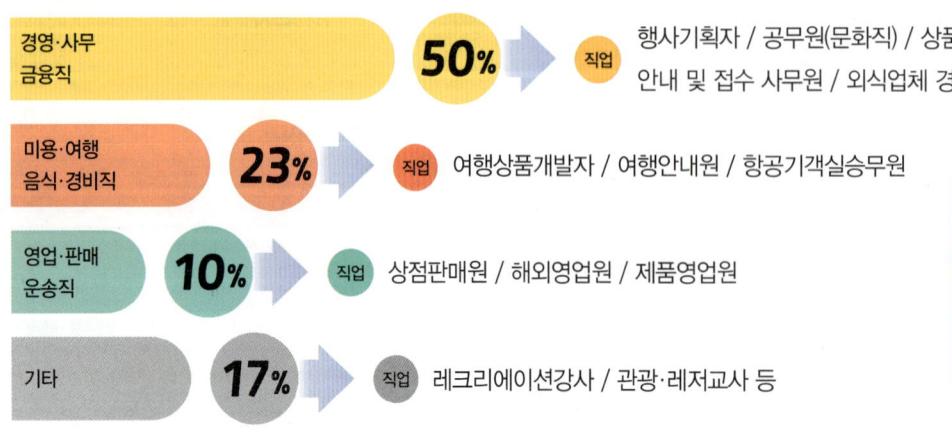

경영·사무 금융직	**50%**	직업	행사기획자 / 공무원(문화직) / 상품공간스토리텔러 / 고객상담원 안내 및 접수 사무원 / 외식업체 경영·관리자 / 호텔관리자
미용·여행 음식·경비직	**23%**	직업	여행상품개발자 / 여행안내원 / 항공기객실승무원
영업·판매 운송직	**10%**	직업	상점판매원 / 해외영업원 / 제품영업원
기타	**17%**	직업	레크리에이션강사 / 관광·레저교사 등

< **진학샘의 특별한 코칭**

영어, 사회, 제2외국어 교과를 이수하는 것을 추천합니다. 비교과 활동은 우리 나라 지역별 여행 상품을 개발해 보거나, 학급별 체험 활동 또는 수학여행에 서 활용할 수 있는 관광 안내 책자를 제작하는 것을 추천합니다.

 핵심 권장 학과(부)에서 공부하기 위해 필수적 이수를 권장하는 과목

 권장 학과(부)에서 공부하기 위해 이수를 권장하는 과목

추천 선택 192학점 이수를 고려해 이수를 권장하는 과목

사회 계열

교과(군)	일반 선택	진로 선택	융합 선택
국어	**화법과 언어** **독서와 작문** **문학**	주제 탐구 독서 문학과 영상 직무 의사소통	독서 토론과 글쓰기 매체 의사소통 언어생활 탐구
수학	**대수** **미적분 I** **확률과 통계**	기하 · 미적분 II 경제 수학 · 인공지능 수학 직무 수학	수학과 문화 실용 통계 수학과제 탐구
영어	**영어 I · 영어 II** **영어 독해와 작문**	영미 문학 읽기 · 영어 발표와 토론 심화 영어 · 심화 영어 독해와 작문 직무 영어	실생활 영어 회화 미디어 영어 세계 문화와 영어
사회	세계시민과 지리 세계사 사회와 문화 현대사회와 윤리	한국지리 탐구 · 도시의 미래 탐구 동아시아 역사 기행 정치 · 법과 사회 · 경제 윤리와 사상 · 인문학과 윤리 국제 관계의 이해	여행지리 역사로 탐구하는 현대 세계 사회문제 탐구 · 금융과 경제생활 윤리문제 탐구 기후변화와 지속가능한 세계
과학	물리학 화학 생명과학 지구과학	역학과 에너지 · 전자기와 양자 물질과 에너지 · 화학 반응의 세계 세포와 물질대사 · 생물의 유전 지구시스템과학 · 행성우주과학	과학의 역사와 문화 기후변화와 환경생태 융합과학 탐구
기술·가정/ 정보	기술·가정 정보	로봇과 공학세계 · 생활과학 탐구 인공지능 기초 · 데이터 과학	창의 공학 설계 · 지식 재산 일반 생애 설계와 자립 · 아동발달과 부모 소프트웨어와 생활
제2외국어/ 한문	제2외국어 (독일어 , 프랑스어 , 스페인어 , 중국어 , 일본어 , 러시아어 , 아랍어 , 베트남어) **한문**	제2외국어 회화 심화 제2외국어 한문 고전 읽기	제2외국어 문화 언어생활과 한자
교양	진로와 직업 생태와 환경	인간과 철학 · 논리와 사고 인간과 심리 · 교육의 이해 삶과 종교 · 보건	인간과 경제활동 · 논술

● 일반 선택 **굵은 글자**: 수능 출제 과목   ● 상대평가 등급 미산출 과목: 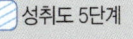성취도 5단계 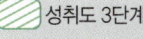성취도 3단계 P/F

교육 계열의 학과는 교사와 교육 지도자를 양성하고 교육 원리와 교육 방법을 연구하는 것을 목적으로 한다. 교육은 앞서 축적된 지식과 문화를 다음 세대에 전달하고, 인간의 가능성을 계발하여 새로운 지식과 문화를 창출하는 일이다. 구체적으로는 교육의 대상별로 유아교육, 특수교육, 초등교육, 중등교육 등으로 구분된다. 각 학과에서는 교육 이론과 교과 교육의 지식 등을 탐구할 수 있다.

3 교육 계열

교육 계열

교육일반	··········	교육학과

유아교육	··········	유아교육과

특수교육	··········	특수교육과

초등교육	··········	초등교육과

중등교육	··········	국어교육과 영어교육과 수학교육과

중등교육 국어교육과 영어교육과 수학교육과
사회교육과 과학교육과
기술·가정교육과 컴퓨터교육과
체육교육과

교육학과

#교육학일반 #교육방법 #평생교육
#공감과배려 #의사소통능력
#가르치는보람이좋아

관련학과/유사학과

교육공학과
평생교육학과 등

취득 가능 자격

중등학교 2급 정교사(교육학)

교육학과는 사회의 다양한 영역에서 이루어지는 교육 현상을 연구하는 학과이다. 교육학과의 목표는 실제 교육 현장에서 교육 활동을 담당하거나 교육과 관련된 문제를 고민하고 개선할 수 있는 교육 전문가를 양성하는 것이다.

교육학과의 연구 분야는 크게 교육 일반, 교육 방법, 평생 교육 등으로 나뉜다. 교육 일반 분야에서는 교육에 대한 기초적이고 근본적인 이해를 도모한다. 교육 방법 분야에서는 실제 교육 현장에서 가르치고 배우는 방법을 탐구한다. 평생 교육 분야는 사회 변동성에 대응하기 위한 평생 교육 방법과 실천 등을 탐구한다. 이 외에도 사회학, 행정학, 경제학 등의 인접 학문을 함께 연구하거나, 청소년·노인·여성과 같이 특정한 집단을 대상으로 하는 교육론을 특화하여 탐구하기도 한다.

교육을 뜻하는 단어 'education'은 '이끌어 내다'라는 의미의 라틴어 'educare'에서 유래된 것으로, 인간의 무한한 가능성을 끌어낸다는 의미를 가지고 있다. 학교, 공공기관, 기업 등 사회의 다양한 영역에서 인간의 가능성을 끌어내는 일에 관심이 있다면 교육학과 진학을 고려해 볼 만하다.

대학에서 어떤 과목을 배울까?

교육학
- 교육학개론 · 교육사 · 교육철학 · 교육심리학 · 교육공학 · 인간발달과 학습 · 교육사상사 · 현대교육사조
- 교육과정의 이해 · 교육평가 · 교육학교과교육론 · 교육학교과교재 및 연구법 · 진로진학상담
- 평생교육개론 · 평생교육방법론 · 평생교육프로그램개발론 · 평생교육실습
- 교육경제학개론 · 교육사회학 · 교육행정학 · 교육정책 · 교육정치론

졸업 후 무슨 일을 할까?

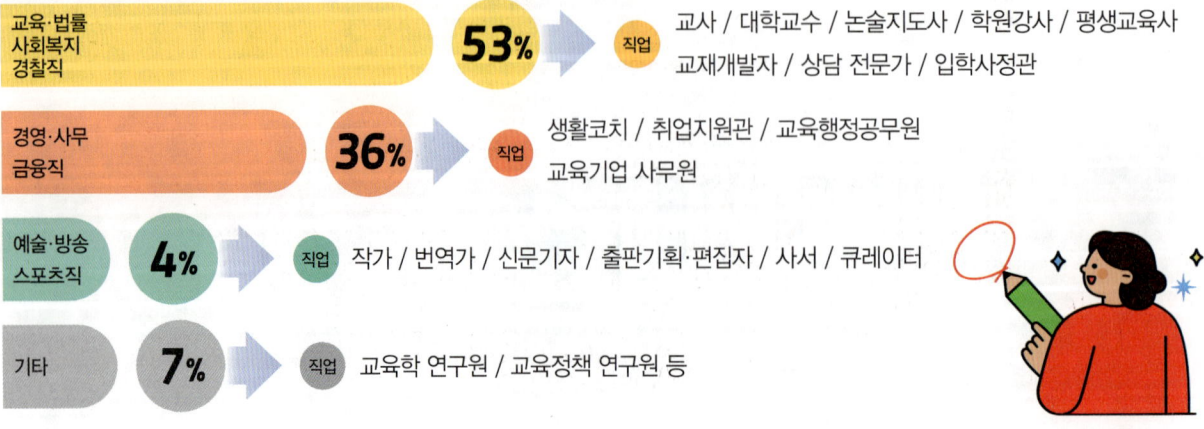

분야	비율	직업
교육·법률 사회복지 경찰직	53%	교사 / 대학교수 / 논술지도사 / 학원강사 / 평생교육사 교재개발자 / 상담 전문가 / 입학사정관
경영·사무 금융직	36%	생활코치 / 취업지원관 / 교육행정공무원 교육기업 사무원
예술·방송 스포츠직	4%	작가 / 번역가 / 신문기자 / 출판기획·편집자 / 사서 / 큐레이터
기타	7%	교육학 연구원 / 교육정책 연구원 등

〈 진학샘의 특별한 코칭

사회 교과와 **교육의 이해**를 이수하는 것을 추천합니다. 비교과 활동은 학습에 도움이 되는 앱을 찾아 이를 효과적으로 활용하는 방법을 탐구하거나, 교육심리학, 교육공학 등에 대해 심화 학습하는 것을 추천합니다.

핵심 권장	학과(부)에서 공부하기 위해 필수적 이수를 권장하는 과목
권장	학과(부)에서 공부하기 위해 이수를 권장하는 과목
추천 선택	192학점 이수를 고려해 이수를 권장하는 과목

교과(군)	일반 선택	진로 선택	융합 선택
국어	**화법과 언어** **독서와 작문** **문학**	주제 탐구 독서 문학과 영상 직무 의사소통	독서 토론과 글쓰기 매체 의사소통 언어생활 탐구
수학	**대수** **미적분 I** **확률과 통계**	기하 · 미적분 II 경제 수학 · 인공지능 수학 직무 수학	수학과 문화 실용 통계 수학과제 탐구
영어	**영어 I · 영어 II** 영어 독해와 작문	영미 문학 읽기 · 영어 발표와 토론 심화 영어 · 심화 영어 독해와 작문 직무 영어	실생활 영어 회화 미디어 영어 세계 문화와 영어
사회	세계시민과 지리 세계사 사회와 문화 현대사회와 윤리	한국지리 탐구 · 도시의 미래 탐구 동아시아 역사 기행 정치 · 법과 사회 · 경제 윤리와 사상 · 인문학과 윤리 국제 관계의 이해	여행지리 역사로 탐구하는 현대 세계 사회문제 탐구 · 금융과 경제생활 윤리문제 탐구 기후변화와 지속가능한 세계
과학	물리학 화학 생명과학 지구과학	역학과 에너지 · 전자기와 양자 물질과 에너지 · 화학 반응의 세계 세포와 물질대사 · 생물의 유전 지구시스템과학 · 행성우주과학	과학의 역사와 문화 기후변화와 환경생태 융합과학 탐구
기술·가정/정보	기술·가정 정보	로봇과 공학세계 · 생활과학 탐구 인공지능 기초 · 데이터 과학	창의 공학 설계 · 지식 재산 일반 생애 설계와 자립 · 아동발달과 부모 소프트웨어와 생활
제2외국어/한문	**제2외국어 (독일어, 프랑스어, 스페인어, 중국어, 일본어, 러시아어, 아랍어, 베트남어)** **한문**	제2외국어 회화 심화 제2외국어 한문 고전 읽기	제2외국어 문화 언어생활과 한자
교양	진로와 직업 생태와 환경	인간과 철학 · 논리와 사고 인간과 심리 · 교육의 이해 삶과 종교 · 보건	인간과 경제활동 · 논술

- 일반 선택 **굵은 글자**: 수능 출제 과목
- 상대평가 등급 미산출 과목: 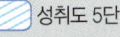 성취도 5단계 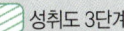 성취도 3단계 P/F

교육 계열

국어교육과

#국어학 #국문학 #국어교육
#공감과배려 #의사소통능력
#가르치는보람이좋아

관련학과/유사학과

국어국문학과 등

취득 가능 자격

중등학교 2급 정교사(국어)

국어교육과는 국어 교육에 필요한 지식과 기술을 익히는 학과로서, 올바른 인성과 국어 교과에 대한 전문적인 지식을 바탕으로 교육 현장에 기여할 수 있는 국어 교육 전문가의 양성을 목표로 한다.

국어교육과의 연구 분야는 크게 교과 교육 분야와 교과 내용 분야로 나뉜다. 교과 교육 분야에서는 실제 학교 현장에서 국어를 가르치는 데 필요한 효과적인 교수법과 학습 전략, 교재 연구법, 평가 방법 등을 연구한다. 교과 내용 분야에서는 국어교사로서 갖추어야 할 국어학과 국문학의 전문적인 지식을 탐구한다.

모든 학문의 기초는 국어라는 점에서 국어교육과는 중요한 역할을 맡고 있다. 또한 문화 콘텐츠의 가치가 더 커지는 시점에서 미래 세대의 국문학적 감수성을 길러 주는 국어교육과의 중요성은 높아질 것으로 보인다. 평소 우리말의 올바른 사용에 관심이 있으며, 다른 사람에게 국문학의 가치를 알리고 싶은 학생들에게 적합한 학과이다.

대학에서 어떤 과목을 배울까?

AI활용국어교육방법론 · 문법교육론 · 문학교육론

국문학개론 · 국어의미화용교육론 · 중세국어문법

국어과평가방법론 · 국어과교재연구 및 지도법

국어 교육학

고전소설/고전시가론 · 고전산문강독

화법교육방법론 · 독서교육방법론 · 작문교육방법론

현대소설/현대시론 · 현대소설선독 · 문학감상론연습

졸업 후 무슨 일을 할까?

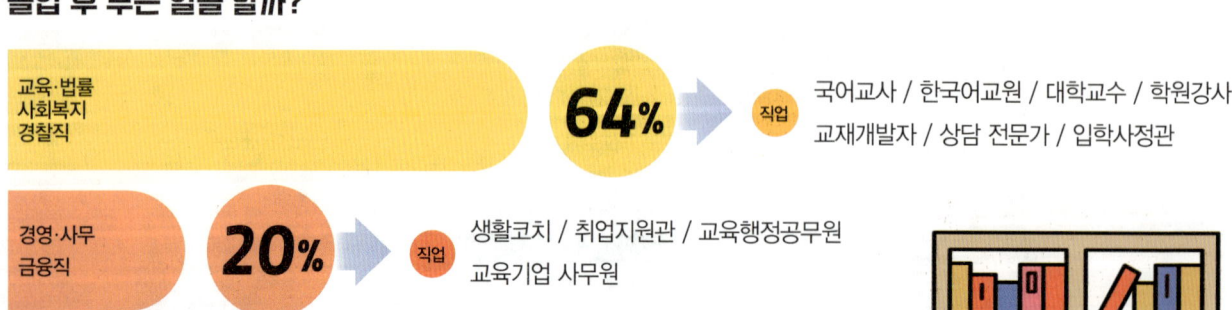

교육·법률 사회복지 경찰직 — **64%** → 직업
국어교사 / 한국어교원 / 대학교수 / 학원강사
교재개발자 / 상담 전문가 / 입학사정관

경영·사무 금융직 — **20%** → 직업
생활코치 / 취업지원관 / 교육행정공무원
교육기업 사무원

기타 — **16%** → 직업
신문기자 / 방송작가 / 문화예술평론가 / 번역가
출판기획·편집자 / 교육학 연구원 / 교육정책 연구원 등

< 진학샘의 특별한 코칭

> 국어 교과와 교육의 이해를 이수하는 것을 추천합니다. 비교과 활동은 국어 공부에 어려움이 있는 학급 친구들을 위한 국어 학습 멘토링이나, 소설, 시, 서평과 같이 다양한 갈래의 글을 써 보는 것을 추천합니다.

핵심 권장 학과(부)에서 공부하기 위해 필수적 이수를 권장하는 과목

권장 학과(부)에서 공부하기 위해 이수를 권장하는 과목

추천 선택 192학점 이수를 고려해 이수를 권장하는 과목

교과(군)	일반 선택	진로 선택	융합 선택
국어	화법과 언어 독서와 작문 문학	주제 탐구 독서 문학과 영상 직무 의사소통	독서 토론과 글쓰기 매체 의사소통 언어생활 탐구
수학	대수 미적분 I 확률과 통계	기하 · 미적분 II 경제 수학 · 인공지능 수학 직무 수학	수학과 문화 실용 통계 수학과제 탐구
영어	영어 I · 영어 II 영어 독해와 작문	영미 문학 읽기 · 영어 발표와 토론 심화 영어 · 심화 영어 독해와 작문 직무 영어	실생활 영어 회화 미디어 영어 세계 문화와 영어
사회	세계시민과 지리 세계사 사회와 문화 현대사회와 윤리	한국지리 탐구 · 도시의 미래 탐구 동아시아 역사 기행 정치 · 법과 사회 · 경제 윤리와 사상 · 인문학과 윤리 국제 관계의 이해	여행지리 역사로 탐구하는 현대 세계 사회문제 탐구 · 금융과 경제생활 윤리문제 탐구 기후변화와 지속가능한 세계
과학	물리학 화학 생명과학 지구과학	역학과 에너지 · 전자기와 양자 물질과 에너지 · 화학 반응의 세계 세포와 물질대사 · 생물의 유전 지구시스템과학 · 행성우주과학	과학의 역사와 문화 기후변화와 환경생태 융합과학 탐구
기술·가정/ 정보	기술·가정 ―――― 정보	로봇과 공학세계 · 생활과학 탐구 ―――― 인공지능 기초 · 데이터 과학	창의 공학 설계 · 지식 재산 일반 생애 설계와 자립 · 아동발달과 부모 ―――― 소프트웨어와 생활
제2외국어/ 한문	제2외국어 (독일어, 프랑스어, 스페인어, 중국어, 일본어, 러시아어, 아랍어, 베트남어) ―――― 한문	제2외국어 회화 심화 제2외국어 ―――― 한문 고전 읽기	제2외국어 문화 ―――― 언어생활과 한자
교양	진로와 직업 생태와 환경	인간과 철학 · 논리와 사고 인간과 심리 · 교육의 이해 삶과 종교 · 보건	인간과 경제활동 · 논술

• 일반 선택 **굵은 글자**: 수능 출제 과목 • 상대평가 등급 미산출 과목:  성취도 5단계 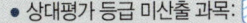 성취도 3단계 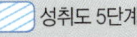 P/F

교육 계열

영어교육과

#영어학 #영문학 #영어교육
#의사소통능력 #문화적감수성
#영어실력키워줄래

관련학과/유사학과

영어영문학과 등

취득 가능 자격

중등학교 2급 정교사(영어)

영어교육과는 학생들의 실용적인 영어 사용 능력을 길러 줄 수 있는 영어 교육 전문가 양성을 목표로 하는 학과로서, 영어 교육에 필요한 지식과 기술을 연구한다.

영어교육과의 연구 분야는 크게 교과 교육 분야와 교과 내용 분야로 나뉜다. 교과 교육 분야에서는 실제 학교 현장에서 영어를 가르치는 데 필요한 효과적인 교수법과 학습 전략, 교재 연구법, 평가 방법 등을 연구한다. 교과 내용 분야에서는 영어교사로서 갖추어야 할 영어학과 영문학의 전문적인 지식을 탐구한다. 개론적인 지식에서부터 음운론, 통사론, 화용론 등 전문적인 어학 지식과 함께 독해와 작문, 영미권의 문학 작품 등을 주요하게 다룬다.

영어는 글로벌 시대에 꼭 익혀야 할 외국어로서 서로의 언어를 모르는 사람들과도 영어를 통해 소통할 수 있을 정도로 국제 사회에서 중요한 역할을 담당하고 있다. 평소 영어 과목에 자신이 있고 다른 사람의 영어 실력을 키워 주고 싶은 학생들에게 적합한 학과이다.

대학에서 어떤 과목을 배울까?

영어교육학

- 영어교육방법 및 교육공학 · 영어교육론
- 영어교육평가론 · 영어과교재연구
- 멀티미디어영어교육
- 영어학개론 · 영어음성음운론 · 영어통사론 · 영어의미와 화용
- 영문학개론 · 영미문학과 영어교육 · 영미드라마와 영어교육
- 영어독해/작문 · 영어회화 · 영어토론 · 영미문화의 이해

졸업 후 무슨 일을 할까?

교육·법률 사회복지 경찰직 **64%** 직업 영어교사 / 대학교수 / 학원강사 / 국제기구활동가

경영·사무 금융직 **20%** 직업 교육행정공무원 / 무역 사무원 / 교육기업 사무원

미용·여행 음식·경비직 **7%** 직업 여행상품개발자 / 여행 사무원 관광통역안내원 / 항공기객실승무원

기타 **9%** 직업 신문기자 / 작가 / 번역가 / 출판기획·편집자 등

〈 **진학샘의 특별한 코칭**

영어 교과와 **교육의 이해** 이수를 추천합니다. 비교과 활동은 영어 공부가 어려운 학급 친구들을 위한 영어 학습 멘토링이나, 학교 정기 고사 시험 범위에 포함된 중요한 어휘를 정리해서 학급 친구들과 공유하는 것을 추천합니다.

핵심 권장	학과(부)에서 공부하기 위해 필수적 이수를 권장하는 과목
권장	학과(부)에서 공부하기 위해 이수를 권장하는 과목
추천 선택	192학점 이수를 고려해 이수를 권장하는 과목

교육 계열

교과(군)	일반 선택	진로 선택	융합 선택
국어	**화법과 언어** **독서와 작문** **문학**	주제 탐구 독서 문학과 영상 직무 의사소통	독서 토론과 글쓰기 매체 의사소통 언어생활 탐구
수학	**대수** **미적분 I** **확률과 통계**	기하 · 미적분 II 경제 수학 · 인공지능 수학 직무 수학	수학과 문화 실용 통계 수학과제 탐구
영어	**영어 I · 영어 II** 영어 독해와 작문	영미 문학 읽기 · 영어 발표와 토론 심화 영어 · 심화 영어 독해와 작문 직무 영어	실생활 영어 회화 미디어 영어 세계 문화와 영어
사회	세계시민과 지리 세계사 사회와 문화 현대사회와 윤리	한국지리 탐구 · 도시의 미래 탐구 동아시아 역사 기행 정치 · 법과 사회 · 경제 윤리와 사상 · 인문학과 윤리 국제 관계의 이해	여행지리 역사로 탐구하는 현대 세계 사회문제 탐구 · 금융과 경제생활 윤리문제 탐구 기후변화와 지속가능한 세계
과학	물리학 화학 생명과학 지구과학	역학과 에너지 · 전자기와 양자 물질과 에너지 · 화학 반응의 세계 세포와 물질대사 · 생물의 유전 지구시스템과학 · 행성우주과학	과학의 역사와 문화 기후변화와 환경생태 융합과학 탐구
기술·가정/정보	기술·가정	로봇과 공학세계 · 생활과학 탐구	창의 공학 설계 · 지식 재산 일반 생애 설계와 자립 · 아동발달과 부모
	정보	인공지능 기초 · 데이터 과학	소프트웨어와 생활
제2외국어/한문	**제2외국어** (독일어, 프랑스어, 스페인어, 중국어, 일본어, 러시아어, 아랍어, 베트남어)	독일어 회화 · 프랑스어 회화 스페인어 회화 · 러시아어 회화 심화 독일어 · 심화 프랑스어 심화 스페인어 · 심화 러시아어	독일어권 문화 · 프랑스어권 문화 스페인어권 문화 · 러시아 문화
	한문	한문 고전 읽기	언어생활과 한자
교양	진로와 직업 생태와 환경	인간과 철학 · 논리와 사고 인간과 심리 · 교육의 이해 삶과 종교 · 보건	인간과 경제활동 · 논술

● 일반 선택 **굵은 글자**: 수능 출제 과목　　● 상대평가 등급 미산출 과목: 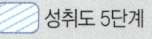 성취도 5단계　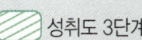 성취도 3단계　 P/F

수학교육과

#미적분학 #집합론 #해석학 #대수학 #기하학 #수학교육
#논리적사고력 #의사소통능력
#수학의세계알려줄래

관련학과/유사학과

수학과
응용수학과 등

취득 가능 자격

중등학교 2급 정교사(수학)

수학교육과는 수학을 통해 학생들의 논리적 분석력을 향상시키는 방안을 연구하는 학과이다. 수학교육과의 목표는 수학에 대한 지식과 수학 교육 능력을 겸비한 수학 교육 전문가를 양성하는 것이다.

수학교육과의 연구 분야는 크게 교과 교육 분야와 교과 내용 분야로 나뉜다. 교과 교육 분야에서는 실제 학교 현장에서 수학을 가르치는 데 필요한 효과적인 교수법과 학습 전략, 교재 연구법, 평가 방법 등을 연구한다. 교과 내용 분야에서는 수학교사로서 갖추어야 할 순수 수학과 학교 수학의 지식을 탐구한다.

수학은 다양한 현상을 정확히 설명하고 예측할 수 있게 해주는 도구이기 때문에 모든 과학 분야에서 필수적인 기초 학문으로 자리 잡고 있다. 수학적 사고력을 바탕으로 한 응용수학은 컴퓨터, 인공지능, 생명공학, 금융공학 등 다양한 분야에 광범위하게 활용되고 있으므로 앞으로도 수학 교육의 중요성은 계속 높아질 것이다.

대학에서 어떤 과목을 배울까?

**수학
교육학**

수학교수론 · 수학교육공학 · 수학교육론

수학교육평가론 · 수학교육교재연구

데이터분석과 통계교육

미적분학 및 연습 · 집합론 · 정수론 · 해석학 · 선형대수학 · 기하학

확률·통계학 · 응용수학 · 이산수학 · 인공지능수학

수학사 및 수리철학

졸업 후 무슨 일을 할까?

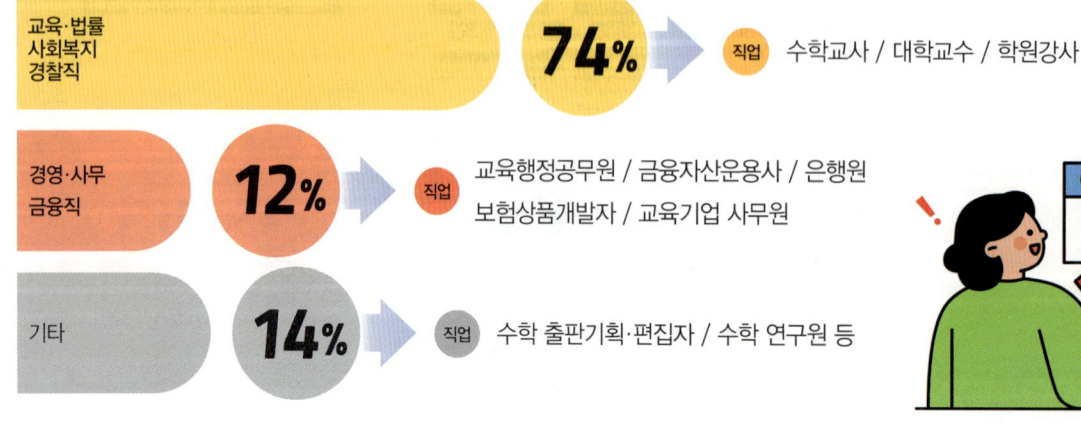

교육·법률
사회복지
경찰직 **74%** 직업 수학교사 / 대학교수 / 학원강사 / 교재개발자

경영·사무
금융직 **12%** 직업 교육행정공무원 / 금융자산운용사 / 은행원
보험상품개발자 / 교육기업 사무원

기타 **14%** 직업 수학 출판기획·편집자 / 수학 연구원 등

< **진학샘의 특별한 코칭**

수학 교과와 교육의 이해를 이수하는 것을 추천합니다. 비교과 활동은 수학 공부에 어려움이 있는 학급 친구들을 위한 수학 학습 멘토링이나, 학교 정기 고사 수학 예상 문제를 만들어 학급 친구들과 공유하는 것을 추천합니다.

핵심 권장	학과(부)에서 공부하기 위해 필수적 이수를 권장하는 과목
권장	학과(부)에서 공부하기 위해 이수를 권장하는 과목
추천 선택	192학점 이수를 고려해 이수를 권장하는 과목

교과(군)	일반 선택	진로 선택	융합 선택
국어	**화법과 언어** **독서와 작문** **문학**	주제 탐구 독서 문학과 영상 직무 의사소통	독서 토론과 글쓰기 매체 의사소통 언어생활 탐구
수학	**대수** **미적분 I** **확률과 통계**	기하 · 미적분 II 경제 수학 · 인공지능 수학 직무 수학	수학과 문화 실용 통계 수학과제 탐구
영어	**영어 I · 영어 II** 영어 독해와 작문	영미 문학 읽기 · 영어 발표와 토론 심화 영어 · 심화 영어 독해와 작문 직무 영어	실생활 영어 회화 미디어 영어 세계 문화와 영어
사회	세계시민과 지리 세계사 사회와 문화 현대사회와 윤리	한국지리 탐구 · 도시의 미래 탐구 동아시아 역사 기행 정치 · 법과 사회 · 경제 윤리와 사상 · 인문학과 윤리 국제 관계의 이해	여행지리 역사로 탐구하는 현대 세계 사회문제 탐구 · 금융과 경제생활 윤리문제 탐구 기후변화와 지속가능한 세계
과학	물리학 화학 생명과학 지구과학	역학과 에너지 · 전자기와 양자 물질과 에너지 · 화학 반응의 세계 세포와 물질대사 · 생물의 유전 지구시스템과학 · 행성우주과학	과학의 역사와 문화 기후변화와 환경생태 융합과학 탐구
기술·가정/ 정보	기술·가정 정보	로봇과 공학세계 · 생활과학 탐구 인공지능 기초 · 데이터 과학	창의 공학 설계 · 지식 재산 일반 생애 설계와 자립 · 아동발달과 부모 소프트웨어와 생활
제2외국어/ 한문	**제2외국어 (독일어, 프랑스어, 스페인어, 중국어, 일본어, 러시아어, 아랍어, 베트남어)** 한문	제2외국어 회화 심화 제2외국어 한문 고전 읽기	제2외국어 문화 언어생활과 한자
교양	진로와 직업 생태와 환경	인간과 철학 · 논리와 사고 인간과 심리 · 교육의 이해 삶과 종교 · 보건	인간과 경제활동 · 논술
특수 목적고 **과학 계열-수학**		전문 수학 · 이산 수학 고급 기하 · 고급 대수 · 고급 미적분	

● 일반 선택 **굵은 글자**: 수능 출제 과목   ● 상대평가 등급 미산출 과목: ▨ 성취도 5단계   ▨ 성취도 3단계   ▨ P/F

교육 계열

사회교육과

#일반사회 #정치 #법 #경제 #사회문화
#의사소통능력 #비판적사고력
#세상을이해하는법알려줄래

관련학과/유사학과

사회학과
일반사회교육과 등

취득 가능 자격

중등학교 2급 정교사(사회)

사회교육과는 사회과의 다양한 교과목을 학생들에게 가르치기 위한 지식과 기술을 연구하는 학과이다. 사회교육과의 목표는 사회과 교과목에 대한 지식과 교육 능력을 겸비한 사회 교육 전문가를 양성하는 것이다.

사회교육과의 연구 분야는 크게 교과 교육 분야와 교과 내용 분야로 나뉜다. 교과 교육 분야에서는 실제 학교 현장에서 사회과 과목을 가르치는 데 필요한 효과적인 교수법과 학습 전략, 교재 연구법, 평가 방법 등을 연구한다. 교과 내용 분야에서는 정치, 법, 경제 등 사회과의 세부 교과목과 관련된 전문적인 지식을 탐구하며, 사회과학 분야를 연구할 때 반드시 필요한 사회과학 연구 방법론도 함께 탐색한다.

인간은 사회 밖에서는 살아갈 수 없는 존재이므로 사회를 이루는 다양한 구조적 측면에 대한 이해를 높이는 사회 교육은 학교에서 중요한 역할을 담당한다. 평소 정치, 경제 등 다양한 사회 관련 과목에 관심이 있었던 학생들에게 적합한 학과이다.

대학에서 어떤 과목을 배울까?

사회과수업연구 · 사회과교육론

인간과 사회 · 법과 사회 · 시민사회론 · 헌법 · 행정법

일반사회교육평가론 · 사회과교재연구 및 지도법

사회 교육학

정치와 사회 · 경제와 사회 · 정치교육론 · 한국경제론

민주시민교육론 · 다문화교육론

사회과학방법론

졸업 후 무슨 일을 할까?

교육·법률 사회복지 경찰직 **60%** 직업 사회교사 / 대학교수 / 학원강사 / 사회단체활동가

경영·사무 금융직 **19%** 직업 교육행정공무원 / 광고기획자 / 교육기업 사무원

기타 **21%** 직업 신문기자 / 출판기획·편집자 / 사회학 연구원 등

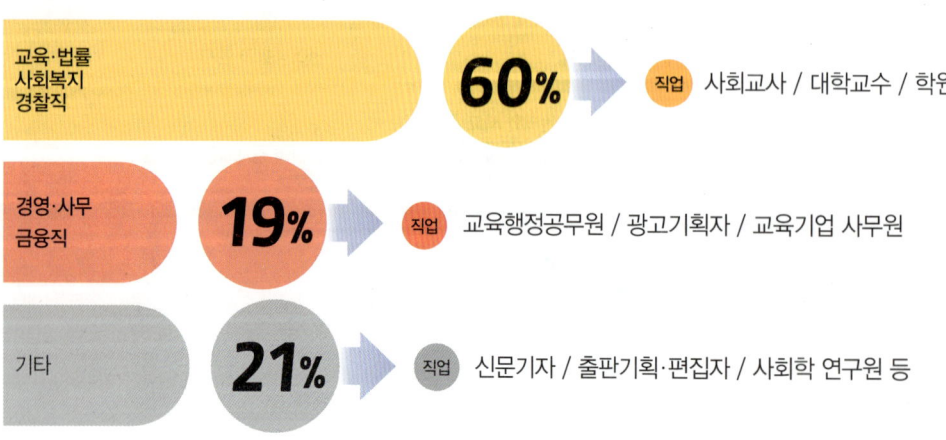

< **진학샘의 특별한 코칭**

사회 교과와 **교육의 이해**를 이수하는 것을 추천합니다. 비교과 활동은 사회 공부에 어려움이 있는 학급 친구들을 위한 사회 학습 멘토링이나, 우리나라가 겪고 있는 다양한 사회 문제의 해결책을 제시하는 것을 추천합니다.

핵심 권장 학과(부)에서 공부하기 위해 필수적 이수를 권장하는 과목

권장 학과(부)에서 공부하기 위해 이수를 권장하는 과목

추천 선택 192학점 이수를 고려해 이수를 권장하는 과목

교과(군)	일반 선택	진로 선택	융합 선택
국어	**화법과 언어** / **독서와 작문** / **문학**	주제 탐구 독서 / 문학과 영상 / 직무 의사소통	독서 토론과 글쓰기 / 매체 의사소통 / 언어생활 탐구
수학	**대수** / **미적분 I** / **확률과 통계**	기하 · 미적분 II / 경제 수학 · 인공지능 수학 / 직무 수학	수학과 문화 / 실용 통계 / 수학과제 탐구
영어	**영어 I · 영어 II** / **영어 독해와 작문**	영미 문학 읽기 · 영어 발표와 토론 / 심화 영어 · 심화 영어 독해와 작문 / 직무 영어	실생활 영어 회화 / 미디어 영어 / 세계 문화와 영어
사회	세계시민과 지리 / 세계사 / 사회와 문화 / 현대사회와 윤리	한국지리 탐구 · 도시의 미래 탐구 / 동아시아 역사 기행 / 정치 · 법과 사회 · 경제 / 윤리와 사상 · 인문학과 윤리 / 국제 관계의 이해	여행지리 / 역사로 탐구하는 현대 세계 / 사회문제 탐구 · 금융과 경제생활 / 윤리문제 탐구 / 기후변화와 지속가능한 세계
과학	물리학 / 화학 / 생명과학 / 지구과학	역학과 에너지 · 전자기와 양자 / 물질과 에너지 · 화학 반응의 세계 / 세포와 물질대사 · 생물의 유전 / 지구시스템과학 · 행성우주과학	과학의 역사와 문화 / 기후변화와 환경생태 / 융합과학 탐구
기술·가정/ 정보	기술·가정 / 정보	로봇과 공학세계 · 생활과학 탐구 / 인공지능 기초 · 데이터 과학	창의 공학 설계 · 지식 재산 일반 / 생애 설계와 자립 · 아동발달과 부모 / 소프트웨어와 생활
제2외국어/ 한문	**제2외국어 (독일어, 프랑스어, 스페인어, 중국어, 일본어, 러시아어, 아랍어, 베트남어)** / **한문**	제2외국어 회화 / 심화 제2외국어 / 한문 고전 읽기	제2외국어 문화 / 언어생활과 한자
교양	진로와 직업 / 생태와 환경	인간과 철학 · 논리와 사고 / 인간과 심리 · 교육의 이해 / 삶과 종교 · 보건	인간과 경제활동 · 논술

교육 계열

● 일반 선택 **굵은 글자**: 수능 출제 과목   ● 상대평가 등급 미산출 과목: 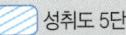 성취도 5단계 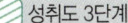 성취도 3단계   P/F

과학교육과

#물리 #화학 #생물 #지구과학
#의사소통능력 #탐구력
#과학의세계알려줄래

취득 가능 자격

중등학교 2급 정교사(과학)

과학교육과는 과학적인 진리나 법칙을 학생들에게 가르치기 위한 지식과 기술을 연구하는 학과이다. 과학교육과의 목표는 과학과 교과목에 대한 지식과 교육 능력을 겸비한 과학교육 전문가를 양성하는 것이다.

과학교육과의 연구 분야는 크게 물리, 화학, 생물, 지구과학으로 나뉜다. 각 분야의 교과 지식을 전문적으로 탐구하는 한편, 이를 학생들에게 효과적으로 전달하기 위한 교육 이론과 방법의 연구도 함께 이루어진다. 대표적으로 과학과 과목 교육의 의의와 목표, 효과적인 교수법과 학습 전략, 교재 연구법, 수업 계획과 지도안 작성법, 학생 성취도 평가 방법, 교육과정 등의 내용을 연구한다. 교과 특성상 과학 실험을 수행하는 경우도 많다.

평소 사물을 꼼꼼하게 관찰하는 탐구력과 관찰력이 있고, 과학적인 사고방식을 지닌 학생들에게 적합한 학과이다. 고등학생 때 기초 과학 분야의 지식을 열심히 다져 놓으면 학과 수업에 적응하는 데 큰 도움이 될 수 있다.

대학에서 어떤 과목을 배울까?

과학교육학

- 일반물리학 · 물리교육론 · 물리교재론 · 물리교수법 · 역학 · 전자기학 · 양자물리학 · 물리수학
- 일반화학 · 화학교육론 · 화학교재론 · 생화학 · 유기화학 · 분석화학 · 물리화학
- 일반생물학 · 생명과학교육론 · 생물교재론 · 분류학 · 미생물학 · 유전학 · 발생학 · 생물학탐구실험
- 지구과학 · 지구과학교육론 · 지구과학교재론 · 지질학 · 해양학 · 지구물리학 · 지구과학실험 · 현대우주론

졸업 후 무슨 일을 할까?

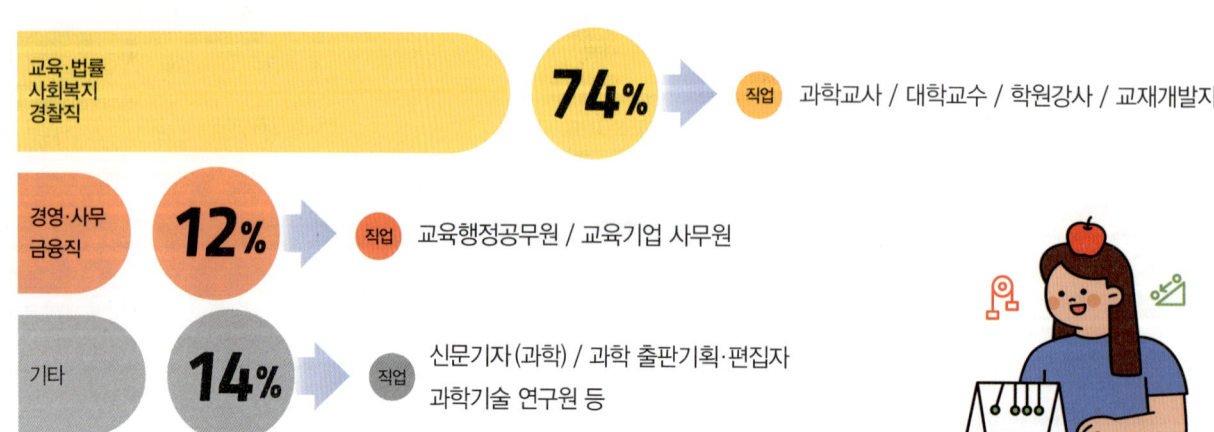

교육·법률 사회복지 경찰직 **74%** → 직업 과학교사 / 대학교수 / 학원강사 / 교재개발자

경영·사무 금융직 **12%** → 직업 교육행정공무원 / 교육기업 사무원

기타 **14%** → 직업 신문기자(과학) / 과학 출판기획·편집자 과학기술 연구원 등

〈 진학샘의 특별한 코칭

 과학 교과에서 관심 과목 위주로 일반 선택 3개, 진로 선택 2개 이수하는 것을 추천합니다. 비교과 활동은 과학 공부가 어려운 학급 친구들을 위한 과학 학습 멘토링이나, 관심 있는 최신 과학 기술을 알아보는 활동을 추천합니다.

핵심 권장 학과(부)에서 공부하기 위해 필수적 이수를 권장하는 과목
권장 학과(부)에서 공부하기 위해 이수를 권장하는 과목
추천 선택 192학점 이수를 고려해 이수를 권장하는 과목

교육 계열

교과(군)	일반 선택	진로 선택	융합 선택
국어	**화법과 언어** **독서와 작문** **문학**	주제 탐구 독서 문학과 영상 직무 의사소통	독서 토론과 글쓰기 매체 의사소통 언어생활 탐구
수학	**대수** **미적분 I** **확률과 통계**	기하 · 미적분 II 경제 수학 · 인공지능 수학 직무 수학	수학과 문화 실용 통계 수학과제 탐구
영어	**영어 I · 영어 II** 영어 독해와 작문	영미 문학 읽기 · 영어 발표와 토론 심화 영어 · 심화 영어 독해와 작문 직무 영어	실생활 영어 회화 미디어 영어 세계 문화와 영어
사회	세계시민과 지리 세계사 사회와 문화 현대사회와 윤리	한국지리 탐구 · 도시의 미래 탐구 동아시아 역사 기행 정치 · 법과 사회 · 경제 윤리와 사상 · 인문학과 윤리 국제 관계의 이해	여행지리 역사로 탐구하는 현대 세계 사회문제 탐구 · 금융과 경제생활 윤리문제 탐구 기후변화와 지속가능한 세계
과학	물리학 화학 생명과학 지구과학	역학과 에너지 · 전자기와 양자 물질과 에너지 · 화학 반응의 세계 세포와 물질대사 · 생물의 유전 지구시스템과학 · 행성우주과학	과학의 역사와 문화 기후변화와 환경생태 융합과학 탐구
기술·가정/ 정보	기술·가정 정보	로봇과 공학세계 · 생활과학 탐구 인공지능 기초 · 데이터 과학	창의 공학 설계 · 지식 재산 일반 생애 설계와 자립 · 아동발달과 부모 소프트웨어와 생활
제2외국어/ 한문	**제2외국어 (독일어, 프랑스어, 스페인어, 중국어, 일본어, 러시아어, 아랍어, 베트남어)** **한문**	제2외국어 회화 심화 제2외국어 한문 고전 읽기	제2외국어 문화 언어생활과 한자
교양	진로와 직업 생태와 환경	인간과 철학 · 논리와 사고 인간과 심리 · 교육의 이해 삶과 종교 · 보건	인간과 경제활동 · 논술
특수 목적고 과학 계열 – 과학		고급 물리학 · 고급 화학 고급 생명과학 · 고급 지구과학 과학과제 연구	물리학 실험 · 화학 실험 생명과학 실험 · 지구과학 실험

• 일반 선택 **굵은 글자**: 수능 출제 과목
• 상대평가 등급 미산출 과목: ▨ 성취도 5단계 ▩ 성취도 3단계 ▱ P/F

기술·가정교육과

#기술교육 #가정교육
#공감과배려 #의사소통능력
#삶에필요한지식알려줄래

기술·가정교육과는 기술·가정 과목을 학생들에게 가르치기 위한 지식과 기술을 연구하는 학과이다. 기술·가정교육과의 목표는 교과목에 대한 지식과 교육 능력을 겸비한 기술·가정 교육 전문가를 양성하는 것이다.

이를 위해 기술과 가정 과목의 교육 이론 및 방법과 함께 교과 지식을 전문적으로 탐구한다. 기술 과목에서는 기계, 컴퓨터, 금속, 전기 등에 대한 지식과 활용법을 다룬다. 가정 과목에서는 의식주와 경제, 가족 등 실생활의 다양한 영역에서 발생하는 문제를 해결하기 위한 이론과 방법을 연구한다. 교과 특성상 제조나 전기 기술, 의복 제작, 조리 등의 실습을 수행하는 경우도 많다.

기술·가정은 생활에 있어 필수적인 요소들을 가르치는 과목으로서 실용성이 높다. 또한 실제 대학에서는 기술교육과와 가정교육과가 분리되어 개설된 경우가 많으므로 자신의 적성과 흥미를 고려하여 학과를 선택할 필요가 있다.

관련학과/유사학과

기술교육과
가정교육과 등

취득 가능 자격

중등학교 2급 정교사(기술·가정)

대학에서 어떤 과목을 배울까?

기술·가정 교육학

기술교육
- 기술교육론 · 기술교재연구개발 · 기술교과교수법과 평가 · 기술논술
- 에너지기술 · 기계기술 · 컴퓨터기술 · 건축기술 · 제도와 설계 · 전기실습 · 공학수학

가정교육
- 가정과교육론 · 가정교재 및 연구법 · 가정교과교수법과 평가 · 가정과논술
- 영양학 · 패션디자인 및 실습 · 주거학 · 아동학 · 소비자학 · 가정생활과 복지 · 식생활관리

졸업 후 무슨 일을 할까?

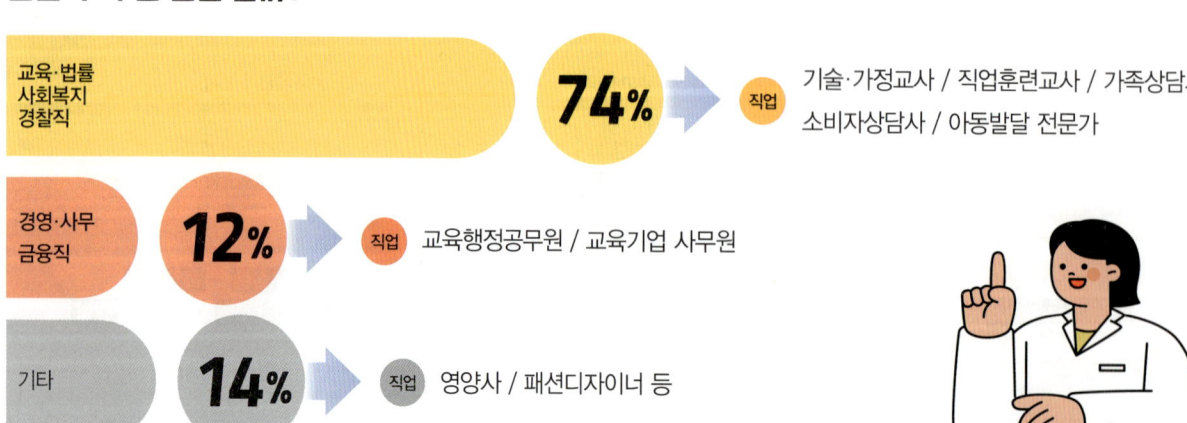

교육·법률
사회복지
경찰직 — **74%** → 직업 기술·가정교사 / 직업훈련교사 / 가족상담사 소비자상담사 / 아동발달 전문가

경영·사무
금융직 — **12%** → 직업 교육행정공무원 / 교육기업 사무원

기타 — **14%** → 직업 영양사 / 패션디자이너 등

고교학점제, 무슨 과목을 선택할까? ☆ ≡

❮ 진학샘의 특별한 코칭

기술·가정 교과와 수학 교과, 교육의 이해를 이수하는 것을 추천합니다. 기술과의 비교과 활동은 실생활의 불편한 점을 해결할 수 있는 간단한 발명품 개발 활동을 추천합니다. 가정과의 비교과 활동은 아동·가족학, 의류학, 식품영양학에 대해 심화 학습해 보는 것을 추천합니다.

핵심 권장: 학과(부)에서 공부하기 위해 필수적 이수를 권장하는 과목
권장: 학과(부)에서 공부하기 위해 이수를 권장하는 과목
추천 선택: 192학점 이수를 고려해 이수를 권장하는 과목

교과(군)	일반 선택	진로 선택	융합 선택
국어	**화법과 언어** **독서와 작문** **문학**	주제 탐구 독서 문학과 영상 직무 의사소통	독서 토론과 글쓰기 매체 의사소통 언어생활 탐구
수학	**대수** **미적분 I** **확률과 통계**	기하 · 미적분 II 경제 수학 · 인공지능 수학 직무 수학	수학과 문화 실용 통계 수학과제 탐구
영어	**영어 I · 영어 II** 영어 독해와 작문	영미 문학 읽기 · 영어 발표와 토론 심화 영어 · 심화 영어 독해와 작문 직무 영어	실생활 영어 회화 미디어 영어 세계 문화와 영어
사회	세계시민과 지리 세계사 사회와 문화 현대사회와 윤리	한국지리 탐구 · 도시의 미래 탐구 동아시아 역사 기행 정치 · 법과 사회 · 경제 윤리와 사상 · 인문학과 윤리 국제 관계의 이해	여행지리 역사로 탐구하는 현대 세계 사회문제 탐구 · 금융과 경제생활 윤리문제 탐구 기후변화와 지속가능한 세계
과학	물리학 화학 생명과학 지구과학	역학과 에너지 · 전자기와 양자 물질과 에너지 · 화학 반응의 세계 세포와 물질대사 · 생물의 유전 지구시스템과학 · 행성우주과학	과학의 역사와 문화 기후변화와 환경생태 융합과학 탐구
기술·가정/정보	기술·가정 정보	로봇과 공학세계 · 생활과학 탐구 인공지능 기초 · 데이터 과학	창의 공학 설계 · 지식 재산 일반 생애 설계와 자립 · 아동발달과 부모 소프트웨어와 생활
제2외국어/한문	**제2외국어 (독일어, 프랑스어, 스페인어, 중국어, 일본어, 러시아어, 아랍어, 베트남어)** **한문**	제2외국어 회화 심화 제2외국어 한문 고전 읽기	제2외국어 문화 언어생활과 한자
교양	진로와 직업 생태와 환경	인간과 철학 · 논리와 사고 인간과 심리 · 교육의 이해 삶과 종교 · 보건	인간과 경제활동 · 논술

● 일반 선택 **굵은 글자**: 수능 출제 과목　　● 상대평가 등급 미산출 과목: 성취도 5단계　 성취도 3단계　 P/F

교육 계열

컴퓨터교육과

#소프트웨어 #하드웨어 #정보과학
#의사소통능력 #논리적사고력
#컴퓨터실력키워줄래

관련학과/유사학과

전기·전자·통신공학교육과
기술교육과 등

취득 가능 자격

중등학교 2급 정교사(정보·컴퓨터)

컴퓨터교육과는 정보과학 및 정보 기술에 대한 지식과 교육 능력을 겸비한 정보 교육 전문가를 양성하는 것을 목표로 한다.

컴퓨터교육과의 연구 분야는 크게 교과 교육 분야와 교과 내용 분야로 나뉜다. 교과 교육 분야에서는 실제 학교 현장에서 정보 교과를 가르치는 데 필요한 효과적인 교수법과 학습 전략, 교재 연구법, 평가 방법 등을 연구한다. 교과 내용 분야에서는 컴퓨터의 하드웨어 및 소프트웨어와 관련된 전문적인 지식과 기술을 탐구한다. 인공지능이 급속도로 발전하면서 이를 이해하고 교육하기 위한 수업도 다수 개설되고 있다.

정보처리 역량이 강조되는 오늘날 디지털 인재 양성에 기여할 수 있는 컴퓨터 교육의 중요성은 높다. 컴퓨터교육과 졸업생들은 정보 교육과 관련된 여러 분야에서 활약할 수 있으며, 일반적인 컴퓨터공학 분야의 교육을 받았으므로 공학 분야로 진출하는 길도 열려 있다.

대학에서 어떤 과목을 배울까?

컴퓨터 교육학

- 정보교과교수법 · 정보교과교육론
- 정보교육과정 및 평가 · 정보교과교재연구
- 인공지능과 미래교육
- 컴퓨터개론 · 논리회로 · 컴퓨터구조
- C프로그래밍 · 인터넷 · 운영체제 · 멀티미디어 · 컴퓨터그래픽스
- 인공지능 · 빅데이터시각화

졸업 후 무슨 일을 할까?

교육·법률 사회복지 경찰직 **89%** ➡ 직업 정보교사 / 컴퓨터강사 / 코딩강사 / 교재개발자

경영·사무 금융직 **7%** ➡ 직업 교육행정공무원 / 교육기업 사무원

기타 **4%** ➡ 직업 데이터베이스개발자 / 응용소프트웨어개발자
정보시스템운영자 / 웹기획자 / 컴퓨터프로그래머 등

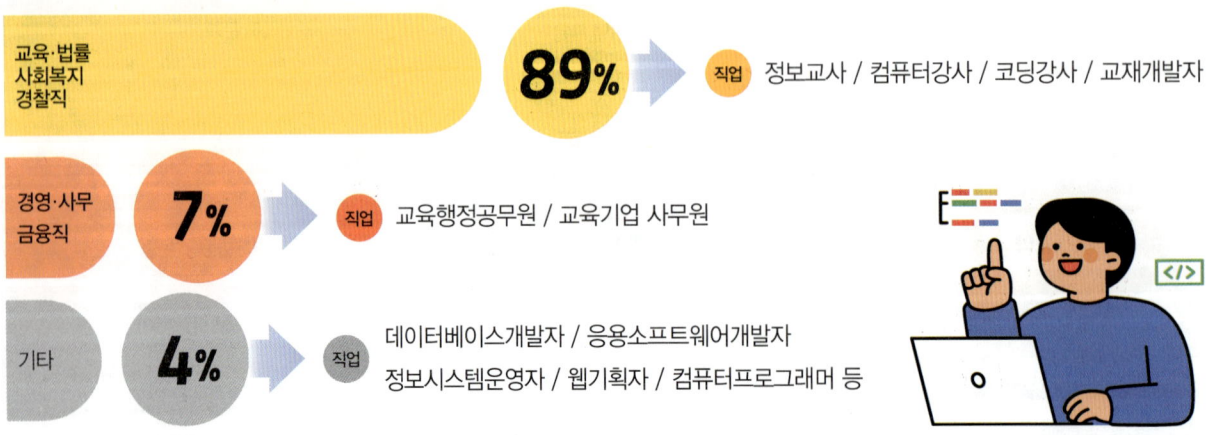

〈 **진학샘의 특별한 코칭**

 정보 교과와 수학 교과, 교육의 이해를 이수하는 것을 추천합니다. 비교과 활동은 파이썬, 자바 같은 프로그래밍 언어나 소프트웨어로 학습에 도움이 되는 소프트웨어를 개발해 보는 것을 추천합니다.

핵심 권장	학과(부)에서 공부하기 위해 필수적 이수를 권장하는 과목
권장	학과(부)에서 공부하기 위해 이수를 권장하는 과목
추천 선택	192학점 이수를 고려해 이수를 권장하는 과목

교과(군)	일반 선택	진로 선택	융합 선택
국어	화법과 언어 독서와 작문 문학	주제 탐구 독서 문학과 영상 직무 의사소통	독서 토론과 글쓰기 매체 의사소통 언어생활 탐구
수학	대수 미적분 I 확률과 통계	기하 · 미적분 II 경제 수학 · 인공지능 수학 직무 수학	수학과 문화 실용 통계 수학과제 탐구
영어	영어 I · 영어 II 영어 독해와 작문	영미 문학 읽기 · 영어 발표와 토론 심화 영어 · 심화 영어 독해와 작문 직무 영어	실생활 영어 회화 미디어 영어 세계 문화와 영어
사회	세계시민과 지리 세계사 사회와 문화 현대사회와 윤리	한국지리 탐구 · 도시의 미래 탐구 동아시아 역사 기행 정치 · 법과 사회 · 경제 윤리와 사상 · 인문학과 윤리 국제 관계의 이해	여행지리 역사로 탐구하는 현대 세계 사회문제 탐구 · 금융과 경제생활 윤리문제 탐구 기후변화와 지속가능한 세계
과학	물리학 화학 생명과학 지구과학	역학과 에너지 · 전자기와 양자 물질과 에너지 · 화학 반응의 세계 세포와 물질대사 · 생물의 유전 지구시스템과학 · 행성우주과학	과학의 역사와 문화 기후변화와 환경생태 융합과학 탐구
기술·가정/ 정보	기술·가정	로봇과 공학세계 · 생활과학 탐구	창의 공학 설계 · 지식 재산 일반 생애 설계와 자립 · 아동발달과 부모
	정보	인공지능 기초 · 데이터 과학	소프트웨어와 생활
제2외국어/ 한문	제2외국어 (독일어, 프랑스어, 스페인어, 중국어, 일본어, 러시아어, 아랍어, 베트남어)	제2외국어 회화 심화 제2외국어	제2외국어 문화
	한문	한문 고전 읽기	언어생활과 한자
교양	진로와 직업 생태와 환경	인간과 철학 · 논리와 사고 인간과 심리 · 교육의 이해 삶과 종교 · 보건	인간과 경제활동 · 논술
특수 목적고 과학 계열-정보		정보과학	

교육 계열

- 일반 선택 **굵은 글자**: 수능 출제 과목
- 상대평가 등급 미산출 과목: ▨ 성취도 5단계 ▨ 성취도 3단계 ▨ P/F

체육교육과

#체육이론 #구기 #투기 #무용
#의사소통능력 #신체적능력
#건강한생활내가책임져

관련학과/유사학과

체육학과 등

취득 가능 자격

중등학교 2급 정교사(체육)

체육교육과는 체육 이론과 실기를 바탕으로 체육 교육에 필요한 지식과 기술을 연구하는 학과이다. 체육교육과의 목표는 학교에서 체육 수업을 진행할 수 있는 체육교사를 양성할 뿐만 아니라 미래 스포츠 산업을 주도할 수 있는 스포츠 과학 전문가 및 스포츠 지도자를 배출하는 것이다.

체육교육과의 연구 분야는 크게 교과 교육 분야와 교과 내용 분야로 나뉜다. 교과 교육 분야에서는 실제 학교 현장에서 체육을 가르치는 데 필요한 효과적인 교수법과 학습 전략, 교재 연구법, 평가 방법 등을 연구한다. 교과 내용 분야에서는 체육 활동을 과학적으로 이해하기 위한 운동역학, 운동생리학 등의 체육 이론을 연구한다. 실제 체육 종목의 실기 연습과 지도법 연구도 함께 이루어진다.

체육교육과에서는 체육 활동을 다양한 측면에서 연구하며, 구기·투기·무용 등 다양한 체육 종목을 다룬다. 따라서 특정 스포츠의 선수 출신 학생과 같이 신체적 능력이 뛰어난 학생뿐만 아니라 운동의 가치와 목적에 관심이 있고 여러 가지 스포츠를 접해 본 학생들에게도 적합한 학과이다.

대학에서 어떤 과목을 배울까?

체육교수법 · 체육수업분석 및 비평 · 체육교육론

스포츠학입문 · 운동역학 · 운동생리학

체육측정평가 · 체육교재론

체육 교육학

농구/태권도/무용/스키 등 실기 및 지도법

트레이닝방법론 · 학교체육관리

체육사 · 체육철학 · 건강교육

졸업 후 무슨 일을 할까?

교육·법률 사회복지 경찰직	71%	직업 체육교사 / 대학교수
예술·방송 스포츠직	14%	직업 트레이너 / 스포츠감독·코치 / 레크리에이션강사
경영·사무 금융직	6%	직업 스포츠마케터 / 체육기관 사무원
기타	9%	직업 건강관리사 / 운동처방사 / 재활트레이너 등

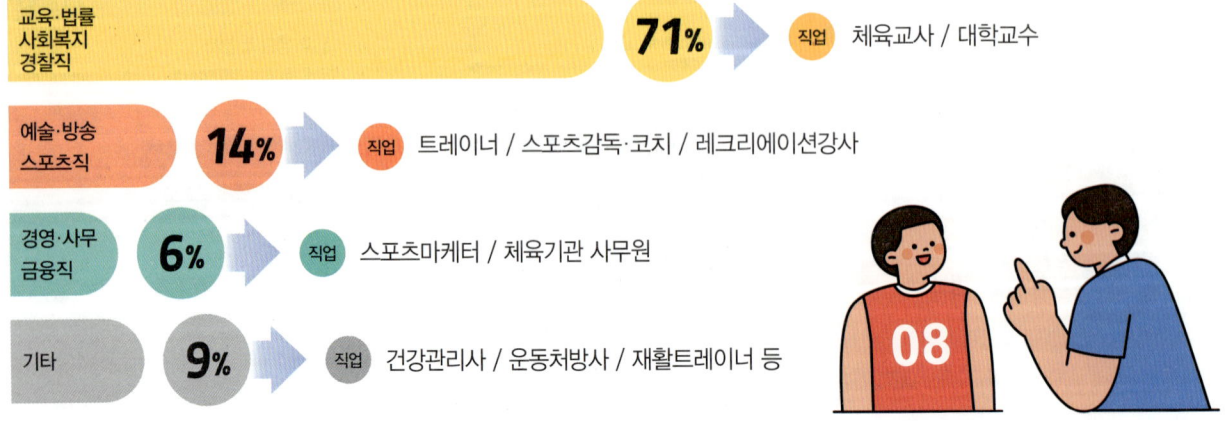

< 진학샘의 특별한 코칭

 체육 교과와 **교육의 이해**를 이수하는 것을 추천합니다. 비교과 활동은 체육 부장으로 체육 선생님을 도와드리거나 반, 학교 대항 체육 대회에서 주전 선수로 활약하는 것을 추천합니다.

핵심 권장 학과(부)에서 공부하기 위해 필수적 이수를 권장하는 과목

권장 학과(부)에서 공부하기 위해 이수를 권장하는 과목

추천 선택 192학점 이수를 고려해 이수를 권장하는 과목

교과(군)	일반 선택	진로 선택	융합 선택
국어	**화법과 언어** **독서와 작문** **문학**	주제 탐구 독서 문학과 영상 직무 의사소통	독서 토론과 글쓰기 매체 의사소통 언어생활 탐구
수학	**대수** **미적분Ⅰ** **확률과 통계**	기하 · 미적분Ⅱ 경제 수학 · 인공지능 수학 직무 수학	수학과 문화 실용 통계 수학과제 탐구
영어	**영어Ⅰ · 영어Ⅱ** 영어 독해와 작문	영미 문학 읽기 · 영어 발표와 토론 심화 영어 · 심화 영어 독해와 작문 직무 영어	실생활 영어 회화 미디어 영어 세계 문화와 영어
사회	세계시민과 지리 세계사 사회와 문화 현대사회와 윤리	한국지리 탐구 · 도시의 미래 탐구 동아시아 역사 기행 정치 · 법과 사회 · 경제 윤리와 사상 · 인문학과 윤리 국제 관계의 이해	여행지리 역사로 탐구하는 현대 세계 사회문제 탐구 · 금융과 경제생활 윤리문제 탐구 기후변화와 지속가능한 세계
과학	물리학 화학 생명과학 지구과학	역학과 에너지 · 전자기와 양자 물질과 에너지 · 화학 반응의 세계 세포와 물질대사 · 생물의 유전 지구시스템과학 · 행성우주과학	과학의 역사와 문화 기후변화와 환경생태 융합과학 탐구
체육	체육1 · 체육2	운동과 건강 스포츠 문화 · 스포츠 과학	스포츠 생활1 · 스포츠 생활2
제2외국어/한문	**제2외국어 (독일어, 프랑스어, 스페인어, 중국어, 일본어, 러시아어, 아랍어, 베트남어)** **한문**	제2외국어 회화 심화 제2외국어 한문 고전 읽기	제2외국어 문화 언어생활과 한자
교양	진로와 직업 생태와 환경	인간과 철학 · 논리와 사고 인간과 심리 · 교육의 이해 삶과 종교 · 보건	인간과 경제활동 · 논술
특수 목적고 체육 계열–체육		스포츠 개론 · 육상 · 체조 기초 체육 전공 실기 · 심화 체육 전공 실기 고급 체육 전공 실기 · 스포츠 경기 체력 스포츠 경기 기술 · 스포츠 경기 분석	스포츠 교육 · 스포츠 생리의학 스포츠 행정 및 경영

● 일반 선택 **굵은 글자**: 수능 출제 과목   ● 상대평가 등급 미산출 과목: ▨ 성취도 5단계 ▨ 성취도 3단계 ▨ P/F

교육 계열

유아교육과

#유아언어교육 #유아예술교육 #유아교과교육
#의사소통능력 #책임감
#아이들을사랑해

관련학과/유사학과

아동보육학과 등

취득 가능 자격

유치원 2급 정교사
보육교사

유아교육과는 유아의 성장과 발달 단계를 고려한 효과적인 교육 방법을 연구하는 학과이다. 유아교육과의 목표는 유아 교육 및 양육에 관한 전문적 지식을 갖춘 유치원교사 또는 보육교사를 양성하는 것이다.

유아교육과의 연구 분야는 크게 교과 교육 분야와 교과 내용 분야로 나뉜다. 교과 교육 분야에서는 유아 교육의 의의와 목표에 대한 이해를 바탕으로 현장에서 활용할 교재를 개발하는 방법, 놀이를 통해 교육하는 방법, 유아의 행동과 발달을 관찰하고 평가하는 방법 등을 연구한다. 교과 내용 분야에서는 유아를 대상으로 한 음악, 과학, 사회, 수학 등 다양한 교과를 교육하는 지식과 기술을 탐구한다.

유아기는 인생의 출발점으로서 이 시기의 교육은 유아의 올바른 성장에 큰 영향을 끼친다. 따라서 유아교육과 학생들에게는 어린이를 존중하는 마음과 교육자로서의 책임감이 필요하다. 유아교육과 졸업생들은 유아에 대한 지식과 관심을 바탕으로 교사 외에도 유아 관련 방송, 도서, 소프트웨어 제작 등 다양한 분야로 진출할 수 있다.

대학에서 어떤 과목을 배울까?

유아생활지도연구 • 유아교과교육론 • 유아교육론

유아미술교육 • 유아음악교육 • 유아동작교육 • 놀이지도

유아교육사조 • 교과교재연구 및 지도법

**유아
교육학**

유아언어교육 • 유아과학교육 • 유아사회교육 • 유아수학교육

유아교육기관운영관리

유아건강교육 • 특수유아교육 • 아동권리와 복지

졸업 후 무슨 일을 할까?

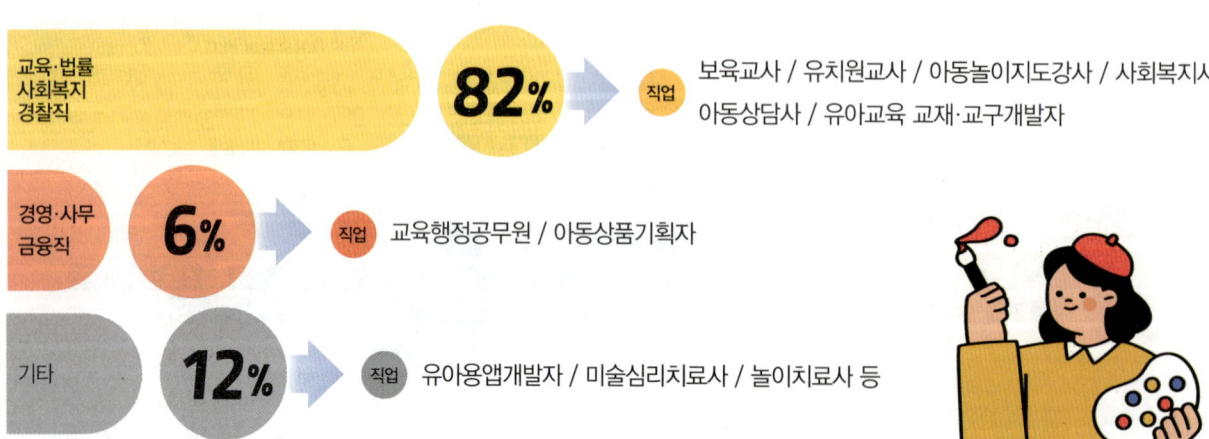

교육·법률
사회복지
경찰직

82% ➡️ 직업 보육교사 / 유치원교사 / 아동놀이지도강사 / 사회복지사
아동상담사 / 유아교육 교재·교구개발자

경영·사무
금융직

6% ➡️ 직업 교육행정공무원 / 아동상품기획자

기타

12% ➡️ 직업 유아용앱개발자 / 미술심리치료사 / 놀이치료사 등

< 진학샘의 특별한 코칭

국어, 사회, 체육, 예술 교과 등에서 배우고 싶은 과목 위주로 이수하는 것을 추천합니다. 비교과 활동은 유아 교육에 많은 영향을 미친 몬테소리, 프뢰벨의 교육 사상, 아동관, 교육 방법을 비교·분석해 보는 활동을 추천합니다.

핵심 권장	학과(부)에서 공부하기 위해 필수적 이수를 권장하는 과목
권장	학과(부)에서 공부하기 위해 이수를 권장하는 과목
추천 선택	192학점 이수를 고려해 이수를 권장하는 과목

교육 계열

교과(군)	일반 선택	진로 선택	융합 선택
국어	**화법과 언어** **독서와 작문** **문학**	주제 탐구 독서 문학과 영상 직무 의사소통	독서 토론과 글쓰기 매체 의사소통 언어생활 탐구
수학	**대수** **미적분 I** **확률과 통계**	기하 · 미적분 II 경제 수학 · 인공지능 수학 직무 수학	수학과 문화 실용 통계 수학과제 탐구
영어	**영어 I · 영어 II** 영어 독해와 작문	영미 문학 읽기 · 영어 발표와 토론 심화 영어 · 심화 영어 독해와 작문 직무 영어	실생활 영어 회화 미디어 영어 세계 문화와 영어
사회	세계시민과 지리 세계사 사회와 문화 현대사회와 윤리	한국지리 탐구 · 도시의 미래 탐구 동아시아 역사 기행 정치 · 법과 사회 · 경제 윤리와 사상 · 인문학과 윤리 국제 관계의 이해	여행지리 역사로 탐구하는 현대 세계 사회문제 탐구 · 금융과 경제생활 윤리문제 탐구 기후변화와 지속가능한 세계
과학	물리학 화학 생명과학 지구과학	역학과 에너지 · 전자기와 양자 물질과 에너지 · 화학 반응의 세계 세포와 물질대사 · 생물의 유전 지구시스템과학 · 행성우주과학	과학의 역사와 문화 기후변화와 환경생태 융합과학 탐구
체육	체육1 · 체육2	운동과 건강 스포츠 문화 · 스포츠 과학	스포츠 생활1 · 스포츠 생활2
예술	음악 미술 연극	음악 연주와 창작 · 음악 감상과 비평 미술 창작 · 미술 감상과 비평	음악과 미디어 미술과 매체
기술·가정/ 정보	기술·가정 정보	로봇과 공학세계 · 생활과학 탐구 인공지능 기초 · 데이터 과학	창의 공학 설계 · 지식 재산 일반 생애 설계와 자립 · 아동발달과 부모 소프트웨어와 생활
제2외국어/ 한문	제2외국어 한문	제2외국어 회화 심화 제2외국어 한문 고전 읽기	제2외국어 문화 언어생활과 한자
교양	진로와 직업 생태와 환경	인간과 철학 · 논리와 사고 인간과 심리 · 교육의 이해 삶과 종교 · 보건	인간과 경제활동 · 논술

● 일반 선택 **굵은 글자**: 수능 출제 과목 ● 상대평가 등급 미산출 과목: ▱ 성취도 5단계 ▱ 성취도 3단계 ▱ P/F

초등교육과

#초등교과교육 #초등예술교육
#의사소통능력 #책임감
#아이들의꿈을키우자

취득 가능 자격

초등학교 2급 정교사

초등교육과는 아동의 심리적 특성에 대한 이해를 바탕으로 초등학생을 전문적으로 지도할 수 있는 초등학교 교사를 양성하는 학과이다. 일반 4년제 대학에 초등교육과가 개설되어 있는 경우도 있지만 일반적으로 초등학교 교사 자격증을 얻기 위해서는 교육대학교에 진학해야 한다.

초등교육과의 연구 분야는 크게 교과 교육과 교과 내용으로 나뉜다. 교과 교육 분야에서는 초등 교육의 의의와 목표에 대한 이해를 바탕으로 초등학생의 발달적 특성과 초등학생에게 적합한 교육 목표, 수업 설계와 학급 지도 방법 등을 탐구한다. 특수 아동을 이해하고 교육하기 위한 방법을 연구하기도 한다. 교과 내용 분야에서는 초등학생을 대상으로 국어, 과학, 수학, 영어 등 다양한 교과를 교육하기 위한 지식과 기술을 탐구하고 수업 실기를 연습한다.

초등학생은 유아기에서 아동기로 넘어가며 많은 변화를 겪고 있으므로 세심하고 공감적인 소통을 지속하는 것이 중요하다. 따라서 초등교육과는 자신의 일에 대한 책임감이 높고, 다른 사람과 관계 맺는 것을 즐기는 학생들에게 적합하다.

대학에서 어떤 과목을 배울까?

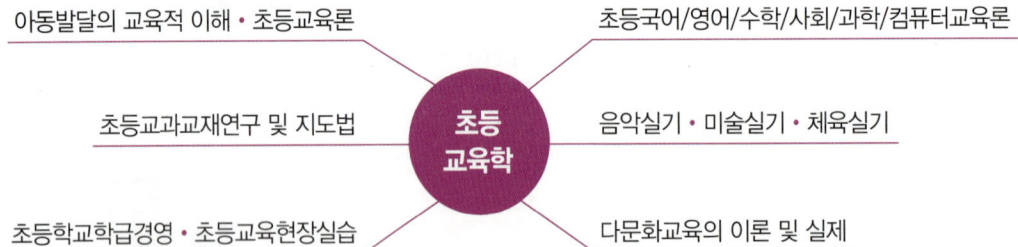

아동발달의 교육적 이해 • 초등교육론

초등국어/영어/수학/사회/과학/컴퓨터교육론

초등교과교재연구 및 지도법

초등교육학

음악실기 • 미술실기 • 체육실기

초등학교학급경영 • 초등교육현장실습

다문화교육의 이론 및 실제

졸업 후 무슨 일을 할까?

교육·법률
사회복지
경찰직

96% ➡ 직업 초등교사 / 교재개발자 / 상담 전문가

기타 **4%** ➡ 직업 교육행정공무원 / 아동상품기획자 / 미술심리치료사
놀이치료사 / 아동교육 연구원 등

< **진학샘의 특별한 코칭**

 교과별로 배우고 싶은 과목을 선택하여 이수하는 것을 추천합니다. 비교과 활동은 지역 아동 센터에서 학습 지원 봉사활동을 하거나, 피아제와 비고츠키의 인지 발달 이론을 비교·분석하는 것을 추천합니다.

핵심 권장 학과(부)에서 공부하기 위해 필수적 이수를 권장하는 과목

권장 학과(부)에서 공부하기 위해 이수를 권장하는 과목

추천 선택 192학점 이수를 고려해 이수를 권장하는 과목

교육 계열

교과(군)	일반 선택	진로 선택	융합 선택
국어	화법과 언어 독서와 작문 문학	주제 탐구 독서 문학과 영상 직무 의사소통	독서 토론과 글쓰기 매체 의사소통 언어생활 탐구
수학	대수 미적분 I 확률과 통계	기하 · 미적분 II 경제 수학 · 인공지능 수학 직무 수학	수학과 문화 실용 통계 수학과제 탐구
영어	영어 I · 영어 II 영어 독해와 작문	영미 문학 읽기 · 영어 발표와 토론 심화 영어 · 심화 영어 독해와 작문 직무 영어	실생활 영어 회화 미디어 영어 세계 문화와 영어
사회	세계시민과 지리 세계사 사회와 문화 현대사회와 윤리	한국지리 탐구 · 도시의 미래 탐구 동아시아 역사 기행 정치 · 법과 사회 · 경제 윤리와 사상 · 인문학과 윤리 국제 관계의 이해	여행지리 역사로 탐구하는 현대 세계 사회문제 탐구 · 금융과 경제생활 윤리문제 탐구 기후변화와 지속가능한 세계
과학	물리학 화학 생명과학 지구과학	역학과 에너지 · 전자기와 양자 물질과 에너지 · 화학 반응의 세계 세포와 물질대사 · 생물의 유전 지구시스템과학 · 행성우주과학	과학의 역사와 문화 기후변화와 환경생태 융합과학 탐구
체육	체육1 · 체육2	운동과 건강 스포츠 문화 · 스포츠 과학	스포츠 생활1 · 스포츠 생활2
예술	음악 미술 연극	음악 연주와 창작 · 음악 감상과 비평 미술 창작 · 미술 감상과 비평	음악과 미디어 미술과 매체
기술·가정/ 정보	기술·가정 정보	로봇과 공학세계 · 생활과학 탐구 인공지능 기초 · 데이터 과학	창의 공학 설계 · 지식 재산 일반 생애 설계와 자립 · 아동발달과 부모 소프트웨어와 생활
제2외국어/ 한문	제2외국어 한문	제2외국어 회화 심화 제2외국어 한문 고전 읽기	제2외국어 문화 언어생활과 한자
교양	진로와 직업 생태와 환경	인간과 철학 · 논리와 사고 인간과 심리 · 교육의 이해 삶과 종교 · 보건	인간과 경제활동 · 논술

• 일반 선택 **굵은 글자**: 수능 출제 과목   • 상대평가 등급 미산출 과목: ▨ 성취도 5단계 ▨ 성취도 3단계 ▨ P/F

특수교육과

#지적장애 #지체장애 #학습장애
#의사소통능력 #책임감
#다양성을존중해

취득 가능 자격

특수학교 2급 정교사

특수교육과는 장애에 대한 전문적인 이해를 바탕으로 장애 학생들에게 적절하고 효율적인 교육을 제공할 수 있는 특수 교육 전문가를 양성하는 데 목적이 있다.

이를 위해 교육학 분야에서는 특수교육의 의의와 역사를 이해하고 장애 학생의 심리적·발달적 특성, 장애 학생에게 적합한 교수법과 성취도 평가 방법, 장애 학생과 비장애 학생을 한 공간에서 교육하는 통합교육 방법 등을 연구한다. 대상별 교육 분야에서는 지적 장애, 지체 장애, 학습 장애 등 구체적인 장애의 특징을 고려한 교육 이론과 방법론을 탐구한다. 이 외에도 특수교육과 관련된 동향과 쟁점 등을 별도의 수업으로 다루기도 한다.

특수교육은 교육 기회로부터 소외되어 왔던 장애 학생들에게 교육의 기회를 제공하므로 중요성이 높다. 또한 특수교육과 학생들은 교육학뿐 아니라 의학, 심리학, 물리치료, 언어치료 등 장애와 관련된 다양한 학문을 연구할 수 있어 졸업 후 장애와 관련된 다양한 직업에 진출할 수 있다.

대학에서 어떤 과목을 배울까?

특수교육학 · 특수교육공학

특수교육 대상학생 진단 및 평가

장애학생통합교육론

특수 교육학

지적장애학생교육 · 지체장애학생교육 · 자폐성장애학생교육

학습장애학생교육 · 정서·행동장애학생교육 · 의사소통장애학생교육

전환교육 · 유아특수교육

졸업 후 무슨 일을 할까?

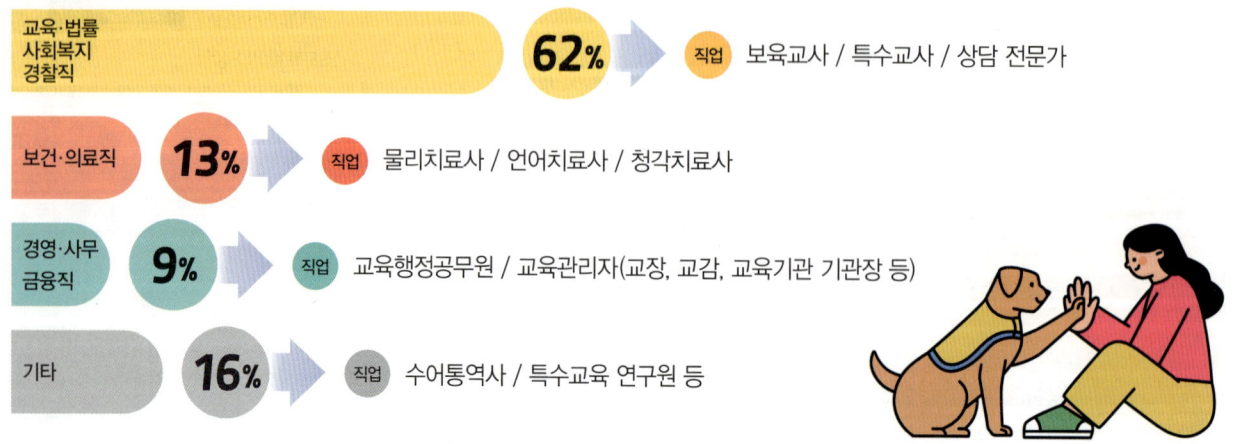

교육·법률 사회복지 경찰직 **62%** → 직업 보육교사 / 특수교사 / 상담 전문가

보건·의료직 **13%** → 직업 물리치료사 / 언어치료사 / 청각치료사

경영·사무 금융직 **9%** → 직업 교육행정공무원 / 교육관리자(교장, 교감, 교육기관 기관장 등)

기타 **16%** → 직업 수어통역사 / 특수교육 연구원 등

< **진학샘의 특별한 코칭**

 교과별로 배우고 싶은 과목을 선택하여 이수하는 것을 추천합니다. 비교과 활동은 시각 장애인을 위한 점자 책 입력 봉사활동이나, 수어를 배워 청각 장애인을 위한 수어 통역 봉사활동을 하는 것을 추천합니다.

핵심 권장 학과(부)에서 공부하기 위해 필수적 이수를 권장하는 과목

권장 학과(부)에서 공부하기 위해 이수를 권장하는 과목

추천 선택 192학점 이수를 고려해 이수를 권장하는 과목

교과(군)	일반 선택	진로 선택	융합 선택
국어	**화법과 언어** **독서와 작문** **문학**	주제 탐구 독서 문학과 영상 직무 의사소통	독서 토론과 글쓰기 매체 의사소통 언어생활 탐구
수학	**대수** **미적분 I** **확률과 통계**	기하 · 미적분 II 경제 수학 · 인공지능 수학 직무 수학	수학과 문화 실용 통계 수학과제 탐구
영어	**영어 I · 영어 II** **영어 독해와 작문**	영미 문학 읽기 · 영어 발표와 토론 심화 영어 · 심화 영어 독해와 작문 직무 영어	실생활 영어 회화 미디어 영어 세계 문화와 영어
사회	**세계시민과 지리** **세계사** **사회와 문화** **현대사회와 윤리**	한국지리 탐구 · 도시의 미래 탐구 동아시아 역사 기행 정치 · 법과 사회 · 경제 윤리와 사상 · 인문학과 윤리 국제 관계의 이해	여행지리 역사로 탐구하는 현대 세계 사회문제 탐구 · 금융과 경제생활 윤리문제 탐구 기후변화와 지속가능한 세계
과학	물리학 **화학** **생명과학** 지구과학	역학과 에너지 · 전자기와 양자 물질과 에너지 · 화학 반응의 세계 세포와 물질대사 · 생물의 유전 지구시스템과학 · 행성우주과학	과학의 역사와 문화 기후변화와 환경생태 융합과학 탐구
체육	**체육1 · 체육2**	운동과 건강 스포츠 문화 · 스포츠 과학	스포츠 생활1 · 스포츠 생활2
예술	**음악** **미술** 연극	음악 연주와 창작 · 음악 감상과 비평 미술 창작 · 미술 감상과 비평	음악과 미디어 미술과 매체
기술·가정/ 정보	기술·가정	로봇과 공학세계 · 생활과학 탐구	창의 공학 설계 · 지식 재산 일반 **생애 설계와 자립 · 아동발달과 부모**
	정보	인공지능 기초 · 데이터 과학	소프트웨어와 생활
제2외국어/ 한문	**제2외국어**	제2외국어 회화 심화 제2외국어	제2외국어 문화
	한문	한문 고전 읽기	언어생활과 한자
교양	진로와 직업 생태와 환경	인간과 철학 · 논리와 사고 **인간과 심리 · 교육의 이해** 삶과 종교 · 보건	인간과 경제활동 · 논술

● 일반 선택 **굵은 글자**: 수능 출제 과목 ● 상대평가 등급 미산출 과목: ▨ 성취도 5단계 ▨ 성취도 3단계 ▨ P/F

교육 계열

자연 계열의 학과는 물리학, 화학, 생물학, 천문학 등 자연과학의 고유 영역을 교육하고 연구하는 것을 목적으로 한다. 자연과학은 자연 현상의 원리를 탐색하고 새로운 자연 법칙을 탐구하는 기초과학 분야로서 다양한 물질세계의 원리를 과학적인 방법으로 연구한다. 자연과학 연구를 통한 기초과학의 발전은 인류의 삶에 도움이 되는 새로운 지식과 기술을 창출하는 기반이 될 수 있다.

4 자연 계열

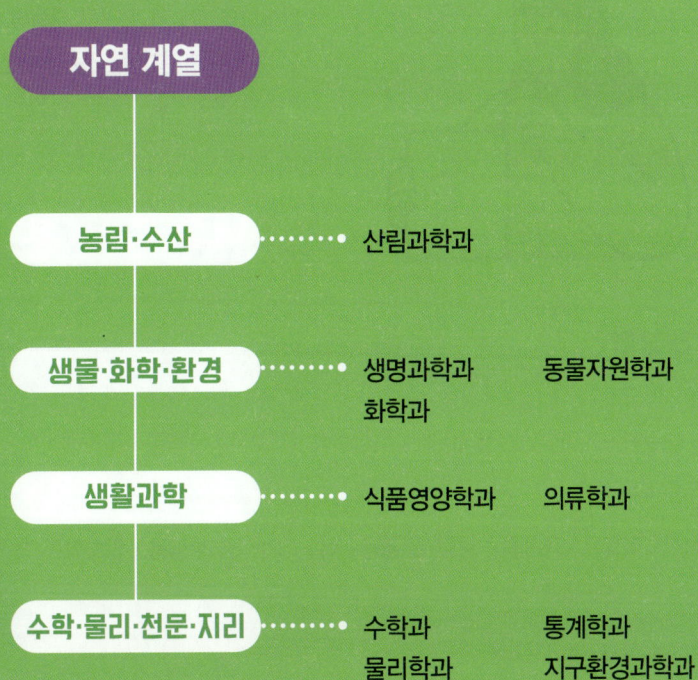

자연 계열

농림·수산 ········· 산림과학과

생물·화학·환경 ········· 생명과학과　　동물자원학과
　　　　　　　　　　화학과

생활과학 ········· 식품영양학과　　의류학과

수학·물리·천문·지리 ········· 수학과　　　　통계학과
　　　　　　　　　　　물리학과　　지구환경과학과

수학과

#순수수학 #응용수학
#논리적사고력 #문제해결능력
#수학퍼즐이좋아

관련학과/유사학과

수리과학부
응용수학과
수리통계데이터사이언스학부
정보보안암호수학과
수학교육과 등

수학과는 여러 자연 현상이나 사회 현상을 분석하는 데 기초가 되는 학문인 수학을 연구하는 학과로서, 현대 사회의 복합적인 문제들을 수학적 방법으로 해결할 수 있는 전문가 양성을 목표로 한다.

수학과의 연구 분야는 크게 순수 수학과 응용 수학으로 나뉜다. 순수 수학은 보다 이론적인 수학을 연구하는 분야로서 기하학, 대수학, 위상수학, 해석학의 네 가지 영역으로 이루어져 있다. 응용 수학은 현실 문제 해결에 활용될 수 있는 실용적인 수학을 연구하는 분야이다. 이 외에도 순수 수학의 토대를 가지고 있지만 응용 수학으로서 널리 활용되는 이산 수학과 같은 분야도 있다.

수학은 구체적인 물질이 아닌 추상적인 '수'를 연구하는 학문이므로 사고가 유연한 학생에게 적합할 가능성이 높다. 또한 수학은 자연과학, 금융공학, 컴퓨터과학 등 다양한 학문의 기초 학문이므로 진출할 수 있는 업계가 넓은 편이다.

대학에서 어떤 과목을 배울까?

수학

해석학 · 대수학 · 기하학 · 선형대수학 · 위상수학 · 정수론 · 조합론 · 복소해석학 · 대수기하

수치해석학 · 확률론 · 통계학 · 보험 및 금융수학 · 기계학습과 응용 · 암호학

이산수학 · 수학사 · 수리논리학

졸업 후 무슨 일을 할까?

경영·사무
금융직 **42%** 직업 금융자산운용사 / 금융상품개발자 / 손해사정사

교육·법률
사회복지
경찰직 **30%** 직업 수학교사 / 대학교수 / 학원강사

연구직 및
공학 기술직 **16%** 직업 수학 연구원 / 자연과학 연구원
데이터베이스개발자 / 빅데이터 전문가 등

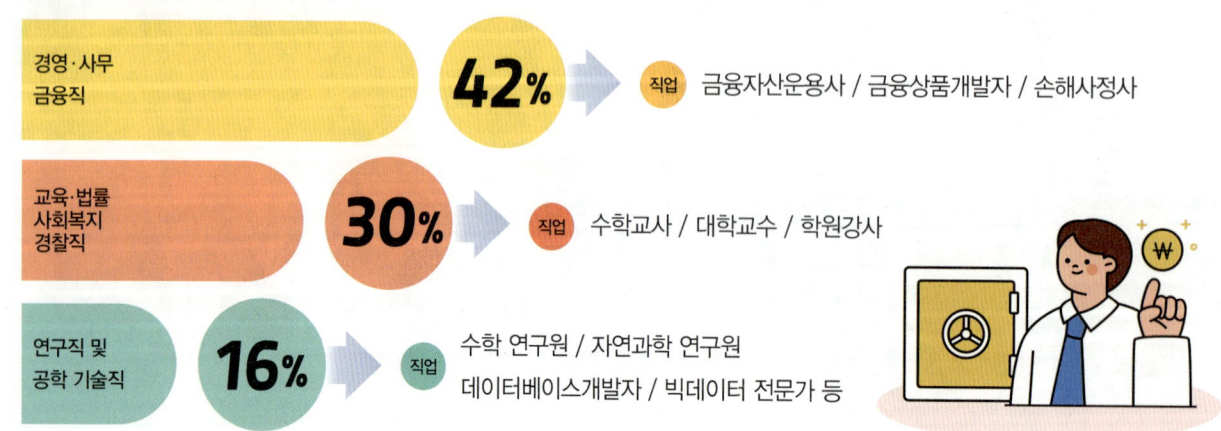

< 진학샘의 특별한 코칭

 수학 교과를 이수하는 것을 추천합니다. 비교과 활동은 수학 실력을 드러낼 수 있는 수학 심화 학습이나 실생활에서 수학이 활용되는 구체적인 사례 조사하기, 다양한 문제 상황을 수학으로 해결해 보기 등을 추천합니다.

핵심 권장	학과(부)에서 공부하기 위해 필수적 이수를 권장하는 과목
권장	학과(부)에서 공부하기 위해 이수를 권장하는 과목
추천 선택	192학점 이수를 고려해 이수를 권장하는 과목

교과(군)	일반 선택	진로 선택	융합 선택
국어	화법과 언어 독서와 작문 문학	주제 탐구 독서 문학과 영상 직무 의사소통	독서 토론과 글쓰기 매체 의사소통 언어생활 탐구
수학	대수 미적분 I 확률과 통계	기하 · 미적분 II 경제 수학 · 인공지능 수학 직무 수학	수학과 문화 실용 통계 수학과제 탐구
영어	영어 I · 영어 II 영어 독해와 작문	영미 문학 읽기 · 영어 발표와 토론 심화 영어 · 심화 영어 독해와 작문 직무 영어	실생활 영어 회화 미디어 영어 세계 문화와 영어
사회	세계시민과 지리 세계사 사회와 문화 현대사회와 윤리	한국지리 탐구 · 도시의 미래 탐구 동아시아 역사 기행 정치 · 법과 사회 · 경제 윤리와 사상 · 인문학과 윤리 국제 관계의 이해	여행지리 역사로 탐구하는 현대 세계 사회문제 탐구 · 금융과 경제생활 윤리문제 탐구 기후변화와 지속가능한 세계
과학	물리학 화학 생명과학 지구과학	역학과 에너지 · 전자기와 양자 물질과 에너지 · 화학 반응의 세계 세포와 물질대사 · 생물의 유전 지구시스템과학 · 행성우주과학	과학의 역사와 문화 기후변화와 환경생태 융합과학 탐구
기술·가정/ 정보	기술·가정 정보	로봇과 공학세계 · 생활과학 탐구 인공지능 기초 · 데이터 과학	창의 공학 설계 · 지식 재산 일반 생애 설계와 자립 · 아동발달과 부모 소프트웨어와 생활
제2외국어/ 한문	제2외국어 (독일어, 프랑스어, 스페인어, 중국어, 일본어, 러시아어, 아랍어, 베트남어) 한문	제2외국어 회화 심화 제2외국어 한문 고전 읽기	제2외국어 문화 언어생활과 한자
교양	진로와 직업 생태와 환경	인간과 철학 · 논리와 사고 인간과 심리 · 교육의 이해 삶과 종교 · 보건	인간과 경제활동 · 논술
특수 목적고 과학 계열-수학		전문 수학 · 이산 수학 고급 기하 · 고급 대수 · 고급 미적분	

- 일반 선택 **굵은 글자**: 수능 출제 과목
- 상대평가 등급 미산출 과목: 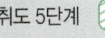 성취도 5단계 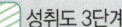 성취도 3단계   P/F

자연 계열

물리학과

#고전물리학 #현대물리학 #수리물리학
#탐구력 #분석력
#우주의비밀을풀거야

관련학과/유사학과

물리천문학과
응용물리학과
지질·지구물리학부
신소재물리학부
반도체물리학과
물리교육과 등

물리학은 우리 주위에서 일어나는 여러 자연 현상을 과학적으로 설명하고 예측하는 학문으로, 물질을 구성하는 기본 단위인 소립자부터 크게는 우주를 지배하는 원리까지 광범위하게 탐구한다. 물리학과의 목표는 자연과학 연구와 기술 개발에 기여할 수 있는 인재를 양성하는 것이다.

물리학의 연구 분야는 크게 고전물리학과 현대물리학으로 나뉜다. 고전물리학은 뉴턴 역학, 전자기학, 열역학 등 20세기 이전에 정리된 물리학 이론을 주로 다루는 분야로 일상적인 자연 현상을 설명하는 데 유용하다. 현대물리학은 양자역학과 상대성 이론이 등장한 후의 물리학 이론을 다루는 분야로 입자물리학, 응집물질물리학 등 다양한 세부 영역이 있다.

물리학은 이공계 전반의 기초 학문으로 다양한 분야에 응용되며, 반도체, 디스플레이, 광통신과 같은 첨단 기술 발전과 깊은 연관이 있다. 과학기술이 크게 발전하면서 물리학의 적용 범위가 더욱 넓어지고 있고, 물리학 연구는 인공지능에 의한 일자리 대체 가능성도 낮다고 평가되고 있으므로 앞으로 물리학과의 전망은 밝다고 볼 수 있다.

대학에서 어떤 과목을 배울까?

물리학
- 고전역학 · 전자기학 · 광학 · 열역학 · 열과 통계물리
- 현대물리학의 기초 · 양자역학 · 양자광학 · 입자물리학 · 핵물리학 · 상대성이론
- 수리물리학 · 전산물리 · 데이터물리학 · 통계물리학

졸업 후 무슨 일을 할까?

연구직 및 공학 기술직 **50%** → 직업
물리학 연구원 / 원자력공학 기술자 / 비파괴검사원
전자·반도체·디스플레이 기업 연구원 / 에너지 연구원

경영·사무 금융직 **17%** → 직업
품질관리 사무원 / 통계 사무원 / 공무원(기술직)

교육·법률 사회복지 경찰직 **13%** → 직업
물리교사 / 대학교수 / 변리사 / 과학커뮤니케이터

기타 **20%** → 직업
과학 출판기획·편집자 / 신문기자(과학) 등

< **진학샘의 특별한 코칭**

수학 교과, 과학 교과에서 **물리학, 화학** 관련 과목 이수를 추천합니다. 비교과 활동은 양자역학과 상대성이론 심화 학습이나 단진동 이용 중력 가속도 측정, 구심력과 원심력 실험 등 물리 관련 실험을 추천합니다.

핵심 권장	학과(부)에서 공부하기 위해 필수적 이수를 권장하는 과목
권장	학과(부)에서 공부하기 위해 이수를 권장하는 과목
추천 선택	192학점 이수를 고려해 이수를 권장하는 과목

교과(군)	일반 선택	진로 선택	융합 선택
국어	**화법과 언어** **독서와 작문** **문학**	주제 탐구 독서 문학과 영상 직무 의사소통	독서 토론과 글쓰기 매체 의사소통 언어생활 탐구
수학	**대수** **미적분 I** **확률과 통계**	[기하] · [미적분 II] 경제 수학 · 인공지능 수학 직무 수학	수학과 문화 실용 통계 수학과제 탐구
영어	**영어 I · 영어 II** [영어 독해와 작문]	영미 문학 읽기 · 영어 발표와 토론 심화 영어 · 심화 영어 독해와 작문 직무 영어	실생활 영어 회화 미디어 영어 세계 문화와 영어
사회	세계시민과 지리 세계사 사회와 문화 현대사회와 윤리	한국지리 탐구 · 도시의 미래 탐구 동아시아 역사 기행 정치 · 법과 사회 · 경제 윤리와 사상 · 인문학과 윤리 국제 관계의 이해	여행지리 역사로 탐구하는 현대 세계 사회문제 탐구 · 금융과 경제생활 윤리문제 탐구 기후변화와 지속가능한 세계
과학	[물리학] [화학] 생명과학 지구과학	[역학과 에너지] · [전자기와 양자] [물질과 에너지] · [화학 반응의 세계] 세포와 물질대사 · 생물의 유전 지구시스템과학 · 행성우주과학	과학의 역사와 문화 기후변화와 환경생태 [융합과학 탐구]
기술·가정/ 정보	기술 · 가정	로봇과 공학세계 · 생활과학 탐구	창의 공학 설계 · 지식 재산 일반 생애 설계와 자립 · 아동발달과 부모
	정보	인공지능 기초 · 데이터 과학	소프트웨어와 생활
제2외국어/ 한문	**제2외국어 (독일어, 프랑스어, 스페인어, 중국어, 일본어, 러시아어, 아랍어, 베트남어)**	제2외국어 회화 심화 제2외국어	제2외국어 문화
	한문	한문 고전 읽기	언어생활과 한자
교양	진로와 직업 생태와 환경	인간과 철학 · 논리와 사고 인간과 심리 · 교육의 이해 삶과 종교 · 보건	인간과 경제활동 · 논술
특수 목적고 과학 계열 – 과학		[고급 물리학]	[물리학 실험]

자연 계열

● 일반 선택 **굵은 글자**: 수능 출제 과목   ● 상대평가 등급 미산출 과목: [성취도 5단계] [성취도 3단계] [P/F]

생명과학과

#생물학 #생태학 #미생물
#탐구력 #분석력
#생명의비밀을풀거야

관련학과/유사학과

생물학과
미생물학과
분자생명과학과
응용생물학과
시스템생물학과
생물교육과 등

생명과학과는 생명체의 생명 현상을 이해하고 그 원리를 활용하여 의약품, 식품, 환경, 에너지 등과 관련된 문제를 해결할 기초 이론을 제공하는 것을 목적으로 한다.

생명과학과의 교과과정은 생명 현상을 분자, 세포, 개체, 생태계 등 다양한 수준에서 체계적으로 이해할 수 있도록 구성되어 있다. 먼저 생물학, 화학, 물리학, 수학 등의 기초 과학 과목을 배운 뒤 생명체의 세부 구조와 기능을 깊이 있게 탐구한다. 학습한 이론을 실험으로 확인하는 수업도 함께 이루어진다. 나아가 생명과학 지식을 실생활에 응용하는 방법을 탐구하기도 한다.

생명과학과는 세포에서 생태계에 이르기까지 방대한 분야를 다루기 때문에 관심 분야를 더욱 전문적으로 탐구하여 전문 연구원이 되고자 하는 학생들은 대학원에 진학하는 경우가 많다. 세부 전공에 따라 의약, 동식물, 식품 등 다양한 분야의 연구원으로 진출할 수 있으며, 약학대학원에 편입하여 연구를 이어 가는 학생들도 있다.

대학에서 어떤 과목을 배울까?

생명과학
- 세포생물학 · 분자생물학 · 유전학 · 생화학 · 시스템생물학 · 생물물리학 · 생물공학
- 생태학 · 생물다양성과 환경 · 보전생태학 · 생태학실험
- 현대식물학 · 동물생리학 · 식물생리학 · 동식물계통분류학
- 미생물학 · 바이러스학 · 면역학

졸업 후 무슨 일을 할까?

연구직 및 공학 기술직	**45%**	직업	바이오·헬스케어 연구원 / 의약·보건 연구원 동식물 연구원 / 식품 연구원
경영·사무 금융직	**25%**	직업	의약품품질관리원 / 의약품인허가관리자
영업·판매 운송직	**10%**	직업	기술영업원 / 제약영업원 / 해외영업원
기타	**20%**	직업	생명과학교사 / 대학교수 / 과학 출판기획·편집자 신문기자(과학) 등

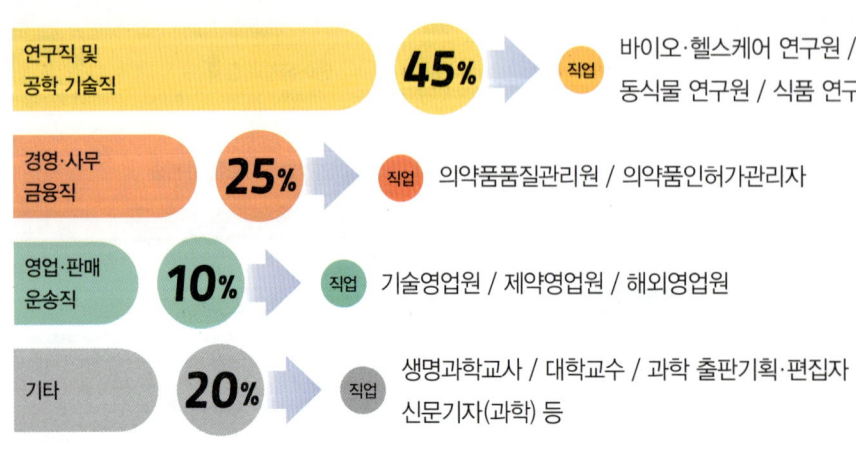

< **진학샘의 특별한 코칭**

수학 교과, 과학 교과에서 **생명과학, 화학** 관련 과목 이수를 추천합니다. 비교과 활동은 유전자 가위와 생명 윤리를 주제로 한 토론이나 멸치·오징어 해부, 브로콜리 DNA 추출 실험 등 생명과학 실험을 추천합니다.

핵심 권장	학과(부)에서 공부하기 위해 필수적 이수를 권장하는 과목
권장	학과(부)에서 공부하기 위해 이수를 권장하는 과목
추천 선택	192학점 이수를 고려해 이수를 권장하는 과목

교과(군)	일반 선택	진로 선택	융합 선택
국어	**화법과 언어** **독서와 작문** **문학**	주제 탐구 독서 문학과 영상 직무 의사소통	독서 토론과 글쓰기 매체 의사소통 언어생활 탐구
수학	**대수** **미적분 Ⅰ** **확률과 통계**	기하 · 미적분 Ⅱ 경제 수학 · 인공지능 수학 직무 수학	수학과 문화 실용 통계 수학과제 탐구
영어	**영어 Ⅰ · 영어 Ⅱ** 영어 독해와 작문	영미 문학 읽기 · 영어 발표와 토론 심화 영어 · 심화 영어 독해와 작문 직무 영어	실생활 영어 회화 미디어 영어 세계 문화와 영어
사회	세계시민과 지리 세계사 사회와 문화 현대사회와 윤리	한국지리 탐구 · 도시의 미래 탐구 동아시아 역사 기행 정치 · 법과 사회 · 경제 윤리와 사상 · 인문학과 윤리 국제 관계의 이해	여행지리 역사로 탐구하는 현대 세계 사회문제 탐구 · 금융과 경제생활 윤리문제 탐구 기후변화와 지속가능한 세계
과학	물리학 화학 생명과학 지구과학	역학과 에너지 · 전자기와 양자 물질과 에너지 · 화학 반응의 세계 세포와 물질대사 · 생물의 유전 지구시스템과학 · 행성우주과학	과학의 역사와 문화 기후변화와 환경생태 융합과학 탐구
기술·가정/ 정보	기술·가정 정보	로봇과 공학세계 · 생활과학 탐구 인공지능 기초 · 데이터 과학	창의 공학 설계 · 지식 재산 일반 생애 설계와 자립 · 아동발달과 부모 소프트웨어와 생활
제2외국어/ 한문	**제2외국어 (독일어, 프랑스어, 스페인어, 중국어, 일본어, 러시아어, 아랍어, 베트남어)** **한문**	제2외국어 회화 심화 제2외국어 한문 고전 읽기	제2외국어 문화 언어생활과 한자
교양	진로와 직업 생태와 환경	인간과 철학 · 논리와 사고 인간과 심리 · 교육의 이해 삶과 종교 · 보건	인간과 경제활동 · 논술
특수 목적고 과학 계열 – 과학		고급 생명과학	생명과학 실험

● 일반 선택 **굵은 글자**: 수능 출제 과목   ● 상대평가 등급 미산출 과목: 성취도 5단계   성취도 3단계 P/F

자연 계열

화학과

#유기화학 #무기화학 #분석화학 #생화학
#논리적사고력 #탐구력
#물질의비밀을풀거야

화학과는 세상을 구성하는 물질들이 어떤 성질을 가지고 있으며 어떻게 변하는지 탐구하는 것을 목적으로 한다. 공기, 물, 음식, 약, 플라스틱 등 주변에서 쉽게 접할 수 있는 다양한 물질들이 화학과의 탐구 대상이 될 수 있다.

화학과의 교과과정은 화학의 핵심 분야인 유기화학, 무기화학, 분석화학, 물리화학을 중심으로 이론 학습과 실험을 병행하도록 이루어져 있다. 이 외에도 유기화학의 지식을 기반으로 생명체 내에서 일어나는 화학 반응을 연구하는 생화학, 플라스틱과 같은 고분자 물질을 연구하는 고분자화학, 신약 개발에 필요한 화학적 원리를 연구하는 의약화학, 환경 오염과 에너지 문제를 화학적 관점에서 탐구하는 환경화학 등 다양한 응용 분야를 학습한다.

화학은 다양한 산업 분야와 밀접하게 연결된 자연과학 분야로서 탄소 포집, 배터리, 나노 소재 등 여러 미래 유망 기술을 개발하는 데 중요한 역할을 한다. 이에 따라 화학과 졸업생들도 다양한 분야로 진출할 수 있다.

관련학과/유사학과

생화학과
응용화학과
화학·나노과학과
화학·에너지융합학부
정밀화학과
화학교육과 등

대학에서 어떤 과목을 배울까?

화학

- 유기화학 · 무기화학 · 유기무기실험 · 무기반응 및 분석 · 유기금속화학 · 유기합성
- 생화학 · 생화학실험 · 대사생화학 · 분자생화학
- 물리화학 · 분석화학 · 분석화학실험 · 계산화학 · 물리분석 · 양자화학 · 기기분석
- 고분자화학 · 나노소재화학 · 의약화학 · 환경화학 · 인공지능응용화학

졸업 후 무슨 일을 할까?

분야	비율		직업
연구직 및 공학 기술직	55%	직업	화학물질안전관리사 / 폐기물처리 기술자 / 화약류관리 기술자 환경기사 / 신소재·석유·전자·반도체·화장품 기업 연구원
경영·사무 금융직	19%	직업	생산·품질관리자 / 조향사
교육·법률 사회복지 경찰직	8%	직업	화학교사 / 대학교수 / 변리사 / 특허 사무원
기타	18%	직업	과학 출판기획·편집자 / 신문기자(과학) 등

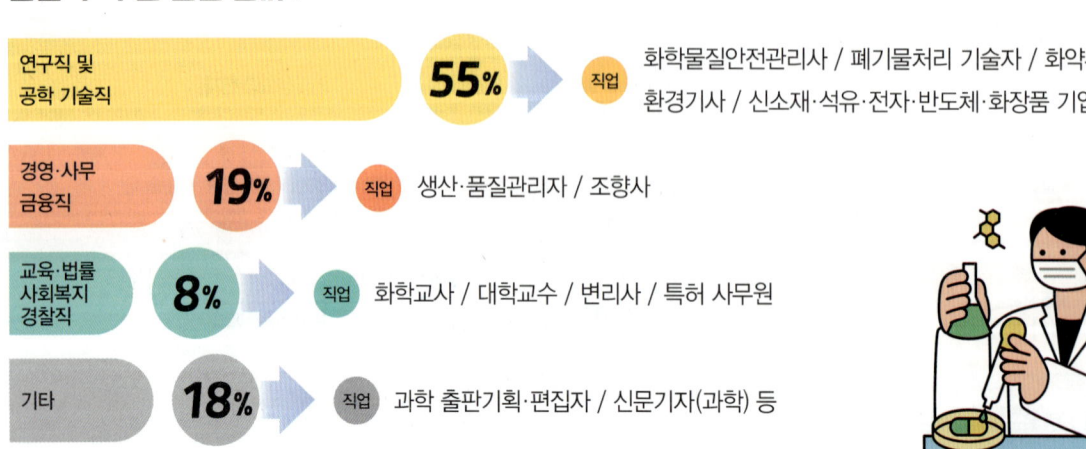

< 진학샘의 특별한 코칭

수학 교과, 과학 교과에서 **화학**, **물리학** 관련 과목을 이수하는 것을 추천합니다. 비교과 활동은 불꽃 반응, 은거울 반응, 중화 적정 실험 등의 실험을 하거나 화학 주제 심화 탐구 활동을 하는 것을 추천합니다.

핵심 권장 학과(부)에서 공부하기 위해 필수적 이수를 권장하는 과목
권장 학과(부)에서 공부하기 위해 이수를 권장하는 과목
추천 선택 192학점 이수를 고려해 이수를 권장하는 과목

교과(군)	일반 선택	진로 선택	융합 선택
국어	**화법과 언어** **독서와 작문** **문학**	주제 탐구 독서 문학과 영상 직무 의사소통	독서 토론과 글쓰기 매체 의사소통 언어생활 탐구
수학	**대수** **미적분 I** **확률과 통계**	**기하** · **미적분 II** 경제 수학 · 인공지능 수학 직무 수학	수학과 문화 실용 통계 수학과제 탐구
영어	**영어 I** · **영어 II** **영어 독해와 작문**	영미 문학 읽기 · 영어 발표와 토론 심화 영어 · 심화 영어 독해와 작문 직무 영어	실생활 영어 회화 미디어 영어 세계 문화와 영어
사회	세계시민과 지리 세계사 사회와 문화 현대사회와 윤리	한국지리 탐구 · 도시의 미래 탐구 동아시아 역사 기행 정치 · 법과 사회 · 경제 윤리와 사상 · 인문학과 윤리 국제 관계의 이해	여행지리 역사로 탐구하는 현대 세계 사회문제 탐구 · 금융과 경제생활 윤리문제 탐구 기후변화와 지속가능한 세계
과학	**물리학** **화학** **생명과학** 지구과학	**역학과 에너지** · **전자기와 양자** **물질과 에너지** · **화학 반응의 세계** 세포와 물질대사 · 생물의 유전 지구시스템과학 · 행성우주과학	과학의 역사와 문화 기후변화와 환경생태 **융합과학 탐구**
기술·가정/정보	기술·가정	로봇과 공학세계 · 생활과학 탐구	창의 공학 설계 · 지식 재산 일반 생애 설계와 자립 · 아동발달과 부모
	정보	인공지능 기초 · 데이터 과학	소프트웨어와 생활
제2외국어/한문	**제2외국어 (독일어, 프랑스어, 스페인어, 중국어, 일본어, 러시아어, 아랍어, 베트남어)**	제2외국어 회화 심화 제2외국어	제2외국어 문화
	한문	한문 고전 읽기	언어생활과 한자
교양	진로와 직업 생태와 환경	인간과 철학 · 논리와 사고 인간과 심리 · 교육의 이해 삶과 종교 · 보건	인간과 경제활동 · 논술
특수 목적고 과학 계열–과학		**고급 화학**	**화학 실험**

• 일반 선택 **굵은 글자**: 수능 출제 과목   • 상대평가 등급 미산출 과목: ▨ 성취도 5단계 ▨ 성취도 3단계 ▨ P/F

자연 계열

지구환경과학과

#지구시스템 #지질학 #지구물리학 #광물에너지
#탐구력 #과학적호기심
#지구를지키는영웅

관련학과/유사학과

지구시스템과학과
지구해양과학과
지질환경과학과
지구과학교육과 등

지구환경과학과는 우리가 사는 지구의 과거와 현재, 미래를 과학적으로 분석하고 지구에서 일어나는 다양한 현상을 배우는 학과이다. 이를 토대로 에너지 자원을 개발하거나 인류가 직면한 환경 문제를 해결하고자 한다.

지구환경과학과의 교과과정은 지구를 구성하는 주요 요소(암석, 물, 대기, 생물)를 포함하여 지구의 구조와 작동 원리를 탐구하는 데 초점을 둔다. 고등학교 지구과학 과목을 더 심화하여 학습한다고 볼 수 있다. 이와 함께 환경 문제 해결을 위한 과학적 방법론을 익히며, 이론을 실제에 적용해 보는 실험 수업도 자주 이루어진다.

지구환경과학은 기후위기와 자연재해를 예측하고 대비하는 데 도움을 줄 수 있는 학문이다. 자연과학에 소질이 있으며 지구와 환경에 호기심이 많고, 환경 문제 해결에 열정을 지닌 학생이라면 지구환경과학과 진학을 고려해 볼 만하다.

대학에서 어떤 과목을 배울까?

지구환경과학

- 지구환경과학 · 기후학 · 해양학 · 지구시스템의 진화 · 환경과 지구시스템
- 지질학 · 화석학 · 토양과 지형 · 구조지질학 · 수리지질학 · 야외지질학 · 지질공학
- 지구물리학 · 환경지구물리학 · 물리탐사
- 지구화학 · 광물화학 · 퇴적암석학 · 석유지질학 · 응용광물학

졸업 후 무슨 일을 할까?

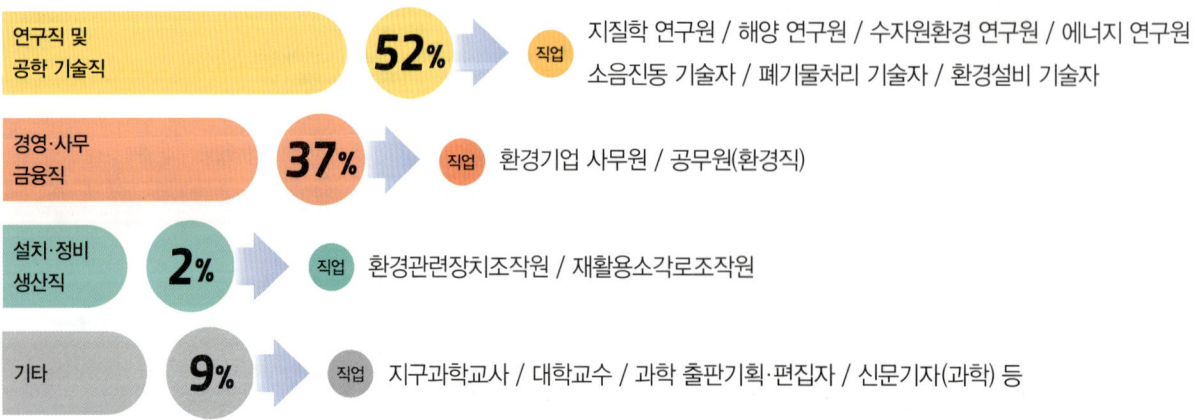

연구직 및 공학 기술직 **52%** 직업 지질학 연구원 / 해양 연구원 / 수자원환경 연구원 / 에너지 연구원 소음진동 기술자 / 폐기물처리 기술자 / 환경설비 기술자

경영·사무 금융직 **37%** 직업 환경기업 사무원 / 공무원(환경직)

설치·정비 생산직 **2%** 직업 환경관련장치조작원 / 재활용소각로조작원

기타 **9%** 직업 지구과학교사 / 대학교수 / 과학 출판기획·편집자 / 신문기자(과학) 등

‹ 진학샘의 특별한 코칭

 수학 교과, 과학 교과에서 **지구과학, 물리학, 화학** 관련 과목 이수를 추천합니다. 비교과 활동은 계절별 별자리 망원경 관측 활동이나 기온, 기압을 측정하는 라디오존데를 만들어 고층 대기를 측정하는 활동을 추천합니다.

핵심 권장 학과(부)에서 공부하기 위해 필수적 이수를 권장하는 과목
권장 학과(부)에서 공부하기 위해 이수를 권장하는 과목
추천 선택 192학점 이수를 고려해 이수를 권장하는 과목

교과(군)	일반 선택	진로 선택	융합 선택
국어	**화법과 언어** / **독서와 작문** / **문학**	주제 탐구 독서 / 문학과 영상 / 직무 의사소통	독서 토론과 글쓰기 / 매체 의사소통 / 언어생활 탐구
수학	**대수** / **미적분 I** / **확률과 통계**	기하 · 미적분 II / 경제 수학 · 인공지능 수학 / 직무 수학	수학과 문화 / 실용 통계 / 수학과제 탐구
영어	**영어 I · 영어 II** / 영어 독해와 작문	영미 문학 읽기 · 영어 발표와 토론 / 심화 영어 · 심화 영어 독해와 작문 / 직무 영어	실생활 영어 회화 / 미디어 영어 / 세계 문화와 영어
사회	세계시민과 지리 / 세계사 / 사회와 문화 / 현대사회와 윤리	한국지리 탐구 · 도시의 미래 탐구 / 동아시아 역사 기행 / 정치 · 법과 사회 · 경제 / 윤리와 사상 · 인문학과 윤리 / 국제 관계의 이해	여행지리 / 역사로 탐구하는 현대 세계 / 사회문제 탐구 · 금융과 경제생활 / 윤리문제 탐구 / 기후변화와 지속가능한 세계
과학	물리학 / 화학 / 생명과학 / 지구과학	역학과 에너지 · 전자기와 양자 / 물질과 에너지 · 화학 반응의 세계 / 세포와 물질대사 · 생물의 유전 / 지구시스템과학 · 행성우주과학	과학의 역사와 문화 / 기후변화와 환경생태 / 융합과학 탐구
기술·가정/정보	기술·가정 / 정보	로봇과 공학세계 · 생활과학 탐구 / 인공지능 기초 · 데이터 과학	창의 공학 설계 · 지식 재산 일반 / 생애 설계와 자립 · 아동발달과 부모 / 소프트웨어와 생활
제2외국어/한문	**제2외국어 (독일어, 프랑스어, 스페인어, 중국어, 일본어, 러시아어, 아랍어, 베트남어)** / **한문**	제2외국어 회화 / 심화 제2외국어 / 한문 고전 읽기	제2외국어 문화 / 언어생활과 한자
교양	진로와 직업 / 생태와 환경	인간과 철학 · 논리와 사고 / 인간과 심리 · 교육의 이해 / 삶과 종교 · 보건	인간과 경제활동 · 논술
특수 목적고 과학 계열–과학		고급 지구과학	지구과학 실험

• 일반 선택 **굵은 글자**: 수능 출제 과목
• 상대평가 등급 미산출 과목: 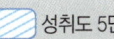 성취도 5단계 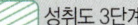 성취도 3단계 P/F

자연 계열

통계학과

#기초통계 #응용통계 #컴퓨팅
#논리적사고력 #수학능력
#데이터로이해하는세상

관련학과/유사학과

경제통계학부
응용통계학과
데이터과학과
수리통계데이터사이언스학부
정보통계·보험수리학과 등

통계학은 데이터를 수집, 분석, 해석함으로써 다양한 현상을 과학적으로 분석하는 학문이다. 통계학과의 목표는 통계에 대한 전문적인 지식을 바탕으로 합리적 의사 결정을 할 수 있는 인재를 양성하는 것이다.

이를 위해 기초 통계 분야에서는 통계학의 기초를 다지기 위한 기본적인 통계 이론을 탐구한다. 응용 통계 분야에서는 통계를 다양한 분야에서 실용적으로 활용하는 방법을 연구한다. 컴퓨팅 분야에서는 데이터를 빠르고 정확하게 해석하는 여러 통계 프로그램의 활용 방법이나 개발 방법을 탐구한다.

통계학은 응용 학문이므로 연구직뿐만 아니라 각종 제품 및 서비스의 품질을 관리하고 향상시키는 직군에 진출하고자 할 때에도 도움이 된다. 수학을 좋아하지만 순수 수학보다는 수학을 응용하는 학문에 흥미가 있는 학생에게 적합한 학과이며, 컴퓨터를 이용하여 각종 데이터와 정보를 분석하는 일이나 사회·경제 현상에 관심이 있으면 더욱 좋다.

대학에서 어떤 과목을 배울까?

통계학

통계학원론 · 확률론 · 통계분석방법 · 회귀분석 · 수리통계 · 확률과정론

다변량자료분석 · 표본설계 및 조사 · 생존자료분석 · 통계적 품질관리 · 데이터마이닝 · 빅테이터자료분석

통계데이터베이스 · 통계소프트웨어 및 실습 · 전산통계 · 통계계산

졸업 후 무슨 일을 할까?

경영·사무 금융직 **56%** 직업 사회조사 전문가 / 보험상품개발자 / 손해사정사 통계 사무원 / 홍보 사무원

연구직 및 공학 기술직 **25%** 직업 통계학 연구원 / 빅데이터분석가

교육·법률 사회복지 경찰직 **8%** 직업 수학교사 / 대학교수

기타 **11%** 직업 스포츠기록분석가 등

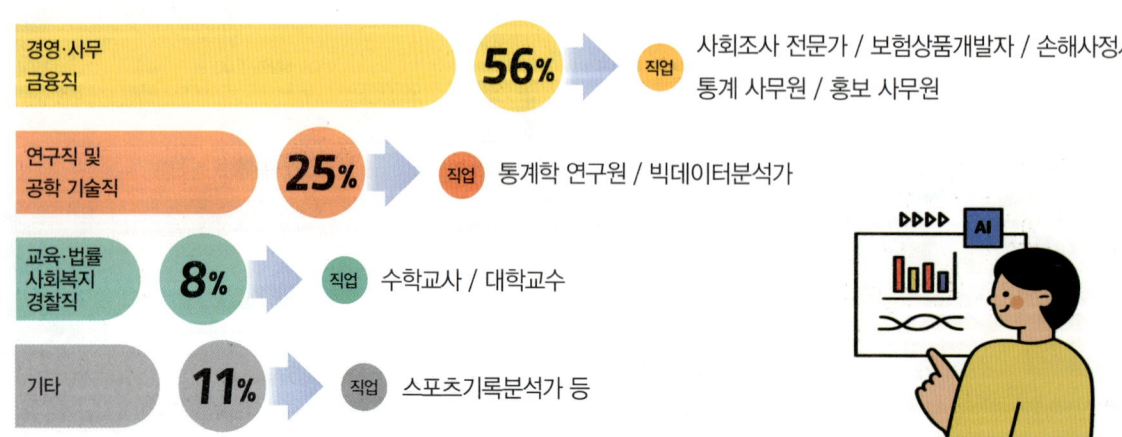

< **진학샘의 특별한 코칭**

수학 교과와 정보 교과 이수를 추천합니다. 비교과 활동은 국가통계포털 (kosis.kr)에서 관심 분야의 데이터를 내려받아 엑셀이나 파이썬 또는 네이버 데이터랩, 구글트렌드 등을 활용해 분석해 보는 활동을 추천합니다.

 핵심 권장 학과(부)에서 공부하기 위해 필수적 이수를 권장하는 과목

권장 학과(부)에서 공부하기 위해 이수를 권장하는 과목

추천 선택 192학점 이수를 고려해 이수를 권장하는 과목

교과(군)	일반 선택	진로 선택	융합 선택
국어	**화법과 언어** **독서와 작문** **문학**	주제 탐구 독서 문학과 영상 직무 의사소통	독서 토론과 글쓰기 매체 의사소통 언어생활 탐구
수학	**대수** **미적분 I** **확률과 통계**	기하 · 미적분 II 경제 수학 · 인공지능 수학 직무 수학	수학과 문화 실용 통계 수학과제 탐구
영어	**영어 I · 영어 II** 영어 독해와 작문	영미 문학 읽기 · 영어 발표와 토론 심화 영어 · 심화 영어 독해와 작문 직무 영어	실생활 영어 회화 미디어 영어 세계 문화와 영어
사회	세계시민과 지리 세계사 사회와 문화 현대사회와 윤리	한국지리 탐구 · 도시의 미래 탐구 동아시아 역사 기행 정치 · 법과 사회 · 경제 윤리와 사상 · 인문학과 윤리 국제 관계의 이해	여행지리 역사로 탐구하는 현대 세계 사회문제 탐구 · 금융과 경제생활 윤리문제 탐구 기후변화와 지속가능한 세계
과학	물리학 화학 생명과학 지구과학	역학과 에너지 · 전자기와 양자 물질과 에너지 · 화학 반응의 세계 세포와 물질대사 · 생물의 유전 지구시스템과학 · 행성우주과학	과학의 역사와 문화 기후변화와 환경생태 융합과학 탐구
기술·가정/ 정보	기술·가정 정보	로봇과 공학세계 · 생활과학 탐구 인공지능 기초 · 데이터 과학	창의 공학 설계 · 지식 재산 일반 생애 설계와 자립 · 아동발달과 부모 소프트웨어와 생활
제2외국어/ 한문	**제2외국어 (독일어, 프랑스어, 스페인어, 중국어, 일본어, 러시아어, 아랍어, 베트남어)** 한문	제2외국어 회화 심화 제2외국어 한문 고전 읽기	제2외국어 문화 언어생활과 한자
교양	진로와 직업 생태와 환경	인간과 철학 · 논리와 사고 인간과 심리 · 교육의 이해 삶과 종교 · 보건	인간과 경제활동 · 논술

자연 계열

● 일반 선택 **굵은 글자**: 수능 출제 과목　　● 상대평가 등급 미산출 과목: 성취도 5단계　 성취도 3단계　⬬ P/F

식품영양학과

#영양학 #식품학 #식생활관리
#문제해결능력 #기초과학지식
#건강한식생활중요해

관련학과/유사학과

식품공학과
식품생명공학과
바이오식품공학과
식품산업관리학과
식품영양과학부 등

식품영양학과는 식품 개발, 식품 제공과 분배, 영양학 등 식생활 전반을 연구하는 학과이다. 식품영양학과의 목표는 건강한 식품을 공급하여 사람들의 건강 및 영양 상태를 증진하는 데 기여할 수 있는 전문가를 양성하는 것이다.

식품영양학과의 연구 분야는 크게 영양학과 식품학으로 나뉜다. 영양학 분야에서는 영양소의 생리적·화학적 특성과 체내 대사 과정, 영양소가 인체 기능 수행에 미치는 영향 등을 연구한다. 식품학 분야에서는 식품 가공·보존 방법, 식품 관련 미생물의 역할과 활용법, 식품을 원인으로 하는 질병 등 식품과 관련된 폭넓은 지식을 탐구한다. 이 외에도 개인이나 단체의 식생활을 건강하게 관리하기 위한 실용적인 지식을 연구하기도 한다.

식생활은 인간 삶의 필수적인 부분이다. 또한 맛집, 밀키트, 건강식 등 다양한 식품에 대한 수요가 증가하는 사회 분위기에 힘입어 식품영양학과 학생들은 다양한 전문 분야로 진출할 수 있다.

대학에서 어떤 과목을 배울까?

식품 영양학

기초영양학 · 영양생리학 · 인체생리학 · 생애주기영양학 · 영양정보관리 · 식품영양정책

식품학 · 식품재료학 · 식품화학 · 식품미생물학 · 식품가공학

식생활문화 · 식품위생학 · 급식경영학 · 식생활관리학

졸업 후 무슨 일을 할까?

경영·사무 금융직	28%	직업	식품기업 기획 및 사무원 / 외식업체 경영·관리자
연구직 및 공학 기술직	22%	직업	식품공학 연구원 / 보건 연구원
미용·여행 음식·경비직	13%	직업	조리사 / 푸드스타일리스트 / 소믈리에
기타	37%	직업	영양사 / 영양교사 등

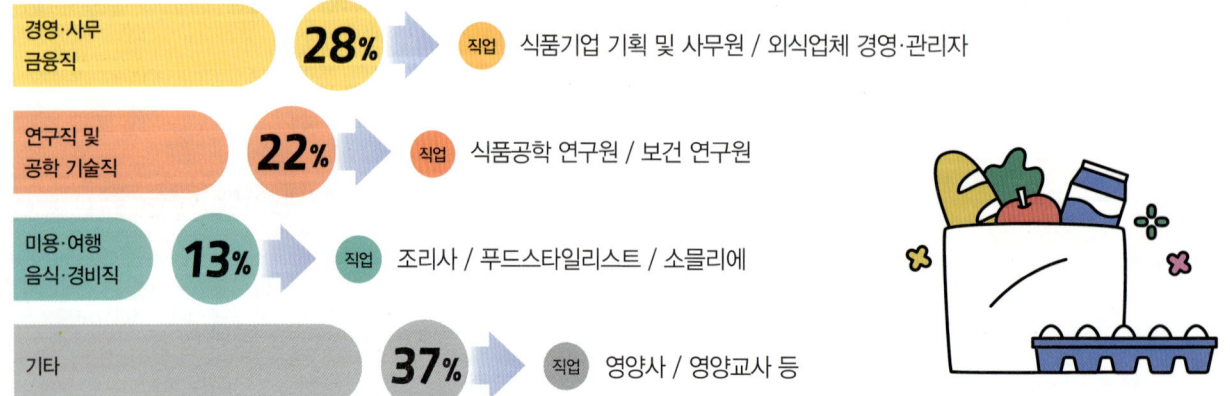

< 진학샘의 특별한 코칭

수학 교과, 과학 교과에서 **생명과학**, **화학** 관련 과목 이수를 추천합니다. 비교과 활동은 학생들의 만족도를 높일 수 있는 급식 식단 또는 수험생 맞춤 아침 식단을 짜 보거나, 맛있는 요리 레시피를 연구하는 것을 추천합니다.

핵심 권장	학과(부)에서 공부하기 위해 필수적 이수를 권장하는 과목
권장	학과(부)에서 공부하기 위해 이수를 권장하는 과목
추천 선택	192학점 이수를 고려해 이수를 권장하는 과목

자연 계열

교과(군)	일반 선택	진로 선택	융합 선택
국어	**화법과 언어** **독서와 작문** **문학**	주제 탐구 독서 문학과 영상 직무 의사소통	독서 토론과 글쓰기 매체 의사소통 언어생활 탐구
수학	**대수** **미적분Ⅰ** **확률과 통계**	기하 · 미적분Ⅱ 경제 수학 · 인공지능 수학 직무 수학	수학과 문화 실용 통계 수학과제 탐구
영어	**영어Ⅰ · 영어Ⅱ** 영어 독해와 작문	영미 문학 읽기 · 영어 발표와 토론 심화 영어 · 심화 영어 독해와 작문 직무 영어	실생활 영어 회화 미디어 영어 세계 문화와 영어
사회	세계시민과 지리 세계사 사회와 문화 현대사회와 윤리	한국지리 탐구 · 도시의 미래 탐구 동아시아 역사 기행 정치 · 법과 사회 · 경제 윤리와 사상 · 인문학과 윤리 국제 관계의 이해	여행지리 역사로 탐구하는 현대 세계 사회문제 탐구 · 금융과 경제생활 윤리문제 탐구 기후변화와 지속가능한 세계
과학	물리학 화학 생명과학 지구과학	역학과 에너지 · 전자기와 양자 물질과 에너지 · 화학 반응의 세계 세포와 물질대사 · 생물의 유전 지구시스템과학 · 행성우주과학	과학의 역사와 문화 기후변화와 환경생태 융합과학 탐구
기술·가정/ 정보	기술·가정	로봇과 공학세계 · 생활과학 탐구	창의 공학 설계 · 지식 재산 일반 생애 설계와 자립 · 아동발달과 부모
	정보	인공지능 기초 · 데이터 과학	소프트웨어와 생활
제2외국어/ 한문	**제2외국어 (독일어, 프랑스어, 스페인어, 중국어, 일본어, 러시아어, 아랍어, 베트남어)**	제2외국어 회화 심화 제2외국어	제2외국어 문화
	한문	한문 고전 읽기	언어생활과 한자
교양	진로와 직업 생태와 환경	인간과 철학 · 논리와 사고 인간과 심리 · 교육의 이해 삶과 종교 · 보건	인간과 경제활동 · 논술

● 일반 선택 **굵은 글자**: 수능 출제 과목 ● 상대평가 등급 미산출 과목: 성취도 5단계 ▨ 성취도 3단계 ▨ P/F

의류학과

#직물학 #패션디자인 #패션마케팅 #패션과문화
#창의적사고력 #미적감각
#나는패션리더

관련학과/유사학과

의류산업학과
패션의류학과
패션산업학과
의상학과
의류환경학과 등

의류학과는 섬유 가공부터 의류 기획과 판매, 디자인까지 의류와 관련된 전반적인 사항을 연구하는 학과이다. 의류학과의 목표는 패션 산업에서 활약할 수 있는 패션 전문가를 양성하는 것이다.

의류학과에서는 옷이 만들어지고 판매되기까지의 모든 분야를 연구한다. 직물학 분야에서는 각종 직물의 생성 과정 및 직물에 따른 용도와 특성, 그리고 섬유의 종류를 연구한다. 패션디자인 분야에서는 의복 구성과 디자인 실습을 바탕으로 새로운 작품을 제작 및 발표함으로써 실제적인 의상 제작과 관련된 지식을 익힌다. 패션마케팅 분야에서는 의류 산업 전반에 걸친 기획, 생산, 판매 과정을 탐구한다.

현대 사회의 사람들에게 옷이란 자신만의 개성을 나타내는 도구로서 패션은 학문을 넘어 일상에서도 큰 관심의 대상이다. 의류학은 자연과학, 인문사회, 예술 분야까지 다양한 영역을 아우르는 종합적 학문으로서 의류학과 졸업생들은 다양한 분야에서 전공 지식과 능력을 펼칠 수 있다.

대학에서 어떤 과목을 배울까?

의류학

- 의류직물학 · 패션소재기획 · 의류소재관리 및 실험
- 패션드로잉 · 패션디자인아이디어발상론 · 창작의상 · 패션아트워크 · 패션디자인CAD
- 패션마케팅 · 패션비즈니스 · 패션스타일링
- 패션과 문화 · 현대사회와 패션 · 패션과 소비자심리학 · 서양복식사 · 큐레이터와 복식문화

졸업 후 무슨 일을 할까?

분야	비율		직업
경영·사무 금융직	40%	직업	의류업체경영자 / 의류브랜드매니저 / 의류매장관리자 / 패션정보분석가
예술·방송 스포츠직	28%	직업	패션디자이너 / 액세서리디자이너 / 한복디자이너 패션전시큐레이터 / 패션에디터 / 패션리포터
영업·판매 운송직	19%	직업	의류판매원 / 홈쇼핑MD
기타	13%	직업	섬유공학 기술자 / 가정교사 등

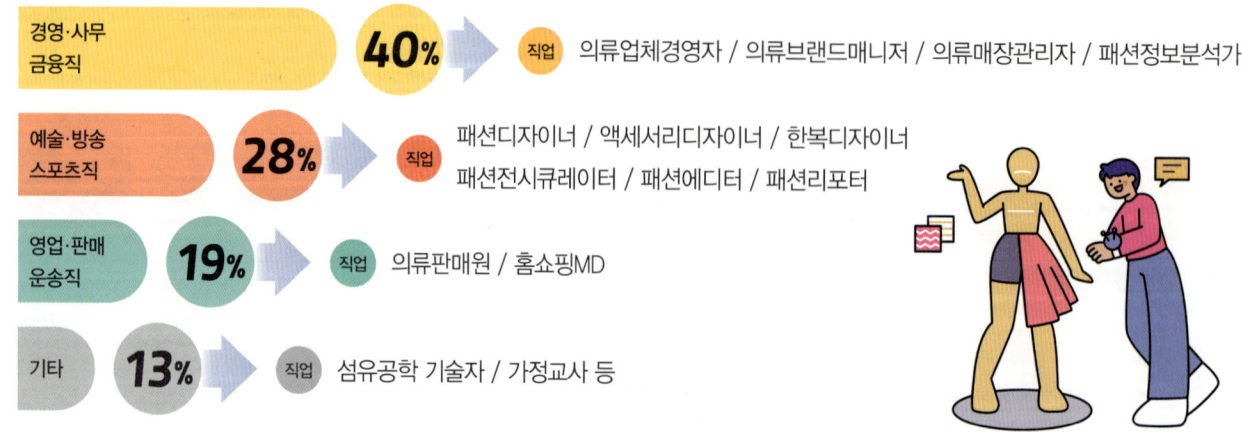

< **진학샘의 특별한 코칭**

미술 교과, 과학 교과에서 **화학** 관련 과목 이수를 추천합니다. 비교과 활동은 주제를 잡아 옷 디자인을 스케치하거나 고내열성 섬유, 고강도 섬유, 내화학성 섬유 등 고성능 첨단 소재의 활용 방법을 구상해 보는 것을 추천합니다.

 핵심 권장 학과(부)에서 공부하기 위해 필수적 이수를 권장하는 과목

 권장 학과(부)에서 공부하기 위해 이수를 권장하는 과목

 추천 선택 192학점 이수를 고려해 이수를 권장하는 과목

교과(군)	일반 선택	진로 선택	융합 선택
국어	**화법과 언어** **독서와 작문** **문학**	주제 탐구 독서 문학과 영상 직무 의사소통	독서 토론과 글쓰기 매체 의사소통 언어생활 탐구
수학	**대수** **미적분 I** **확률과 통계**	기하 · 미적분 II 경제 수학 · 인공지능 수학 직무 수학	수학과 문화 실용 통계 수학과제 탐구
영어	**영어 I · 영어 II** 영어 독해와 작문	영미 문학 읽기 · 영어 발표와 토론 심화 영어 · 심화 영어 독해와 작문 직무 영어	실생활 영어 회화 미디어 영어 세계 문화와 영어
사회	세계시민과 지리 세계사 사회와 문화 현대사회와 윤리	한국지리 탐구 · 도시의 미래 탐구 동아시아 역사 기행 정치 · 법과 사회 · 경제 윤리와 사상 · 인문학과 윤리 국제 관계의 이해	여행지리 역사로 탐구하는 현대 세계 사회문제 탐구 · 금융과 경제생활 윤리문제 탐구 기후변화와 지속가능한 세계
과학	물리학 화학 생명과학 지구과학	역학과 에너지 · 전자기와 양자 물질과 에너지 · 화학 반응의 세계 세포와 물질대사 · 생물의 유전 지구시스템과학 · 행성우주과학	과학의 역사와 문화 기후변화와 환경생태 융합과학 탐구
예술	음악 미술 연극	음악 연주와 창작 · 음악 감상과 비평 미술 창작 · 미술 감상과 비평	음악과 미디어 미술과 매체
기술·가정/ 정보	기술 · 가정	로봇과 공학세계 · 생활과학 탐구	창의 공학 설계 · 지식 재산 일반 생애 설계와 자립 · 아동발달과 부모
	정보	인공지능 기초 · 데이터 과학	소프트웨어와 생활
제2외국어/ 한문	**제2외국어 (독일어, 프랑스어, 스페인어, 중국어, 일본어, 러시아어, 아랍어, 베트남어)**	제2외국어 회화 심화 제2외국어	제2외국어 문화
	한문	한문 고전 읽기	언어생활과 한자
교양	진로와 직업 생태와 환경	인간과 철학 · 논리와 사고 인간과 심리 · 교육의 이해 삶과 종교 · 보건	인간과 경제활동 · 논술

자연 계열

● 일반 선택 **굵은 글자**: 수능 출제 과목 ● 상대평가 등급 미산출 과목: ▨ 성취도 5단계 ▨ 성취도 3단계 ▨ P/F

동물자원학과

#기초과학 #생산·관리 #가공·이용
#생명과학지식 #탐구력
#동물복지를실현할거야

관련학과 / 유사학과

동물생명융합학부
동물자원과학과 등

동물자원학과는 동물자원을 생산, 관리, 가공, 이용하는 모든 과정을 연구하는 학과로서 경제동물에 해당하는 가축뿐만 아니라 반려동물, 실험동물, 야생동물 등 다양한 동물자원을 연구 대상으로 삼는다.

동물자원학과의 연구 분야는 기초 과학, 생산·관리, 가공·이용 등으로 나뉜다. 기초 과학 분야에서는 동물의 생명 현상을 과학적으로 이해하기 위해 생리학, 생화학, 생물학 등의 기초 학문을 연구한다. 생산·관리와 가공·이용 분야에서는 실제 동물 산업에 종사할 때 필요한 실용적인 지식을 탐구한다. 이 외에도 생태·환경 관점에서 동물을 바라보고 연구하기도 한다.

동물자원학과는 과거 축산업에 국한된 연구를 주로 진행하여 '축산학과'라고 불리기도 했다. 그러나 최근 지속가능한 발전의 필요성이 대두되고 반려동물 양육이 급증하는 등 동물 산업의 지형이 변화하면서 동물자원학의 연구 분야도 보다 다양해지고 있다.

대학에서 어떤 과목을 배울까?

동물 자원학

동물생화학 · 동물생리학 · 동물생명과학 · 분자생물학 · 가축면역학 · 동물질병학

동물번식학 · 동물행동학 · 영양자원학 · 동물복지 및 윤리학 · 특수 및 실험동물 · 스마트낙농과학

축산식품학 · 동물자원경제학 · 축산물위생학 · 사료가공학 · 육가공학 · 동물자원종합설계

졸업 후 무슨 일을 할까?

연구직 및 공학 기술직	**38%**	직업	동물자원과학 연구원 / 생태계복원관리 연구원 축산기술 연구원 / 야생동물 연구원
경영·사무 금융직	**32%**	직업	식품·사료 기업 사무원 / 축산기업 기획 및 마케팅 사무원 공무원(농·축산직)
교육·법률 사회복지 경찰직	**11%**	직업	동물자원교사 / 농업교사
기타	**19%**	직업	가축사육사 / 가축인공수정사 / 축산물등급판정사 등

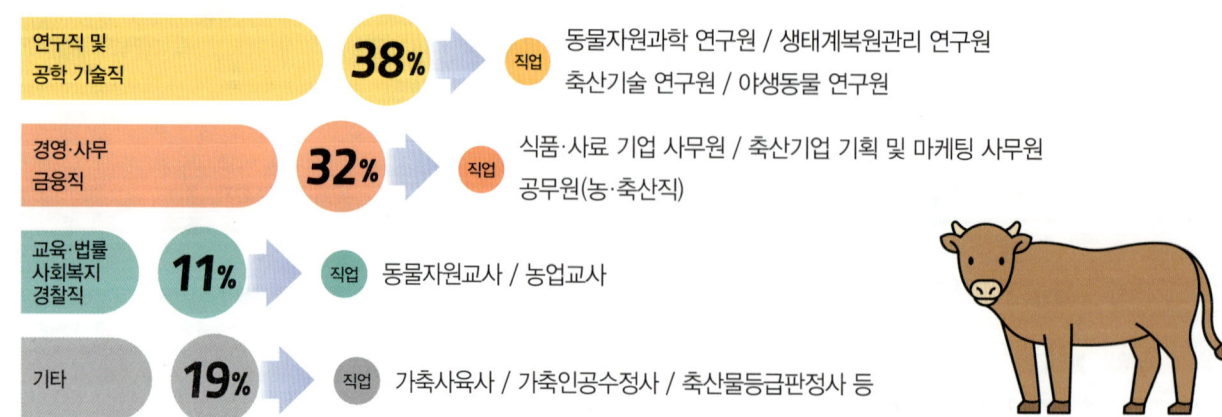

< **진학샘의 특별한 코칭**

수학 교과, 과학 교과에서 **생명과학, 화학** 관련 과목 이수를 추천합니다. 비교과 활동은 강아지, 고양이, 파충류, 물고기 등을 키워 보거나, 집 주변 고양이들을 돌보면서 생태적 특성을 파악하는 것을 추천합니다.

 핵심 권장 학과(부)에서 공부하기 위해 필수적 이수를 권장하는 과목

권장 학과(부)에서 공부하기 위해 이수를 권장하는 과목

 추천 선택 192학점 이수를 고려해 이수를 권장하는 과목

교과(군)	일반 선택	진로 선택	융합 선택
국어	**화법과 언어** **독서와 작문** **문학**	주제 탐구 독서 문학과 영상 직무 의사소통	독서 토론과 글쓰기 매체 의사소통 언어생활 탐구
수학	**대수** **미적분Ⅰ** **확률과 통계**	**기하** · **미적분Ⅱ** 경제 수학 · 인공지능 수학 직무 수학	수학과 문화 실용 통계 수학과제 탐구
영어	**영어Ⅰ** · **영어Ⅱ** **영어 독해와 작문**	영미 문학 읽기 · 영어 발표와 토론 심화 영어 · 심화 영어 독해와 작문 직무 영어	실생활 영어 회화 미디어 영어 세계 문화와 영어
사회	세계시민과 지리 세계사 사회와 문화 현대사회와 윤리	한국지리 탐구 · 도시의 미래 탐구 동아시아 역사 기행 정치 · 법과 사회 · 경제 윤리와 사상 · 인문학과 윤리 국제 관계의 이해	여행지리 역사로 탐구하는 현대 세계 사회문제 탐구 · 금융과 경제생활 윤리문제 탐구 기후변화와 지속가능한 세계
과학	물리학 **화학** **생명과학** 지구과학	역학과 에너지 · 전자기와 양자 **물질과 에너지** · **화학 반응의 세계** **세포와 물질대사** · **생물의 유전** 지구시스템과학 · 행성우주과학	과학의 역사와 문화 **기후변화와 환경생태** 융합과학 탐구
기술·가정/ 정보	기술·가정 정보	로봇과 공학세계 · 생활과학 탐구 인공지능 기초 · 데이터 과학	창의 공학 설계 · 지식 재산 일반 생애 설계와 자립 · 아동발달과 부모 소프트웨어와 생활
제2외국어/ 한문	**제2외국어 (독일어, 프랑스어,** **스페인어, 중국어, 일본어,** **러시아어, 아랍어, 베트남어)** **한문**	제2외국어 회화 심화 제2외국어 한문 고전 읽기	제2외국어 문화 언어생활과 한자
교양	진로와 직업 **생태와 환경**	인간과 철학 · 논리와 사고 인간과 심리 · 교육의 이해 삶과 종교 · 보건	인간과 경제활동 · 논술
특수 목적고 **과학 계열 – 과학**		**고급 생명과학**	**생명과학 실험**

- 일반 선택 **굵은 글자**: 수능 출제 과목
- 상대평가 등급 미산출 과목: 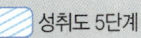 성취도 5단계 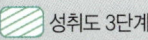 성취도 3단계   P/F

자연 계열

산림과학과

#산림생물 #산림보호 #산림경영·이용
#기초과학지식 #환경보호의식
#숲이소중해

관련학과/유사학과

산림학과
산림자원학과
산림과학·조경학부
산림생태보호학과
산림환경시스템학과 등

산림과학과는 지속가능한 산림 생태계를 조성하고 산림 자원을 효율적으로 활용할 수 있는 산림 전문가를 양성하는 데 목적이 있다.

이를 위해 산림생물 분야에서는 산림 생태계를 지속가능한 방식으로 관리하기 위한 방법과 지식을 연구한다. 산림보호 분야에서는 질병, 해충, 산불 등 산림에서 발생하는 다양한 문제 상황과 이에 대응하여 숲을 관리하고 보전하는 방법을 탐구한다. 산림경영과 이용 분야에서는 한정적인 산림 자원을 효율적으로 이용하기 위한 방안들을 연구한다.

산림과학과는 숲을 다루는 임업과 관련된 학과로서 농업과는 관련성이 적다는 점에 주의해야 한다. 기후위기로 인한 환경 문제가 증가하면서 산림을 효과적으로 조성하고 관리할 수 있는 전문가에 대한 수요가 높아지고 있다. 또한 환경의 중요성을 강조하는 사회적 분위기가 형성됨에 따라 산림치유사 등 산림과학과 졸업생의 진출이 기대되는 다양한 직업이 발달하는 추세이다.

대학에서 어떤 과목을 배울까?

산림과학

산림생태학 · 일반생물학 · 산림분자생물학 · 산림병리학 · 산림자원조사 · 산림토양미생물학

산림치유학 · 산림생태복원 · 산림환경보호학 · 산림복원공학

산림이용학 · 산림경영학 · 산림경제학 · 산림정책학

산림문화사 · 조경사 · 산림측량학 · 산림복지론 · 조경식물관리 · 지속가능한지역만들기

졸업 후 무슨 일을 할까?

연구직 및 공학 기술직	**32%**	직업	산림 기술자 / 나무의사 / 종자기사 / 생태계복원관리 연구원 / 산림자원·환경 연구원 / 임산공학 연구원
경영·사무 금융직	**30%**	직업	공무원(임업직) / 산림조합 사무원 종이·목재·산림개발 기업 사무원
농림 어업직	**3%**	직업	조경원 / 조림·산림경영인 / 목재등급평가사
기타	**35%**	직업	식물자원·조경교사 / 플로리스트 등

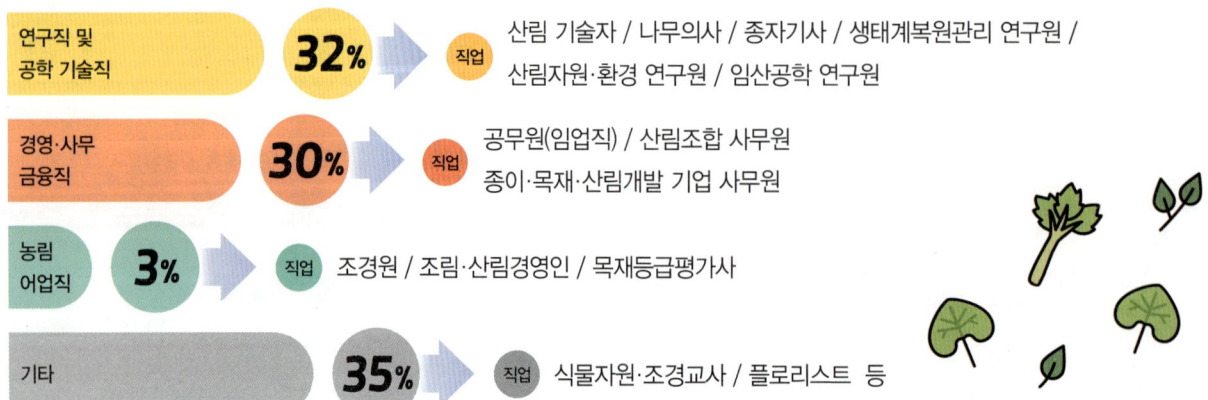

〈 진학샘의 특별한 코칭

수학 교과, 과학 교과에서 **생명과학, 화학** 관련 과목 이수를 추천합니다.
비교과 활동은 실험군과 대조군으로 식물을 키우면서 실험하여 최적의 생장
환경을 찾거나, 강원도 산림의 특징을 탐구하는 것을 추천합니다.

핵심 권장 학과(부)에서 공부하기 위해 필수적 이수를 권장하는 과목

권장 학과(부)에서 공부하기 위해 이수를 권장하는 과목

추천 선택 192학점 이수를 고려해 이수를 권장하는 과목

교과(군)	일반 선택	진로 선택	융합 선택
국어	**화법과 언어** **독서와 작문** **문학**	주제 탐구 독서 문학과 영상 직무 의사소통	독서 토론과 글쓰기 매체 의사소통 언어생활 탐구
수학	**대수** **미적분 I** **확률과 통계**	기하 · 미적분 II 경제 수학 · 인공지능 수학 직무 수학	수학과 문화 실용 통계 수학과제 탐구
영어	**영어 I · 영어 II** 영어 독해와 작문	영미 문학 읽기 · 영어 발표와 토론 심화 영어 · 심화 영어 독해와 작문 직무 영어	실생활 영어 회화 미디어 영어 세계 문화와 영어
사회	세계시민과 지리 세계사 사회와 문화 현대사회와 윤리	한국지리 탐구 · 도시의 미래 탐구 동아시아 역사 기행 정치 · 법과 사회 · 경제 윤리와 사상 · 인문학과 윤리 국제 관계의 이해	여행지리 역사로 탐구하는 현대 세계 사회문제 탐구 · 금융과 경제생활 윤리문제 탐구 기후변화와 지속가능한 세계
과학	물리학 화학 생명과학 지구과학	역학과 에너지 · 전자기와 양자 물질과 에너지 · 화학 반응의 세계 세포와 물질대사 · 생물의 유전 지구시스템과학 · 행성우주과학	과학의 역사와 문화 기후변화와 환경생태 융합과학 탐구
기술·가정/ 정보	기술·가정 정보	로봇과 공학세계 · 생활과학 탐구 인공지능 기초 · 데이터 과학	창의 공학 설계 · 지식 재산 일반 생애 설계와 자립 · 아동발달과 부모 소프트웨어와 생활
제2외국어/ 한문	**제2외국어 (독일어, 프랑스어, 스페인어, 중국어, 일본어, 러시아어, 아랍어, 베트남어)** **한문**	제2외국어 회화 심화 제2외국어 한문 고전 읽기	제2외국어 문화 언어생활과 한자
교양	진로와 직업 생태와 환경	인간과 철학 · 논리와 사고 인간과 심리 · 교육의 이해 삶과 종교 · 보건	인간과 경제활동 · 논술

자연 계열

● 일반 선택 **굵은 글자**: 수능 출제 과목   ● 상대평가 등급 미산출 과목: 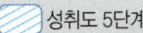 성취도 5단계 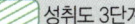 성취도 3단계 P/F

공학 계열의 학과는 공업 분야 생산 기술을 연구하고 개발하는 것을 목적으로 한다. 자연과학이 자연의 법칙을 탐구한다면 공학은 기계, 장치, 가공된 재료 등 인위적인 영역을 대상으로 하며, 자연의 법칙을 탐구하는 동시에 유용한 제품이나 기술을 개발하는 데 초점을 둔다. 공학 계열 학과에서는 공학의 기초 이론과 함께 전문 분야별 이론과 관련 과학 지식을 습득하고, 실험과 실습을 병행하여 창의력과 응용력을 기를 수 있다.

5 공학 계열

공학 계열

건축	········· •	건축공학과	건축학과
토목·도시	········· •	도시공학과	건설환경공학과
교통·운송	········· •	조선해양공학과	항공우주공학과
기계·금속	········· •	기계공학과	스마트모빌리티학과
전기·전자	········· •	전자전기공학과	
정밀·에너지	········· •	에너지자원공학과	
소재·재료	········· •	반도체공학과	신소재공학과
컴퓨터·통신	········· •	컴퓨터공학과 정보통신공학과	소프트웨어학과
산업	········· •	산업경영공학과	
화공	········· •	화학생명공학과 환경공학과	생명공학과
기타	········· •	인공지능학과	로봇공학과

반도체공학과

#설계이론 #공정소자이론 #소프트웨어
#논리적사고력 #기초과학지식
#기술혁신을이끌래

관련학과/유사학과

반도체·디스플레이학과
반도체물리학과
반도체산업융합학과
반도체시스템공학과
신소재반도체공학전공 등

반도체공학은 전자공학과 물리학의 융합 분야로, 반도체공학과에서는 전자 기기와 컴퓨터, 스마트폰 등 다양한 전자 제품의 핵심 부품인 반도체 소자를 설계·제작하는 데 필요한 이론과 방법을 탐구한다. 반도체 소자의 원리와 기술을 배워 새로운 기술 발전에 기여하는 전문가를 양성하는 것이 이 학과의 목표이다.

반도체공학과의 교과과정은 주로 반도체 소자의 설계, 제조, 테스트 및 응용 기술에 초점을 맞춘다. 이를 위해 먼저 물리학, 전자기학, 수학과 같은 기초 과학을 배우고, 반도체 소자의 동작 원리와 회로 설계 방법, 나아가 반도체 제조 공정에 대해 심화 학습한다. 또한 실제 산업 현장에서 필요한 기술과 문제 해결력을 기를 수 있도록 최신 기술 동향을 반영한 고급 내용도 학습한다.

5G, 인공지능(AI), 사물인터넷(IoT) 등 첨단 기술이 나날이 발전하는 만큼 반도체 전문가의 수요는 전 세계적으로 증가할 것으로 예상된다.

대학에서 어떤 과목을 배울까?

반도체 공학

- 전자기학 • 반도체물리 • 공학수학
- 기초회로이론 • 디지털논리회로 • 전자회로 • 디지털집적회로 • 아날로그집적회로
- 반도체소자의 이해 • 고체전자물리개론 • 반도체소자 • 반도체공정 • 전자재료 • 나노전자공학
- 기초프로그래밍 • 시스템소프트웨어 • 알고리즘 • 인공지능개론

졸업 후 무슨 일을 할까?

| 연구직 및 공학 기술직 | 70% | 직업 | 반도체공학 기술자 / 반도체공학 연구원 반도체장비개발자 / 재료공학 기술자 |

| 경영·사무 금융직 | 10% | 직업 | 상품기획자 / 생산·품질관리자 |

| 기타 | 20% | 직업 | 공업기계설치원 / 기술영업원 대학교수 등 |

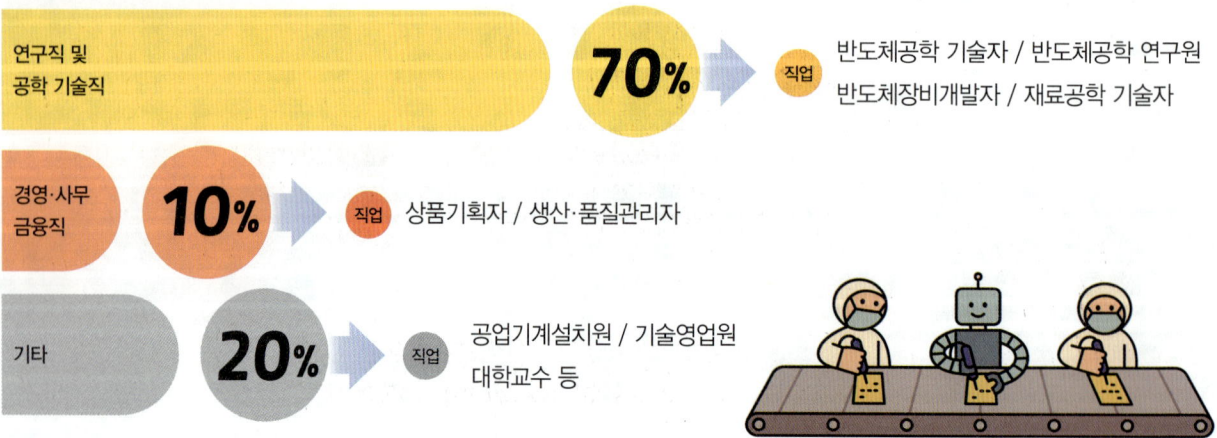

〈 **진학샘의 특별한 코칭**

수학 교과, 과학 교과에서 **물리학**, **화학** 관련 과목을 이수하는 것을 추천합니다. 비교과 활동은 집적회로, 디지털집적회로, 메모리 등에 대해 알아보고 인공지능 컴퓨팅에 많이 사용되는 고대역폭 메모리(HBM)에 대해 심화 학습해 보는 것을 추천합니다.

핵심 권장	학과(부)에서 공부하기 위해 필수적 이수를 권장하는 과목
권장	학과(부)에서 공부하기 위해 이수를 권장하는 과목
추천 선택	192학점 이수를 고려해 이수를 권장하는 과목

교과(군)	일반 선택	진로 선택	융합 선택
국어	**화법과 언어** **독서와 작문** **문학**	주제 탐구 독서 문학과 영상 직무 의사소통	독서 토론과 글쓰기 매체 의사소통 언어생활 탐구
수학	**대수** **미적분 I** **확률과 통계**	**기하** · **미적분 II** 경제 수학 · **인공지능 수학** 직무 수학	수학과 문화 실용 통계 수학과제 탐구
영어	**영어 I** · **영어 II** **영어 독해와 작문**	영미 문학 읽기 · 영어 발표와 토론 심화 영어 · 심화 영어 독해와 작문 직무 영어	실생활 영어 회화 미디어 영어 세계 문화와 영어
사회	세계시민과 지리 세계사 사회와 문화 현대사회와 윤리	한국지리 탐구 · 도시의 미래 탐구 동아시아 역사 기행 정치 · 법과 사회 · 경제 윤리와 사상 · 인문학과 윤리 국제 관계의 이해	여행지리 역사로 탐구하는 현대 세계 사회문제 탐구 · 금융과 경제생활 윤리문제 탐구 기후변화와 지속가능한 세계
과학	**물리학** **화학** 생명과학 지구과학	**역학과 에너지** · **전자기와 양자** **물질과 에너지** · **화학 반응의 세계** 세포와 물질대사 · 생물의 유전 지구시스템과학 · 행성우주과학	과학의 역사와 문화 기후변화와 환경생태 **융합과학 탐구**
기술·가정/정보	기술·가정 **정보**	로봇과 공학세계 · 생활과학 탐구 **인공지능 기초** · 데이터 과학	**창의 공학 설계** · 지식 재산 일반 생애 설계와 자립 · 아동발달과 부모 소프트웨어와 생활
제2외국어/한문	제2외국어 (독일어, 프랑스어, 스페인어, 중국어, 일본어, 러시아어, 아랍어, 베트남어) 한문	제2외국어 회화 심화 제2외국어 한문 고전 읽기	제2외국어 문화 언어생활과 한자
교양	진로와 직업 생태와 환경	인간과 철학 · 논리와 사고 인간과 심리 · 교육의 이해 삶과 종교 · 보건	인간과 경제활동 · 논술
특수 목적고 과학 계열–과학		**고급 물리학** **고급 화학**	**물리학 실험** **화학 실험**

• 일반 선택 **굵은 글자**: 수능 출제 과목　　• 상대평가 등급 미산출 과목: 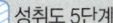 성취도 5단계　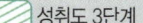 성취도 3단계　 P/F

공학 계열

컴퓨터공학과

#컴퓨터시스템 #네트워크보안 #소프트웨어 #인공지능
#논리적사고력 #문제해결능력
#컴퓨터전문가가될거야

컴퓨터공학과는 컴퓨터와 관련된 다양한 기술을 배우는 학과로, 컴퓨터를 구성하는 기계 장치인 하드웨어와 컴퓨터 프로그램인 소프트웨어에 대한 지식을 익히며 컴퓨터 시스템을 설계하고 개발하는 능력을 기른다. 컴퓨터를 활용하여 문제를 효율적으로 해결할 수 있는 전문가를 양성하는 것이 이 학과의 목표이다.

컴퓨터공학과의 교과과정은 기초적인 수학과 컴퓨터 과학 이론을 기반으로 프로그래밍, 알고리즘, 네트워크, 인공지능(AI), 데이터베이스 등 다양한 전공과목을 배울 수 있도록 이루어져 있다. 이론뿐만 아니라 프로그램을 개발하거나 시스템을 설계하는 실습을 통해 문제 해결 능력을 기르는 것도 중요한 과정이다.

컴퓨터공학은 실생활과 밀접할 뿐만 아니라 21세기의 거의 모든 산업 분야와 연결될 수 있는 분야로서 앞으로도 무한한 성장 가능성을 지니고 있다. 평소 최신 기술이나 소프트웨어에 관심이 많고 논리적 사고력이 뛰어난 학생이라면 컴퓨터공학과에 적합할 가능성이 높다.

관련학과 / 유사학과

전자전기컴퓨터공학부
정보컴퓨터공학부
컴퓨터·AI학부
컴퓨터과학부
컴퓨터교육과 등

대학에서 어떤 과목을 배울까?

컴퓨터공학

- 이산수학 · 컴퓨터구조 · 자료구조 · 시스템프로그래밍 · 운영체제 · 하드웨어시스템설계 · 임베디드시스템
- 프로그래밍연습 · 논리설계 · 알고리즘 · 소프트웨어공학 · 멀티미디어공학 · 컴퓨터그래픽스 · 가상현실
- 네트워크일반 · 컴퓨터보안 · 보안시스템설계·해킹방어기술
- 기초인공지능 · 데이터베이스 · 머신러닝·딥러닝알고리즘개론 · AI시스템최적화

졸업 후 무슨 일을 할까?

구분	비율	직업
연구직 및 공학 기술직	67%	프로그래머 / 스마트폰앱개발자 / 가상현실 전문가 / 블록체인 전문가 / 빅데이터 전문가 / 정보 보안 전문가
경영·사무 금융직	13%	온라인서비스기획자 / UX·UI기획자
예술·방송 스포츠직	5%	애니메이터 / 웹디자이너 / 신문기자(과학기술)
기타	15%	정보교사 / 컴퓨터강사 / 대학교수 / 사이버수사요원 등

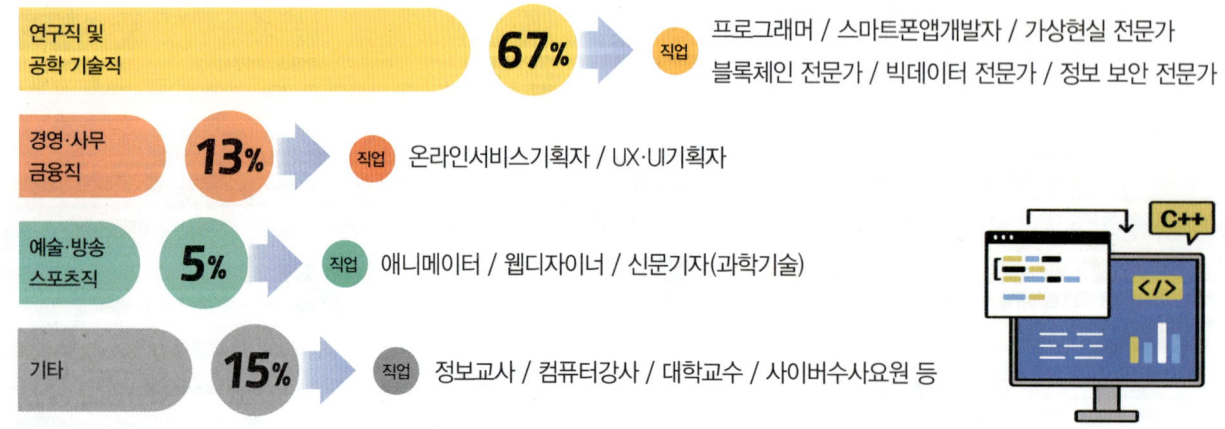

< 진학샘의 특별한 코칭

수학 교과와 정보 교과를 이수하는 것을 추천합니다. 비교과 활동은 컴퓨터를 직접 조립해 보거나 프로그래밍, 하드웨어, 소프트웨어, 네트워크 등에 대해 전문적으로 학습해 보는 것을 추천합니다.

핵심 권장 학과(부)에서 공부하기 위해 필수적 이수를 권장하는 과목
권장 학과(부)에서 공부하기 위해 이수를 권장하는 과목
추천 선택 192학점 이수를 고려해 이수를 권장하는 과목

교과(군)	일반 선택	진로 선택	융합 선택
국어	**화법과 언어** **독서와 작문** **문학**	주제 탐구 독서 문학과 영상 직무 의사소통	독서 토론과 글쓰기 매체 의사소통 언어생활 탐구
수학	**대수** **미적분 I** **확률과 통계**	**기하** · **미적분 II** 경제 수학 · **인공지능 수학** 직무 수학	수학과 문화 실용 통계 수학과제 탐구
영어	**영어 I** · **영어 II** **영어 독해와 작문**	영미 문학 읽기 · 영어 발표와 토론 심화 영어 · 심화 영어 독해와 작문 직무 영어	실생활 영어 회화 미디어 영어 세계 문화와 영어
사회	세계시민과 지리 세계사 사회와 문화 현대사회와 윤리	한국지리 탐구 · 도시의 미래 탐구 동아시아 역사 기행 정치 · 법과 사회 · 경제 윤리와 사상 · 인문학과 윤리 국제 관계의 이해	여행지리 역사로 탐구하는 현대 세계 사회문제 탐구 · 금융과 경제생활 윤리문제 탐구 기후변화와 지속가능한 세계
과학	**물리학** 화학 생명과학 지구과학	**역학과 에너지** · **전자기와 양자** 물질과 에너지 · 화학 반응의 세계 세포와 물질대사 · 생물의 유전 지구시스템과학 · 행성우주과학	과학의 역사와 문화 기후변화와 환경생태 융합과학 탐구
기술·가정/정보	기술·가정 **정보**	로봇과 공학세계 · 생활과학 탐구 **인공지능 기초** · **데이터 과학**	창의 공학 설계 · 지식 재산 일반 생애 설계와 자립 · 아동발달과 부모 **소프트웨어와 생활**
제2외국어/한문	제2외국어 (독일어, 프랑스어, 스페인어, 중국어, 일본어, 러시아어, 아랍어, 베트남어) 한문	제2외국어 회화 심화 제2외국어 한문 고전 읽기	제2외국어 문화 언어생활과 한자
교양	진로와 직업 생태와 환경	인간과 철학 · 논리와 사고 인간과 심리 · 교육의 이해 삶과 종교 · 보건	인간과 경제활동 · 논술
특수 목적고 과학 계열–정보	**정보과학**		

공학 계열

● 일반 선택 **굵은 글자**: 수능 출제 과목　　● 상대평가 등급 미산출 과목: ▨ 성취도 5단계　▨ 성취도 3단계　▨ P/F

소프트웨어학과

#프로그래밍 #정보보안 #인공지능 #신기술
#논리적사고력 #문제해결능력
#코딩으로세상을바꿀래

소프트웨어학과는 컴퓨터의 운영 체제부터 모바일 앱, 메신저, 게임까지 다양한 프로그램 개발·운영과 관련된 이론과 기술을 탐구하는 학과이다.

이를 위해 주로 소프트웨어 개발 및 관리, 컴퓨터 시스템, 데이터베이스, 알고리즘, 네트워크, 컴퓨터 보안 등 다양한 분야를 포괄적으로 배운다. 또한 팀 프로젝트나 실습 교육을 통해 실무에서 필요한 기술과 경험을 쌓고 협업 및 문제 해결 능력을 기른다.

소프트웨어 산업의 중요성이 높아지면서 인공지능 등 최신 기술을 교과과정에 적극적으로 반영하고 기업과의 협력 관계를 강화하기 위해 전략적으로 개설된 경우가 많은 학과이다. 이에 따라 컴퓨터공학과와 전체적인 교과과정은 유사하지만 주된 연구 분야의 범위나 초점이 다를 수 있으므로 자신의 흥미나 관심 직업을 고려하여 학과를 선택할 필요가 있다.

관련학과/유사학과

AI소프트웨어학과
소프트웨어융합공학과
컴퓨터소프트웨어학부
게임소프트웨어전공 등

대학에서 어떤 과목을 배울까?

소프트웨어학

- 프로그래밍기초와 실습 · 알고리즘 · 소프트웨어공학 · 오픈소스SW실습 · 모바일앱프로그래밍실습
- 이산수학 · 컴퓨터구조 · 자료구조 · 시스템프로그래밍 · 운영체제 · 임베디드소프트웨어
- 컴퓨터네트워크 · 정보보호개론 · 네트워크소프트웨어 · 인터넷서비스와 정보보호
- 데이터베이스 · 기계학습 · 인공지능컴퓨터시스템 · 블록체인과 IoT · 디지털포렌식 · 가상현실

졸업 후 무슨 일을 할까?

분야	비율		직업
연구직 및 공학 기술직	**64%**	직업	소프트웨어개발자 / 스마트폰앱개발자 / 게임개발자 가상현실 전문가 / 생체인식 전문가 / 정보 보안 전문가
경영·사무 금융직	**14%**	직업	온라인서비스기획자 / UX·UI기획자
예술·방송 스포츠직	**6%**	직업	디지털 영상처리 전문가 / 웹디자이너 / 신문기자(과학기술)
기타	**16%**	직업	정보교사 / 컴퓨터강사 / 대학교수 / 사이버수사요원 등

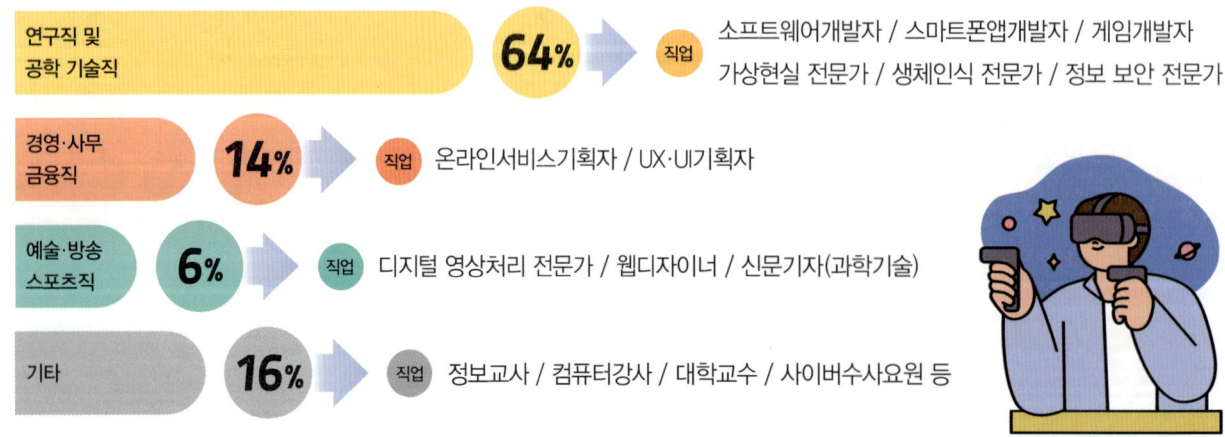

< 진학샘의 특별한 코칭

수학 교과와 **정보** 교과 이수를 추천합니다. 비교과 활동은 C언어, 파이썬, 자바 등의 프로그래밍 언어로 유용한 소프트웨어나 앱을 개발해 앱스토어에 등록해 보거나, 다양한 소프트웨어 활용 능력을 갖추는 것을 추천합니다.

핵심 권장 학과(부)에서 공부하기 위해 필수적 이수를 권장하는 과목
권장 학과(부)에서 공부하기 위해 이수를 권장하는 과목
추천 선택 192학점 이수를 고려해 이수를 권장하는 과목

교과(군)	일반 선택	진로 선택	융합 선택
국어	**화법과 언어** / **독서와 작문** / **문학**	주제 탐구 독서 / 문학과 영상 / 직무 의사소통	독서 토론과 글쓰기 / 매체 의사소통 / 언어생활 탐구
수학	**대수** / **미적분 I** / **확률과 통계**	기하 · 미적분 II / 경제 수학 · 인공지능 수학 / 직무 수학	수학과 문화 / 실용 통계 / 수학과제 탐구
영어	**영어 I · 영어 II** / 영어 독해와 작문	영미 문학 읽기 · 영어 발표와 토론 / 심화 영어 · 심화 영어 독해와 작문 / 직무 영어	실생활 영어 회화 / 미디어 영어 / 세계 문화와 영어
사회	세계시민과 지리 / 세계사 / 사회와 문화 / 현대사회와 윤리	한국지리 탐구 · 도시의 미래 탐구 / 동아시아 역사 기행 / 정치 · 법과 사회 · 경제 / 윤리와 사상 · 인문학과 윤리 / 국제 관계의 이해	여행지리 / 역사로 탐구하는 현대 세계 / 사회문제 탐구 · 금융과 경제생활 / 윤리문제 탐구 / 기후변화와 지속가능한 세계
과학	물리학 / 화학 / 생명과학 / 지구과학	역학과 에너지 · 전자기와 양자 / 물질과 에너지 · 화학 반응의 세계 / 세포와 물질대사 · 생물의 유전 / 지구시스템과학 · 행성우주과학	과학의 역사와 문화 / 기후변화와 환경생태 / 융합과학 탐구
기술·가정/정보	기술·가정 / 정보	로봇과 공학세계 · 생활과학 탐구 / 인공지능 기초 · 데이터 과학	창의 공학 설계 · 지식 재산 일반 / 생애 설계와 자립 · 아동발달과 부모 / 소프트웨어와 생활
제2외국어/한문	제2외국어 (독일어, 프랑스어, 스페인어, 중국어, 일본어, 러시아어, 아랍어, 베트남어) / 한문	제2외국어 회화 / 심화 제2외국어 / 한문 고전 읽기	제2외국어 문화 / 언어생활과 한자
교양	진로와 직업 / 생태와 환경	인간과 철학 · 논리와 사고 / 인간과 심리 · 교육의 이해 / 삶과 종교 · 보건	인간과 경제활동 · 논술
특수 목적고 과학 계열-정보	정보과학		

• 일반 선택 **굵은 글자**: 수능 출제 과목　　• 상대평가 등급 미산출 과목: 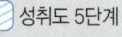 성취도 5단계 성취도 3단계 P/F

공학 계열

인공지능학과

#프로그래밍 #빅데이터 #기계학습 #윤리학
#논리적사고력 #문제해결능력
#인공지능은내친구

관련학과/유사학과

인공지능공학과
인공지능데이터사이언스학과
인공지능사이버보안학과
인공지능응용학과
인공지능컴퓨팅전공 등

인공지능학과는 인간처럼 학습하고 추론할 수 있는 기계인 인공지능을 연구하는 학과이다. 인공지능학과의 목표는 다양한 분야의 문제 해결에 필요한 인공지능 기술을 개발할 수 있는 전문가를 양성하는 것이다.

이를 위해 수학, 프로그래밍, 알고리즘, 기계학습, 빅데이터 등 다양한 분야를 탐구하고 실제 인공지능 시스템을 개발하기 위한 기술을 익힌다.

인공지능은 자율주행 자동차, 로봇, 사물인터넷, 음성 인식 시스템, 챗봇 등 다양한 미래 기술 분야에서 필수적인 역할을 한다. 이에 따라 인공지능 전문가에 대한 수요도 계속 증가하고 있다. 주변에서 쉽게 접할 수 있는 인공지능 기술에 흥미가 있고 인공지능을 활용한 서비스를 직접 만들어 보고 싶은 학생에게 적합한 학과이다.

대학에서 어떤 과목을 배울까?

인공지능학

- 컴퓨팅사고와 SW코딩 · 문제해결과 알고리즘 · 이산수학과 응용 · 선형대수와 응용 · 프로그래밍언어 · 정보이론
- 기초통계 · 통계적 추론 · 데이터과학을 위한 통계방법론 · 기계학습 · 딥러닝
- 지식표현과 추론 · 인공지능시스템 · AI기반 소프트웨어공학 · 음성인식 · 지능형로봇
- 인공지능의 윤리 · 윤리적AI시스템설계

졸업 후 무슨 일을 할까?

연구직 및 공학 기술직	67%	직업	인공지능 엔지니어 / 사물인터넷개발자 디지털 음성처리 전문가 / 인공지능 연구원
경영·사무 금융직	13%	직업	인공지능서비스기획자 / UX·UI기획자
예술·방송 스포츠직	5%	직업	웹디자이너 / 신문기자(과학기술)
기타	15%	직업	정보교사 / 컴퓨터강사 / 대학교수 / 기술영업원 등

< **진학샘의 특별한 코칭**

수학 교과와 정보 교과를 이수하는 것을 추천합니다. 비교과 활동은 티처블 머신으로 나만의 머신러닝 모델을 만들거나, 구글 코랩 혹은 프로그래밍 언어로 인공지능 프로그램을 개발하는 것을 추천합니다.

 핵심 권장 학과(부)에서 공부하기 위해 필수적 이수를 권장하는 과목

권장 학과(부)에서 공부하기 위해 이수를 권장하는 과목

추천 선택 192학점 이수를 고려해 이수를 권장하는 과목

교과(군)	일반 선택	진로 선택	융합 선택
국어	**화법과 언어** **독서와 작문** **문학**	주제 탐구 독서 문학과 영상 직무 의사소통	독서 토론과 글쓰기 매체 의사소통 언어생활 탐구
수학	**대수** **미적분 I** **확률과 통계**	기하 · 미적분 II 경제 수학 · 인공지능 수학 직무 수학	수학과 문화 실용 통계 수학과제 탐구
영어	**영어 I · 영어 II** 영어 독해와 작문	영미 문학 읽기 · 영어 발표와 토론 심화 영어 · 심화 영어 독해와 작문 직무 영어	실생활 영어 회화 미디어 영어 세계 문화와 영어
사회	세계시민과 지리 세계사 사회와 문화 현대사회와 윤리	한국지리 탐구 · 도시의 미래 탐구 동아시아 역사 기행 정치 · 법과 사회 · 경제 윤리와 사상 · 인문학과 윤리 국제 관계의 이해	여행지리 역사로 탐구하는 현대 세계 사회문제 탐구 · 금융과 경제생활 윤리문제 탐구 기후변화와 지속가능한 세계
과학	물리학 화학 생명과학 지구과학	역학과 에너지 · 전자기와 양자 물질과 에너지 · 화학 반응의 세계 세포와 물질대사 · 생물의 유전 지구시스템과학 · 행성우주과학	과학의 역사와 문화 기후변화와 환경생태 융합과학 탐구
기술·가정/ 정보	기술·가정 —————— 정보	로봇과 공학세계 · 생활과학 탐구 —————— 인공지능 기초 · 데이터 과학	창의 공학 설계 · 지식 재산 일반 생애 설계와 자립 · 아동발달과 부모 —————— 소프트웨어와 생활
제2외국어/ 한문	제2외국어 (독일어, 프랑스어, 스페인어, 중국어, 일본어, 러시아어, 아랍어, 베트남어) —————— 한문	제2외국어 회화 심화 제2외국어 —————— 한문 고전 읽기	제2외국어 문화 —————— 언어생활과 한자
교양	진로와 직업 생태와 환경	인간과 철학 · 논리와 사고 인간과 심리 · 교육의 이해 삶과 종교 · 보건	인간과 경제활동 · 논술
특수 목적고 과학 계열-정보	정보과학		

공학 계열

● 일반 선택 **굵은 글자**: 수능 출제 과목   ● 상대평가 등급 미산출 과목: 성취도 5단계 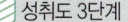 성취도 3단계 P/F

전자전기공학과

#회로설계 #반도체 #디스플레이 #통신 #로봇
#논리적사고력 #탐구력
#전자기기원리가궁금해

관련학과/유사학과

전자공학과
전기공학과
에너지·전기공학부
스마트전자공학과
융합전자공학부 등

전자전기공학은 우리의 일상에 꼭 필요한 전기와 전자 기기에 대해 종합적으로 배우는 학문으로서 여러 공학 분야의 기본이 된다.

전자전기공학과의 교과과정은 전기 및 전자 기술과 관련된 이론과 실습으로 이루어진다. 전기 분야에서는 전기 에너지의 생성, 전달, 변환 및 제어와 관련된 기술을 연구한다. 전자 분야에서는 전자 부품이나 반도체, 통신 기기, 디스플레이, 로봇 등을 다루는 기술을 탐구한다.

스마트 가전제품과 친환경 에너지 산업, 전기 자동차 등 미래 발전이 기대되는 다양한 산업 분야에 전자전기공학의 기술이 유용하게 활용될 수 있다. 이에 따라 관련 분야 전문가에 대한 수요도 지속적으로 증가할 전망이다. 복잡한 전자·전기 시스템의 구조를 이해할 수 있는 논리적인 사고력이 있는 학생에게 적합한 학과이다.

대학에서 어떤 과목을 배울까?

전자전기공학

- 전자기학 · 미적분학 · 일반물리 · 일반화학 · 공업수학 · 전기수학
- 기초회로이론 · 전자회로 · 디지털논리회로 · 아날로그집적회로설계 · 컴퓨터구조 · 프로그래밍
- 물리전자 · 광학기초 · 반도체공학 · 디스플레이공학 · 반도체공정기술
- 신호 및 시스템 · 통신공학 · 무선공학 · 디지털신호처리 · 이동통신 · 로봇공학 · 제어공학 · 스마트그리드운영

졸업 후 무슨 일을 할까?

연구직 및 공학 기술직 — **48%** → 직업
전기 기술자 / 통신공학 기술자 / 발전설비 기술자
전자·전기·통신·반도체 기업 연구원 / 에너지 연구원

경영·사무 금융직 — **20%** → 직업
전자제품생산·품질관리자 / 공무원(전기직·전산직·전송기술직)

설치·정비 생산직 — **16%** → 직업
자동차·철도·항공기정비사 / 발전설비기계정비사

기타 — **16%** → 직업
전자장비 기술영업원 / 통신장비 기술영업원 / 정보교사 등

< **진학샘의 특별한 코칭**

수학 교과, 과학 교과의 물리학, 화학 관련 과목 이수를 추천합니다. 비교과 활동은 브레드보드를 활용해 라디오, 오디오 앰프, 온도 감지 경보 장치 등 다양한 전자·전기 제품을 만들어 보는 것을 추천합니다.

핵심 권장 학과(부)에서 공부하기 위해 필수적 이수를 권장하는 과목
권장 학과(부)에서 공부하기 위해 이수를 권장하는 과목
추천 선택 192학점 이수를 고려해 이수를 권장하는 과목

교과(군)	일반 선택	진로 선택	융합 선택
국어	**화법과 언어** **독서와 작문** **문학**	주제 탐구 독서 문학과 영상 직무 의사소통	독서 토론과 글쓰기 매체 의사소통 언어생활 탐구
수학	**대수** **미적분 I** **확률과 통계**	**기하** · **미적분 II** 경제 수학 · **인공지능 수학** 직무 수학	수학과 문화 실용 통계 수학과제 탐구
영어	**영어 I** · **영어 II** **영어 독해와 작문**	영미 문학 읽기 · 영어 발표와 토론 심화 영어 · 심화 영어 독해와 작문 직무 영어	실생활 영어 회화 미디어 영어 세계 문화와 영어
사회	세계시민과 지리 세계사 사회와 문화 현대사회와 윤리	한국지리 탐구 · 도시의 미래 탐구 동아시아 역사 기행 정치 · 법과 사회 · 경제 윤리와 사상 · 인문학과 윤리 국제 관계의 이해	여행지리 역사로 탐구하는 현대 세계 사회문제 탐구 · 금융과 경제생활 윤리문제 탐구 기후변화와 지속가능한 세계
과학	**물리학** **화학** 생명과학 지구과학	**역학과 에너지** · **전자기와 양자** **물질과 에너지** · **화학 반응의 세계** 세포와 물질대사 · 생물의 유전 지구시스템과학 · 행성우주과학	과학의 역사와 문화 기후변화와 환경생태 **융합과학 탐구**
기술·가정/정보	기술·가정 정보	**로봇과 공학세계** · 생활과학 탐구 **인공지능 기초** · 데이터 과학	**창의 공학 설계** · 지식 재산 일반 생애 설계와 자립 · 아동발달과 부모 **소프트웨어와 생활**
제2외국어/한문	**제2외국어 (독일어, 프랑스어, 스페인어, 중국어, 일본어, 러시아어, 아랍어, 베트남어)** 한문	제2외국어 회화 심화 제2외국어 한문 고전 읽기	제2외국어 문화 언어생활과 한자
교양	진로와 직업 생태와 환경	인간과 철학 · 논리와 사고 인간과 심리 · 교육의 이해 삶과 종교 · 보건	인간과 경제활동 · 논술
특수 목적고 과학 계열–과학		**고급 물리학**	**물리학 실험**

• 일반 선택 **굵은 글자**: 수능 출제 과목 • 상대평가 등급 미산출 과목: ▨ 성취도 5단계 ▨ 성취도 3단계 ▨ P/F

공학 계열

화학생명공학과

#화학공학 #화공공정 #재료화학 #생명공학

#분석력 #탐구력

#유용한공학기술개발할래

화학생명공학과는 플라스틱, 화장품, 의약품과 같은 유용한 물질과 제품을 경제적으로 빠르게 생산하기 위한 기술과 공정을 연구하는 학과이다. 화학생명공학과의 교과과정은 화학 이론과 이를 산업에 응용하는 공학적 기술을 중심으로 구성되어 있다. 이러한 교육을 통해 기초 이론을 습득하고 실제 문제를 해결하는 실험과 설계 능력을 키울 수 있다.

'화학공학과'에 뿌리를 두고 있는 학과로서 과거에는 석유를 원료로 하는 제품을 주로 다루었으나, 생명공학 기술을 통해서도 유용한 제품 생산이 가능해지면서 학과명에 '생명'을 포함하게 되었다. 따라서 생명과학보다는 화학과 물리학 분야의 연구가 주를 이룬다는 점에 유의할 필요가 있다. 화학생명공학과 졸업생들은 의약품, 바이오 소재, 친환경 에너지 등 다양한 분야로 진출하여 활동할 수 있다.

관련학과 / 유사학과

화학공학과
화공생명공학과
화공신소재공학과
에너지화학공학과
응용화학공학과 등

대학에서 어떤 과목을 배울까?

화학생명공학

- 물리화학 • 화공양론 • 화공열역학 • 화학반응공학 • 정밀화학 • 촉매이론
- 공정제어 • 화공수치해석 • 공정설계 • 공정자동화 • 반도체화학공정
- 고분자화학 • 재료화학공학 • 무기재료공학 • 생체재료공학 • 나노화학공학
- 생명공학개론 • 바이오화학공정

졸업 후 무슨 일을 할까?

연구직 및 공학 기술직 — **45%** → 직업
화학생명공학 연구원 / 바이오화학제품 제조 엔지니어
플라스틱제품 제조 엔지니어 / 연료전지개발자
플랜트기계공학 기술자 / 화학물질안전관리사

경영·사무 금융직 — **26%** → 직업
생산·품질관리자 / 조향사

기타 — **29%** → 직업
대학교수 / 신문기자(과학기술)
기술영업원 / 화학물가공장치조작원 등

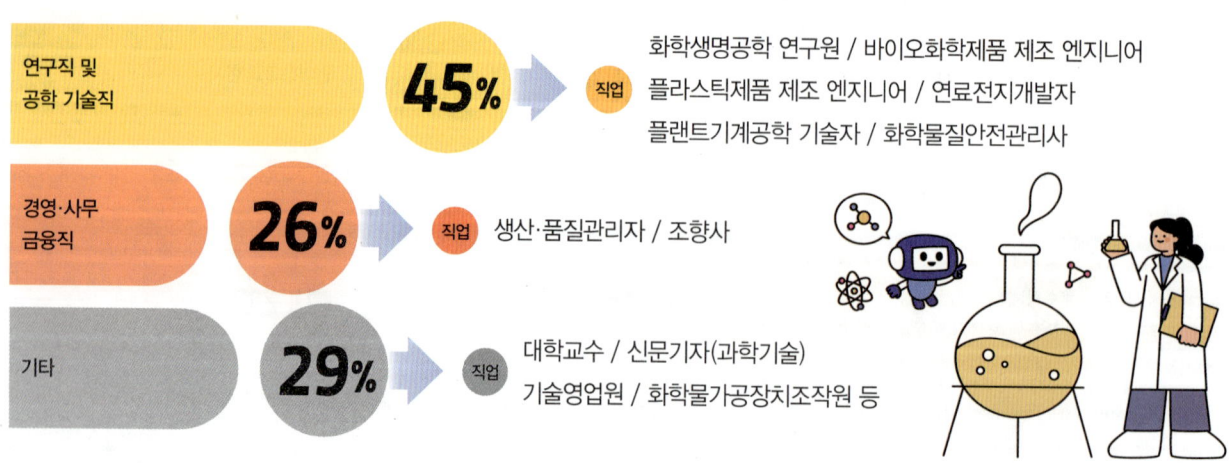

< **진학샘의 특별한 코칭**

수학 교과, 과학 교과의 **화학, 물리학, 생명과학** 관련 과목 이수를 추천합니다. 비교과 활동은 반도체, 이차 전지, 디스플레이, 석유화학, 제약바이오 중 관심 분야의 심화 학습이나, 관련 첨단 산업 조사·발표를 추천합니다.

 핵심 권장 학과(부)에서 공부하기 위해 필수적 이수를 권장하는 과목

 권장 학과(부)에서 공부하기 위해 이수를 권장하는 과목

추천 선택 192학점 이수를 고려해 이수를 권장하는 과목

교과(군)	일반 선택	진로 선택	융합 선택
📖 **국어**	**화법과 언어** **독서와 작문** **문학**	주제 탐구 독서 문학과 영상 직무 의사소통	독서 토론과 글쓰기 매체 의사소통 언어생활 탐구
📏 **수학**	**대수** **미적분 I** **확률과 통계**	**기하 · 미적분 II** 경제 수학 · 인공지능 수학 직무 수학	수학과 문화 실용 통계 수학과제 탐구
🔤 **영어**	**영어 I · 영어 II** **영어 독해와 작문**	영미 문학 읽기 · 영어 발표와 토론 심화 영어 · 심화 영어 독해와 작문 직무 영어	실생활 영어 회화 미디어 영어 세계 문화와 영어
🌐 **사회**	세계시민과 지리 세계사 사회와 문화 현대사회와 윤리	한국지리 탐구 · 도시의 미래 탐구 동아시아 역사 기행 정치 · 법과 사회 · 경제 윤리와 사상 · 인문학과 윤리 국제 관계의 이해	여행지리 역사로 탐구하는 현대 세계 사회문제 탐구 · 금융과 경제생활 윤리문제 탐구 기후변화와 지속가능한 세계
🧪 **과학**	**물리학** **화학** **생명과학** 지구과학	**역학과 에너지 · 전자기와 양자** **물질과 에너지 · 화학 반응의 세계** **세포와 물질대사 · 생물의 유전** 지구시스템과학 · 행성우주과학	과학의 역사와 문화 기후변화와 환경생태 **융합과학 탐구**
💻 **기술·가정/ 정보**	기술·가정	로봇과 공학세계 · 생활과학 탐구	**창의 공학 설계 · 지식 재산 일반** 생애 설계와 자립 · 아동발달과 부모
	정보	인공지능 기초 · 데이터 과학	소프트웨어와 생활
🔤 **제2외국어/ 한문**	**제2외국어 (독일어, 프랑스어, 스페인어, 중국어, 일본어, 러시아어, 아랍어, 베트남어)**	제2외국어 회화 심화 제2외국어	제2외국어 문화
	한문	한문 고전 읽기	언어생활과 한자
🧠 **교양**	진로와 직업 생태와 환경	인간과 철학 · 논리와 사고 인간과 심리 · 교육의 이해 삶과 종교 · 보건	인간과 경제활동 · 논술
🔬 특수 목적고 **과학 계열–과학**		**고급 물리학 · 고급 화학** **고급 생명과학**	**물리학 실험 · 화학 실험** **생명과학 실험**

공학 계열

● 일반 선택 **굵은 글자**: 수능 출제 과목　　　● 상대평가 등급 미산출 과목: 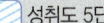성취도 5단계 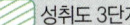성취도 3단계 P/F

기계공학과

#4대역학 #로봇 #모빌리티 #에너지환경
#논리적사고력 #호기심
#기계구조가궁금해

기계공학과는 각종 기계를 설계하고 개발하기 위한 이론과 기술을 연구하는 학과이다. 자동차, 항공기와 같은 교통수단부터 일상생활에서 사용되는 다양한 기계장치, 공장에서 사용되는 산업용 기계까지 광범위하게 다룬다.

기계공학과의 연구 내용은 기계공학의 기초가 되는 열역학, 유체역학, 고체역학, 동역학의 4대 역학을 기반으로 기계 시스템과 제품을 설계하고 제작하기 위한 이론과 기술로 이루어져 있다. 고학년이 되면 관심사에 따라 로봇, 모빌리티, 에너지 및 환경과 같은 응용 연구 분야 중 하나를 선택하여 깊이 탐구하기도 한다.

인공지능과 로봇, 빅데이터 및 클라우드 컴퓨팅 기술을 활용한 자동화 생산 설비 개발, 자율주행 자동차와 선박 개발 등 대부분의 첨단 산업 분야에서 기계공학 기술이 활용되고 있어 학과의 전망은 밝다. 신기술에 관심이 많고 기계나 도구를 조작하는 것을 좋아하는 학생들에게 적합한 학과이다.

관련학과/유사학과

기계시스템공학과
기계정보공학과
융합기계공학과
정밀기계공학과
기계·로봇·자동차공학부 등

대학에서 어떤 과목을 배울까?

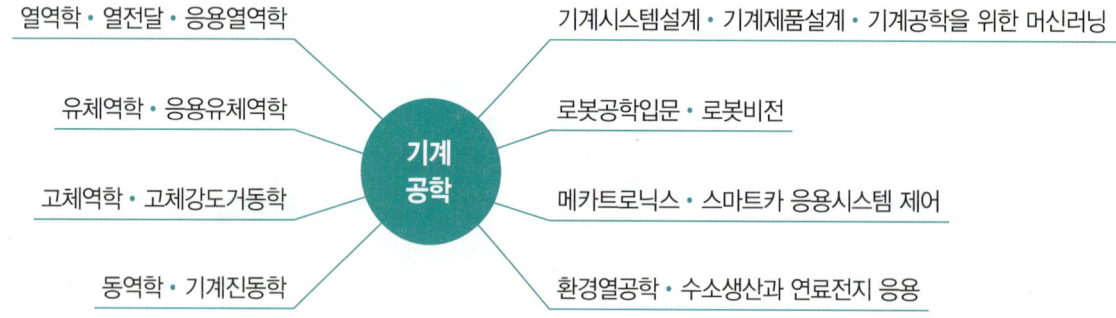

열역학 • 열전달 • 응용열역학

유체역학 • 응용유체역학

고체역학 • 고체강도거동학

동역학 • 기계진동학

기계공학

기계시스템설계 • 기계제품설계 • 기계공학을 위한 머신러닝

로봇공학입문 • 로봇비전

메카트로닉스 • 스마트카 응용시스템 제어

환경열공학 • 수소생산과 연료전지 응용

졸업 후 무슨 일을 할까?

연구직 및 공학 기술직 **51%** → 직업 기계공학 연구원 / 자동화설비 기술자 / 플랜트기계공학 기술자 자동차·항공·조선공학 기술자 / 비파괴검사원

경영·사무 금융직 **24%** → 직업 품질관리 사무원 / 경영컨설턴트

설치·정비 생산직 **14%** → 직업 기계장비설치원 / 운송장비정비원 / 기계조립원

기타 **11%** → 직업 기관사 / 기술영업원 등

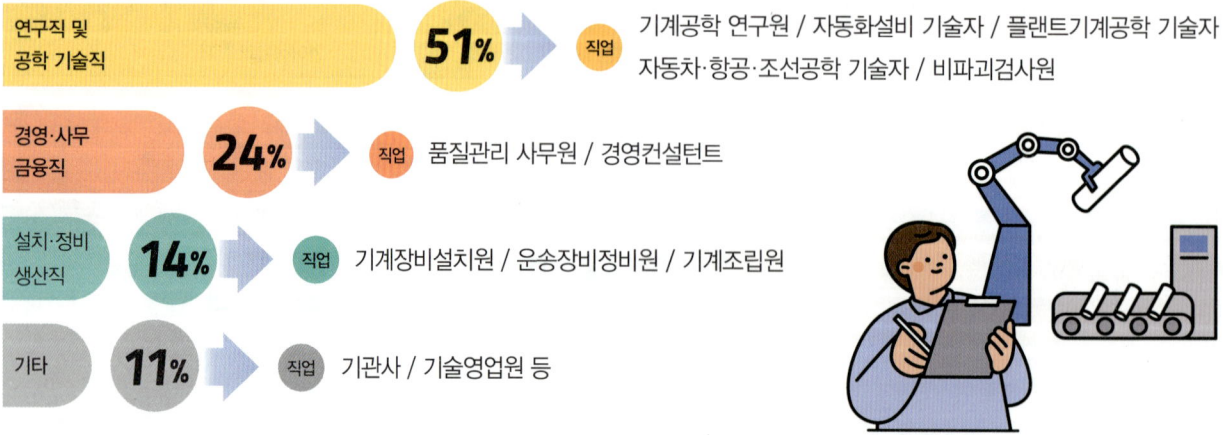

< 진학샘의 특별한 코칭

 수학 교과, 과학 교과에서 물리학, 화학 관련 과목을 이수하는 것을 추천합니다. 비교과 활동은 라즈베리 파이, 아두이노 등을 활용하여 심장 박동 검사기, 원격 자동차, 산업용 로봇 팔 등을 직접 만들어 보는 것을 추천합니다.

핵심 권장 학과(부)에서 공부하기 위해 필수적 이수를 권장하는 과목

권장 학과(부)에서 공부하기 위해 이수를 권장하는 과목

추천 선택 192학점 이수를 고려해 이수를 권장하는 과목

교과(군)	일반 선택	진로 선택	융합 선택
국어	**화법과 언어** **독서와 작문** **문학**	주제 탐구 독서 문학과 영상 직무 의사소통	독서 토론과 글쓰기 매체 의사소통 언어생활 탐구
수학	**대수** **미적분 I** **확률과 통계**	기하 · 미적분 II 경제 수학 · 인공지능 수학 직무 수학	수학과 문화 실용 통계 수학과제 탐구
영어	**영어 I · 영어 II** 영어 독해와 작문	영미 문학 읽기 · 영어 발표와 토론 심화 영어 · 심화 영어 독해와 작문 직무 영어	실생활 영어 회화 미디어 영어 세계 문화와 영어
사회	세계시민과 지리 세계사 사회와 문화 현대사회와 윤리	한국지리 탐구 · 도시의 미래 탐구 동아시아 역사 기행 정치 · 법과 사회 · 경제 윤리와 사상 · 인문학과 윤리 국제 관계의 이해	여행지리 역사로 탐구하는 현대 세계 사회문제 탐구 · 금융과 경제생활 윤리문제 탐구 기후변화와 지속가능한 세계
과학	물리학 화학 생명과학 지구과학	역학과 에너지 · 전자기와 양자 물질과 에너지 · 화학 반응의 세계 세포와 물질대사 · 생물의 유전 지구시스템과학 · 행성우주과학	과학의 역사와 문화 기후변화와 환경생태 융합과학 탐구
기술·가정/정보	기술·가정 정보	로봇과 공학세계 · 생활과학 탐구 생애 설계와 자립 · 아동발달과 부모 인공지능 기초 · 데이터 과학	창의 공학 설계 · 지식 재산 일반 소프트웨어와 생활
제2외국어/한문	제2외국어 (독일어, 프랑스어, 스페인어, 중국어, 일본어, 러시아어, 아랍어, 베트남어) 한문	제2외국어 회화 심화 제2외국어 한문 고전 읽기	제2외국어 문화 언어생활과 한자
교양	진로와 직업 생태와 환경	인간과 철학 · 논리와 사고 인간과 심리 · 교육의 이해 삶과 종교 · 보건	인간과 경제활동 · 논술
특수 목적고 과학 계열-과학		고급 물리학	물리학 실험

• 일반 선택 **굵은 글자**: 수능 출제 과목   • 상대평가 등급 미산출 과목: ▨ 성취도 5단계 ▨ 성취도 3단계 ▨ P/F

공학 계열

로봇공학과

#제어시스템 #기계공학 #소프트웨어 #인공지능
#논리적사고력 #탐구력
#나만의로봇을만들래

관련학과/유사학과

AI로봇전공
제어로봇공학과
로봇융합전공
지능로봇공학과
메카트로닉스공학부 등

로봇공학과는 사람처럼 움직이고 생각하는 로봇을 개발하기 위한 기술을 연구하는 학과로서, 기계공학, 전자공학, 컴퓨터공학, 인공지능학 등 다양한 공학 학문을 아우르는 융합적인 성격을 지닌다. 로봇공학과의 교과과정은 수학, 물리학, 프로그래밍 등의 기초 과목을 바탕으로 실제 로봇을 제작하기 위한 설계, 제어공학, 소프트웨어 개발 등으로 이루어져 있다. 또한 팀을 이루어 실제 로봇을 완성해 보는 프로젝트 수업을 진행하는 경우도 많다.

인공지능과 결합된 로봇이 등장하며 로봇 산업의 범위가 더욱 확장되고 관련 산업의 성장 가능성도 높다고 평가된다. 로봇공학과 학생들은 졸업 후 로봇 전문가 또는 시스템 엔지니어 등 다양한 로봇 관련 직업을 얻을 수 있으며, 기계공학이나 컴퓨터공학 관련 분야로도 진출할 수 있다.

대학에서 어떤 과목을 배울까?

로봇공학

- 디지털제어 · 로봇동역학 및 제어 · 센서공학 · 계측공학
- 로봇공학입문설계 · 전자회로 · 고체역학 · 로봇기구학
- 소프트웨어의 이해 · 프로그래밍언어개론 · 로봇프로그래밍
- 로봇공학기초 및 머신러닝알고리즘 · 기계학습론 · AI기반로봇시스템설계 및 자율제어

졸업 후 무슨 일을 할까?

연구직 및 공학 기술직	36%	직업	로봇 설계·제작 연구원 / 드론 전문가 / 인공지능로봇개발자 무인자동차 엔지니어 / 항공공학 기술자
설치·정비 생산직	29%	직업	기계장비설치원 / 운송장비정비원 / 기계조립원
영업·판매 운송직	9%	직업	기술영업원 / 해외영업원 / 기관사
기타	26%	직업	로봇서비스기획자 / 생산·품질관리자 등

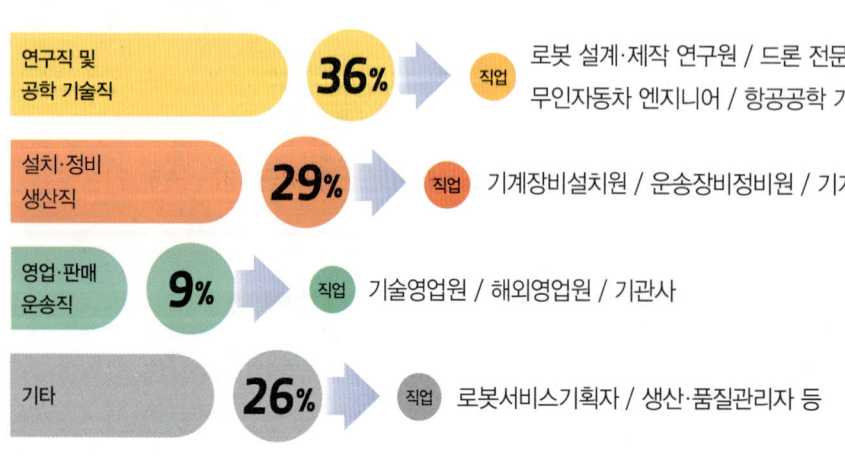

< **진학샘의 특별한 코칭**

수학 교과, 과학 교과의 **물리학**, **화학** 관련 과목 이수를 추천합니다. 비교과 활동은 로봇 키트(레고 마인드스톰 등)로 직접 로봇을 만들거나 파이썬, C언어 등으로 로봇에 적용할 소프트웨어를 코딩해 보는 것을 추천합니다.

핵심 권장	학과(부)에서 공부하기 위해 필수적 이수를 권장하는 과목
권장	학과(부)에서 공부하기 위해 이수를 권장하는 과목
추천 선택	192학점 이수를 고려해 이수를 권장하는 과목

교과(군)	일반 선택	진로 선택	융합 선택
국어	**화법과 언어** **독서와 작문** **문학**	주제 탐구 독서 문학과 영상 직무 의사소통	독서 토론과 글쓰기 매체 의사소통 언어생활 탐구
수학	**대수** **미적분 I** **확률과 통계**	기하 ・ 미적분 II 경제 수학 ・ 인공지능 수학 직무 수학	수학과 문화 실용 통계 수학과제 탐구
영어	**영어 I ・ 영어 II** 영어 독해와 작문	영미 문학 읽기 ・ 영어 발표와 토론 심화 영어 ・ 심화 영어 독해와 작문 직무 영어	실생활 영어 회화 미디어 영어 세계 문화와 영어
사회	세계시민과 지리 세계사 사회와 문화 현대사회와 윤리	한국지리 탐구 ・ 도시의 미래 탐구 동아시아 역사 기행 정치 ・ 법과 사회 ・ 경제 윤리와 사상 ・ 인문학과 윤리 국제 관계의 이해	여행지리 역사로 탐구하는 현대 세계 사회문제 탐구 ・ 금융과 경제생활 윤리문제 탐구 기후변화와 지속가능한 세계
과학	물리학 화학 생명과학 지구과학	역학과 에너지 ・ 전자기와 양자 물질과 에너지 ・ 화학 반응의 세계 세포와 물질대사 ・ 생물의 유전 지구시스템과학 ・ 행성우주과학	과학의 역사와 문화 기후변화와 환경생태 융합과학 탐구
기술·가정/정보	기술·가정 정보	로봇과 공학세계 ・ 생활과학 탐구 인공지능 기초 ・ 데이터 과학	창의 공학 설계 ・ 지식 재산 일반 생애 설계와 자립 ・ 아동발달과 부모 소프트웨어와 생활
제2외국어/한문	**제2외국어 (독일어, 프랑스어, 스페인어, 중국어, 일본어, 러시아어, 아랍어, 베트남어)** 한문	제2외국어 회화 심화 제2외국어 한문 고전 읽기	제2외국어 문화 언어생활과 한자
교양	진로와 직업 생태와 환경	인간과 철학 ・ 논리와 사고 인간과 심리 ・ 교육의 이해 삶과 종교 ・ 보건	인간과 경제활동 ・ 논술
특수 목적고 **과학 계열–과학**		고급 물리학	물리학 실험

공학 계열

● 일반 선택 **굵은 글자**: 수능 출제 과목　　● 상대평가 등급 미산출 과목: 성취도 5단계 ▨ 성취도 3단계 ▨ P/F

스마트 모빌리티학과

#기계공학 #자동차설계제작 #에너지공학 #자율주행
#분석력 #논리적사고력 #완전자율주행자동차를현실로

스마트모빌리티학과는 자율주행 자동차, 전기 자동차, 드론 등 첨단 교통수단의 개발 기술을 연구하는 학과로서 자동차공학, 전자공학, 에너지공학, 인공지능학 등 다양한 공학 학문을 아우른다. 실제 산업 현장에서 새로운 모빌리티 기술 개발에 기여할 수 있는 전문가를 양성하는 것이 이 학과의 목표이다.

스마트모빌리티학과의 교과과정은 기본적인 수학과 물리학 이론을 바탕으로 실제 교통수단을 설계하고 제작하는 기술로 이루어져 있다. 수소, 전기 등 새로운 친환경 에너지를 활용하는 방법과 자율주행 자동차를 구현하는 기술을 연구하기도 한다.

화석 연료로 인한 기후위기가 심화되면서 친환경적인 자동차에 대한 수요가 증가하고 있으며, 스스로 움직이는 자율주행 자동차에 대한 관심도 전 세계적으로 높다. 이에 따라 스마트모빌리티학과 졸업생들의 다양한 역할이 기대된다.

관련학과/유사학과

자동차공학과
기계·자동차공학과
미래자동차공학과 등

대학에서 어떤 과목을 배울까?

스마트 모빌리티학

- 공학수학 · 동역학 · 고체역학 · 유체역학 · 기계진동학
- 자동차공학기초 · 자동차재료학 · 기관설계 · 차체설계 · 자동차메카트로닉스
- 연소이론 · 에너지공학 · 수소연료전지개론 · 전력전자공학
- 데이터구조 및 알고리즘 · 자동제어 · 인공지능 및 보안 · 로봇비전개론

졸업 후 무슨 일을 할까?

| 연구직 및 공학 기술직 | **60%** ➡ | 직업 | 자동차공학 연구원 / 무인자동차 엔지니어 엔진기계공학 기술자 / 철도차량공학 기술자 |

| 경영·사무 금융직 | **18%** ➡ | 직업 | 생산·품질관리자 / 손해사정사 |

| 영업·판매 운송직 | **8%** ➡ | 직업 | 기술영업원 / 자동차영업원 |

| 기타 | **14%** ➡ | 직업 | 자동차정비원 / 철도기관차·전동차정비원 등 |

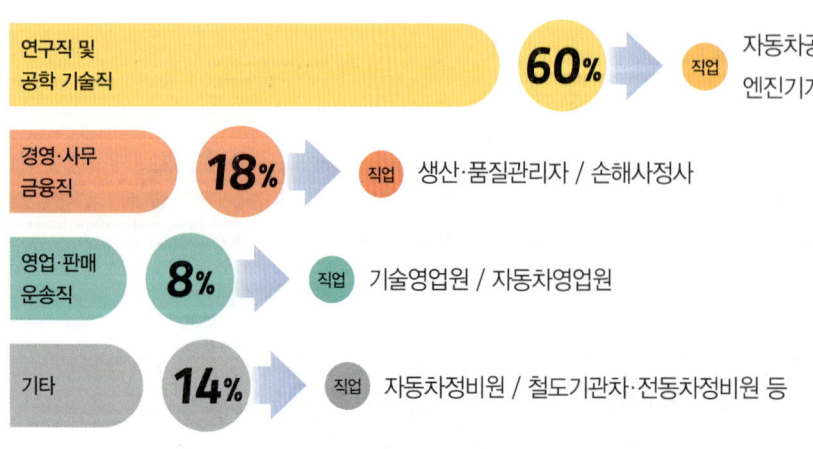

< 진학샘의 특별한 코칭

수학 교과, 과학 교과의 물리학, 화학 관련 과목 이수를 추천합니다. 비교과 활동은 자율주행 자동차의 원리와 프로그래밍 언어를 학습한 후 자율주행 자동차를 직접 제작해 보거나, 드론을 조립해 조종해 보는 것을 추천합니다.

핵심 권장 학과(부)에서 공부하기 위해 필수적 이수를 권장하는 과목

권장 학과(부)에서 공부하기 위해 이수를 권장하는 과목

추천 선택 192학점 이수를 고려해 이수를 권장하는 과목

교과(군)	일반 선택	진로 선택	융합 선택
국어	**화법과 언어** **독서와 작문** **문학**	주제 탐구 독서 문학과 영상 직무 의사소통	독서 토론과 글쓰기 매체 의사소통 언어생활 탐구
수학	**대수** **미적분 I** **확률과 통계**	**기하** · **미적분 II** 경제 수학 · **인공지능 수학** 직무 수학	수학과 문화 실용 통계 수학과제 탐구
영어	**영어 I** · **영어 II** **영어 독해와 작문**	영미 문학 읽기 · 영어 발표와 토론 심화 영어 · 심화 영어 독해와 작문 직무 영어	실생활 영어 회화 미디어 영어 세계 문화와 영어
사회	세계시민과 지리 세계사 사회와 문화 현대사회와 윤리	한국지리 탐구 · 도시의 미래 탐구 동아시아 역사 기행 정치 · 법과 사회 · 경제 윤리와 사상 · 인문학과 윤리 국제 관계의 이해	여행지리 역사로 탐구하는 현대 세계 사회문제 탐구 · 금융과 경제생활 윤리문제 탐구 기후변화와 지속가능한 세계
과학	**물리학** **화학** 생명과학 지구과학	**역학과 에너지** · **전자기와 양자** **물질과 에너지** · **화학 반응의 세계** 세포와 물질대사 · 생물의 유전 지구시스템과학 · 행성우주과학	과학의 역사와 문화 기후변화와 환경생태 **융합과학 탐구**
기술·가정/ 정보	기술·가정 **정보**	로봇과 공학세계 · 생활과학 탐구 **인공지능 기초** · 데이터 과학	**창의 공학 설계** · 지식 재산 일반 생애 설계와 자립 · 아동발달과 부모 **소프트웨어와 생활**
제2외국어/ 한문	**제2외국어 (독일어, 프랑스어, 스페인어, 중국어, 일본어, 러시아어, 아랍어, 베트남어)** **한문**	제2외국어 회화 심화 제2외국어 한문 고전 읽기	제2외국어 문화 언어생활과 한자
교양	진로와 직업 생태와 환경	인간과 철학 · 논리와 사고 인간과 심리 · 교육의 이해 삶과 종교 · 보건	인간과 경제활동 · 논술
특수 목적고 과학 계열-과학		**고급 물리학**	**물리학 실험**

• 일반 선택 **굵은 글자**: 수능 출제 과목 • 상대평가 등급 미산출 과목: ▨ 성취도 5단계 ▨ 성취도 3단계 ▨ P/F

공학 계열

건축공학과

#건축구조 #건축설비 #건설관리
#공간지각력 #기초과학지식
#쾌적한공간을지을래

관련학과/유사학과

건축사회환경공학부
건축도시시스템공학과
건설방재공학과
스마트시티건축공학과 등

건축공학과는 튼튼하고 안전한 건물을 짓는 기술을 연구하는 학과이다. 건물의 편리하고 아름다운 디자인을 주로 고려하는 건축학과와 달리 기술적이고 공학적인 부분에 중점을 두며, 실제 건축 현장에서 필요한 역할을 다할 수 있는 건축 전문가를 양성하는 것을 목표로 한다.

이를 위해 건축공학과에서는 건축물의 안전성과 내구성을 지키는 구조 설계 방법과 건축 재료의 성질을 탐구한다. 냉난방, 전기, 소방 시설 등을 설계하는 건축 설비 분야도 주요한 학습 내용 중 하나이다. 실제 건축 공사를 관리하기 위한 건축 시공 기술도 함께 익힌다.

평소 주변에서 볼 수 있는 건축물에 관심이 있거나 물리학 과목에 자신이 있는 학생에게 적합한 학과이다. 또한 최근 건축 설비들이 첨단화되면서 컴퓨터 시스템을 활용한 실습이 증가하는 추세이므로 다양한 컴퓨터 프로그램 사용에 익숙하다면 학과에 적응하는 데 도움이 된다.

대학에서 어떤 과목을 배울까?

건축공학

- 건축구조시스템 · 건축재료학 · 건축설계 · 건축구조해석 · 철골구조설계 · 초고층 및 특수구조설계

- 건축환경계획 · 건축설비 · 지속가능한 환경설비설계

- 건설관리일반 · 건축시공학 · 건설사업관리 · 스마트시공관리기술

졸업 후 무슨 일을 할까?

연구직 및 공학 기술직 — **62%** → 직업: 건축구조설계 기술자 / 건축설비·시공 기술자 / 녹색건축인증심사원 / 건설공사품질관리원 / 도시계획가 / 측량사 / 제도사

경영·사무 금융직 — **19%** → 직업: 건설자료관리자 / 공사현장관리자

기타 — **19%** → 직업: 건축교사 / 건설 분야 기술기능강사 / 대학교수 / 건설기능공 / 건설기계운전원 등

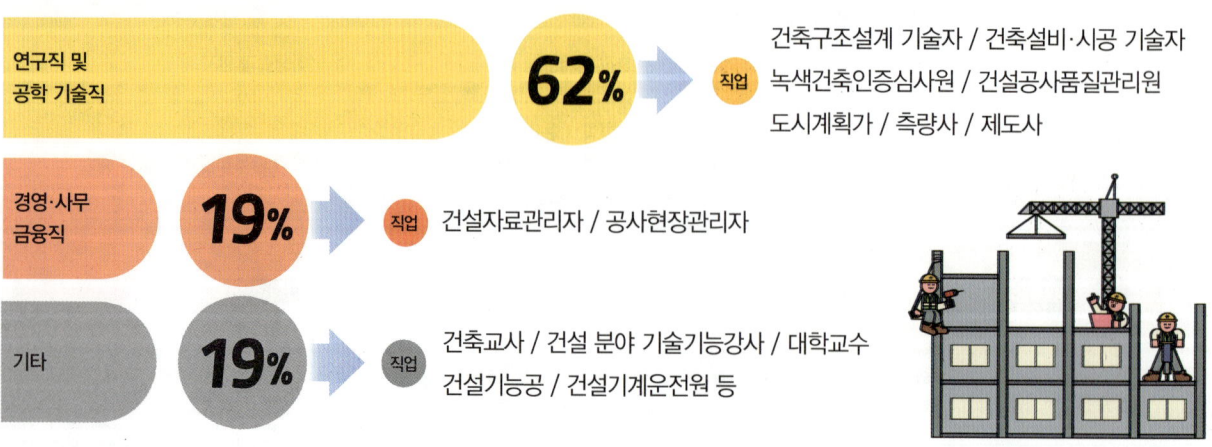

< **진학샘의 특별한 코칭**

수학 교과, 과학 교과에서 **물리학** 관련 과목 이수를 추천합니다. 비교과 활동은 지역 내 하천을 가로지르는 다리의 구조를 탐구하거나, 스파게티 면 또는 나무젓가락으로 큰 하중을 견디는 구조의 탑을 만드는 것을 추천합니다.

핵심 권장	학과(부)에서 공부하기 위해 필수적 이수를 권장하는 과목
권장	학과(부)에서 공부하기 위해 이수를 권장하는 과목
추천 선택	192학점 이수를 고려해 이수를 권장하는 과목

교과(군)	일반 선택	진로 선택	융합 선택
국어	**화법과 언어** **독서와 작문** **문학**	주제 탐구 독서 문학과 영상 직무 의사소통	독서 토론과 글쓰기 매체 의사소통 언어생활 탐구
수학	**대수** **미적분 I** **확률과 통계**	**기하** · **미적분 II** 경제 수학 · 인공지능 수학 직무 수학	수학과 문화 실용 통계 수학과제 탐구
영어	**영어 I · 영어 II** **영어 독해와 작문**	영미 문학 읽기 · 영어 발표와 토론 심화 영어 · 심화 영어 독해와 작문 직무 영어	실생활 영어 회화 미디어 영어 세계 문화와 영어
사회	세계시민과 지리 세계사 사회와 문화 현대사회와 윤리	한국지리 탐구 · **도시의 미래 탐구** 동아시아 역사 기행 정치 · 법과 사회 · 경제 윤리와 사상 · 인문학과 윤리 국제 관계의 이해	여행지리 역사로 탐구하는 현대 세계 사회문제 탐구 · 금융과 경제생활 윤리문제 탐구 기후변화와 지속가능한 세계
과학	**물리학** **화학** 생명과학 지구과학	**역학과 에너지** · **전자기와 양자** 물질과 에너지 · 화학 반응의 세계 세포와 물질대사 · 생물의 유전 지구시스템과학 · 행성우주과학	과학의 역사와 문화 기후변화와 환경생태 융합과학 탐구
기술·가정/정보	기술·가정 정보	로봇과 공학세계 · 생활과학 탐구 인공지능 기초 · 데이터 과학	창의 공학 설계 · 지식 재산 일반 생애 설계와 자립 · 아동발달과 부모 소프트웨어와 생활
제2외국어/한문	**제2외국어 (독일어, 프랑스어,** **스페인어, 중국어, 일본어,** **러시아어, 아랍어, 베트남어)** **한문**	제2외국어 회화 심화 제2외국어 한문 고전 읽기	제2외국어 문화 언어생활과 한자
교양	진로와 직업 생태와 환경	인간과 철학 · 논리와 사고 인간과 심리 · 교육의 이해 삶과 종교 · 보건	인간과 경제활동 · 논술
특수 목적고 **과학 계열-과학**		**고급 물리학**	**물리학 실험**

- 일반 선택 **굵은 글자**: 수능 출제 과목
- 상대평가 등급 미산출 과목: ▨ 성취도 5단계 ▨ 성취도 3단계 ▨ P/F

공학 계열

건축학과

#건축설계 #건축디자인 #건축시공 #도시조경
#공간지각력 #문제해결능력
#삶의공간설계할래

건축학과는 인간의 삶에 필요한 건축물을 아름답고 편리하게 설계하는 방법을 연구하는 학과이다. 건물을 짓는 기술뿐만 아니라 사람들이 행복하게 지낼 수 있는 공간을 만들기 위한 디자인을 중요하게 다룬다.

건축학과의 교과과정은 실제 건축물을 설계하기 위한 디자인, 구조, 재료, 조경 등을 중심으로 이루어져 있다. 실무 기술을 익힐 수 있는 현장 실습도 진행된다. 또한 건축가로서의 소양을 갖추기 위한 건축 역사와 건축 실무에 큰 영향을 끼치는 건축법도 함께 탐구한다.

건축학과는 기본적으로 5년제 교육과정으로 운영되며, 졸업 후 건축사 사무소에 취직하거나 직접 건축사 사무소를 차리는 경우가 많다. 주거 환경을 개선하거나 창조하는 데 관심이 있고, 공학과 예술 양쪽에 흥미가 있는 학생에게 적합한 학과이다.

관련학과/유사학과

건축융합학부
건축디자인학과 등

대학에서 어떤 과목을 배울까?

건축학

- 건축구조시스템 · 건축설계 · 건축구조계획 · 건축구조역학 · 건축재료역학 · 행위와 공간 · 건물 시스템
- 건축미학 · 건축디자인이론 · 디지털디자인연구 · 예술과 기술 · 실내디자인
- 건축시공학 · 건축설비개론 · 건축조경 · 건축공법 및 설계법 · 건축과 도시설계 · 도시 문화와 보전
- 동서양건축사 · 한국건축사 · 건축과 사회 · 건축법과 제도

졸업 후 무슨 일을 할까?

분야	비율	직업
연구직 및 공학 기술직	76%	건축가 / 건축설비·시공 기술자 / 조경 기술자 도시계획가 / 녹색건축인증심사원 / 측량사
경영·사무 금융직	10%	건설자료관리자 / 공사현장관리자
예술·방송 스포츠직	5%	실내장식디자이너 / 신문기자(건축)
기타	9%	건설 분야 기술기능강사 / 기술교사 / 공업교사 등

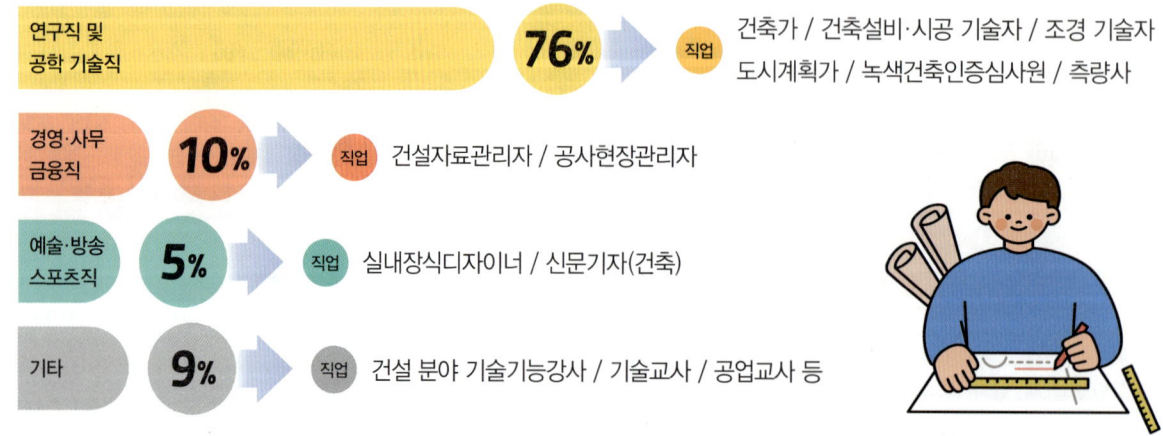

< **진학샘의 특별한 코칭**

수학 교과와 **미술 교과**, **과학 교과**에서 **물리학** 관련 과목을 이수하는 것을 추천합니다. 비교과 활동은 자신이 살고 싶은 집을 스케치하고 하드보드지, 스티로폼 또는 3D 모델링 소프트웨어(3D 맥스 등)를 활용해 제작하거나, 유명 건축물의 특징을 알아보는 활동을 추천합니다.

 핵심 권장 학과(부)에서 공부하기 위해 필수적 이수를 권장하는 과목

권장 학과(부)에서 공부하기 위해 이수를 권장하는 과목

추천 선택 192학점 이수를 고려해 이수를 권장하는 과목

교과(군)	일반 선택	진로 선택	융합 선택
국어	화법과 언어 독서와 작문 문학	주제 탐구 독서 문학과 영상 직무 의사소통	독서 토론과 글쓰기 매체 의사소통 언어생활 탐구
수학	대수 미적분 I 확률과 통계	기하 · 미적분 II 경제 수학 · 인공지능 수학 직무 수학	수학과 문화 실용 통계 수학과제 탐구
영어	영어 I · 영어 II 영어 독해와 작문	영미 문학 읽기 · 영어 발표와 토론 심화 영어 · 심화 영어 독해와 작문 직무 영어	실생활 영어 회화 미디어 영어 세계 문화와 영어
사회	세계시민과 지리 세계사 사회와 문화 현대사회와 윤리	한국지리 탐구 · 도시의 미래 탐구 동아시아 역사 기행 정치 · 법과 사회 · 경제 윤리와 사상 · 인문학과 윤리 국제 관계의 이해	여행지리 역사로 탐구하는 현대 세계 사회문제 탐구 · 금융과 경제생활 윤리문제 탐구 기후변화와 지속가능한 세계
과학	물리학 화학 생명과학 지구과학	역학과 에너지 · 전자기와 양자 물질과 에너지 · 화학 반응의 세계 세포와 물질대사 · 생물의 유전 지구시스템과학 · 행성우주과학	과학의 역사와 문화 기후변화와 환경생태 융합과학 탐구
예술	음악 미술 연극	음악 연주와 창작 · 음악 감상과 비평 미술 창작 · 미술 감상과 비평	음악과 미디어 미술과 매체
기술·가정/ 정보	기술·가정 정보	로봇과 공학세계 · 생활과학 탐구 인공지능 기초 · 데이터 과학	창의 공학 설계 · 지식 재산 일반 생애 설계와 자립 · 아동발달과 부모 소프트웨어와 생활
제2외국어/ 한문	제2외국어 (독일어, 프랑스어, 스페인어, 중국어, 일본어, 러시아어, 아랍어, 베트남어) 한문	제2외국어 회화 심화 제2외국어 한문 고전 읽기	제2외국어 문화 언어생활과 한자
교양	진로와 직업 생태와 환경	인간과 철학 · 논리와 사고 인간과 심리 · 교육의 이해 삶과 종교 · 보건	인간과 경제활동 · 논술

● 일반 선택 **굵은 글자**: 수능 출제 과목　　● 상대평가 등급 미산출 과목: ▨ 성취도 5단계　▨ 성취도 3단계　▨ P/F

공학 계열

산업경영공학과

#경영과학 #시스템설계 #데이터과학 #인간공학
#합리적의사결정 #논리적사고력
#산업의숨은지휘자

관련학과/유사학과

산업공학과
경영공학과
산업시스템공학과
산업정보시스템공학과
스마트산업공학부 등

산업경영공학과는 공학과 경영을 융합하여 기업의 생산성과 효율성을 높이는 방법을 연구하는 학과이다. 제품을 생산하는 공장의 시스템을 최적화하고 기업의 문제를 찾아내어 해결할 수 있는 산업공학 전문가를 양성하는 것이 이 학과의 목적이다.

산업경영공학과의 교과과정은 수학, 물리학, 프로그래밍 등 기초 과목을 바탕으로 경영과학, 생산·물류 관리, 시스템 설계 등 기업을 효율적으로 운영하는 기술로 이루어져 있다. 빅데이터와 인공지능 등 최신 기술도 함께 배우며, 인간의 생각과 행동을 공학적으로 연구하여 제품 개발에 활용하는 인간공학도 연구 분야 중 하나이다.

산업경영공학에서 연구하는 내용은 모든 산업 분야에 적용될 수 있으므로 산업경영공학과 졸업생들은 다양한 산업 분야로 진출하기에 유리하다. 체계적인 계획을 짜는 데 재능이 있고, 공학과 경영 양쪽에 흥미가 있는 학생에게 적합한 학과이다.

대학에서 어떤 과목을 배울까?

산업경영공학

- 일반물리학 · 미적분학 · 경영과학 · 생산계획론 · 최적화알고리즘 · 시뮬레이션 · 기술혁신경영
- 공업수학 · 산업공정설계 · 생산관리 · 물류관리 · 정보시스템설계 및 개발 · 스마트물류시스템
- 프로그래밍기초 · 데이터분석 · 산업정보관리론 · 빅데이터산업응용 · 머신러닝 · 인공지능
- 인간공학설계 · 인간공학실험 · 휴먼인터페이스디자인

졸업 후 무슨 일을 할까?

경영·사무 금융직 — **49%** → 직업: 경영컨설턴트 / 6시그마 전문가 / 생산·품질관리자 / 물류관리자 / 금융자산운용사

연구직 및 공학 기술직 — **24%** → 직업: 산업공학 기술자 / 스마트팩토리 기술자 / 데이터분석가

기타 — **27%** → 직업: 로봇 설치 및 정비원 / 기술영업원 / 대학교수 등

< **진학샘의 특별한 코칭**

수학 교과와 정보 교과, 과학 교과에서 물리학 관련 과목, 경제를 이수하는 것을 추천합니다. 비교과 활동은 온라인에서 주문한 제품이 배달되는 유통 경로를 추적하고 최적의 경로를 구해 보거나, 산업 정보를 데이터마이닝 기법으로 분석해 보는 것을 추천합니다.

핵심 권장	학과(부)에서 공부하기 위해 필수적 이수를 권장하는 과목
권장	학과(부)에서 공부하기 위해 이수를 권장하는 과목
추천 선택	192학점 이수를 고려해 이수를 권장하는 과목

교과(군)	일반 선택	진로 선택	융합 선택
국어	**화법과 언어** **독서와 작문** **문학**	주제 탐구 독서 문학과 영상 직무 의사소통	독서 토론과 글쓰기 매체 의사소통 언어생활 탐구
수학	**대수** **미적분 Ⅰ** **확률과 통계**	**기하** · **미적분 Ⅱ** **경제 수학** · **인공지능 수학** 직무 수학	수학과 문화 **실용 통계** **수학과제 탐구**
영어	**영어 Ⅰ · 영어 Ⅱ** **영어 독해와 작문**	영미 문학 읽기 · 영어 발표와 토론 심화 영어 · 심화 영어 독해와 작문 직무 영어	실생활 영어 회화 미디어 영어 세계 문화와 영어
사회	세계시민과 지리 세계사 사회와 문화 현대사회와 윤리	한국지리 탐구 · 도시의 미래 탐구 동아시아 역사 기행 정치 · 법과 사회 · **경제** 윤리와 사상 · 인문학과 윤리 국제 관계의 이해	여행지리 역사로 탐구하는 현대 세계 사회문제 탐구 · 금융과 경제생활 윤리문제 탐구 기후변화와 지속가능한 세계
과학	**물리학** 화학 생명과학 지구과학	**역학과 에너지** · **전자기와 양자** 물질과 에너지 · 화학 반응의 세계 세포와 물질대사 · 생물의 유전 지구시스템과학 · 행성우주과학	과학의 역사와 문화 기후변화와 환경생태 융합과학 탐구
기술·가정/ 정보	기술 ·가정 **정보**	로봇과 공학세계 · 생활과학 탐구 **인공지능 기초** · **데이터 과학**	창의 공학 설계 · 지식 재산 일반 생애 설계와 자립 · 아동발달과 부모 **소프트웨어와 생활**
제2외국어/ 한문	**제2외국어 (독일어, 프랑스어, 스페인어, 중국어, 일본어, 러시아어, 아랍어, 베트남어)** **한문**	제2외국어 회화 심화 제2외국어 한문 고전 읽기	제2외국어 문화 언어생활과 한자
교양	진로와 직업 생태와 환경	인간과 철학 · 논리와 사고 인간과 심리 · 교육의 이해 삶과 종교 · 보건	인간과 경제활동 · 논술

공학 계열

● 일반 선택 **굵은 글자**: 수능 출제 과목　　● 상대평가 등급 미산출 과목: 성취도 5단계　 성취도 3단계　 P/F

도시공학과

#도시계획 #도시설계 #교통공학 #환경공학 #도시정보
#공간지각력 #문제해결능력
#지속가능한도시를꿈꾸다

도시공학과는 많은 사람이 생활하는 도시를 쾌적하고 살기 좋게 만들기 위한 방법을 탐구하는 학과이다. 도시공학과의 목표는 주택, 교통, 환경 등과 관련된 다양한 도시 문제를 해결할 수 있는 도시 전문가를 양성하는 것이다.

도시공학과의 교과과정은 도시를 설계하고 관리하는 데 필요한 도시계획, 교통공학, 환경공학, 토목공학 등의 지식으로 이루어져 있다. 또한 스마트 도시, 지리정보시스템(GIS)과 같은 최신 기술을 함께 배우며, 실습 수업을 통해 실제 도시 문제를 해결하는 경험을 쌓는다.

도시 인구가 늘어나 도시 관련 문제가 증가하고 스마트 도시나 친환경 도시 개발이 활발해지면서 도시공학 전문가에 대한 수요도 꾸준히 확대되고 있다. 평소 도시의 기능이나 역할에 관심이 많고, 미래 도시를 설계하고 싶은 학생들에게 적합한 학과이다.

관련학과/유사학과

도시시스템공학전공
사회기반시스템공학과
도시계획·조경학부 등

대학에서 어떤 과목을 배울까?

도시공학

- 도시계획개론 · 토지이용 · 도시개발 및 도시재생 · 도시 및 지역경제 · 스마트시티계획
- 도시설계 · 주거단지계획 및 설계 · 도시경관과 생태
- 도시교통계획 · 교통공학 · 대중교통 · 스마트도시교통 시설공학
- 도시안전 및 방재계획 · 도시환경평가 · GIS와 도시공간분석

졸업 후 무슨 일을 할까?

연구직 및 공학 기술직	**46%**	직업	도시계획가 / 도시재생 전문가 / 교통설계 전문가 도시공학 연구원 / 지능형교통시스템(ITS) 연구원
경영·사무 금융직	**34%**	직업	부동산정비사업관리자 / 부동산감정사 공무원(도시계획직)
기타	**20%**	직업	기술영업원 / 부동산컨설턴트 / 대학교수 신문기자(과학기술) 등

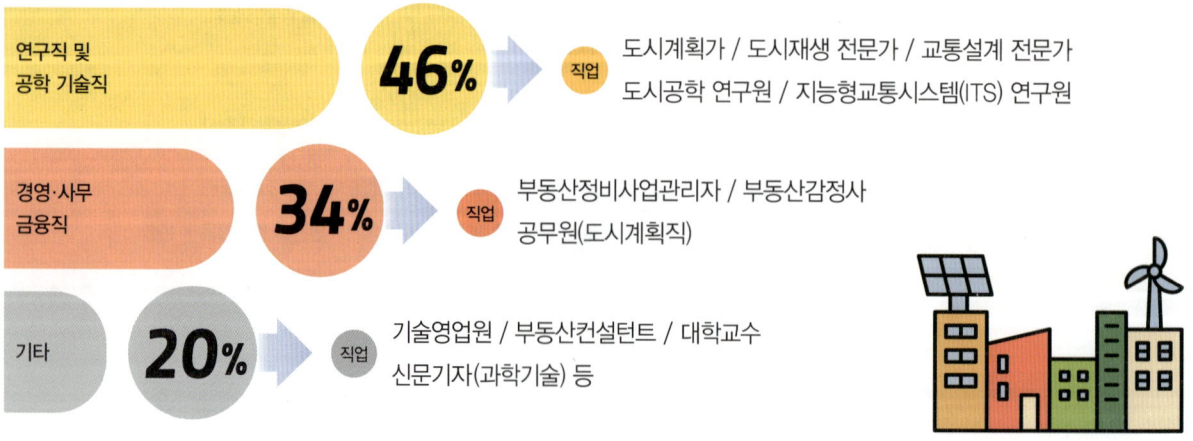

< **진학샘의 특별한 코칭**

> 수학 교과, 과학 교과의 **물리학** 관련 과목, **도시의 미래 탐구** 이수를 추천합니다. 비교과 활동은 신도시 특징을 분석하고 가상 신도시를 만들거나, 아두이노로 사물인터넷(IoT) 기술이 적용된 스마트 도시를 만드는 것을 추천합니다.

핵심 권장	학과(부)에서 공부하기 위해 필수적 이수를 권장하는 과목
권장	학과(부)에서 공부하기 위해 이수를 권장하는 과목
추천 선택	192학점 이수를 고려해 이수를 권장하는 과목

교과(군)	일반 선택	진로 선택	융합 선택
국어	**화법과 언어** **독서와 작문** **문학**	주제 탐구 독서 문학과 영상 직무 의사소통	독서 토론과 글쓰기 매체 의사소통 언어생활 탐구
수학	**대수** **미적분 I** **확률과 통계**	**기하** · **미적분 II** 경제 수학 · 인공지능 수학 직무 수학	수학과 문화 실용 통계 수학과제 탐구
영어	**영어 I** · **영어 II** **영어 독해와 작문**	영미 문학 읽기 · 영어 발표와 토론 심화 영어 · 심화 영어 독해와 작문 직무 영어	실생활 영어 회화 미디어 영어 세계 문화와 영어
사회	**세계시민과 지리** 세계사 사회와 문화 현대사회와 윤리	한국지리 탐구 · **도시의 미래 탐구** 동아시아 역사 기행 정치 · 법과 사회 · 경제 윤리와 사상 · 인문학과 윤리 국제 관계의 이해	여행지리 역사로 탐구하는 현대 세계 사회문제 탐구 · 금융과 경제생활 윤리문제 탐구 기후변화와 지속가능한 세계
과학	**물리학** 화학 생명과학 지구과학	**역학과 에너지** · **전자기와 양자** 물질과 에너지 · 화학 반응의 세계 세포와 물질대사 · 생물의 유전 지구시스템과학 · 행성우주과학	과학의 역사와 문화 **기후변화와 환경생태** 융합과학 탐구
기술·가정/ 정보	기술·가정	로봇과 공학세계 · 생활과학 탐구	창의 공학 설계 · 지식 재산 일반 생애 설계와 자립 · 아동발달과 부모
	정보	인공지능 기초 · 데이터 과학	소프트웨어와 생활
제2외국어/ 한문	**제2외국어 (독일어, 프랑스어, 스페인어, 중국어, 일본어, 러시아어, 아랍어, 베트남어)**	제2외국어 회화 심화 제2외국어	제2외국어 문화
	한문	한문 고전 읽기	언어생활과 한자
교양	진로와 직업 생태와 환경	인간과 철학 · 논리와 사고 인간과 심리 · 교육의 이해 삶과 종교 · 보건	인간과 경제활동 · 논술

공학 계열

● 일반 선택 **굵은 글자**: 수능 출제 과목 ● 상대평가 등급 미산출 과목: 성취도 5단계 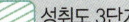 성취도 3단계 P/F

생명공학과

#생명과학 #분자생명공학 #응용생명공학
#탐구력 #윤리의식
#미래의치료법개발할래

관련학과/유사학과

바이오메디컬공학과
휴먼기계바이오공학과
시스템생명공학과
분자생명공학과
생명화학공학과 등

생명공학은 생물학과 공학을 융합한 학문으로, 생명체의 원리를 탐구하고 이를 의약품, 식품, 환경 등 다양한 분야에 응용하는 것이 목적이다. 생명공학과에서는 생물학, 화학, 물리학과 같은 기초 과목을 바탕으로 유전학, 분자생물학, 미생물학, 생화학 등의 심화 과목을 학습한다. 세포공학, 유전공학, 식품공학 등 생명공학 기술에 대한 교육도 함께 이루어진다. 생명공학 기술을 개발하고 적용하기 위한 실험과 프로젝트도 진행된다.

생명공학과를 졸업하면 제약, 바이오, 식품, 환경 등 다양한 분야로 진출할 수 있다. 특히 신약 개발, 유전자 치료, 친환경 에너지 개발과 같은 분야는 앞으로도 계속 발전할 가능성이 높아 생명공학 기술을 가진 전문가에 대한 수요가 꾸준히 증가할 전망이다. 생물에 대한 호기심과 탐구력이 있는 학생에게 적합한 학과이며, 실험 과정에 필요한 꼼꼼함과 끈기가 있다면 더욱 유리하다.

대학에서 어떤 과목을 배울까?

생명공학

세포생물학 • 미생물학 • 생명공학개론 • 생리학 • 생화학 • 유기화학 • 분자생물학 • 유전학 • 생물물리학

세포생명공학 • 미생물생명공학 • 분자생명공학 및 실험 • 줄기세포공학 • 생명정보학

의약생명공학 • 식품공정공학 • 식물유전공학 • 동물생명공학 • 바이오에너지공학

졸업 후 무슨 일을 할까?

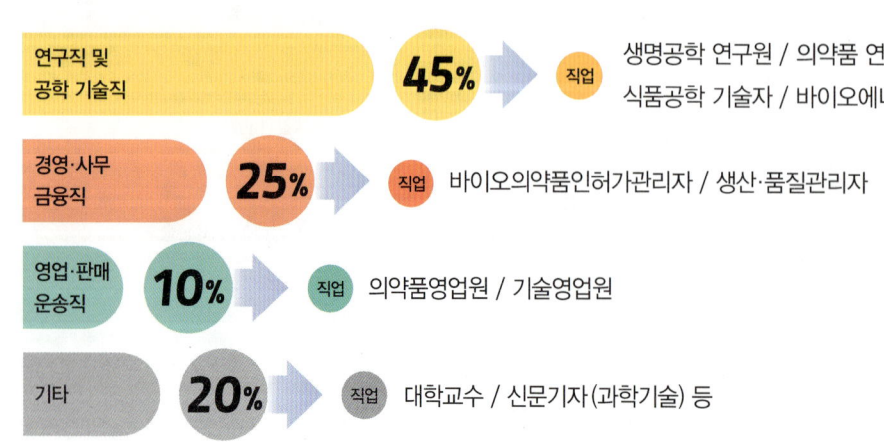

연구직 및 공학 기술직	**45%**	직업	생명공학 연구원 / 의약품 연구원 / 바이오화학소재 연구원 식품공학 기술자 / 바이오에너지개발자
경영·사무 금융직	**25%**	직업	바이오의약품인허가관리자 / 생산·품질관리자
영업·판매 운송직	**10%**	직업	의약품영업원 / 기술영업원
기타	**20%**	직업	대학교수 / 신문기자 (과학기술) 등

‹ 진학샘의 특별한 코칭

 수학 교과, 과학 교과의 **생명과학**, **화학** 관련 과목 이수를 추천합니다. 비교과 활동은 다양한 환경에서 채취한 세균을 배양해 관찰 일지를 쓰거나 멸치·오징어 해부, 브로콜리 DNA 추출 등의 실험을 해 보는 것을 추천합니다.

핵심 권장 학과(부)에서 공부하기 위해 필수적 이수를 권장하는 과목

권장 학과(부)에서 공부하기 위해 이수를 권장하는 과목

추천 선택 192학점 이수를 고려해 이수를 권장하는 과목

교과(군)	일반 선택	진로 선택	융합 선택
국어	**화법과 언어** **독서와 작문** **문학**	주제 탐구 독서 문학과 영상 직무 의사소통	독서 토론과 글쓰기 매체 의사소통 언어생활 탐구
수학	**대수** **미적분 I** **확률과 통계**	**기하** · **미적분 II** 경제 수학 · 인공지능 수학 직무 수학	수학과 문화 실용 통계 수학과제 탐구
영어	**영어 I · 영어 II** **영어 독해와 작문**	영미 문학 읽기 · 영어 발표와 토론 심화 영어 · 심화 영어 독해와 작문 직무 영어	실생활 영어 회화 미디어 영어 세계 문화와 영어
사회	세계시민과 지리 세계사 사회와 문화 현대사회와 윤리	한국지리 탐구 · 도시의 미래 탐구 동아시아 역사 기행 정치 · 법과 사회 · 경제 윤리와 사상 · 인문학과 윤리 국제 관계의 이해	여행지리 역사로 탐구하는 현대 세계 사회문제 탐구 · 금융과 경제생활 윤리문제 탐구 기후변화와 지속가능한 세계
과학	**물리학** **화학** **생명과학** 지구과학	역학과 에너지 · 전자기와 양자 **물질과 에너지** · **화학 반응의 세계** **세포와 물질대사** · **생물의 유전** 지구시스템과학 · 행성우주과학	과학의 역사와 문화 **기후변화와 환경생태** 융합과학 탐구
기술·가정/ 정보	기술·가정 정보	로봇과 공학세계 · 생활과학 탐구 인공지능 기초 · 데이터 과학	창의 공학 설계 · 지식 재산 일반 생애 설계와 자립 · 아동발달과 부모 소프트웨어와 생활
제2외국어/ 한문	**제2외국어 (독일어, 프랑스어, 스페인어, 중국어, 일본어, 러시아어, 아랍어, 베트남어)** **한문**	제2외국어 회화 심화 제2외국어 한문 고전 읽기	제2외국어 문화 언어생활과 한자
교양	진로와 직업 **생태와 환경**	인간과 철학 · 논리와 사고 인간과 심리 · 교육의 이해 삶과 종교 · 보건	인간과 경제활동 · 논술
특수 목적고 과학 계열-과학		**고급 생명과학**	**생명과학 실험**

공학 계열

● 일반 선택 **굵은 글자**: 수능 출제 과목　● 상대평가 등급 미산출 과목: ▨ 성취도 5단계　▨ 성취도 3단계　▨ P/F

신소재공학과

#금속소재 #정보·전자소재 #에너지소재 #바이오소재
#기초과학지식 #논리적사고력
#미래를만드는소재

신소재란 기존 재료에는 없는 뛰어난 특성을 지닌 소재를 말한다. 신소재공학과의 목표는 실생활에서 사용되는 재료의 구조와 특징을 이해하고 새로운 소재를 개발·가공할 수 있는 신소재 전문가를 양성하는 것이다.

이를 위해 신소재공학과에서는 기본적인 재료과학 과목을 바탕으로 주요 소재별 구조와 특성, 활용 방법을 연구한다. 연구 대상이 되는 소재에는 대표적으로 기계 생산에 사용되는 금속 소재, 반도체와 디스플레이 생산에 사용되는 정보·전자 소재, 에너지 생산과 저장에 사용되는 에너지 소재, 바이오 및 의료 분야에서 사용되는 바이오 소재 등이 있다. 이 외에도 세라믹, 고분자, 나노 소재 등 다양한 소재를 다룬다.

반도체, 바이오 등 신소재 기술과 관련이 깊은 다양한 산업과 기술이 발전하고 생분해성 소재와 같은 친환경 소재 개발에 대한 사회적 요구가 커지면서 신소재공학의 중요성이 더욱 높아지고 있다. 이에 따라 신소재공학과 졸업생들도 다양한 분야에서 활약할 수 있다.

관련학과/유사학과

재료공학과
나노신소재공학과
첨단신소재공학과
신소재화학과
에너지신소재공학과 등

대학에서 어떤 과목을 배울까?

신소재공학

- 공학수학 · 재료물리 · 물리화학 · 유기화학 · 재료화학 · 재료공학 기초실험 · 금속재료
- 전자소자 및 회로 · 반도체소자 · 광전자 재료 및 소자 · 정보저장재료
- 에너지전기화학 · 에너지저장재료 · 이차전지공학 · 에너지소재실험
- 바이오재료 · 생물유기재료공학 · 의료소재 및 소자 · 생명신소재공학

졸업 후 무슨 일을 할까?

연구직 및 공학 기술직 — **45%** ➡ 직업
금속·재료공학 기술자 / 나노공학 기술자 / 반도체설계 엔지니어
석유화학공학 기술자 / 의약품화학공학 기술자 / 섬유공학 기술자
신소재공학 연구원

경영·사무 금융직 — **27%** ➡ 직업
생산·품질관리자 / 반도체품질관리원
감정평가사

기타 — **28%** ➡ 직업
대학교수 / 신문기자(과학기술)
기술영업원 / 해외영업원 등

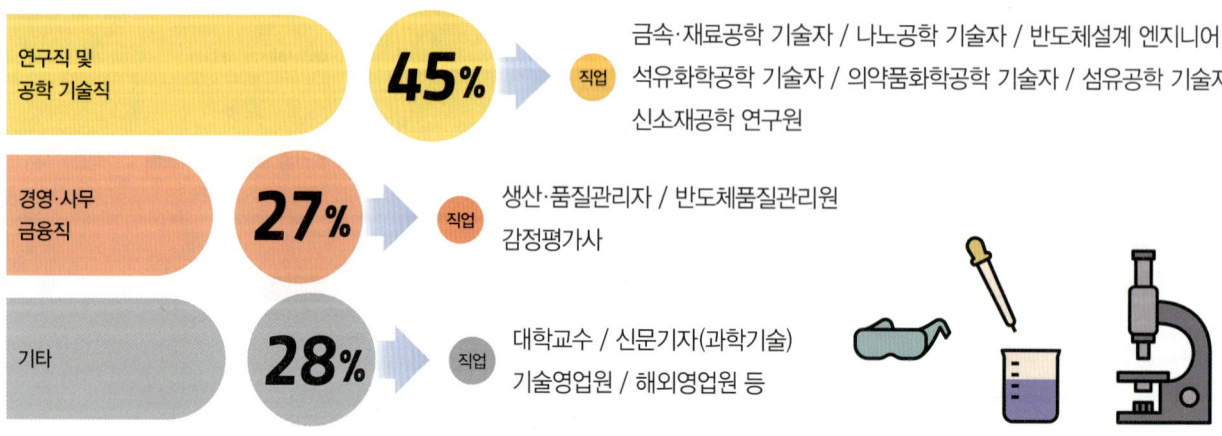

< **진학샘의 특별한 코칭**

수학 교과, 과학 교과의 **화학**, **물리학** 관련 과목을 이수하는 것을 추천합니다. 비교과 활동은 그래핀 키트를 활용해 웨어러블 소자 제작 실험을 하거나 최근에 개발된 신소재를 조사해 발표하는 것을 추천합니다.

핵심 권장	학과(부)에서 공부하기 위해 필수적 이수를 권장하는 과목
권장	학과(부)에서 공부하기 위해 이수를 권장하는 과목
추천 선택	192학점 이수를 고려해 이수를 권장하는 과목

교과(군)	일반 선택	진로 선택	융합 선택
국어	**화법과 언어** **독서와 작문** **문학**	주제 탐구 독서 문학과 영상 직무 의사소통	독서 토론과 글쓰기 매체 의사소통 언어생활 탐구
수학	**대수** **미적분 I** **확률과 통계**	기하 · 미적분 II 경제 수학 · 인공지능 수학 직무 수학	수학과 문화 실용 통계 수학과제 탐구
영어	**영어 I · 영어 II** 영어 독해와 작문	영미 문학 읽기 · 영어 발표와 토론 심화 영어 · 심화 영어 독해와 작문 직무 영어	실생활 영어 회화 미디어 영어 세계 문화와 영어
사회	세계시민과 지리 세계사 사회와 문화 현대사회와 윤리	한국지리 탐구 · 도시의 미래 탐구 동아시아 역사 기행 정치 · 법과 사회 · 경제 윤리와 사상 · 인문학과 윤리 국제 관계의 이해	여행지리 역사로 탐구하는 현대 세계 사회문제 탐구 · 금융과 경제생활 윤리문제 탐구 기후변화와 지속가능한 세계
과학	물리학 화학 생명과학 지구과학	역학과 에너지 · 전자기와 양자 물질과 에너지 · 화학 반응의 세계 세포와 물질대사 · 생물의 유전 지구시스템과학 · 행성우주과학	과학의 역사와 문화 기후변화와 환경생태 융합과학 탐구
기술·가정/ 정보	기술 ·가정 정보	로봇과 공학세계 · 생활과학 탐구 인공지능 기초 · 데이터 과학	창의 공학 설계 · 지식 재산 일반 생애 설계와 자립 · 아동발달과 부모 소프트웨어와 생활
제2외국어/ 한문	**제2외국어 (독일어, 프랑스어,** **스페인어, 중국어, 일본어,** **러시아어, 아랍어, 베트남어)** **한문**	제2외국어 회화 심화 제2외국어 한문 고전 읽기	제2외국어 문화 언어생활과 한자
교양	진로와 직업 생태와 환경	인간과 철학 · 논리와 사고 인간과 심리 · 교육의 이해 삶과 종교 · 보건	인간과 경제활동 · 논술
특수 목적고 **과학 계열 – 과학**		고급 화학	화학 실험

• 일반 선택 **굵은 글자**: 수능 출제 과목   • 상대평가 등급 미산출 과목: ▨ 성취도 5단계   ▨ 성취도 3단계   ▨ P/F

공학 계열

에너지자원
공학과

#에너지생산 #친환경에너지 #에너지경제학
#기초과학지식 #탐구력 #세상을바꾸는에너지

관련학과/유사학과

에너지공학과
에너지시스템공학부
환경에너지공학과
미래에너지융합학과 등

에너지자원공학과는 우리가 생활에 사용하는 에너지를 효율적으로 생산하기 위해 다양한 종류의 에너지자원을 탐색하고 개발하는 방법을 연구하는 학과이다. 석유, 천연가스, 석탄과 같은 전통적인 자원부터 지열, 풍력, 태양광, 수소 등 신재생 에너지까지 다양한 에너지를 연구하고 개발한다.

에너지자원공학과의 교과과정은 다양한 에너지자원을 탐사하고 개발하는 데 필요한 공학적 지식을 중심으로 이루어져 있다. 이와 함께 에너지 개발 과정에서 발생하는 환경 문제를 해결하기 위한 기술을 연구하거나 에너지의 경영학·경제학적 측면을 탐색하기도 한다.

기후위기 극복을 위하여 친환경 에너지 전환을 구현하는 것이 전 지구적 과제로 등장한 지금, 에너지와 관련된 사회적 이슈에 관심을 가져 두면 학과 공부에 도움을 얻을 수 있다.

대학에서 어떤 과목을 배울까?

에너지 자원공학

- 공업수학 · 지질공학 · 암석역학 · 에너지열역학 · 에너지자원물리화학 · 암석물리학개론
- 탄성파탐사 · 석유가스공학 및 실험 · 시추공학 · 자원개발공학 · 에너지GIS
- 신재생에너지 · 풍력에너지 · 지열에너지공학 · 에너지자원순환공학 · 이산화탄소 포집 및 저장기술
- 자원에너지경제학원론 · 국제에너지시장분석 · 에너지사업타당성평가

졸업 후 무슨 일을 할까?

분야	비율	직업
연구직 및 공학 기술직	57%	에너지공학 기술자(원자력, 태양광, 태양열, 지열 등) 에너지 연구원 / 발전설비 기술자 / 전기안전 기술자 위험관리원
경영·사무 금융직	19%	에너지 진단 전문가 / 공무원(기술직)
기타	24%	대학교수 / 신문기자(과학기술) 기술영업원 등

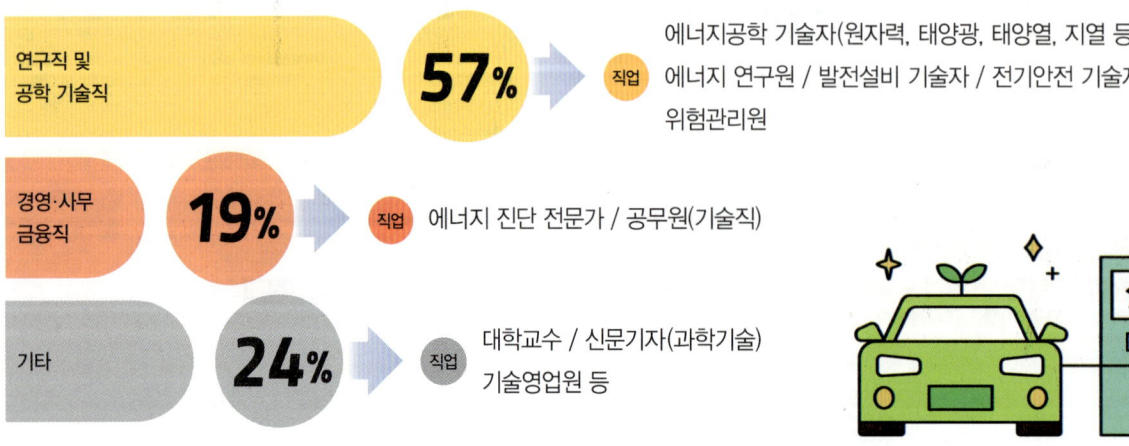

< 진학샘의 특별한 코칭

수학 교과, 과학 교과에서 **물리학, 화학** 관련 과목을 이수하는 것을 추천합니다. 비교과 활동은 태양광 키트로 친환경 전기를 생산하거나 학생들이 할 수 있는 에너지 절약 캠페인을 해 보는 것을 추천합니다.

핵심 권장 학과(부)에서 공부하기 위해 필수적 이수를 권장하는 과목

권장 학과(부)에서 공부하기 위해 이수를 권장하는 과목

추천 선택 192학점 이수를 고려해 이수를 권장하는 과목

교과(군)	일반 선택	진로 선택	융합 선택
국어	**화법과 언어** **독서와 작문** **문학**	주제 탐구 독서 문학과 영상 직무 의사소통	독서 토론과 글쓰기 매체 의사소통 언어생활 탐구
수학	**대수** **미적분 I** **확률과 통계**	**기하** · **미적분 II** 경제 수학 · 인공지능 수학 직무 수학	수학과 문화 실용 통계 수학과제 탐구
영어	**영어 I · 영어 II** 영어 독해와 작문	영미 문학 읽기 · 영어 발표와 토론 심화 영어 · 심화 영어 독해와 작문 직무 영어	실생활 영어 회화 미디어 영어 세계 문화와 영어
사회	세계시민과 지리 세계사 사회와 문화 현대사회와 윤리	한국지리 탐구 · 도시의 미래 탐구 동아시아 역사 기행 정치 · 법과 사회 · 경제 윤리와 사상 · 인문학과 윤리 국제 관계의 이해	여행지리 역사로 탐구하는 현대 세계 사회문제 탐구 · 금융과 경제생활 윤리문제 탐구 기후변화와 지속가능한 세계
과학	**물리학** **화학** 생명과학 지구과학	**역학과 에너지** · **전자기와 양자** **물질과 에너지** · **화학 반응의 세계** 세포와 물질대사 · 생물의 유전 지구시스템과학 · 행성우주과학	과학의 역사와 문화 기후변화와 환경생태 융합과학 탐구
기술·가정/ 정보	기술·가정 정보	로봇과 공학세계 · 생활과학 탐구 인공지능 기초 · 데이터 과학	창의 공학 설계 · 지식 재산 일반 생애 설계와 자립 · 아동발달과 부모 소프트웨어와 생활
제2외국어/ 한문	**제2외국어 (독일어, 프랑스어, 스페인어, 중국어, 일본어, 러시아어, 아랍어, 베트남어)** **한문**	제2외국어 회화 심화 제2외국어 한문 고전 읽기	제2외국어 문화 언어생활과 한자
교양	진로와 직업 생태와 환경	인간과 철학 · 논리와 사고 인간과 심리 · 교육의 이해 삶과 종교 · 보건	인간과 경제활동 · 논술
특수 목적고 과학 계열–과학		고급 물리학 고급 화학	물리학 실험 화학 실험

● 일반 선택 **굵은 글자**: 수능 출제 과목　　　● 상대평가 등급 미산출 과목: 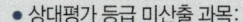 성취도 5단계 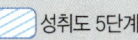 성취도 3단계 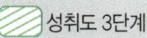 P/F

공학 계열

정보통신공학과

#통신시스템 #소프트웨어 #정보보안

#논리적사고력 #호기심

#세상을연결하는기술

관련학과/유사학과

정보통신융합공학과
전자통신공학과
ICT융합학부
IT공학전공 등

정보통신공학은 스마트폰이나 인터넷 등으로 빠르게 정보를 주고받기 위한 통신 기술을 연구하는 학문으로서 전자공학, 컴퓨터공학, 통신공학 등 다양한 공학 분야가 융합되어 있다. 정보통신공학과에서는 수학, 물리학, 프로그래밍 등의 기초 과목을 바탕으로 신호 처리, 네트워크, 무선통신 등 통신 기술의 핵심 이론을 배운다. 또한 모바일 통신, 인공지능 통신, 사물인터넷(IoT) 등 통신과 관련된 첨단 기술도 함께 공부한다. 심화 과정으로 통신 과정에서 발생할 수 있는 정보 위협에 대응하기 위한 정보 보안 기술을 연구하기도 한다.

정보통신공학은 인터넷, 스마트폰, 인공지능, 자율주행 자동차 등 현대 사회에 필수적인 네트워크 기반 기술을 다루는 중요 학문으로 이와 관련된 새로운 직업도 늘어날 전망이다. 각종 통신 기기나 컴퓨터 조작에 익숙하거나 프로그래밍에 필요한 논리적 사고력이 있다면 이 학과에서 공부하는 데 도움이 된다.

대학에서 어떤 과목을 배울까?

정보통신공학

- 정보통신공학개론 · 신호 및 시스템 · 디지털논리회로 · 컴퓨터구조 · 컴퓨터네트워크
- 디지털신호처리 · 이동통신 · 무선통신 · 정보통신설계 · 멀티미디어통신 · 지능형시스템
- 알고리즘설계 · 공학프로그래밍 · 시스템프로그래밍 · 임베디드시스템설계
- 정보보호론 · 정보보안 및 응용

졸업 후 무슨 일을 할까?

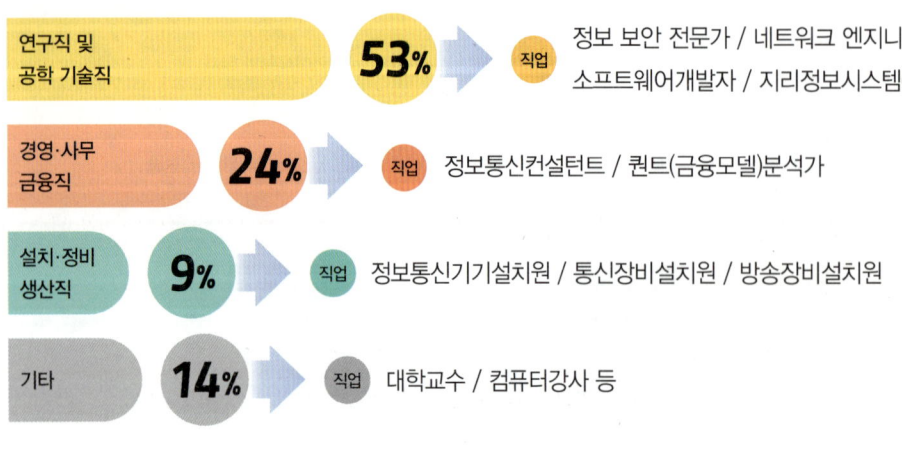

연구직 및 공학 기술직	53%	직업	정보 보안 전문가 / 네트워크 엔지니어 / 음성처리 전문가 소프트웨어개발자 / 지리정보시스템(GIS) 전문가 / 통신공학 기술자
경영·사무 금융직	24%	직업	정보통신컨설턴트 / 퀀트(금융모델)분석가
설치·정비 생산직	9%	직업	정보통신기기설치원 / 통신장비설치원 / 방송장비설치원
기타	14%	직업	대학교수 / 컴퓨터강사 등

< 진학샘의 특별한 코칭

수학 교과와 정보 교과, 과학 교과에서 **물리학** 관련 과목 이수를 추천합니다.
비교과 활동은 와이파이 신호의 세기가 거리나 주변 환경에 따라 어떻게 달
라지는지 실험하고 그 결과를 물리학 이론으로 설명해 보는 것을 추천합니다.

핵심 권장 학과(부)에서 공부하기 위해 필수적 이수를 권장하는 과목

권장 학과(부)에서 공부하기 위해 이수를 권장하는 과목

추천 선택 192학점 이수를 고려해 이수를 권장하는 과목

교과(군)	일반 선택	진로 선택	융합 선택
국어	**화법과 언어** **독서와 작문** **문학**	주제 탐구 독서 문학과 영상 직무 의사소통	독서 토론과 글쓰기 매체 의사소통 언어생활 탐구
수학	**대수** **미적분 I** **확률과 통계**	**기하** · **미적분 II** 경제 수학 · 인공지능 수학 직무 수학	수학과 문화 실용 통계 수학과제 탐구
영어	**영어 I** · **영어 II** 영어 독해와 작문	영미 문학 읽기 · 영어 발표와 토론 심화 영어 · 심화 영어 독해와 작문 직무 영어	실생활 영어 회화 미디어 영어 세계 문화와 영어
사회	세계시민과 지리 세계사 사회와 문화 현대사회와 윤리	한국지리 탐구 · 도시의 미래 탐구 동아시아 역사 기행 정치 · 법과 사회 · 경제 윤리와 사상 · 인문학과 윤리 국제 관계의 이해	여행지리 역사로 탐구하는 현대 세계 사회문제 탐구 · 금융과 경제생활 윤리문제 탐구 기후변화와 지속가능한 세계
과학	**물리학** 화학 생명과학 지구과학	**역학과 에너지** · **전자기와 양자** 물질과 에너지 · 화학 반응의 세계 세포와 물질대사 · 생물의 유전 지구시스템과학 · 행성우주과학	과학의 역사와 문화 기후변화와 환경생태 융합과학 탐구
기술·가정/ 정보	기술·가정 정보	로봇과 공학세계 · 생활과학 탐구 인공지능 기초 · 데이터 과학	창의 공학 설계 · 지식 재산 일반 생애 설계와 자립 · 아동발달과 부모 소프트웨어와 생활
제2외국어/ 한문	**제2외국어 (독일어, 프랑스어, 스페인어, 중국어, 일본어, 러시아어, 아랍어, 베트남어)** **한문**	제2외국어 회화 심화 제2외국어 한문 고전 읽기	제2외국어 문화 언어생활과 한자
교양	진로와 직업 생태와 환경	인간과 철학 · 논리와 사고 인간과 심리 · 교육의 이해 삶과 종교 · 보건	인간과 경제활동 · 논술
특수 목적고 **과학 계열-과학**		고급 물리학	물리학 실험

• 일반 선택 **굵은 글자**: 수능 출제 과목   • 상대평가 등급 미산출 과목: ▨ 성취도 5단계 ▨ 성취도 3단계 ▨ P/F

공학 계열

조선해양 공학과

#선박구조설계 #선박운동추진 #해양장비설계
#공간지각력 #논리적사고력 #바다를누비는배를만들래

관련학과/유사학과

조선공학과
해양공학과
조선해양시스템공학부 등

조선해양공학과는 선박 또는 해양 구조물을 설계하고 개발하기 위한 이론과 기술을 연구하는 학과이다. 화물선이나 여객선부터 해양 석유 시추 시설, 해상풍력 발전기까지 해양에서 사용되는 모든 구조물을 다룬다.

조선해양공학과의 특징은 바다라는 특수한 환경에 맞도록 구조물을 설계하는 데 초점을 둔다는 점이다. 이를 위해 구조역학, 유체역학 등 물리학 이론을 습득하고 선박과 해양 구조물의 설계 기술을 익히며, 바람, 파도, 조류의 힘을 고려하여 구조를 설계하는 방법을 배운다. 이 외에도 항만 개발, 해양 자원 조사, 해양 관측 시스템 등 해양 자원 개발을 위한 기술을 연구하기도 한다.

조선해양공학을 전공하기 위해서는 과학, 수학뿐만 아니라 해양 환경에 대한 이해도 중요하다. 공학 분야의 적성뿐만 아니라 바다와 선박에 대한 흥미도 있다면 조선해양공학과에 적합할 가능성이 높다.

대학에서 어떤 과목을 배울까?

조선해양공학

- 구조동역학 · 구조정역학 · 선박해양구조역학 · 선박구조진동학 · 선체구조설계
- 열역학 · 유체역학 · 해양파역학 · 선박저항추진론 · 선체운동학 · 선박운항제어론
- 해양자원개발장비설계 · 해양장비설계 · 해양장비와 안전

졸업 후 무슨 일을 할까?

분야	비율		직업
연구직 및 공학 기술직	40%	직업	해양공학 기술자 / 기계공학 기술자 / 조선공학 기술자 / 해양설비설계사 조선·해양건설·항만장비 기업 연구원
경영·사무 금융직	19%	직업	수상운송 사무원 / 선박운항관리사 / 복합운송주선인
영업·판매 운송직	19%	직업	선장 / 항해사 / 도선사 / 선박교통관제사
기타	22%	직업	선박조립원 / 선박검사원 등

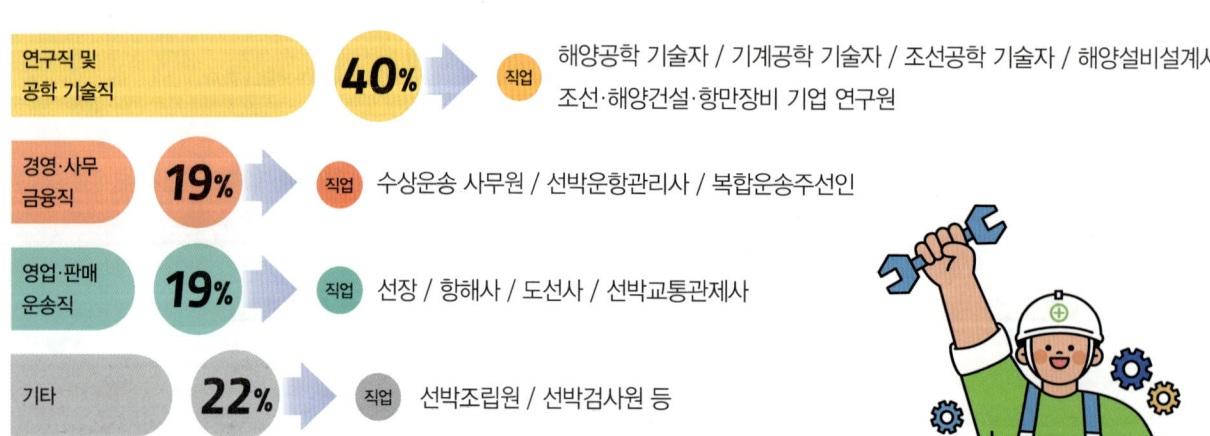

〈 진학샘의 특별한 코칭

수학 교과, 과학 교과에서 **물리학, 지구과학** 관련 과목을 이수하는 것을 추천합니다. 비교과 활동은 우리나라 조선업 조사, 배가 뜨는 원리 및 선박의 작동 원리 심화 학습과 모형 선박 제작 활동을 추천합니다.

핵심 권장 학과(부)에서 공부하기 위해 필수적 이수를 권장하는 과목

권장 학과(부)에서 공부하기 위해 이수를 권장하는 과목

추천 선택 192학점 이수를 고려해 이수를 권장하는 과목

교과(군)	일반 선택	진로 선택	융합 선택
국어	**화법과 언어** **독서와 작문** **문학**	주제 탐구 독서 문학과 영상 직무 의사소통	독서 토론과 글쓰기 매체 의사소통 언어생활 탐구
수학	**대수** **미적분 I** **확률과 통계**	**기하** · **미적분 II** 경제 수학 · 인공지능 수학 직무 수학	수학과 문화 실용 통계 수학과제 탐구
영어	**영어 I · 영어 II** **영어 독해와 작문**	영미 문학 읽기 · 영어 발표와 토론 심화 영어 · 심화 영어 독해와 작문 직무 영어	실생활 영어 회화 미디어 영어 세계 문화와 영어
사회	세계시민과 지리 세계사 사회와 문화 현대사회와 윤리	한국지리 탐구 · 도시의 미래 탐구 동아시아 역사 기행 정치 · 법과 사회 · 경제 윤리와 사상 · 인문학과 윤리 국제 관계의 이해	여행지리 역사로 탐구하는 현대 세계 사회문제 탐구 · 금융과 경제생활 윤리문제 탐구 기후변화와 지속가능한 세계
과학	**물리학** 화학 생명과학 **지구과학**	**역학과 에너지** · **전자기와 양자** 물질과 에너지 · 화학 반응의 세계 세포와 물질대사 · 생물의 유전 **지구시스템과학** · 행성우주과학	과학의 역사와 문화 기후변화와 환경생태 **융합과학 탐구**
기술·가정/ 정보	기술·가정	로봇과 공학세계 · 생활과학 탐구	**창의 공학 설계** · 지식 재산 일반 생애 설계와 자립 · 아동발달과 부모
	정보	인공지능 기초 · 데이터 과학	소프트웨어와 생활
제2외국어/ 한문	**제2외국어 (독일어, 프랑스어, 스페인어, 중국어, 일본어, 러시아어, 아랍어, 베트남어)**	제2외국어 회화 심화 제2외국어	제2외국어 문화
	한문	한문 고전 읽기	언어생활과 한자
교양	진로와 직업 생태와 환경	인간과 철학 · 논리와 사고 인간과 심리 · 교육의 이해 삶과 종교 · 보건	인간과 경제활동 · 논술
특수 목적고 과학 계열 – 과학		**고급 물리학**	**물리학 실험**

• 일반 선택 **굵은 글자**: 수능 출제 과목 • 상대평가 등급 미산출 과목: ▨ 성취도 5단계 ▨ 성취도 3단계 ▨ P/F

공학 계열

건설환경 공학과

#구조공학 #수공학 #지반공학 #환경공학
#공동체역량 #공간지각력 #삶의질을높이는기술자

관련학과/유사학과

토목공학과
토목환경공학과
건설시스템공학과
건설환경플랜트공학전공 등

건설환경공학과는 시민들의 편리하고 안전한 삶을 실현하는 데 필요한 다양한 시설들의 설계, 건설, 유지·관리 기술을 연구하는 학과이다. 이러한 시설에는 교통, 통신, 에너지, 환경 시설 등이 있다.

건설환경공학과의 연구 분야는 구조공학, 수공학, 지반공학, 환경공학 등으로 나뉜다. 구조공학 분야에서는 각종 시설물을 안전하고 튼튼하게 설계하고 시공하는 기술을 탐구한다. 수공학 분야에서는 수(水)자원과 관련된 시설을 탐구하며, 지반공학 분야에서는 안전한 설계·시공을 위한 지반의 특성을 연구한다. 환경공학 분야에서는 폐기물 처리, 자원 재활용 등 환경 보전과 개선을 위한 기술을 연구한다. 이 외에도 교통공학, 건설 관리 등의 분야를 탐구하기도 한다.

건설환경공학은 공공적인 특성이 큰 학문으로 공공의 편의에 관심이 있는 학생들이 흥미를 느낄 가능성이 높다. 한편 이 학과 졸업생들은 토목공학, 도시공학, 환경공학을 아우르는 전공 기술을 습득함으로써 다양한 분야로 진출할 수 있다.

대학에서 어떤 과목을 배울까?

건설환경공학

- 구조역학 · 구조해석 · 콘크리트구조설계 · 구조설계공학 · 구조시스템공학
- 수리학 · 물관리공학 · 상하수도공학 · 하천 및 댐공학 · 미래의 물환경 시스템
- 토목지질암반공학 · 포장공학 · 지반시스템공학 · 측량학
- 환경공학개론 · 환경공정 및 시스템공학 · 환경공간정보분석

졸업 후 무슨 일을 할까?

연구직 및 공학 기술직 — **57%** → 직업
토목시공 기술자 / 건설견적원(적산원) / 건설안전관리원
건설공사품질관리원 / 건설자재시험원 / 도시재생 전문가
도시계획가 / 교통설계 전문가 / 환경공학 기술자 / 측량사

경영·사무 금융직 — **21%** → 직업 건축캐드원 / 토목캐드원 / 공사현장관리자

기타 — **22%** → 직업 대학교수 / 기술영업원 / 건축마감기능원 등

진학샘의 특별한 코칭

수학 교과, 과학 교과의 **물리학**, **화학** 관련 과목 이수를 추천합니다. 비교과 활동은 트러스교, 아치교, 현수교, 사장교 등 한강 다리의 형태별 특징을 조사하거나, 나무젓가락으로 튼튼한 교량 모형을 만들어 보는 것을 추천합니다.

 핵심 권장 학과(부)에서 공부하기 위해 필수적 이수를 권장하는 과목

 권장 학과(부)에서 공부하기 위해 이수를 권장하는 과목

추천 선택 192학점 이수를 고려해 이수를 권장하는 과목

교과(군)	일반 선택	진로 선택	융합 선택
국어	**화법과 언어** **독서와 작문** **문학**	주제 탐구 독서 문학과 영상 직무 의사소통	독서 토론과 글쓰기 매체 의사소통 언어생활 탐구
수학	**대수** **미적분 I** **확률과 통계**	기하 · 미적분 II 경제 수학 · 인공지능 수학 직무 수학	수학과 문화 실용 통계 수학과제 탐구
영어	**영어 I · 영어 II** 영어 독해와 작문	영미 문학 읽기 · 영어 발표와 토론 심화 영어 · 심화 영어 독해와 작문 직무 영어	실생활 영어 회화 미디어 영어 세계 문화와 영어
사회	세계시민과 지리 세계사 사회와 문화 현대사회와 윤리	한국지리 탐구 · 도시의 미래 탐구 동아시아 역사 기행 정치 · 법과 사회 · 경제 윤리와 사상 · 인문학과 윤리 국제 관계의 이해	여행지리 역사로 탐구하는 현대 세계 사회문제 탐구 · 금융과 경제생활 윤리문제 탐구 기후변화와 지속가능한 세계
과학	물리학 화학 생명과학 지구과학	역학과 에너지 · 전자기와 양자 물질과 에너지 · 화학 반응의 세계 세포와 물질대사 · 생물의 유전 지구시스템과학 · 행성우주과학	과학의 역사와 문화 기후변화와 환경생태 융합과학 탐구
기술·가정/ 정보	기술·가정	로봇과 공학세계 · 생활과학 탐구	창의 공학 설계 · 지식 재산 일반 생애 설계와 자립 · 아동발달과 부모
	정보	인공지능 기초 · 데이터 과학	소프트웨어와 생활
제2외국어/ 한문	**제2외국어 (독일어, 프랑스어, 스페인어, 중국어, 일본어, 러시아어, 아랍어, 베트남어)**	제2외국어 회화 심화 제2외국어	제2외국어 문화
	한문	한문 고전 읽기	언어생활과 한자
교양	진로와 직업 생태와 환경	인간과 철학 · 논리와 사고 인간과 심리 · 교육의 이해 삶과 종교 · 보건	인간과 경제활동 · 논술

공학 계열

- 일반 선택 **굵은 글자**: 수능 출제 과목
- 상대평가 등급 미산출 과목: 성취도 5단계 성취도 3단계 P/F

환경공학과

#대기 #수질 #폐기물
#기초과학지식 #환경보호의식
#지속가능한세상만들기

관련학과/유사학과

환경생태공학부
환경시스템공학과
환경에너지공학과
환경안전공학과
융합환경과학과 등

환경공학은 환경 오염을 최소화하고 지속가능한 사회로 나아가기 위한 기술을 연구하는 학문이다. 환경공학과의 목표는 환경 문제를 해결하고 쾌적한 환경을 구현할 수 있는 환경공학 전문가를 양성하는 것이다.

이를 위해 기본적인 자연과학을 기반으로 대기 오염, 수질 오염, 폐기물 처리 등 다양한 환경 문제를 다루는 기술을 배운다. 또한 환경 오염을 측정하거나 개선하는 실험 및 실습을 통해 실제 현장에 필요한 문제 해결 능력을 기르며, 환경공학 분야에 영향을 끼칠 수 있는 환경 정책, 환경 경영 등의 분야를 탐구하기도 한다.

기후위기가 심각해지면서 환경을 보전하고 오염을 막을 수 있는 환경공학 기술에 대한 관심이 높아지고 있다. 평소 환경 문제에 관심이 많은 학생이라면 환경공학과에 적합할 가능성이 높다. 또한 환경공학과에서 배우는 내용은 일반적으로 화학에 기반을 두고 있으므로 화학 과목에 흥미가 있는 학생들에게도 추천할 만한 학과이다.

대학에서 어떤 과목을 배울까?

환경공학

- 환경물리화학 · 환경화학 · 환경미생물학 · 환경생태학 · 환경수치해석
- 대기환경학 · 대기오염방지시설설계 · 대기오염제어 · 대기오염공학 · 기후변화와 탄소중립 세미나
- 정수처리공학 · 폐수처리공학 · 상하수도공학 · 수질모델링
- 토양오염 및 복원 · 폐기물관리 · 폐기물처리공학 · 폐자원순환공학

졸업 후 무슨 일을 할까?

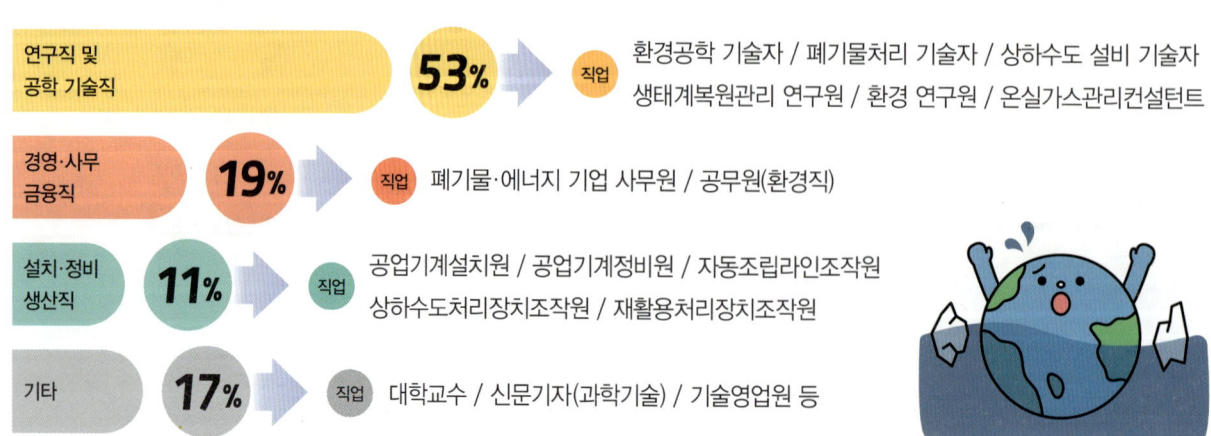

연구직 및 공학 기술직 **53%** ➡ 직업 환경공학 기술자 / 폐기물처리 기술자 / 상하수도 설비 기술자
생태계복원관리 연구원 / 환경 연구원 / 온실가스관리컨설턴트

경영·사무 금융직 **19%** ➡ 직업 폐기물·에너지 기업 사무원 / 공무원(환경직)

설치·정비 생산직 **11%** ➡ 직업 공업기계설치원 / 공업기계정비원 / 자동조립라인조작원
상하수도처리장치조작원 / 재활용처리장치조작원

기타 **17%** ➡ 직업 대학교수 / 신문기자(과학기술) / 기술영업원 등

< **진학샘의 특별한 코칭**

수학 교과, 과학 교과에서 **화학, 물리학** 관련 과목을 이수하는 것을 추천합니다. 비교과 활동은 주변 강의 수질을 조사하여 수질을 유지하거나 개선할 방안을 찾아보는 활동을 추천합니다.

핵심 권장	학과(부)에서 공부하기 위해 필수적 이수를 권장하는 과목
권장	학과(부)에서 공부하기 위해 이수를 권장하는 과목
추천 선택	192학점 이수를 고려해 이수를 권장하는 과목

교과(군)	일반 선택	진로 선택	융합 선택
국어	**화법과 언어** **독서와 작문** **문학**	주제 탐구 독서 문학과 영상 직무 의사소통	독서 토론과 글쓰기 매체 의사소통 언어생활 탐구
수학	**대수** **미적분 I** **확률과 통계**	**기하** · **미적분 II** 경제 수학 · 인공지능 수학 직무 수학	수학과 문화 실용 통계 수학과제 탐구
영어	**영어 I** · **영어 II** **영어 독해와 작문**	영미 문학 읽기 · 영어 발표와 토론 심화 영어 · 심화 영어 독해와 작문 직무 영어	실생활 영어 회화 미디어 영어 세계 문화와 영어
사회	세계시민과 지리 세계사 사회와 문화 현대사회와 윤리	한국지리 탐구 · 도시의 미래 탐구 동아시아 역사 기행 정치 · 법과 사회 · 경제 윤리와 사상 · 인문학과 윤리 국제 관계의 이해	여행지리 역사로 탐구하는 현대 세계 사회문제 탐구 · 금융과 경제생활 윤리문제 탐구 **기후변화와 지속가능한 세계**
과학	**물리학** **화학** **생명과학** **지구과학**	**역학과 에너지** · **전자기와 양자** **물질과 에너지** · **화학 반응의 세계** 세포와 물질대사 · 생물의 유전 **지구시스템과학** · 행성우주과학	과학의 역사와 문화 **기후변화와 환경생태** 융합과학 탐구
기술·가정/ 정보	기술·가정 정보	로봇과 공학세계 · 생활과학 탐구 인공지능 기초 · 데이터 과학	창의 공학 설계 · 지식 재산 일반 생애 설계와 자립 · 아동발달과 부모 소프트웨어와 생활
제2외국어/ 한문	**제2외국어 (독일어, 프랑스어, 스페인어, 중국어, 일본어, 러시아어, 아랍어, 베트남어)** **한문**	제2외국어 회화 심화 제2외국어 한문 고전 읽기	제2외국어 문화 언어생활과 한자
교양	진로와 직업 **생태와 환경**	인간과 철학 · 논리와 사고 인간과 심리 · 교육의 이해 삶과 종교 · 보건	인간과 경제활동 · 논술

공학 계열

• 일반 선택 **굵은 글자**: 수능 출제 과목 • 상대평가 등급 미산출 과목: 성취도 5단계 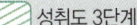 성취도 3단계 P/F

항공우주공학과

#유체역학 #구조·재료역학 #추진·연소
#동역학·제어 #항공우주시스템
#상상력 #탐구력 #내가만든로켓이우주에간다면

관련학과/유사학과

항공기계공학과
항공우주·모빌리티공학과
우주항공시스템공학부 등

항공우주공학과는 비행기를 비롯해 헬리콥터, 미사일, 인공위성, 우주선 등 다양한 비행체를 설계, 제작, 운영하는 데 필요한 이론과 기술을 연구하는 학과이다.

항공우주공학과의 연구 분야에는 비행체가 공중에 뜨는 원리를 연구하는 유체역학 분야, 비행체의 구조를 설계하고 비행체 소재의 특성을 연구하는 구조·재료역학 분야, 추진력을 만드는 엔진을 연구하는 추진·연소 분야, 비행체의 정확한 움직임을 연구하는 동역학·제어 분야, 비행체 작동에 필요한 전체 시스템을 연구하는 항공우주시스템·설계 분야 등이 있다.

항공우주공학과 졸업생은 기계에 대한 종합적인 이해를 바탕으로 항공 관련 산업체뿐만 아니라 일반 기계공학 분야, 중공업, 정보통신 분야 등으로도 진출할 수 있다. 또한 3차 발사를 성공적으로 끝낸 한국형 발사체 누리호처럼 국가 단위의 항공우주 개발 계획에서도 항공우주 전문 인력을 필요로 하고 있어 전망이 밝은 분야 중 하나이다.

대학에서 어떤 과목을 배울까?

항공우주공학

- 유체역학 · 점성유체역학 · 압축성유체역학 · 연소공학
- 항공우주재료역학 · 항공기구조역학 · 항공우주진동론 · 구조동역학 · 복합재료역학
- 항공우주열역학 · 연소공학 · 제트추진 · 로켓추진 · 복사 및 연소현상론
- 비행역학 · 비행동역학 및 제어 · 비행역학프로젝트
- 인공위성시스템 · 위성항법시스템 · 항공우주응용전자공학 · 항공우주시스템설계

졸업 후 무슨 일을 할까?

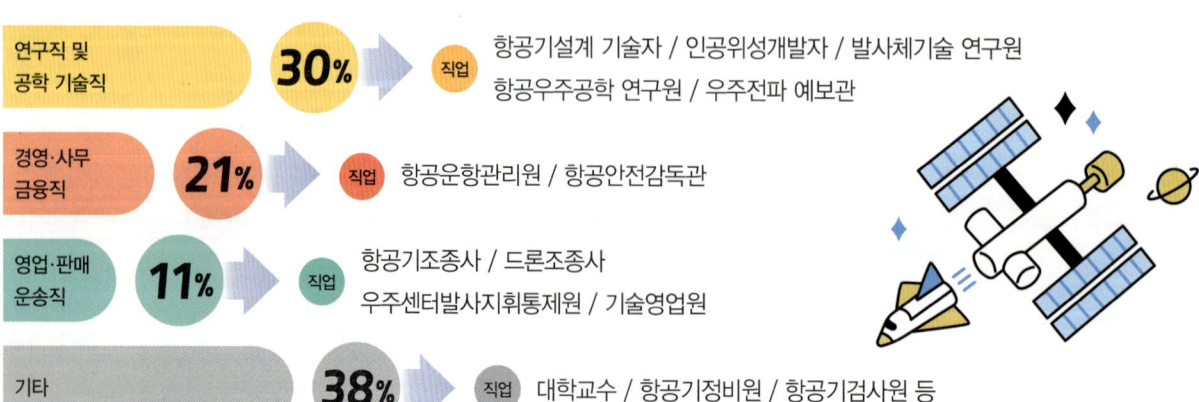

연구직 및 공학 기술직	30%	직업	항공기설계 기술자 / 인공위성개발자 / 발사체기술 연구원 항공우주공학 연구원 / 우주전파 예보관
경영·사무 금융직	21%	직업	항공운항관리원 / 항공안전감독관
영업·판매 운송직	11%	직업	항공기조종사 / 드론조종사 우주센터발사지휘통제원 / 기술영업원
기타	38%	직업	대학교수 / 항공기정비원 / 항공기검사원 등

< **진학샘의 특별한 코칭**

수학 교과, 과학 교과에서 **물리학, 지구과학** 관련 과목을 이수하는 것을 추천합니다. 비교과 활동은 베르누이 원리, 마그누스 효과처럼 양력과 관련된 개념을 심화하여 학습하거나, 무게 중심이 다른 종이비행기로 무게 중심과 비행시간의 관계를 규명하는 실험을 해 보는 것을 추천합니다.

핵심 권장	학과(부)에서 공부하기 위해 필수적 이수를 권장하는 과목
권장	학과(부)에서 공부하기 위해 이수를 권장하는 과목
추천 선택	192학점 이수를 고려해 이수를 권장하는 과목

교과(군)	일반 선택	진로 선택	융합 선택
국어	**화법과 언어** **독서와 작문** **문학**	주제 탐구 독서 문학과 영상 직무 의사소통	독서 토론과 글쓰기 매체 의사소통 언어생활 탐구
수학	**대수** **미적분 I** **확률과 통계**	기하 · 미적분 II 경제 수학 · 인공지능 수학 직무 수학	수학과 문화 실용 통계 수학과제 탐구
영어	**영어 I · 영어 II** 영어 독해와 작문	영미 문학 읽기 · 영어 발표와 토론 심화 영어 · 심화 영어 독해와 작문 직무 영어	실생활 영어 회화 미디어 영어 세계 문화와 영어
사회	세계시민과 지리 세계사 사회와 문화 현대사회와 윤리	한국지리 탐구 · 도시의 미래 탐구 동아시아 역사 기행 정치 · 법과 사회 · 경제 윤리와 사상 · 인문학과 윤리 국제 관계의 이해	여행지리 역사로 탐구하는 현대 세계 사회문제 탐구 · 금융과 경제생활 윤리문제 탐구 기후변화와 지속가능한 세계
과학	물리학 화학 생명과학 지구과학	역학과 에너지 · 전자기와 양자 물질과 에너지 · 화학 반응의 세계 세포와 물질대사 · 생물의 유전 지구시스템과학 · 행성우주과학	과학의 역사와 문화 기후변화와 환경생태 융합과학 탐구
기술·가정/정보	기술·가정 정보	로봇과 공학세계 · 생활과학 탐구 인공지능 기초 · 데이터 과학	창의 공학 설계 · 지식 재산 일반 생애 설계와 자립 · 아동발달과 부모 소프트웨어와 생활
제2외국어/한문	**제2외국어 (독일어, 프랑스어, 스페인어, 중국어, 일본어, 러시아어, 아랍어, 베트남어)** **한문**	제2외국어 회화 심화 제2외국어 한문 고전 읽기	제2외국어 문화 언어생활과 한자
교양	진로와 직업 생태와 환경	인간과 철학 · 논리와 사고 인간과 심리 · 교육의 이해 삶과 종교 · 보건	인간과 경제활동 · 논술

공학 계열

● 일반 선택 **굵은 글자**: 수능 출제 과목　　● 상대평가 등급 미산출 과목: 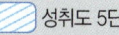 성취도 5단계 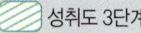 성취도 3단계 P/F

의약보건 계열의 학과는 사회에서 의료 행위를 수행할 수 있는 의사, 간호사, 약사 등을 양성하는 것을 목표로 한다. 이를 위해 인체의 구조와 기능을 탐구하고 질병의 예방 및 치료 방법을 연구한다. 의약품에 관한 기초 및 응용과학을 다루는 약학 분야도 포함된다. 졸업 후 관련 전공의 국가시험을 거쳐 면허를 취득하고 관련 직업으로 진출하는 경우가 많다.

⑥ 의약보건 계열

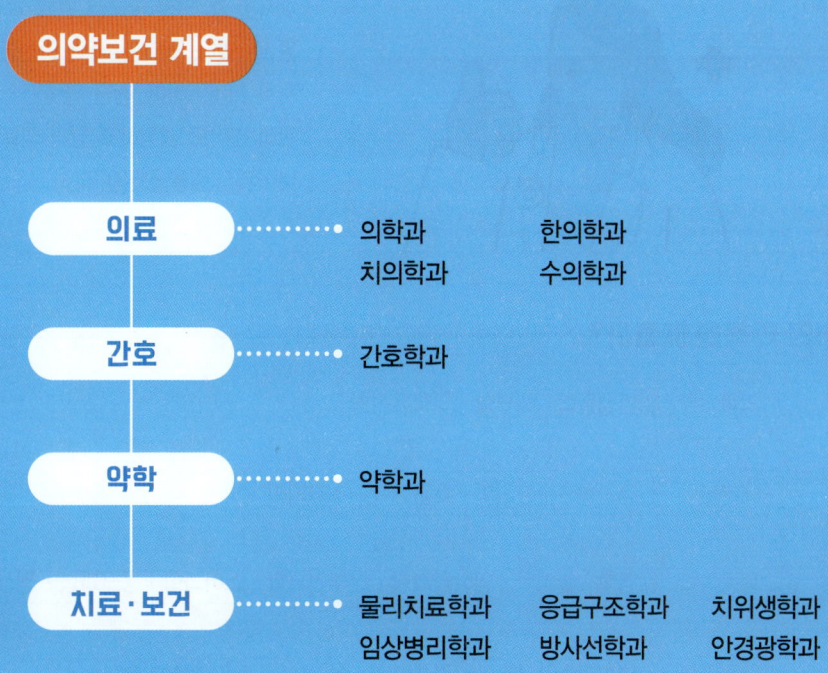

의약보건 계열

의료 ·········· 의학과   한의학과
                  치의학과   수의학과

간호 ·········· 간호학과

약학 ·········· 약학과

치료·보건 ·········· 물리치료학과   응급구조학과   치위생학과
                        임상병리학과   방사선학과   안경광학과

의학과

#기초의학 #임상의학 #의료실습
#봉사정신 #상황판단능력
#생명을구하는의사가될래

취득 가능 자격

의사

의학은 인체의 구조와 기능에 대한 이해를 바탕으로 의료 기술을 연구하는 학문이다. 의학과의 목표는 의료인으로서의 윤리의식과 환자를 치료할 수 있는 실용적인 능력을 갖춘 전문 의사를 양성하는 것이다.

의사가 되기 위한 수련 과정은 총 6년으로 의예과 2년, 의학과 4년으로 구성되어 있다. 의예과에서는 의학 공부의 기반이 되는 기초 자연과학 과목을 공부한다. 의학과에서는 임상 의학 분야의 연구를 통해 질환을 진단하고 치료하는 방법을 탐구하며, 의료 실습을 수행하여 실제 의료 현장에서 필요한 실무 능력을 기른다. 이 외에도 공중 보건 관리 방법이나 의료 윤리를 탐구하기도 한다.

의학과 졸업생들은 의사 국가시험을 통과하여 의사 자격을 취득한 후 인턴 및 레지던트 과정을 거쳐 전문의 자격을 얻을 수 있다. 의료는 사회 안전망의 핵심이자 가장 기본적인 사회 서비스이며, 첨단 과학기술의 발전과 함께 디지털 건강 관리 분야도 성장하고 있어 의료 전문 인력에 대한 필요성은 낮아지지 않을 전망이다.

대학에서 어떤 과목을 배울까?

의학
- 의학개론 · 일반생물학 · 해부학 · 의학유전학
- 내분비학 · 신경과학 · 순환기학 · 호흡기학 · 소화기학
- 행동과학 · 감염학 · 혈액학 · 임상약리학 · 산부인과학 · 소아과학 · 응급과학 · 정신과학
- 내과계실습 · 여성과소아실습 · 외과계실습 · 정신/신경계 및 영상실습

졸업 후 무슨 일을 할까?

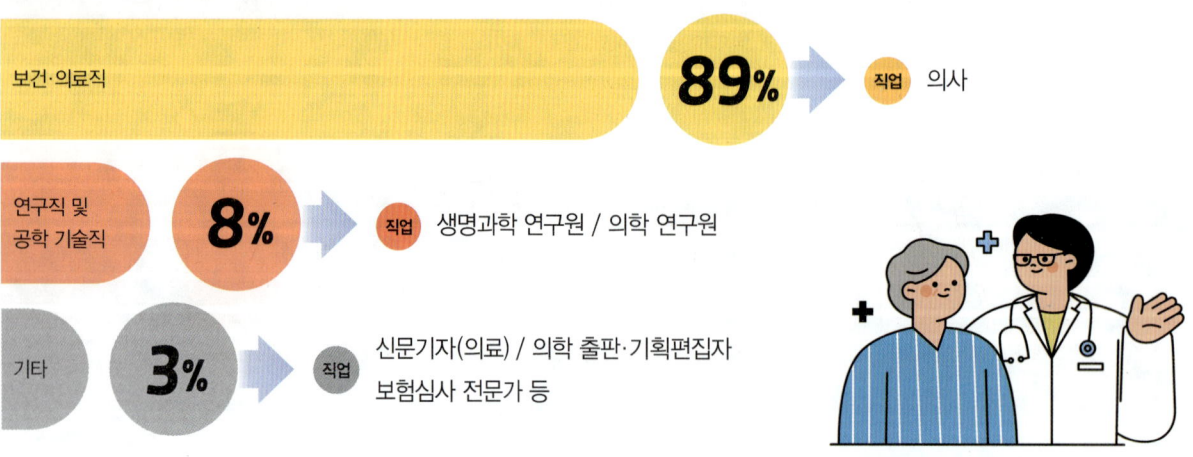

보건·의료직 **89%** → 직업 의사

연구직 및 공학 기술직 **8%** → 직업 생명과학 연구원 / 의학 연구원

기타 **3%** → 직업 신문기자(의료) / 의학 출판·기획편집자 보험심사 전문가 등

‹ **진학샘의 특별한 코칭**

수학 교과, 과학 교과에서 **생명과학**, **화학** 관련 과목을 이수하는 것을 추천합니다. 비교과 활동은 스마트워치를 활용해 수면의 양과 질 중 무엇이 더 중요한지 연구해 보는 등의 심화 탐구 활동을 추천합니다.

핵심 권장	학과(부)에서 공부하기 위해 필수적 이수를 권장하는 과목
권장	학과(부)에서 공부하기 위해 이수를 권장하는 과목
추천 선택	192학점 이수를 고려해 이수를 권장하는 과목

교과(군)	일반 선택	진로 선택	융합 선택
국어	**화법과 언어** **독서와 작문** **문학**	주제 탐구 독서 문학과 영상 직무 의사소통	독서 토론과 글쓰기 매체 의사소통 언어생활 탐구
수학	**대수** **미적분 I** **확률과 통계**	기하 · 미적분 II 경제 수학 · 인공지능 수학 직무 수학	수학과 문화 실용 통계 수학과제 탐구
영어	**영어 I · 영어 II** 영어 독해와 작문	영미 문학 읽기 · 영어 발표와 토론 심화 영어 · 심화 영어 독해와 작문 직무 영어	실생활 영어 회화 미디어 영어 세계 문화와 영어
사회	세계시민과 지리 세계사 사회와 문화 현대사회와 윤리	한국지리 탐구 · 도시의 미래 탐구 동아시아 역사 기행 정치 · 법과 사회 · 경제 윤리와 사상 · 인문학과 윤리 국제 관계의 이해	여행지리 역사로 탐구하는 현대 세계 사회문제 탐구 · 금융과 경제생활 윤리문제 탐구 기후변화와 지속가능한 세계
과학	물리학 화학 생명과학 지구과학	역학과 에너지 · 전자기와 양자 물질과 에너지 · 화학 반응의 세계 세포와 물질대사 · 생물의 유전 지구시스템과학 · 행성우주과학	과학의 역사와 문화 기후변화와 환경생태 융합과학 탐구
기술·가정/정보	기술·가정 정보	로봇과 공학세계 · 생활과학 탐구 인공지능 기초 · 데이터 과학	창의 공학 설계 · 지식 재산 일반 생애 설계와 자립 · 아동발달과 부모 소프트웨어와 생활
제2외국어/한문	제2외국어 한문	제2외국어 회화 심화 제2외국어 한문 고전 읽기	제2외국어 문화 언어생활과 한자
교양	진로와 직업 생태와 환경	인간과 철학 · 논리와 사고 인간과 심리 · 교육의 이해 삶과 종교 · 보건	인간과 경제활동 · 논술
특수 목적고 과학 계열-수학		전문 수학 고급 기하 · 고급 대수 · 고급 미적분	
특수 목적고 과학 계열-과학		고급 생명과학	생명과학 실험

● 일반 선택 **굵은 글자**: 수능 출제 과목   ● 상대평가 등급 미산출 과목:  성취도 5단계   성취도 3단계 P/F

의약보건 계열

치의학과

#기초치의학 #임상치의학 #보철치의학
#꼼꼼함 #의사소통능력
#구강건강지키는치과의사될래

취득 가능 자격

치과의사

치의학은 치아 관련 질환을 치료·예방하거나 치아와 턱선의 기형을 편안하고 아름다운 구조로 교정하는 방법을 연구하는 학문이다. 치의학과의 목표는 사람들의 구강 건강을 증진할 수 있는 치과의사를 양성하는 것이다.

치의학과의 연구 분야는 기초 치의학, 임상 치의학, 보철 치의학 등으로 나눌 수 있다. 기초 치의학 분야에서는 기초적인 자연과학 지식과 함께 구강 구조와 기능, 질병이 발생하는 원리 등을 탐구한다. 임상 치의학 분야에서는 다양한 구강 질환에 대한 진단과 치료법을 탐구하여 실제 환자 치료에 필요한 기술을 습득한다. 보철 치의학 분야에서는 보철물을 사용하여 결손된 치아나 조직을 회복하는 방법을 연구한다.

치의학과는 의학과와 마찬가지로 6년제로 운영된다. 치의학과 졸업생들은 치과의사 국가시험을 통과하여 치과의사 자격을 취득한 후 개인 치과를 개업하거나 병원 및 연구 기관에서 근무할 수 있다. 인공지능과 3D프린팅 등 신기술을 활용한 맞춤형 치아 치료 기술 개발도 이루어지고 있어 치의학의 미래도 더 발전할 것으로 기대된다.

대학에서 어떤 과목을 배울까?

치의학

- 구강해부학 · 구강조직학 · 생리학 · 치아형태학 · 구강생화학 · 구강생리학 · 치과면역학
- 치주병학 · 치아 및 치주질환 · 근관치료학 · 장애인치과학 · 노인치과학 · 치과약물치료학
- 외과학 · 국소의치제작 · 교합학 · 구강악안면외과학 · 임상보철학 · 치료교정학 · 악안면성형외과학
- 안면동통학 · 응급처치 및 통증완화 · 법치의학 · 치과의료윤리학

졸업 후 무슨 일을 할까?

보건·의료직 **95%** → 직업 치과의사

기타 **5%** → 직업 신문기자(의료) / 의료기기영업원
치의학 연구원 등

‹ 진학샘의 특별한 코칭

수학 교과, 과학 교과에서 **생명과학, 화학** 관련 과목을 이수하는 것을 추천합니다. 비교과 활동은 배지를 활용해 양치 전후 구강균 차이, 치약별 효능 차이를 확인해 보는 실험을 추천합니다.

핵심 권장	학과(부)에서 공부하기 위해 필수적 이수를 권장하는 과목
권장	학과(부)에서 공부하기 위해 이수를 권장하는 과목
추천 선택	192학점 이수를 고려해 이수를 권장하는 과목

교과(군)	일반 선택	진로 선택	융합 선택
국어	**화법과 언어** **독서와 작문** **문학**	주제 탐구 독서 문학과 영상 직무 의사소통	독서 토론과 글쓰기 매체 의사소통 언어생활 탐구
수학	**대수** **미적분 I** **확률과 통계**	기하 · 미적분 II 경제 수학 · 인공지능 수학 직무 수학	수학과 문화 실용 통계 수학과제 탐구
영어	**영어 I · 영어 II** 영어 독해와 작문	영미 문학 읽기 · 영어 발표와 토론 심화 영어 · 심화 영어 독해와 작문 직무 영어	실생활 영어 회화 미디어 영어 세계 문화와 영어
사회	세계시민과 지리 세계사 사회와 문화 현대사회와 윤리	한국지리 탐구 · 도시의 미래 탐구 동아시아 역사 기행 정치 · 법과 사회 · 경제 윤리와 사상 · 인문학과 윤리 국제 관계의 이해	여행지리 역사로 탐구하는 현대 세계 사회문제 탐구 · 금융과 경제생활 윤리문제 탐구 기후변화와 지속가능한 세계
과학	물리학 화학 생명과학 지구과학	역학과 에너지 · 전자기와 양자 물질과 에너지 · 화학 반응의 세계 세포와 물질대사 · 생물의 유전 지구시스템과학 · 행성우주과학	과학의 역사와 문화 기후변화와 환경생태 융합과학 탐구
기술·가정/정보	기술 ·가정 정보	로봇과 공학세계 · 생활과학 탐구 인공지능 기초 · 데이터 과학	창의 공학 설계 · 지식 재산 일반 생애 설계와 자립 · 아동발달과 부모 소프트웨어와 생활
제2외국어/한문	**제2외국어 (독일어, 프랑스어, 스페인어, 중국어, 일본어, 러시아어, 아랍어, 베트남어)** **한문**	제2외국어 회화 심화 제2외국어 한문 고전 읽기	제2외국어 문화 언어생활과 한자
교양	진로와 직업 생태와 환경	인간과 철학 · 논리와 사고 인간과 심리 · 교육의 이해 삶과 종교 · 보건	인간과 경제활동 · 논술
특수 목적고 과학 계열–과학		고급 생명과학	생명과학 실험

• 일반 선택 **굵은 글자**: 수능 출제 과목   • 상대평가 등급 미산출 과목: ▨ 성취도 5단계 ▨ 성취도 3단계 ▨ P/F

의약보건 계열

한의학과

#기초의학 #한의학이론 #임상한의학
#한자지식 #의사소통능력
#환자와소통하는한의사가될래

취득 가능 자격

한의사

한의학은 동양학 중 유일한 응용과학 학문으로, 질병의 근본 원인을 규명하고 인체 기능을 정상으로 회복하는 방법을 연구한다. 한의학과의 목표는 한의학 지식과 진료 능력을 갖춘 한의사와 한의학자를 양성하는 것이다.

이를 위해 기초 의학 분야에서는 인체와 생명 현상을 이해하기 위한 지식을 탐색한다. 한의학 이론 분야에서는 한의학의 전통적인 치료 원리와 이론적 근거를 탐구한다. 임상 한의학 분야에서는 다양한 질환을 진단하고 치료하는 방법을 연구하며 이때 한약과 침술 사용법도 함께 익힌다. 이 외에도 한의학과 현대 의학을 융합하여 연구하거나 의료 윤리를 탐구하기도 한다.

한의학과는 의학과와 마찬가지로 6년제로 운영된다. 한의학과 졸업생들은 한의사 국가시험을 통과하여 한의사 자격을 취득한 후 다양한 의료 현장에서 근무할 수 있다. 한의사는 주로 상담을 통해 질병을 파악하므로 의사소통 능력이 좋으면 유리하다. 또한 한자로 기술된 전문 서적을 읽어야 하는 일이 많아 기본적인 한자 능력이 갖춰져 있으면 좋다.

대학에서 어떤 과목을 배울까?

한의학

- 일반화학 · 일반생물학 · 해부학 · 병리학 · 미생물학 · 조직학 · 면역학 · 약리학 · 의학용어
- 한의학입문 · 의사학 · 본초학 · 경혈학 · 상한론 · 온병학 · 처방제형학 · 사상의학 · 양생학
- 진단치료학 · 내과학 · 부인과학 · 소아과학 · 종양학 · 피부외과학 · 응급의학 · 침구학
- 양방병리학 · 양방진단학 · 추나의학 · 재활의학 · 보건법규

졸업 후 무슨 일을 할까?

보건·의료직 **92%** ➡ 직업 한의사

연구직 및 공학 기술직 **6%** ➡ 직업 생명과학 연구원 / 의학 연구원

기타 **2%** ➡ 직업 신문기자(의료) / 의료행정 사무원 등

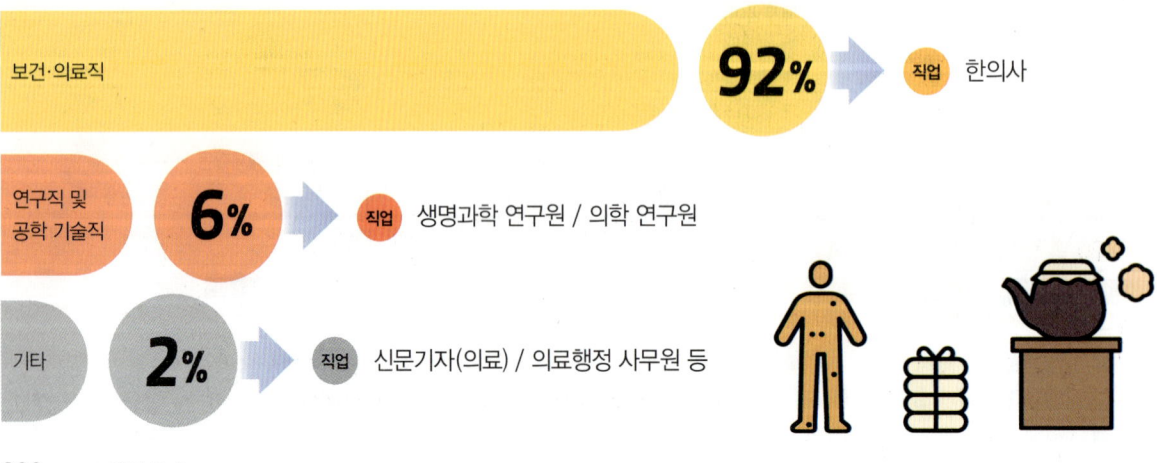

< 진학샘의 특별한 코칭

수학 교과, 과학 교과에서 **생명과학**과 **화학** 관련 과목, **중국어**, **한문**을 이수하는 것을 추천합니다. 비교과 활동은 동서양 의학을 비교·분석하거나 동의보감을 읽어 보는 활동, 또는 학생들의 건강 관리에 도움이 될 만한 민간요법을 조사하여 발표하는 활동을 추천합니다.

핵심 권장 학과(부)에서 공부하기 위해 필수적 이수를 권장하는 과목

권장 학과(부)에서 공부하기 위해 이수를 권장하는 과목

추천 선택 192학점 이수를 고려해 이수를 권장하는 과목

교과(군)	일반 선택	진로 선택	융합 선택
국어	**화법과 언어** **독서와 작문** **문학**	주제 탐구 독서 문학과 영상 직무 의사소통	독서 토론과 글쓰기 매체 의사소통 언어생활 탐구
수학	**대수** **미적분 I** **확률과 통계**	**기하** · **미적분 II** 경제 수학 · 인공지능 수학 직무 수학	수학과 문화 실용 통계 수학과제 탐구
영어	**영어 I** · **영어 II** **영어 독해와 작문**	영미 문학 읽기 · 영어 발표와 토론 심화 영어 · 심화 영어 독해와 작문 직무 영어	실생활 영어 회화 미디어 영어 세계 문화와 영어
사회	세계시민과 지리 세계사 사회와 문화 현대사회와 윤리	한국지리 탐구 · 도시의 미래 탐구 동아시아 역사 기행 정치 · 법과 사회 · 경제 윤리와 사상 · 인문학과 윤리 국제 관계의 이해	여행지리 역사로 탐구하는 현대 세계 사회문제 탐구 · 금융과 경제생활 윤리문제 탐구 기후변화와 지속가능한 세계
과학	**물리학** **화학** **생명과학** 지구과학	역학과 에너지 · 전자기와 양자 **물질과 에너지** · **화학 반응의 세계** **세포와 물질대사** · **생물의 유전** 지구시스템과학 · 행성우주과학	과학의 역사와 문화 기후변화와 환경생태 융합과학 탐구
기술·가정/ 정보	기술 ·가정 정보	로봇과 공학세계 · 생활과학 탐구 인공지능 기초 · 데이터 과학	창의 공학 설계 · 지식 재산 일반 생애 설계와 자립 · 아동발달과 부모 소프트웨어와 생활
제2외국어/ 한문	**제2외국어 (독일어, 프랑스어, 스페인어, 중국어, 일본어, 러시아어, 아랍어, 베트남어)** **한문**	제2외국어 회화 심화 제2외국어 한문 고전 읽기	제2외국어 문화 언어생활과 한자
교양	진로와 직업 생태와 환경	인간과 철학 · 논리와 사고 인간과 심리 · 교육의 이해 삶과 종교 · **보건**	인간과 경제활동 · 논술
특수 목적고 **과학 계열-과학**		**고급 생명과학**	**생명과학 실험**

- 일반 선택 **굵은 글자**: 수능 출제 과목
- 상대평가 등급 미산출 과목: ▨ 성취도 5단계 ▨ 성취도 3단계 ▨ P/F

의약 보건 계열

약학과

#약학 #약물학 #약제학 #신약개발
#자연과학지식 #논리적사고력
#건강을지키는약사가될래

취득 가능 자격

약사

약학은 질병의 예방과 치료에 사용되는 물질을 연구하여 사람들의 생명을 구하는 응용과학의 한 분야이다. 약학과의 목표는 의약품에 관한 지식을 바탕으로 약품의 개발, 제조, 관리를 전문적으로 수행할 수 있는 약사를 양성하는 것이다.

약학과의 연구 분야는 기초 약학과 약물학·약제학 등으로 나눌 수 있다. 기초 약학 분야에서는 약학의 기반이 되는 기초적인 생명과학 지식을 탐구한다. 약물학과 약제학 분야에서는 약물의 생체 작용과 원리를 이해하고 의약품을 설계하거나 제조하는 기술을 연구한다. 이 외에도 신약 개발을 위한 약학 기술을 특화하여 연구하기도 한다.

약학과는 의학과와 마찬가지로 6년제로 운영된다. 약학과 졸업생들은 약사 국가시험을 통과하여 약사 자격을 취득한 후 다양한 의료 현장에서 근무할 수 있다. 신약 개발 등 의약품 산업이 꾸준히 성장하면서 전문적인 약학 지식을 바탕으로 연구를 수행할 수 있는 전문 인력에 대한 수요도 증가하고 있어 약학과 졸업생들의 다양한 활약이 기대된다.

대학에서 어떤 과목을 배울까?

약학

- 약학개론 • 생화학 • 해부학 • 생리학 • 병리학 • 세포와 유전 • 약학미생물학
- 물리약학 • 약화학 • 의약품합성화학 • 약물유전체학 • 약물치료학 및 실습
- 기기분석 • 융합형미래신약 • 바이오의약품학

졸업 후 무슨 일을 할까?

보건·의료직 **92%** → 직업 약사

연구직 및 공학 기술직 **3%** → 직업 의약품공학 기술자 / 약학 연구원

기타 **5%** → 직업 의약품인허가관리자 / 신문기자(의료) 의약품영업원 등

< **진학샘의 특별한 코칭**

수학 교과, 과학 교과의 **생명과학**, **화학** 관련 과목 이수를 추천합니다. 비교
과 활동은 부루펜 계열과 타이레놀 계열 해열제의 차이를 비교·분석하거나
우리 동네 폐의약품 수거함 지도를 제작해 보는 활동을 추천합니다.

핵심 권장 학과(부)에서 공부하기 위해
필수적 이수를 권장하는 과목

권장 학과(부)에서 공부하기 위해
이수를 권장하는 과목

추천 선택 192학점 이수를 고려해
이수를 권장하는 과목

교과(군)	일반 선택	진로 선택	융합 선택
국어	**화법과 언어** **독서와 작문** **문학**	주제 탐구 독서 문학과 영상 직무 의사소통	독서 토론과 글쓰기 매체 의사소통 언어생활 탐구
수학	**대수** **미적분 I** **확률과 통계**	**기하** · **미적분 II** 경제 수학 · 인공지능 수학 직무 수학	수학과 문화 실용 통계 수학과제 탐구
영어	**영어 I · 영어 II** **영어 독해와 작문**	영미 문학 읽기 · 영어 발표와 토론 심화 영어 · 심화 영어 독해와 작문 직무 영어	실생활 영어 회화 미디어 영어 세계 문화와 영어
사회	세계시민과 지리 세계사 사회와 문화 현대사회와 윤리	한국지리 탐구 · 도시의 미래 탐구 동아시아 역사 기행 정치 · 법과 사회 · 경제 윤리와 사상 · 인문학과 윤리 국제 관계의 이해	여행지리 역사로 탐구하는 현대 세계 사회문제 탐구 · 금융과 경제생활 윤리문제 탐구 기후변화와 지속가능한 세계
과학	**물리학** **화학** **생명과학** 지구과학	역학과 에너지 · 전자기와 양자 **물질과 에너지** · **화학 반응의 세계** **세포와 물질대사** · **생물의 유전** 지구시스템과학 · 행성우주과학	과학의 역사와 문화 기후변화와 환경생태 융합과학 탐구
기술·가정/정보	기술·가정 정보	로봇과 공학세계 · 생활과학 탐구 인공지능 기초 · 데이터 과학	창의 공학 설계 · 지식 재산 일반 생애 설계와 자립 · 아동발달과 부모 소프트웨어와 생활
제2외국어/한문	**제2외국어 (독일어, 프랑스어,** **스페인어, 중국어, 일본어,** **러시아어, 아랍어, 베트남어)** **한문**	제2외국어 회화 심화 제2외국어 한문 고전 읽기	제2외국어 문화 언어생활과 한자
교양	진로와 직업 생태와 환경	인간과 철학 · 논리와 사고 인간과 심리 · 교육의 이해 삶과 종교 · **보건**	인간과 경제활동 · 논술
특수 목적고 과학 계열–과학		**고급 화학** **고급 생명과학**	**화학 실험** **생명과학 실험**

● 일반 선택 **굵은 글자**: 수능 출제 과목
● 상대평가 등급 미산출 과목: 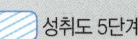 성취도 5단계 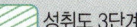 성취도 3단계 P/F

의약보건 계열

수의학과

#임상수의학 #수의공중보건
#생명과학지식 #의사소통능력
#동물과함께살아갈래

취득 가능 자격

수의사
축산기사

수의학은 동물의 질병을 진단하고 예방, 치료하는 방법을 연구하는 학문으로 동물 삶의 질을 향상하는 데 기여한다. 또한 가축의 건강을 관리하고 인수공통 감염병을 예방하거나 생물 다양성 보전을 위해 노력하는 등 인간의 삶에도 중요한 영향을 끼친다.

수의학과의 연구 분야는 크게 임상 분야와 공중보건 분야로 나눌 수 있다. 임상 분야에서는 실제 동물의 진단과 치료를 위한 지식과 기술을 연구한다. 공중보건 분야에서는 공공의 건강을 지키기 위한 동물 건강 관리 방법을 탐구한다. 이외에도 법이나 윤리 관련 과목 등 수의사가 되는 데 필요한 여러 과목들이 개설되어 있다.

수의학과는 6년제 학과로서, 일반적으로 기초 지식을 탐구하는 예과 2년과 심화 지식을 탐구하는 본과 4년으로 구성되어 있다. 수의학과 졸업생들은 수의사 국가시험을 통과하여 수의사 자격을 취득한 후 다양한 동물 의료 현장에서 근무할 수 있다. 평소 동물을 돌보거나 치료하는 데 흥미가 있다면 수의학과 진학을 고려해 볼 만하다.

대학에서 어떤 과목을 배울까?

수의학

수의학개론 · 수의생리학 · 수의미생물학 · 수의병리학 · 수의약리학 · 수의내과학 · 수의외과학 · 수의영양학

수의기생충학 · 수의동물질병학 · 수의공중보건학 · 수의전염병학 · 식품위생학

수의용어학 · 동물복지학개론 · 수의사윤리 · 수의법규 · 의학통계학

졸업 후 무슨 일을 할까?

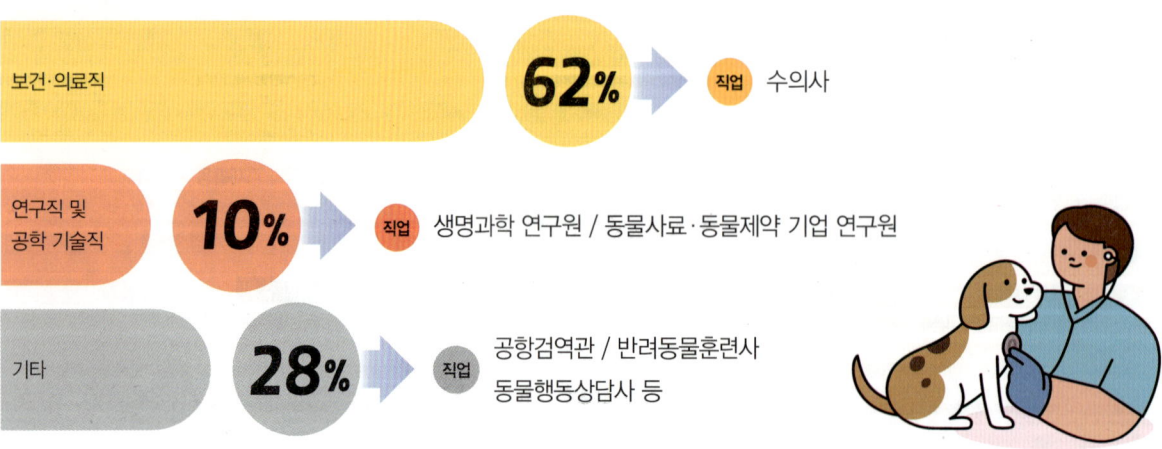

보건·의료직 **62%** 직업 수의사

연구직 및 공학 기술직 **10%** 직업 생명과학 연구원 / 동물사료·동물제약 기업 연구원

기타 **28%** 직업 공항검역관 / 반려동물훈련사 동물행동상담사 등

〈 **진학샘의 특별한 코칭**

수학 교과, 과학 교과의 **생명과학**, **화학** 관련 과목 이수를 추천합니다. 비교과 활동은 주변에 사는 고양이들의 생태를 관찰하여 일지를 작성하거나 반려동물을 직접 키워 보고 그 동물의 특징을 발표하는 활동을 추천합니다.

핵심 권장 학과(부)에서 공부하기 위해 필수적 이수를 권장하는 과목

권장 학과(부)에서 공부하기 위해 이수를 권장하는 과목

추천 선택 192학점 이수를 고려해 이수를 권장하는 과목

교과(군)	일반 선택	진로 선택	융합 선택
📖 국어	**화법과 언어** **독서와 작문** **문학**	주제 탐구 독서 문학과 영상 직무 의사소통	독서 토론과 글쓰기 매체 의사소통 언어생활 탐구
📐 수학	**대수** **미적분 I** **확률과 통계**	**기하** · **미적분 II** 경제 수학 · 인공지능 수학 직무 수학	수학과 문화 실용 통계 수학과제 탐구
🔤 영어	**영어 I · 영어 II** **영어 독해와 작문**	영미 문학 읽기 · 영어 발표와 토론 심화 영어 · 심화 영어 독해와 작문 직무 영어	실생활 영어 회화 미디어 영어 세계 문화와 영어
🌐 사회	세계시민과 지리 세계사 사회와 문화 현대사회와 윤리	한국지리 탐구 · 도시의 미래 탐구 동아시아 역사 기행 정치 · 법과 사회 · 경제 윤리와 사상 · 인문학과 윤리 국제 관계의 이해	여행지리 역사로 탐구하는 현대 세계 사회문제 탐구 · 금융과 경제생활 윤리문제 탐구 기후변화와 지속가능한 세계
🧪 과학	**물리학** **화학** **생명과학** 지구과학	역학과 에너지 · 전자기와 양자 **물질과 에너지** · **화학 반응의 세계** **세포와 물질대사** · **생물의 유전** 지구시스템과학 · 행성우주과학	과학의 역사와 문화 기후변화와 환경생태 융합과학 탐구
💻 기술·가정/ 정보	기술·가정	로봇과 공학세계 · 생활과학 탐구	창의 공학 설계 · 지식 재산 일반 생애 설계와 자립 · 아동발달과 부모
	정보	인공지능 기초 · 데이터 과학	소프트웨어와 생활
🔤 제2외국어/ 한문	**제2외국어 (독일어, 프랑스어, 스페인어, 중국어, 일본어, 러시아어, 아랍어, 베트남어)**	제2외국어 회화 심화 제2외국어	제2외국어 문화
	한문	한문 고전 읽기	언어생활과 한자
∞ 교양	진로와 직업 생태와 환경	인간과 철학 · 논리와 사고 인간과 심리 · 교육의 이해 삶과 종교 · **보건**	인간과 경제활동 · 논술
🧪 특수 목적고 과학 계열-과학		**고급 생명과학**	**생명과학 실험**

우측 탭: 의약 보건 계열

- 일반 선택 **굵은 글자**: 수능 출제 과목
- 상대평가 등급 미산출 과목: 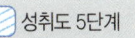 성취도 5단계 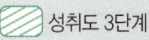 성취도 3단계   P/F

간호학과

#기초의학 #전문간호학 #의료법
#기초과학지식 #의사소통능력
#환자돌봄전문가

취득 가능 자격

간호사
보건교사
보육교사

간호학과는 환자 돌봄에 필요한 간호 지식과 기술을 갖추고 의료 현장에서 치료를 보조하거나 전문적인 간호를 제공할 수 있는 간호사를 양성하는 학과이다.

간호학의 연구 분야는 의료 전문인으로서의 기반을 갖추기 위한 해부학, 생리학, 병리학 등의 기초 의학과 실무적인 간호학 분야로 크게 나눌 수 있다. 이때 기본 간호학과 함께 성인, 여성, 아동, 노인, 중환자 등 간호의 대상별로 전문화된 간호학을 연구한다. 또한 통계학이나 정보학과 같은 타 학문을 간호학과 융합하여 연구하기도 하며, 의료 현장과 관련된 법이나 정책을 탐구하기도 한다.

간호학과 졸업생은 간호사 국가시험을 통과하여 간호사 자격을 취득한 후 병원뿐만 아니라 산업 현장, 학교, 지역사회 등 다양한 현장에서 근무할 수 있다. 간호사는 인공지능과 같은 과학기술로 대체하기 어려운 직종으로, 앞으로도 간호학과 졸업생들이 현장에서 중요한 역할을 할 것으로 기대된다.

대학에서 어떤 과목을 배울까?

간호학

- 해부학 · 병리학 · 병태생리학 · 영양학 및 식이요법 · 임상미생물학 · 임상약리학
- 기본간호학 · 성인간호학 · 여성건강간호학 · 노인건강간호학 · 아동간호학 · 응급간호 · 중환자간호
- 상담학개론 · 사회간호학 · 간호통계학 · 간호정보학 · 간호윤리 · 보건의료관계법규

졸업 후 무슨 일을 할까?

보건·의료직 **94%** → 직업 간호사 / 보건교사

기타 **6%** → 직업 생명과학 연구원 / 공중보건 연구원 / 생명과학 시험원
정신건강상담 전문가 / 신문기자(의료) 등

< 진학샘의 특별한 코칭

수학 교과, 과학 교과에서 **생명과학, 화학** 관련 과목을 이수하는 것을 추천합니다. 비교과 활동은 체육 대회나 야외 활동 시 학급의 구급약품을 챙기는 역할을 담당하거나, 간호사들의 문화 등을 조사하고 개선할 점이 있다면 개선 방안을 제시하는 활동을 추천합니다.

핵심 권장	학과(부)에서 공부하기 위해 필수적 이수를 권장하는 과목
권장	학과(부)에서 공부하기 위해 이수를 권장하는 과목
추천 선택	192학점 이수를 고려해 이수를 권장하는 과목

교과(군)	일반 선택	진로 선택	융합 선택
국어	**화법과 언어** **독서와 작문** **문학**	주제 탐구 독서 문학과 영상 직무 의사소통	독서 토론과 글쓰기 매체 의사소통 언어생활 탐구
수학	**대수** **미적분 I** **확률과 통계**	**기하** · **미적분 II** 경제 수학 · 인공지능 수학 직무 수학	수학과 문화 실용 통계 수학과제 탐구
영어	**영어 I** · **영어 II** **영어 독해와 작문**	영미 문학 읽기 · 영어 발표와 토론 심화 영어 · 심화 영어 독해와 작문 직무 영어	실생활 영어 회화 미디어 영어 세계 문화와 영어
사회	세계시민과 지리 세계사 사회와 문화 **현대사회와 윤리**	한국지리 탐구 · 도시의 미래 탐구 동아시아 역사 기행 정치 · 법과 사회 · 경제 윤리와 사상 · 인문학과 윤리 국제 관계의 이해	여행지리 역사로 탐구하는 현대 세계 사회문제 탐구 · 금융과 경제생활 윤리문제 탐구 기후변화와 지속가능한 세계
과학	물리학 **화학** **생명과학** 지구과학	역학과 에너지 · 전자기와 양자 **물질과 에너지** · **화학 반응의 세계** **세포와 물질대사** · **생물의 유전** 지구시스템과학 · 행성우주과학	과학의 역사와 문화 기후변화와 환경생태 융합과학 탐구
기술·가정/ 정보	기술·가정	로봇과 공학세계 · 생활과학 탐구	창의 공학 설계 · 지식 재산 일반 생애 설계와 자립 · 아동발달과 부모
	정보	인공지능 기초 · 데이터 과학	소프트웨어와 생활
제2외국어/ 한문	**제2외국어 (독일어, 프랑스어, 스페인어, 중국어, 일본어, 러시아어, 아랍어, 베트남어)**	제2외국어 회화 심화 제2외국어	제2외국어 문화
	한문	한문 고전 읽기	언어생활과 한자
교양	진로와 직업 생태와 환경	인간과 철학 · 논리와 사고 인간과 심리 · 교육의 이해 삶과 종교 · **보건**	인간과 경제활동 · 논술

의약보건 계열

- 일반 선택 **굵은 글자**: 수능 출제 과목
- 상대평가 등급 미산출 과목:  성취도 5단계 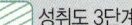 성취도 3단계 P/F

물리치료학과

#기초의학 #물리치료 #운동치료
#의사소통능력 #문제해결능력
#아픔을덜어주는전문가

취득 가능 자격

물리치료사
작업치료사

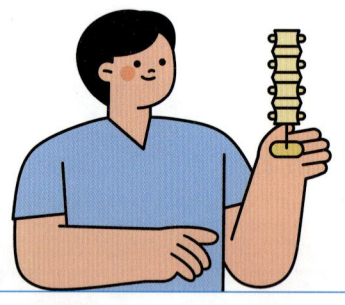

물리치료란 운동이나 물리적인 요소(물, 광선, 전기, 열)를 이용하여 손상 및 장애로 인한 통증을 치료하고 손실된 기능을 회복시키는 치료 방법이다. 물리치료학과는 물리치료에 대한 전문적인 지식과 기술을 갖춘 물리치료사를 양성하는 것을 목표로 한다.

물리치료학에서 다루는 분야는 의료 전문인으로서의 기반을 갖추기 위한 해부학, 생리학, 병리학 등의 기초 의학과 실무적인 물리치료 기술로 크게 나눌 수 있다. 이때 물리치료의 대상, 범위, 방법 등을 기준으로 다양한 유형의 물리치료 방법을 전문적으로 탐구하고 실습한다.

물리치료학과 졸업생은 물리치료사 국가시험을 통과하여 물리치료사 자격을 취득한 후 여러 의료 현장에서 근무할 수 있다. 이 외에도 재활치료 관련 연구소의 연구직이나 스포츠 팀의 트레이너로도 활약할 수 있다. 평균 수명이 길어지고 고령화가 급속히 진행되면서 노인성 질환에 대응하고 복지와 건강 관련 사업에 기여할 수 있는 물리치료학의 중요성이 더 커지고 있다.

대학에서 어떤 과목을 배울까?

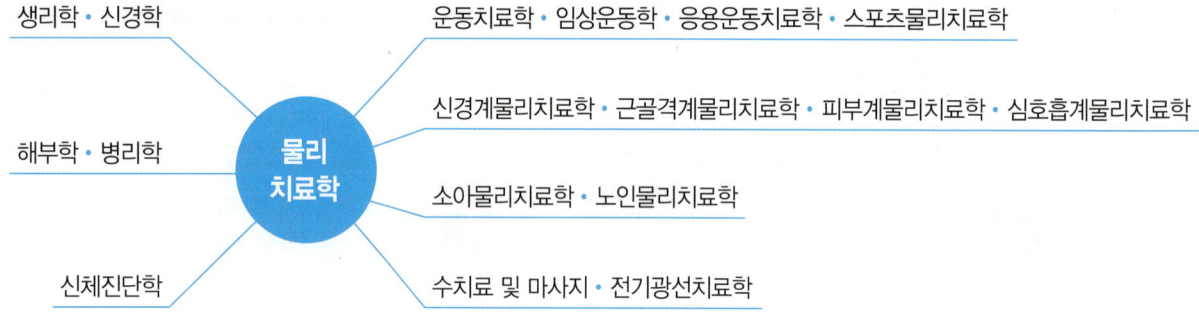

생리학 · 신경학

해부학 · 병리학

신체진단학

물리치료학

운동치료학 · 임상운동학 · 응용운동치료학 · 스포츠물리치료학

신경계물리치료학 · 근골격계물리치료학 · 피부계물리치료학 · 심호흡계물리치료학

소아물리치료학 · 노인물리치료학

수치료 및 마사지 · 전기광선치료학

졸업 후 무슨 일을 할까?

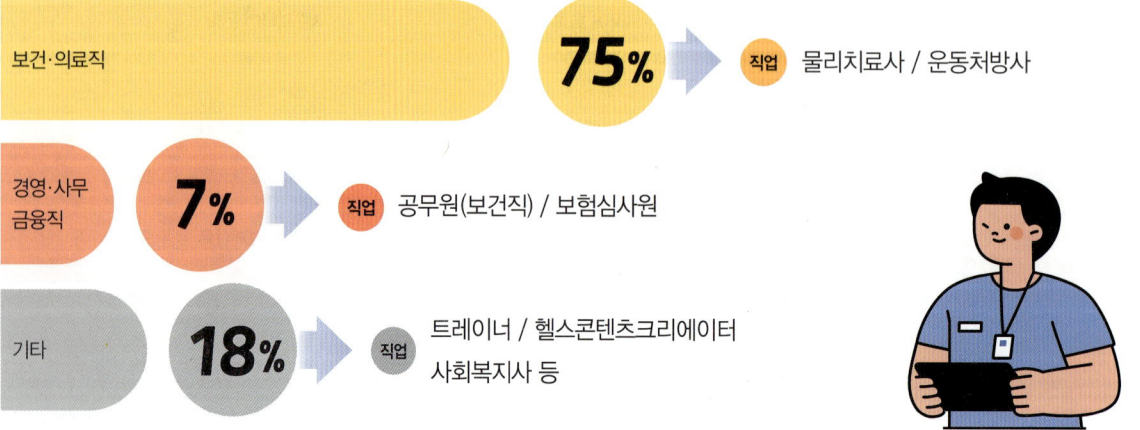

분야	비율	직업
보건·의료직	75%	직업 물리치료사 / 운동처방사
경영·사무 금융직	7%	직업 공무원(보건직) / 보험심사원
기타	18%	직업 트레이너 / 헬스콘텐츠크리에이터 사회복지사 등

〈 진학샘의 특별한 코칭

과학 교과의 **생명과학, 화학** 관련 과목 이수를 추천합니다. 비교과 활동은 고주파 치료기, 체외 충격파 치료기 등의 물리치료 장비나 장시간 책상에 앉아 있는 수험생에게 도움이 될 스트레칭 방법을 소개하는 것을 추천합니다.

	핵심 권장	학과(부)에서 공부하기 위해 필수적 이수를 권장하는 과목
	권장	학과(부)에서 공부하기 위해 이수를 권장하는 과목
	추천 선택	192학점 이수를 고려해 이수를 권장하는 과목

교과(군)	일반 선택	진로 선택	융합 선택
국어	**화법과 언어** **독서와 작문** **문학**	주제 탐구 독서 문학과 영상 직무 의사소통	독서 토론과 글쓰기 매체 의사소통 언어생활 탐구
수학	**대수** **미적분 I** **확률과 통계**	기하 · 미적분 II 경제 수학 · 인공지능 수학 직무 수학	수학과 문화 실용 통계 수학과제 탐구
영어	**영어 I · 영어 II** 영어 독해와 작문	영미 문학 읽기 · 영어 발표와 토론 심화 영어 · 심화 영어 독해와 작문 직무 영어	실생활 영어 회화 미디어 영어 세계 문화와 영어
사회	세계시민과 지리 세계사 사회와 문화 현대사회와 윤리	한국지리 탐구 · 도시의 미래 탐구 동아시아 역사 기행 정치 · 법과 사회 · 경제 윤리와 사상 · 인문학과 윤리 국제 관계의 이해	여행지리 역사로 탐구하는 현대 세계 사회문제 탐구 · 금융과 경제생활 윤리문제 탐구 기후변화와 지속가능한 세계
과학	물리학 화학 생명과학 지구과학	역학과 에너지 · 전자기와 양자 물질과 에너지 · 화학 반응의 세계 세포와 물질대사 · 생물의 유전 지구시스템과학 · 행성우주과학	과학의 역사와 문화 기후변화와 환경생태 융합과학 탐구
기술·가정/정보	기술·가정 정보	로봇과 공학세계 · 생활과학 탐구 인공지능 기초 · 데이터 과학	창의 공학 설계 · 지식 재산 일반 생애 설계와 자립 · 아동발달과 부모 소프트웨어와 생활
제2외국어/한문	**제2외국어 (독일어, 프랑스어, 스페인어, 중국어, 일본어, 러시아어, 아랍어, 베트남어)** **한문**	제2외국어 회화 심화 제2외국어 한문 고전 읽기	제2외국어 문화 언어생활과 한자
교양	진로와 직업 생태와 환경	인간과 철학 · 논리와 사고 인간과 심리 · 교육의 이해 삶과 종교 · 보건	인간과 경제활동 · 논술

● 일반 선택 **굵은 글자**: 수능 출제 과목   ● 상대평가 등급 미산출 과목: 성취도 5단계 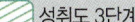 성취도 3단계   P/F

의약 보건 계열

치위생학과

#치위생학 #임상의학 #치위생교육 #의료행정
#꼼꼼함 #의사소통능력
#구강보건전문가가될거야

취득 가능 자격

치위생사
보건교육사

치위생학과는 시민들의 구강 질환을 예방하고 구강 건강을 증진하는 데 도움을 줄 수 있는 치위생사 양성을 목적으로 하는 학과이다. 치위생사는 치과의사의 지도 아래 진료 보조, 치석 제거, 구강보건 교육, 의료 행정 업무 등을 담당하는 의료 전문 인력이다.

치위생학과의 연구 분야는 치아의 특성과 조직을 이해하기 위한 기초 치위생학을 기본으로 임상의학, 치위생교육, 의료행정 등으로 구성되어 있다. 임상의학 분야에서는 실제 환자를 대상으로 의료 활동을 하기 위한 지식과 기술을 탐구한다. 치위생교육 분야에서는 공공의 구강 건강을 지키기 위한 교육 전략을 연구한다. 의료행정 분야에서는 법률·행정 관련 업무를 적절하게 처리하기 위한 실무 능력을 키운다.

치위생학과 졸업생은 치위생사 국가시험에 통과하여 치위생사 자격을 취득한 후 여러 의료 현장에서 근무할 수 있다. 사회적으로 구강 건강에 대한 관심이 높아지고 치과 서비스 이용이 늘어나면서 치위생사에 대한 수요도 증가할 것으로 예측된다.

대학에서 어떤 과목을 배울까?

치위생학

치위생학입문 · 치아형태학 · 구강생리학 · 구강미생물학 · 치주학

임상치위생학 · 임상치과학 · 치과교정학 · 치과보철학 · 치과재료학 · 치과방사선학 · 구강악안면영상학

사회치위생학 · 지역사회보건교육실습 · 구강보건학

보건의료윤리 및 법규 · 치과의료보험 및 실습

졸업 후 무슨 일을 할까?

보건·의료직 **95%** → 직업 치위생사

기타 **5%** → 직업 치과코디네이터 / 보건교육강사 / 의약품영업원 등

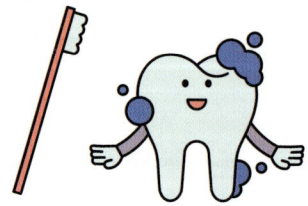

진학샘의 특별한 코칭

과학 교과의 **생명과학, 화학** 관련 과목 이수를 추천합니다. 비교과 활동은 점심 식사 후 구강 건강을 위해 양치질을 하도록 권장하는 캠페인 활동을 하거나 주변 치과에 방문하여 치위생사를 인터뷰해 보는 것을 추천합니다.

핵심 권장	학과(부)에서 공부하기 위해 필수적 이수를 권장하는 과목
권장	학과(부)에서 공부하기 위해 이수를 권장하는 과목
추천 선택	192학점 이수를 고려해 이수를 권장하는 과목

교과(군)	일반 선택	진로 선택	융합 선택
국어	화법과 언어 독서와 작문 문학	주제 탐구 독서 문학과 영상 직무 의사소통	독서 토론과 글쓰기 매체 의사소통 언어생활 탐구
수학	대수 미적분 I 확률과 통계	기하 · 미적분 II 경제 수학 · 인공지능 수학 직무 수학	수학과 문화 실용 통계 수학과제 탐구
영어	영어 I · 영어 II 영어 독해와 작문	영미 문학 읽기 · 영어 발표와 토론 심화 영어 · 심화 영어 독해와 작문 직무 영어	실생활 영어 회화 미디어 영어 세계 문화와 영어
사회	세계시민과 지리 세계사 사회와 문화 현대사회와 윤리	한국지리 탐구 · 도시의 미래 탐구 동아시아 역사 기행 정치 · 법과 사회 · 경제 윤리와 사상 · 인문학과 윤리 국제 관계의 이해	여행지리 역사로 탐구하는 현대 세계 사회문제 탐구 · 금융과 경제생활 윤리문제 탐구 기후변화와 지속가능한 세계
과학	물리학 화학 생명과학 지구과학	역학과 에너지 · 전자기와 양자 물질과 에너지 · 화학 반응의 세계 세포와 물질대사 · 생물의 유전 지구시스템과학 · 행성우주과학	과학의 역사와 문화 기후변화와 환경생태 융합과학 탐구
기술·가정/ 정보	기술·가정 정보	로봇과 공학세계 · 생활과학 탐구 인공지능 기초 · 데이터 과학	창의 공학 설계 · 지식 재산 일반 생애 설계와 자립 · 아동발달과 부모 소프트웨어와 생활
제2외국어/ 한문	제2외국어 (독일어, 프랑스어, 스페인어, 중국어, 일본어, 러시아어, 아랍어, 베트남어) 한문	제2외국어 회화 심화 제2외국어 한문 고전 읽기	제2외국어 문화 언어생활과 한자
교양	진로와 직업 생태와 환경	인간과 철학 · 논리와 사고 인간과 심리 · 교육의 이해 삶과 종교 · 보건	인간과 경제활동 · 논술

● 일반 선택 **굵은 글자**: 수능 출제 과목   ● 상대평가 등급 미산출 과목: 성취도 5단계 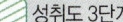 성취도 3단계   P/F

임상병리학과

#미생물학 #혈액학 #조직세포학 #생화학 #면역학
#분석력 #관찰력
#정확한검사가생명을구한다

취득 가능 자격

임상병리사

임상병리학이란 혈액, 체액, 소변, 조직 등을 분석하여 질병을 진단하고 치료 효과를 검증하는 학문이다. 임상병리학과의 목표는 질병의 원인과 치료 과정을 과학적으로 분석하여 질병 치료와 예방에 도움을 줄 수 있는 임상병리사를 양성하는 것이다.

임상병리학과의 연구 분야는 질병 검사를 위해 분석하는 대상에 따라 미생물학, 혈액학, 조직세포학 등으로 나뉜다. 생명체의 화학적 반응과 면역 체계를 연구하는 생화학과 면역학도 중요한 연구 분야 중 하나이다. 또한 의료 기술이 발달함에 따라 유전자 검사의 활용도가 높아지면서 유전학, 분자생물학에 대한 연구도 더욱 활발해지고 있다.

임상병리학과 졸업생들은 임상병리사 국가시험에 통과하여 임상병리사 자격을 취득한 후 여러 의료 현장에서 근무할 수 있다. 미세한 검사를 위한 관찰력과 분석적 사고력이 있다면 임상병리학과에서 수학하는 데 유리하다.

대학에서 어떤 과목을 배울까?

임상 병리학

- 일반미생물학 • 병원미생물학 • 임상미생물학 및 실험
- 혈액학 • 임상혈액학 및 실험 • 수혈학 및 실험
- 조직학 • 진단세포학 • 조직검사학
- 임상화학 및 실험 • 면역학 • 임상기기분석학

졸업 후 무슨 일을 할까?

| 보건·의료직 | **58%** | 직업 임상병리사 |

| 경영·사무 금융직 | **14%** | 직업 의료행정 사무원 / 공무원(보건직) |

| 연구직 및 공학 기술직 | **13%** | 직업 공중보건 연구원 / 생명과학 연구원 |

| 기타 | **15%** | 직업 의약품영업원 / 신문기자(의료) 등 |

< 진학샘의 특별한 코칭

> 과학 교과의 **생명과학, 화학** 관련 과목 이수를 추천합니다. 비교과 활동은 생명과학 동아리에 가입해 생명과학 실험을 하거나 임상 연구 또는 질병 관련 데이터를 분석하고 엑셀을 활용해 시각화해 보는 활동을 추천합니다.

	설명
핵심 권장	학과(부)에서 공부하기 위해 필수적 이수를 권장하는 과목
권장	학과(부)에서 공부하기 위해 이수를 권장하는 과목
추천 선택	192학점 이수를 고려해 이수를 권장하는 과목

교과(군)	일반 선택	진로 선택	융합 선택
국어	**화법과 언어** **독서와 작문** **문학**	주제 탐구 독서 문학과 영상 직무 의사소통	독서 토론과 글쓰기 매체 의사소통 언어생활 탐구
수학	**대수** **미적분 I** **확률과 통계**	기하 · 미적분 II 경제 수학 · 인공지능 수학 직무 수학	수학과 문화 실용 통계 수학과제 탐구
영어	**영어 I · 영어 II** 영어 독해와 작문	영미 문학 읽기 · 영어 발표와 토론 심화 영어 · 심화 영어 독해와 작문 직무 영어	실생활 영어 회화 미디어 영어 세계 문화와 영어
사회	세계시민과 지리 세계사 사회와 문화 현대사회와 윤리	한국지리 탐구 · 도시의 미래 탐구 동아시아 역사 기행 정치 · 법과 사회 · 경제 윤리와 사상 · 인문학과 윤리 국제 관계의 이해	여행지리 역사로 탐구하는 현대 세계 사회문제 탐구 · 금융과 경제생활 윤리문제 탐구 기후변화와 지속가능한 세계
과학	물리학 화학 생명과학 지구과학	역학과 에너지 · 전자기와 양자 물질과 에너지 · 화학 반응의 세계 세포와 물질대사 · 생물의 유전 지구시스템과학 · 행성우주과학	과학의 역사와 문화 기후변화와 환경생태 융합과학 탐구
기술·가정/정보	기술·가정 정보	로봇과 공학세계 · 생활과학 탐구 인공지능 기초 · 데이터 과학	창의 공학 설계 · 지식 재산 일반 생애 설계와 자립 · 아동발달과 부모 소프트웨어와 생활
제2외국어/한문	**제2외국어 (독일어, 프랑스어, 스페인어, 중국어, 일본어, 러시아어, 아랍어, 베트남어)** **한문**	제2외국어 회화 심화 제2외국어 한문 고전 읽기	제2외국어 문화 언어생활과 한자
교양	진로와 직업 생태와 환경	인간과 철학 · 논리와 사고 인간과 심리 · 교육의 이해 삶과 종교 · 보건	인간과 경제활동 · 논술

● 일반 선택 **굵은 글자**: 수능 출제 과목   ● 상대평가 등급 미산출 과목:  성취도 5단계 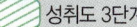 성취도 3단계   P/F

의약보건 계열

방사선학과

#방사선학 #의료영상학
#집중력 #기초과학지식
#첨단의료장비를다룰래

취득 가능 자격

방사선사
방사선취급감독자

방사선학과는 정확한 질병 진단과 암 치료 등 다양한 의료 분야에서 중요한 역할을 하는 의료 방사선 기술을 연구한다. 방사선학과의 목표는 첨단 방사선 치료 기기를 운용·관리할 수 있는 방사선사를 양성하는 것이다.

방사선학과의 연구 분야는 방사선학과 의료영상학으로 나뉜다. 방사선학 분야에서는 방사선의 물리적 원리에 대한 이해를 바탕으로 방사선 장비의 구조와 작동 원리 등을 연구한다. 의료영상학 분야에서는 다양한 영상 기술을 활용하여 질병을 진단하고 치료를 돕는 방법을 탐구한다. 이 외에도 기초 의학 지식을 탐구하여 의료 전문가로서의 기반을 다진다.

방사선학과 졸업생들은 방사선사 국가시험에 통과하여 방사선사 자격을 취득한 후 여러 의료 현장에서 근무할 수 있다. 고령화로 인해 의료 서비스 수요가 꾸준히 증가하고 있으며, 의료 기술의 발달로 첨단 의료 장비를 다룰 전문 인력의 필요성도 증대되고 있어 방사선학과의 전망은 밝다. 생물학, 물리학 등 자연과학 과목에 흥미가 있고 기계 장비 조작에 관심이 있는 학생이라면 방사선학과에 적합할 가능성이 높다.

대학에서 어떤 과목을 배울까?

방사선학

방사선학개론 · 방사선기기학 · 방사선물리학 · 방사선생물학 · 방사선응용수학 · 방사선안전관리학

방사선일반촬영학 · 방사선특수촬영학 · 영상해부학 · 영상정보학 · 의료영상판독 · 핵의학영상학 및 실험

인체해부학 · 인체생리학 · 공중보건학

졸업 후 무슨 일을 할까?

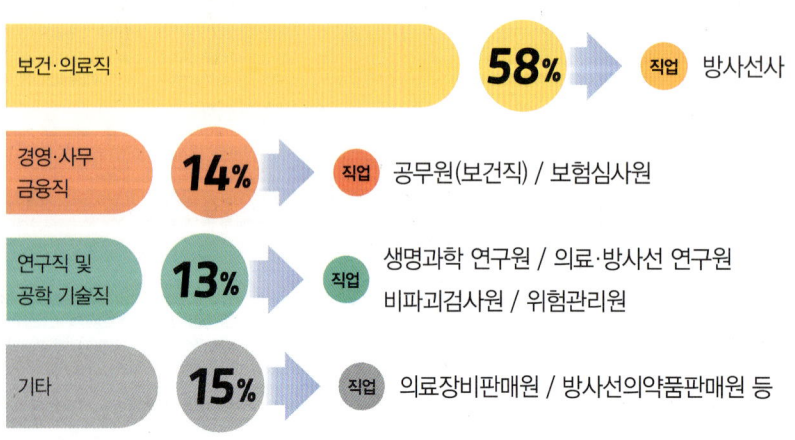

보건·의료직 **58%** 직업 방사선사

경영·사무 금융직 **14%** 직업 공무원(보건직) / 보험심사원

연구직 및 공학 기술직 **13%** 직업 생명과학 연구원 / 의료·방사선 연구원 비파괴검사원 / 위험관리원

기타 **15%** 직업 의료장비판매원 / 방사선의약품판매원 등

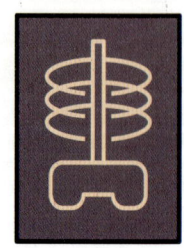

< 진학샘의 특별한 코칭

과학 교과의 **물리학, 생명과학, 화학** 관련 과목 이수를 추천합니다. 비교과 활동은 엑스레이(X-ray)나 자기공명영상(MRI) 기기의 촬영 원리 학습이나 방사선과에서 사용되는 최신 의료 기기의 조사·발표를 추천합니다.

	설명
핵심 권장	학과(부)에서 공부하기 위해 필수적 이수를 권장하는 과목
권장	학과(부)에서 공부하기 위해 이수를 권장하는 과목
추천 선택	192학점 이수를 고려해 이수를 권장하는 과목

교과(군)	일반 선택	진로 선택	융합 선택
국어	**화법과 언어** **독서와 작문** **문학**	주제 탐구 독서 문학과 영상 직무 의사소통	독서 토론과 글쓰기 매체 의사소통 언어생활 탐구
수학	**대수** **미적분 I** **확률과 통계**	기하 · 미적분 II 경제 수학 · 인공지능 수학 직무 수학	수학과 문화 실용 통계 수학과제 탐구
영어	**영어 I · 영어 II** 영어 독해와 작문	영미 문학 읽기 · 영어 발표와 토론 심화 영어 · 심화 영어 독해와 작문 직무 영어	실생활 영어 회화 미디어 영어 세계 문화와 영어
사회	세계시민과 지리 세계사 사회와 문화 현대사회와 윤리	한국지리 탐구 · 도시의 미래 탐구 동아시아 역사 기행 정치 · 법과 사회 · 경제 윤리와 사상 · 인문학과 윤리 국제 관계의 이해	여행지리 역사로 탐구하는 현대 세계 사회문제 탐구 · 금융과 경제생활 윤리문제 탐구 기후변화와 지속가능한 세계
과학	물리학 화학 생명과학 지구과학	역학과 에너지 · 전자기와 양자 물질과 에너지 · 화학 반응의 세계 세포와 물질대사 · 생물의 유전 지구시스템과학 · 행성우주과학	과학의 역사와 문화 기후변화와 환경생태 융합과학 탐구
기술·가정/ 정보	기술·가정	로봇과 공학세계 · 생활과학 탐구	창의 공학 설계 · 지식 재산 일반 생애 설계와 자립 · 아동발달과 부모
	정보	인공지능 기초 · 데이터 과학	소프트웨어와 생활
제2외국어/ 한문	**제2외국어 (독일어, 프랑스어, 스페인어, 중국어, 일본어, 러시아어, 아랍어, 베트남어)**	제2외국어 회화 심화 제2외국어	제2외국어 문화
	한문	한문 고전 읽기	언어생활과 한자
교양	진로와 직업 생태와 환경	인간과 철학 · 논리와 사고 인간과 심리 · 교육의 이해 삶과 종교 · 보건	인간과 경제활동 · 논술

의약 보건 계열

● 일반 선택 **굵은 글자**: 수능 출제 과목   ● 상대평가 등급 미산출 과목: 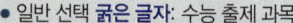 성취도 5단계 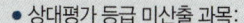 성취도 3단계 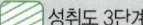 P/F

응급구조학과

#응급의학 #응급처치 #응급구조
#봉사정신 #순발력
#생명을구하고싶어

취득 가능 자격

응급구조사
심폐소생술자격증

응급구조학과는 대형 사고와 재난 상황 등 응급 현장에서 신속한 응급처치와 환자 이송으로 시민들의 생명을 보호할 수 있는 응급구조 전문 인력을 양성하는 데 목적이 있다. 이를 위해 응급의학에 관한 학문적 연구뿐만 아니라 전문적인 실습 훈련을 진행하여 학생들이 지식과 실무 기술을 모두 갖출 수 있도록 한다.

응급구조학과의 교과과정은 환자를 치료하는 데 필요한 기초적인 의학 지식과 함께 실질적으로 응급 현장에서 사람들을 구하기 위한 응급처치와 응급구조 기술로 이루어져 있다. 이 외에도 응급구조와 관련된 행정적인 법 규범을 탐구하기도 한다.

응급구조학과 졸업생들은 응급구조사 자격시험에 통과하여 응급구조사 자격을 취득한 후 여러 응급구조 현장에서 근무할 수 있다. 최근 기후위기 등 환경의 변화로 대형 재난과 사고의 발생이 크게 늘어나고 있어 전문적인 인명 구조 능력을 갖춘 응급구조사의 역할이 더욱 중요해질 전망이다.

대학에서 어떤 과목을 배울까?

응급구조학

- 응급구조학개론 · 기초의학 · 응급약리학 · 공중보건학
- 응급환자관리학 · 응급처치실습기초 · 심폐소생술 · 내과응급처치학 · 전문외상응급처치학
- 야영 및 구조훈련 · 인명구조 · 응급현장수색 및 구조술
- 소방법규 및 실무 · 의료행정운용 및 윤리 · 소방행정법 · 보건의료법규

졸업 후 무슨 일을 할까?

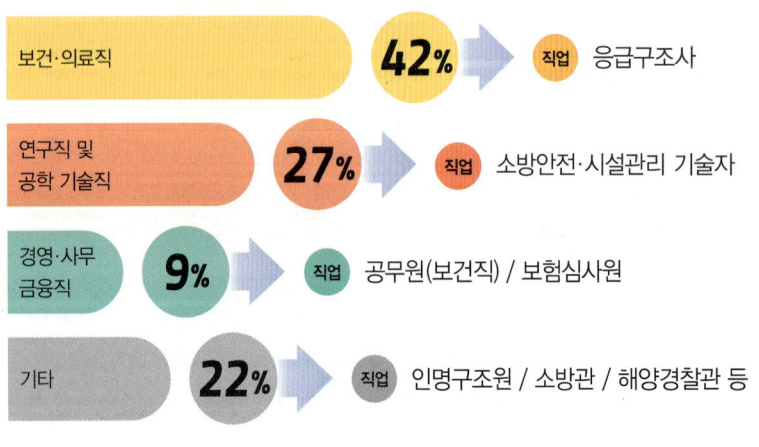

- 보건·의료직 **42%** 직업 응급구조사
- 연구직 및 공학 기술직 **27%** 직업 소방안전·시설관리 기술자
- 경영·사무 금융직 **9%** 직업 공무원(보건직) / 보험심사원
- 기타 **22%** 직업 인명구조원 / 소방관 / 해양경찰관 등

‹ 진학샘의 특별한 코칭

과학 교과의 생명과학, 화학 관련 과목 이수를 추천합니다. 비교과 활동은 응급구조사가 되는 방법과 응급 의료 관련 법률을 조사하거나, 심폐소생술 및 자동 심장 충격기(AED) 사용 방법을 익히고 발표하는 것을 추천합니다.

핵심 권장	학과(부)에서 공부하기 위해 필수적 이수를 권장하는 과목
권장	학과(부)에서 공부하기 위해 이수를 권장하는 과목
추천 선택	192학점 이수를 고려해 이수를 권장하는 과목

교과(군)	일반 선택	진로 선택	융합 선택
국어	**화법과 언어** **독서와 작문** **문학**	주제 탐구 독서 문학과 영상 직무 의사소통	독서 토론과 글쓰기 매체 의사소통 언어생활 탐구
수학	**대수** **미적분 I** **확률과 통계**	기하 · 미적분 II 경제 수학 · 인공지능 수학 직무 수학	수학과 문화 실용 통계 수학과제 탐구
영어	**영어 I · 영어 II** 영어 독해와 작문	영미 문학 읽기 · 영어 발표와 토론 심화 영어 · 심화 영어 독해와 작문 직무 영어	실생활 영어 회화 미디어 영어 세계 문화와 영어
사회	세계시민과 지리 세계사 사회와 문화 현대사회와 윤리	한국지리 탐구 · 도시의 미래 탐구 동아시아 역사 기행 정치 · 법과 사회 · 경제 윤리와 사상 · 인문학과 윤리 국제 관계의 이해	여행지리 역사로 탐구하는 현대 세계 사회문제 탐구 · 금융과 경제생활 윤리문제 탐구 기후변화와 지속가능한 세계
과학	물리학 화학 생명과학 지구과학	역학과 에너지 · 전자기와 양자 물질과 에너지 · 화학 반응의 세계 세포와 물질대사 · 생물의 유전 지구시스템과학 · 행성우주과학	과학의 역사와 문화 기후변화와 환경생태 융합과학 탐구
기술·가정/정보	기술 ·가정 ——— 정보	로봇과 공학세계 · 생활과학 탐구 ——— 인공지능 기초 · 데이터 과학	창의 공학 설계 · 지식 재산 일반 생애 설계와 자립 · 아동발달과 부모 ——— 소프트웨어와 생활
제2외국어/한문	**제2외국어 (독일어, 프랑스어, 스페인어, 중국어, 일본어, 러시아어, 아랍어, 베트남어)** ——— **한문**	제2외국어 회화 심화 제2외국어 ——— 한문 고전 읽기	제2외국어 문화 ——— 언어생활과 한자
교양	진로와 직업 생태와 환경	인간과 철학 · 논리와 사고 인간과 심리 · 교육의 이해 삶과 종교 · 보건	인간과 경제활동 · 논술

의약보건 계열

• 일반 선택 **굵은 글자**: 수능 출제 과목 • 상대평가 등급 미산출 과목: ▨ 성취도 5단계 ▧ 성취도 3단계 ▨ P/F

안경광학과

#광학 #시력검사 #안경제작 #콘택트렌즈제작
#꼼꼼함 #의사소통능력
#눈건강은내가지킨다

취득 가능 자격

안경사
광학기기산업기사

안경광학과는 안경, 콘택트렌즈 등 시력 보정 기구를 다루는 기술을 연구하는 학과로서 안경의 조제 및 판매, 처방을 할 수 있는 안경사 양성을 목적으로 한다.

이를 위해 안경광학과 관련된 자연과학 지식을 탐구하며, 안과 질환을 연구하는 안과학도 학습한다. 또한 시력 검사와 시력 교정 방법을 연구하고 시력 문제를 해결할 수 있는 안경을 제작하거나 가공하는 방법을 익힌다. 이 외에도 안경 스타일링, 안경 디자인, 마케팅 등 안경과 관련된 실무적 분야를 탐구하기도 한다.

안경광학과 졸업생들은 안경사 국가시험에 통과해 안경사 자격증을 취득한 후 안경원이나 병원에 취업할 수 있다. 장시간의 전자 기기 사용과 미세 먼지 증가 등 다양한 이유로 현대인의 시력이 위협받고 있으므로 현대인들의 눈 건강과 시력 보호를 위한 안경광학과 졸업생들의 역할이 더 커질 것으로 기대된다.

대학에서 어떤 과목을 배울까?

안경광학

- 일반물리학 · 일반생물학 · 안경학 · 안과학 · 안경광학 · 기하광학 · 시기해부학

- 안기능검사 · 타각적굴절검사 · 안광학기기 · 고급검사장비사용 · 양안시검사 및 처방 · 시기능이상처방

- 안경재료학 · 조제 및 가공학 · 콘택트렌즈학 · 상품지식

졸업 후 무슨 일을 할까?

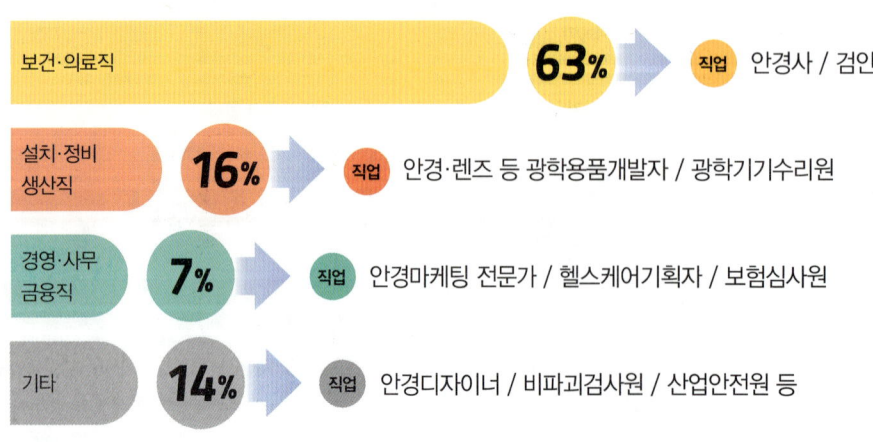

보건·의료직 **63%** → **직업** 안경사 / 검안사

설치·정비 생산직 **16%** → **직업** 안경·렌즈 등 광학용품개발자 / 광학기기수리원

경영·사무 금융직 **7%** → **직업** 안경마케팅 전문가 / 헬스케어기획자 / 보험심사원

기타 **14%** → **직업** 안경디자이너 / 비파괴검사원 / 산업안전원 등

‹ **진학샘의 특별한 코칭**

과학 교과의 물리학, 생명과학, 화학 관련 과목 이수를 추천합니다. 비교과 활동은 청소년들이 안경을 쓰는 비율과 쓰기 시작한 시기를 조사하여 시각화하거나 다초점 렌즈, 드림렌즈의 원리를 탐구해 보는 것을 추천합니다.

핵심 권장 학과(부)에서 공부하기 위해 필수적 이수를 권장하는 과목

권장 학과(부)에서 공부하기 위해 이수를 권장하는 과목

추천 선택 192학점 이수를 고려해 이수를 권장하는 과목

교과(군)	일반 선택	진로 선택	융합 선택
국어	**화법과 언어** **독서와 작문** **문학**	주제 탐구 독서 문학과 영상 직무 의사소통	독서 토론과 글쓰기 매체 의사소통 언어생활 탐구
수학	**대수** **미적분 I** **확률과 통계**	기하 · **미적분 II** 경제 수학 · 인공지능 수학 직무 수학	수학과 문화 실용 통계 수학과제 탐구
영어	**영어 I · 영어 II** **영어 독해와 작문**	영미 문학 읽기 · 영어 발표와 토론 심화 영어 · 심화 영어 독해와 작문 직무 영어	실생활 영어 회화 미디어 영어 세계 문화와 영어
사회	세계시민과 지리 세계사 사회와 문화 현대사회와 윤리	한국지리 탐구 · 도시의 미래 탐구 동아시아 역사 기행 정치 · 법과 사회 · 경제 윤리와 사상 · 인문학과 윤리 국제 관계의 이해	여행지리 역사로 탐구하는 현대 세계 사회문제 탐구 · 금융과 경제생활 윤리문제 탐구 기후변화와 지속가능한 세계
과학	**물리학** **화학** **생명과학** 지구과학	**역학과 에너지** · **전자기와 양자** **물질과 에너지** · **화학 반응의 세계** **세포와 물질대사** · **생물의 유전** 지구시스템과학 · 행성우주과학	과학의 역사와 문화 기후변화와 환경생태 융합과학 탐구
기술·가정/ 정보	기술·가정 정보	로봇과 공학세계 · 생활과학 탐구 인공지능 기초 · 데이터 과학	창의 공학 설계 · 지식 재산 일반 생애 설계와 자립 · 아동발달과 부모 소프트웨어와 생활
제2외국어/ 한문	**제2외국어 (독일어, 프랑스어, 스페인어, 중국어, 일본어, 러시아어, 아랍어, 베트남어)** **한문**	제2외국어 회화 심화 제2외국어 한문 고전 읽기	제2외국어 문화 언어생활과 한자
교양	진로와 직업 생태와 환경	인간과 철학 · 논리와 사고 인간과 심리 · 교육의 이해 삶과 종교 · **보건**	인간과 경제활동 · 논술

의약 보건 계열

● 일반 선택 **굵은 글자**: 수능 출제 과목   ● 상대평가 등급 미산출 과목: 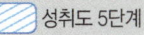 성취도 5단계 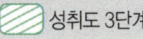 성취도 3단계   P/F

예체능 계열의 학과는 문화 발전에 기여할 수 있는 전문 예술인과 건강 유지 및 신체 능력 향상에 기여할 수 있는 전문 체육인을 양성하는 것을 목적으로 한다. 예체능 계열에서 다루는 예술 분야에는 역사가 깊은 분야인 음악, 미술과 함께 연극, 영화 및 영상, 대중음악 등 시대의 변화에 따라 확대된 다양한 분야들이 포함된다. 체육 분야에서는 학교체육, 사회체육 등 다양한 영역에서 이루어지는 체육 활동을 함께 다룬다.

7 예체능 계열

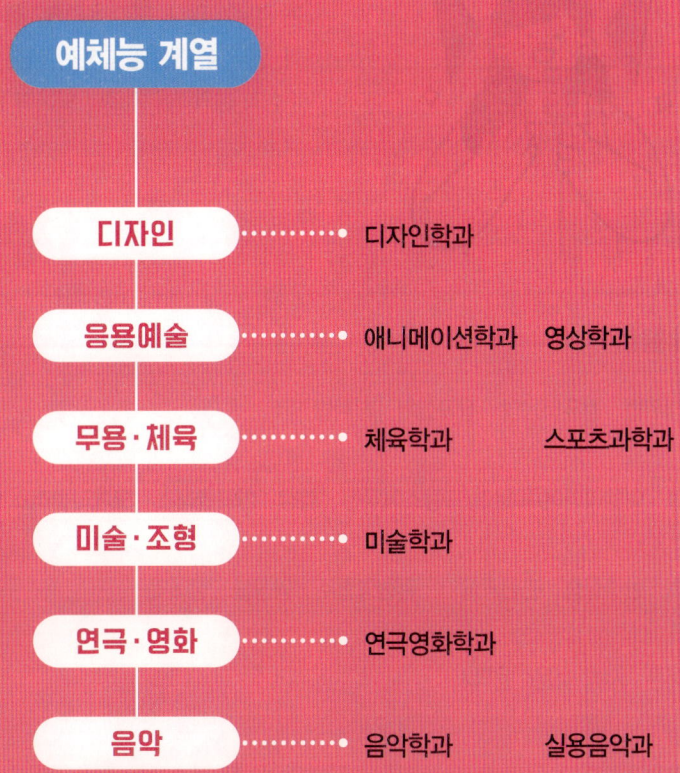

예체능 계열

- **디자인** .... 디자인학과
- **응용예술** .... 애니메이션학과 영상학과
- **무용·체육** .... 체육학과 스포츠과학과
- **미술·조형** .... 미술학과
- **연극·영화** .... 연극영화학과
- **음악** .... 음악학과 실용음악과

음악학과
작곡, 성악, 피아노

음악학과는 음악 활동을 통해 인간의 내면을 표현할 수 있는 전문 음악인을 양성하는 것을 목적으로 한다. 이를 위해 음악 이론에 대한 지식과 실기 능력을 동시에 함양한다.

음악학과에서 다루는 분야에는 작곡, 성악, 기악 등이 있다. 작곡 분야에서는 음악의 구조를 탐구하고 다양한 악기의 속성과 연주법을 학습함으로써 여러 장르의 음악을 창작하는 기술을 익힌다. 성악 분야에서는 여러 가곡과 오페라 곡을 익히며 정확한 발음 능력과 발성 테크닉을 기른다. 피아노, 관악기, 현악기 등 악기를 연주하는 기악 분야에서는 실습을 통해 연주법을 연마한다.

실제 대학에서는 작곡과, 성악과, 피아노과, 관현악과 등 세부 전공을 별도 학과로 개설하여 전문적인 교육을 제공하는 경우가 많다. 또한 음악학과를 지망하는 학생들은 평소 영화, 연극, 뮤지컬 등 다양한 예술 작품을 감상하며 음악적 감수성과 창의력을 기르면 도움이 된다.

#작곡 #성악 #연주 #심미적감성역량 #창의적사고력
#음악을듣고만들고연주하는즐거움

관련학과/유사학과

작곡과
성악과
피아노과
관현악과 등

대학에서 어떤 과목을 배울까?

음악학

- 화성법 · 대위법 · 컴퓨터음악 · 작곡실기 · 지휘법
- 성악앙상블 · 이탈리아어/독일어/프랑스어딕션 · 합창 · 가곡클래스 · 오페라클래스
- 피아노실기 · 반주실습 · 관현악실기 · 관현악합주 · 앙상블 · 실내악
- 음악기초이론 · 시창·청음 · 음악사

졸업 후 무슨 일을 할까?

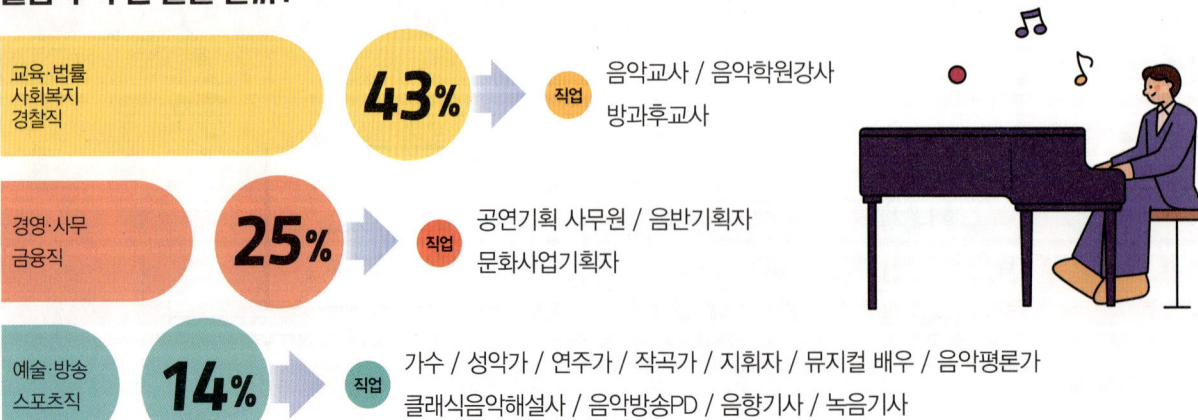

교육·법률 사회복지 경찰직	**43%**	직업	음악교사 / 음악학원강사 방과후교사
경영·사무 금융직	**25%**	직업	공연기획 사무원 / 음반기획자 문화사업기획자
예술·방송 스포츠직	**14%**	직업	가수 / 성악가 / 연주가 / 작곡가 / 지휘자 / 뮤지컬 배우 / 음악평론가 클래식음악해설사 / 음악방송PD / 음향기사 / 녹음기사

< **진학샘의 특별한 코칭**

음악과 관련된 과목을 이수하는 것을 추천합니다. 음악학과는 목표 대학 및 학과에서 실시하는 실기 시험을 확인하고 거기에 맞춰 실기 시험을 준비하는 것이 중요합니다. 실기 시험은 세부 전공에 따라 차이가 있으나 주로 가곡 부르기, 청음, 화성법, 피아노 연주 등을 평가합니다.

 핵심 권장 학과(부)에서 공부하기 위해 필수적 이수를 권장하는 과목

권장 학과(부)에서 공부하기 위해 이수를 권장하는 과목

추천 선택 192학점 이수를 고려해 이수를 권장하는 과목

교과(군)	일반 선택	진로 선택	융합 선택
국어	**화법과 언어** **독서와 작문** **문학**	주제 탐구 독서 문학과 영상 직무 의사소통	독서 토론과 글쓰기 매체 의사소통 언어생활 탐구
수학	**대수** **미적분 I** **확률과 통계**	기하 · 미적분 II 경제 수학 · 인공지능 수학 직무 수학	수학과 문화 실용 통계 수학과제 탐구
영어	**영어 I · 영어 II** `영어 독해와 작문`	영미 문학 읽기 · 영어 발표와 토론 심화 영어 · 심화 영어 독해와 작문 직무 영어	실생활 영어 회화 미디어 영어 세계 문화와 영어
사회	세계시민과 지리 세계사 사회와 문화 현대사회와 윤리	한국지리 탐구 · 도시의 미래 탐구 동아시아 역사 기행 정치 · 법과 사회 · 경제 윤리와 사상 · 인문학과 윤리 국제 관계의 이해	여행지리 역사로 탐구하는 현대 세계 사회문제 탐구 · 금융과 경제생활 윤리문제 탐구 기후변화와 지속가능한 세계
과학	물리학 화학 생명과학 지구과학	역학과 에너지 · 전자기와 양자 물질과 에너지 · 화학 반응의 세계 세포와 물질대사 · 생물의 유전 지구시스템과학 · 행성우주과학	과학의 역사와 문화 기후변화와 환경생태 융합과학 탐구
예술	`음악` 미술 연극	`음악 연주와 창작` · `음악 감상과 비평` 미술 창작 · 미술 감상과 비평	`음악과 미디어` 미술과 매체
제2외국어/ 한문	**제2외국어 (독일어, 프랑스어, 스페인어, 중국어, 일본어, 러시아어, 아랍어, 베트남어)**	제2외국어 회화 심화 제2외국어	제2외국어 문화
	한문	한문 고전 읽기	언어생활과 한자
교양	진로와 직업 생태와 환경	인간과 철학 · 논리와 사고 인간과 심리 · 교육의 이해 삶과 종교 · 보건	인간과 경제활동 · 논술
특수 목적고 예술 계열−예술		`음악 이론` · `음악사` · `시창·청음` `음악 전공 실기` · `합창·합주` `음악 공연 실습`	`음악과 문화`

● 일반 선택 **굵은 글자**: 수능 출제 과목   ● 상대평가 등급 미산출 과목: ▨ 성취도 5단계 ▨ 성취도 3단계 ▨ P/F

예 체 능 계 열

실용음악과

#보컬 #연주 #작사작곡
#심미적감성역량 #창의적사고력
#힙한음악으로승부할래

실용음악은 주로 대중들이 즐기는 음악 장르로서 가요, 영화음악, 광고음악, 방송음악, 공연음악 등이 포함된다. 실용음악과는 음악 이론과 실기 교육을 통해 실력 있는 대중음악 전문가를 양성하는 것을 목적으로 한다.

실용음악과에서는 보컬, 연주, 작사·작곡 등 본인의 세부 전공에 따라 전문화된 실기 수업을 진행하여 실용적인 음악 능력을 체계적으로 연마한다. 이와 함께 디지털 기술을 활용한 컴퓨터음악을 연구하거나 실제 앨범을 제작하는 과정을 경험하기도 한다.

케이팝(K-POP)의 국제적인 인기와 글로벌 문화 콘텐츠 시장의 확장으로 인해 최근 한국의 실용음악에 대한 관심이 뜨거운 상황이며 이에 따라 실용음악 전문가에 대한 수요도 꾸준히 증가하고 있다. 평소 노래나 춤, 악기 연주에 자신이 있는 학생뿐만 아니라 작·편곡, 음악콘텐츠 기획 등 음악 산업에 종사하기 위한 실무 능력 개발에 관심이 있는 학생에게도 적합한 학과이다.

관련학과/유사학과

K-POP학과
보컬뮤직전공
뉴뮤직학부
현대실용음악학과 등

대학에서 어떤 과목을 배울까?

실용 음악

- 발성과 가창의 기초 · 보컬테크닉 · 시창·청음
- 합주실기 · 기악앙상블 · 즉흥연주
- 기초실용음악이론 · 실용음악화성학 · 컴퓨터음악 · 가요작곡법 · 가요작사법 · 영화음악작곡 · 편곡실습
- 대중음악사 · 실용음악감상 · 녹음실습 · 앨범제작실습

졸업 후 무슨 일을 할까?

교육·법률 사회복지 경찰직	**34%**	직업	보컬트레이너 / 음악학원강사 / 대학교수
경영·사무 금융직	**21%**	직업	공연기획 사무원 / 음반기획자 문화사업기획자
예술·방송 스포츠직	**18%**	직업	가수 / 연주가 / 뮤지컬 배우 / 작곡가 / 작사가 / 디제이(DJ) 음악방송PD / 음향기사 / 녹음기사 / 게임음향 기술자

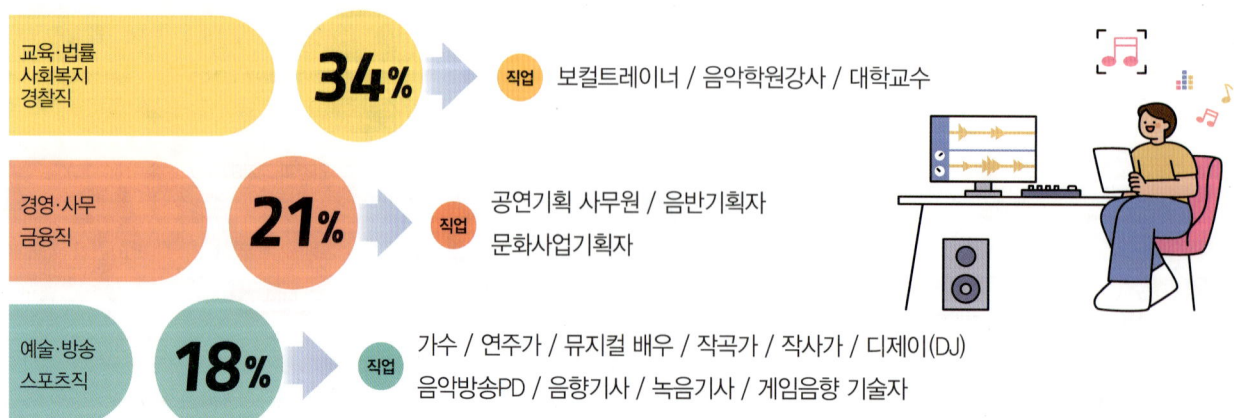

< **진학샘의 특별한 코칭**

음악과 관련된 과목을 이수하는 것을 추천합니다. 실용음악과는 목표 대학 및 학과에서 실시하는 실기 시험을 확인하고 거기에 맞춰 실기 시험을 준비하는 것이 중요합니다. 실기 시험은 세부 전공에 따라 차이가 있으나 주로 보컬 역량을 평가합니다.

핵심 권장	학과(부)에서 공부하기 위해 필수적 이수를 권장하는 과목
권장	학과(부)에서 공부하기 위해 이수를 권장하는 과목
추천 선택	192학점 이수를 고려해 이수를 권장하는 과목

교과(군)	일반 선택	진로 선택	융합 선택
국어	**화법과 언어** **독서와 작문** **문학**	주제 탐구 독서 문학과 영상 직무 의사소통	독서 토론과 글쓰기 매체 의사소통 언어생활 탐구
수학	**대수** **미적분 I** **확률과 통계**	기하 · 미적분 II 경제 수학 · 인공지능 수학 직무 수학	수학과 문화 실용 통계 수학과제 탐구
영어	**영어 I · 영어 II** **영어 독해와 작문**	영미 문학 읽기 · 영어 발표와 토론 심화 영어 · 심화 영어 독해와 작문 직무 영어	실생활 영어 회화 미디어 영어 세계 문화와 영어
사회	세계시민과 지리 세계사 사회와 문화 현대사회와 윤리	한국지리 탐구 · 도시의 미래 탐구 동아시아 역사 기행 정치 · 법과 사회 · 경제 윤리와 사상 · 인문학과 윤리 국제 관계의 이해	여행지리 역사로 탐구하는 현대 세계 사회문제 탐구 · 금융과 경제생활 윤리문제 탐구 기후변화와 지속가능한 세계
과학	물리학 화학 생명과학 지구과학	역학과 에너지 · 전자기와 양자 물질과 에너지 · 화학 반응의 세계 세포와 물질대사 · 생물의 유전 지구시스템과학 · 행성우주과학	과학의 역사와 문화 기후변화와 환경생태 융합과학 탐구
체육	체육1 · 체육2	운동과 건강 스포츠 문화 · 스포츠 과학	스포츠 생활1 · 스포츠 생활2
예술	음악 미술 연극	음악 연주와 창작 · 음악 감상과 비평 미술 창작 · 미술 감상과 비평	음악과 미디어 미술과 매체
교양	진로와 직업 생태와 환경	인간과 철학 · 논리와 사고 인간과 심리 · 교육의 이해 삶과 종교 · 보건	인간과 경제활동 · 논술
특수 목적고 **예술 계열-예술**		음악 이론 · 음악사 · 시창·청음 음악 전공 실기 · 합창·합주 음악 공연 실습	음악과 문화

예체능 계열

• 일반 선택 **굵은 글자**: 수능 출제 과목　　• 상대평가 등급 미산출 과목: 성취도 5단계 성취도 3단계 [P/F]

미술학과
동양화, 서양화, 조소

#동양화 #서양화 #조형·조소
#심미적감성역량 #창의적사고력 #내마음을그림에담아

관련학과/유사학과

동양화과
서양화과
조소과
현대미술학과 등

미술학과는 미술 이론과 실기에 대한 전문적인 교육을 통해 미술가로서의 소양과 자질을 개발하는 것을 목적으로 한다. 이를 위해 창작부터 비평까지 미술 관련 활동을 폭넓게 경험한다.

미술학은 동양화, 서양화, 조소 등의 세부 분야로 나눌 수 있다. 세부 분야에서는 각각의 특성에 맞는 기법을 활용하여 미의식을 표현하는 방법을 연구하고 다각도로 형상화하거나, 각각의 지역적 관점을 살린 미술사와 미학 이론을 탐구한다. 한편 조형·조소 분야에서는 환경미학, 건축, 도시계획 분야와도 연계하여 다양한 연구를 진행한다. 이 외에도 미술 비평 이론이나 디지털 기술을 활용한 새로운 미술 기법들을 연구하기도 한다.

디지털 시대에 접어들며 다양한 미술 형태 및 플랫폼이 등장함에 따라 미술학의 새로운 성장 가능성이 발견되고 있다. 현대 사회에서 이미지가 중요한 역할을 하는 만큼 미술학을 통해 단련할 수 있는 능력과 자질들이 다양한 분야에서 활용될 전망이다.

대학에서 어떤 과목을 배울까?

미술학

- 동양화기초 · 동양화 · 수묵화 · 동양미술사 · 한국미술사 · 전통채색기법 · 수묵화작품연구
- 서양화기초 · 회화 · 드로잉 · 판화 · 서양미술사
- 기초입체조형 · 조소 · 입체조형 · 환경조형 · 심화입체조형
- 회화론 · 미술평론 · 현대미술론 · 미술미학 · 현대미술의 쟁점 · 디지털드로잉

졸업 후 무슨 일을 할까?

경영·사무 금융직	27%	직업	미술품감정사 / 미술관관리자 / 문화예술정책행정가
교육·법률 사회복지 경찰직	22%	직업	미술교사 / 미술학원강사 / 대학교수
예술·방송 스포츠직	14%	직업	화가 / 일러스트레이터 / 조각가 / 공예가 / 도예가 미술 출판기획·편집자 / 미술평론가 / 국가유산보존원 / 미술관큐레이터
기타	37%	직업	미술품경매사 / 아트딜러 / 미술사학자 등

< **진학샘의 특별한 코칭**

미술과 관련된 과목을 이수하는 것을 추천합니다. 미술학과는 목표 대학 및 학과의 전형과 시험 방식에 맞춰 대입 준비를 하는 것이 중요합니다. 실기 전형에서는 학과에 따라 회화(인물 수채화, 수묵 담채화), 조소(두상 소조) 등의 실기 시험을 준비합니다.

핵심 권장	학과(부)에서 공부하기 위해 필수적 이수를 권장하는 과목
권장	학과(부)에서 공부하기 위해 이수를 권장하는 과목
추천 선택	192학점 이수를 고려해 이수를 권장하는 과목

교과(군)	일반 선택	진로 선택	융합 선택
국어	**화법과 언어** **독서와 작문** **문학**	주제 탐구 독서 문학과 영상 직무 의사소통	독서 토론과 글쓰기 매체 의사소통 언어생활 탐구
수학	**대수** **미적분Ⅰ** **확률과 통계**	기하 · 미적분Ⅱ 경제 수학 · 인공지능 수학 직무 수학	수학과 문화 실용 통계 수학과제 탐구
영어	**영어Ⅰ · 영어Ⅱ** 영어 독해와 작문	영미 문학 읽기 · 영어 발표와 토론 심화 영어 · 심화 영어 독해와 작문 직무 영어	실생활 영어 회화 미디어 영어 세계 문화와 영어
사회	세계시민과 지리 세계사 사회와 문화 현대사회와 윤리	한국지리 탐구 · 도시의 미래 탐구 동아시아 역사 기행 정치 · 법과 사회 · 경제 윤리와 사상 · 인문학과 윤리 국제 관계의 이해	여행지리 역사로 탐구하는 현대 세계 사회문제 탐구 · 금융과 경제생활 윤리문제 탐구 기후변화와 지속가능한 세계
과학	물리학 화학 생명과학 지구과학	역학과 에너지 · 전자기와 양자 물질과 에너지 · 화학 반응의 세계 세포와 물질대사 · 생물의 유전 지구시스템과학 · 행성우주과학	과학의 역사와 문화 기후변화와 환경생태 융합과학 탐구
체육	체육1 · 체육2	운동과 건강 스포츠 문화 · 스포츠 과학	스포츠 생활1 · 스포츠 생활2
예술	음악 미술 연극	음악 연주와 창작 · 음악 감상과 비평 미술 창작 · 미술 감상과 비평	음악과 미디어 미술과 매체
교양	진로와 직업 생태와 환경	인간과 철학 · 논리와 사고 인간과 심리 · 교육의 이해 삶과 종교 · 보건	인간과 경제활동 · 논술
특수 목적고 예술 계열−예술		미술 이론 · 드로잉 · 미술사 미술 전공 실기 · 조형 탐구	미술 매체 탐구 · 미술과 사회

예 체 능 계 열

● 일반 선택 **굵은 글자**: 수능 출제 과목 ● 상대평가 등급 미산출 과목: 성취도 5단계 성취도 3단계 P/F

디자인학과
산업, 시각, 패션

#산업디자인 #시각디자인 #패션디자인
#심미적감성역량 #창의적사고력 #위로하는디자이너될래

관련학과/유사학과

산업디자인학과
시각디자인학과
패션디자인학과
커뮤니케이션디자인학과 등

디자인학과는 인간 생활을 편리하고 아름답게 만드는 데 도움을 주는 디자인 기술을 연구하여 보다 조화로운 환경, 도구, 공간, 문화 등을 조성하는 것을 목적으로 한다.

디자인학과의 연구 분야는 산업디자인, 시각디자인, 패션디자인 등으로 나뉜다. 산업디자인 분야에서는 일상생활에서 사용되는 다양한 제품을 실용적이고 아름답게 디자인하는 방법을 연구한다. 시각디자인 분야에서는 시각적 표현을 통해 메시지를 효과적으로 전달하는 방법을 연구한다. 패션디자인 분야에서는 편안하고 아름다운 패션 제품을 디자인하는 방법과 제품 판매를 위한 마케팅 전략을 연구한다.

실제 대학에서는 산업디자인학과, 시각디자인학과, 패션디자인학과 등 세부 전공을 별도 학과로 개설하여 전문적인 교육을 제공하는 경우가 많다. 아름다운 것을 알아보는 미적 감각이 뛰어난 학생에게 적합한 학과이며, 디자인 작업은 다른 분야의 전문가들과 팀 작업으로 이루어지는 경우가 많으므로 의사소통 능력이 뒷받침되면 더욱 좋다.

대학에서 어떤 과목을 배울까?

디자인학

기초산업디자인 · 제품디자인 · 공업디자인 · 산업기기디자인 · 산업디자인마케팅 · UX디자인

기초디자인 · 타이포그래피 · 드로잉 · 그래픽디자인 · 미디어디자인 · 일러스트레이션 · 디자인전략

패션디자인기초 · 패션마케팅 · 패션소재기획 및 관리 · 서양복식사 · 패션디스플레이 · 테일러링

졸업 후 무슨 일을 할까?

예술·방송 스포츠직 **66%** 직업 시각디자이너 / 패션디자이너 / 웹디자이너
제품디자이너 / 캐릭터디자이너 / 공공디자이너
UX·UI디자이너 / 광고디자이너 / 출판·편집디자이너

경영·사무 금융직 **17%** 직업 상품기획자 / 광고기획자 / 브랜드관리사

기타 **17%** 직업 디자인강사 / 대학교수 / 미술교사 / 아트딜러
미술품판매원 등

< **진학샘의 특별한 코칭**

생활과학 탐구, 미술 관련 과목을 이수하는 것을 추천합니다. 디자인학과는 목표 대학 및 학과의 전형과 실기 시험을 확인하고 거기에 맞춰 대입 준비를 하는 것이 중요합니다. 실기 전형은 학과에 따라 디자인, 회화 그리기 등의 실기 시험을 준비하면 됩니다.

핵심 권장	학과(부)에서 공부하기 위해 필수적 이수를 권장하는 과목
권장	학과(부)에서 공부하기 위해 이수를 권장하는 과목
추천 선택	192학점 이수를 고려해 이수를 권장하는 과목

교과(군)	일반 선택	진로 선택	융합 선택
국어	**화법과 언어** **독서와 작문** **문학**	주제 탐구 독서 문학과 영상 직무 의사소통	독서 토론과 글쓰기 매체 의사소통 언어생활 탐구
수학	**대수** **미적분 I** **확률과 통계**	기하 · 미적분 II 경제 수학 · 인공지능 수학 직무 수학	수학과 문화 실용 통계 수학과제 탐구
영어	**영어 I · 영어 II** 영어 독해와 작문	영미 문학 읽기 · 영어 발표와 토론 심화 영어 · 심화 영어 독해와 작문 직무 영어	실생활 영어 회화 미디어 영어 세계 문화와 영어
사회	세계시민과 지리 세계사 사회와 문화 현대사회와 윤리	한국지리 탐구 · 도시의 미래 탐구 동아시아 역사 기행 정치 · 법과 사회 · 경제 윤리와 사상 · 인문학과 윤리 국제 관계의 이해	여행지리 역사로 탐구하는 현대 세계 사회문제 탐구 · 금융과 경제생활 윤리문제 탐구 기후변화와 지속가능한 세계
과학	물리학 화학 생명과학 지구과학	역학과 에너지 · 전자기와 양자 물질과 에너지 · 화학 반응의 세계 세포와 물질대사 · 생물의 유전 지구시스템과학 · 행성우주과학	과학의 역사와 문화 기후변화와 환경생태 융합과학 탐구
예술	음악 미술 연극	음악 연주와 창작 · 음악 감상과 비평 미술 창작 · 미술 감상과 비평	음악과 미디어 미술과 매체
기술·가정/ 정보	기술 ·가정 정보	로봇과 공학세계 · 생활과학 탐구 인공지능 기초 · 데이터 과학	창의 공학 설계 · 지식 재산 일반 생애 설계와 자립 · 아동발달과 부모 소프트웨어와 생활
교양	진로와 직업 생태와 환경	인간과 철학 · 논리와 사고 인간과 심리 · 교육의 이해 삶과 종교 · 보건	인간과 경제활동 · 논술
특수 목적고 예술 계열–예술		미술 이론 · 드로잉 · 미술사 미술 전공 실기 · 조형 탐구	미술 매체 탐구 · 미술과 사회

예체능 계열

- 일반 선택 **굵은 글자**: 수능 출제 과목
- 상대평가 등급 미산출 과목: 성취도 5단계   성취도 3단계   ▨ P/F

애니메이션 학과

#기획·연출 #디자인 #제작 #창의적사고력
#심미적감성역량 #내생각을웹툰에담을래

관련학과/유사학과

게임콘텐츠·애니메이션전공
영상·애니메이션학부
만화애니메이션텍전공 등

애니메이션학과는 만화·애니메이션 제작을 위한 지식과 기술을 연구하고 실제 콘텐츠 산업 현장에서 활용할 수 있는 실무 능력을 연마하는 학과이다.

애니메이션학과에서 다루는 분야는 실제 애니메이션 제작 과정과 밀접하게 연관된 기획·연출, 디자인, 제작 등으로 나뉜다. 기획·연출 분야에서는 애니메이션의 스토리와 캐릭터, 세계관 등을 기획하고 효과적으로 연출하는 기법을 연구한다. 디자인 분야에서는 캐릭터와 배경 등 애니메이션의 시각적 요소를 디자인하는 기술을 탐구한다. 제작 분야에서는 애니메이션을 실제로 제작하기 위한 프로그램과 편집, 특수 효과 등의 실무적인 기술을 익힌다.

애니메이션은 웹툰, 게임, 영화 등 다양한 분야와의 융합을 통해 새로운 활로를 꾸준히 개척하고 있는 분야이다. 또한 최근 웹툰을 비롯한 국내 콘텐츠가 국제적인 관심을 받으면서 디지털 콘텐츠 산업의 성장도 가속화되는 추세이다. 이에 따라 애니메이션 전문가에 대한 수요도 계속 증가할 전망이다.

대학에서 어떤 과목을 배울까?

**애니
메이션학**

애니메이션기획 및 연출 · 스토리보드 · 만화스토리텔링 · 편집 및 특수효과 · 애니메이션사운드

컨셉디자인 · 캐릭터디자인 · 배경디자인 · 디지털페인팅 · 인체조소

3D그래픽기초 · 디지털애니메이션제작기법 · 3D컴퓨터모델링 · 2D애니메이션과 블렌더 · 동작표현연구

졸업 후 무슨 일을 할까?

예술·방송
스포츠직 **51%** → 직업 애니메이션감독 / 애니메이터 / 웹툰작가 / 만화가
모션그래픽디자이너 / 영상그래픽디자이너
캐릭터디자이너 / 게임그래픽디자이너

경영·사무
금융직 **27%** → 직업 애니메이션마케터 / 문화예술기관 사무원

기타 **22%** → 직업 애니메이션강사 / 대학교수
미디어콘텐츠영업원 등

< **진학샘의 특별한 코칭**

정보 교과, 그림 실력 향상을 위해 **미술** 관련 과목을 이수하는 것을 추천합니다. 실기 시험은 주어진 스토리를 분석 후 주요 장면을 12칸의 그림으로 구성하거나 상황에 맞는 장면을 연출하여 하나의 그림으로 표현하는 형태이므로 평소 애니메이션 창작 활동을 하는 것을 추천합니다.

핵심 권장	학과(부)에서 공부하기 위해 필수적 이수를 권장하는 과목
권장	학과(부)에서 공부하기 위해 이수를 권장하는 과목
추천 선택	192학점 이수를 고려해 이수를 권장하는 과목

교과(군)	일반 선택	진로 선택	융합 선택
국어	**화법과 언어** **독서와 작문** **문학**	주제 탐구 독서 문학과 영상 직무 의사소통	독서 토론과 글쓰기 매체 의사소통 언어생활 탐구
수학	**대수** **미적분 I** **확률과 통계**	기하 · 미적분 II 경제 수학 · 인공지능 수학 직무 수학	수학과 문화 실용 통계 수학과제 탐구
영어	**영어 I · 영어 II** 영어 독해와 작문	영미 문학 읽기 · 영어 발표와 토론 심화 영어 · 심화 영어 독해와 작문 직무 영어	실생활 영어 회화 미디어 영어 세계 문화와 영어
사회	세계시민과 지리 세계사 사회와 문화 현대사회와 윤리	한국지리 탐구 · 도시의 미래 탐구 동아시아 역사 기행 정치 · 법과 사회 · 경제 윤리와 사상 · 인문학과 윤리 국제 관계의 이해	여행지리 역사로 탐구하는 현대 세계 사회문제 탐구 · 금융과 경제생활 윤리문제 탐구 기후변화와 지속가능한 세계
과학	물리학 화학 생명과학 지구과학	역학과 에너지 · 전자기와 양자 물질과 에너지 · 화학 반응의 세계 세포와 물질대사 · 생물의 유전 지구시스템과학 · 행성우주과학	과학의 역사와 문화 기후변화와 환경생태 융합과학 탐구
체육	체육1 · 체육2	운동과 건강 스포츠 문화 · 스포츠 과학	스포츠 생활1 · 스포츠 생활2
예술	음악 **미술** 연극	음악 연주와 창작 · 음악 감상과 비평 **미술 창작 · 미술 감상과 비평**	음악과 미디어 **미술과 매체**
기술·가정/ 정보	기술 ·가정 **정보**	로봇과 공학세계 · 생활과학 탐구 인공지능 기초 · 데이터 과학	창의 공학 설계 · 지식 재산 일반 생애 설계와 자립 · 아동발달과 부모 **소프트웨어와 생활**
교양	진로와 직업 생태와 환경	인간과 철학 · 논리와 사고 인간과 심리 · 교육의 이해 삶과 종교 · 보건	인간과 경제활동 · 논술
특수 목적고 **예술 계열 – 예술**		**미술 이론 · 드로잉 · 미술사** **미술 전공 실기 · 조형 탐구**	**미술 매체 탐구 · 미술과 사회**

● 일반 선택 **굵은 글자**: 수능 출제 과목 ● 상대평가 등급 미산출 과목: ▨ 성취도 5단계 ▨ 성취도 3단계 ▨ P/F

**예
체
능
계
열**

체육학과

#체육실기 #운동역학 #스포츠인문학 #스포츠경영학
#신체운동능력 #의사소통능력
#체육시간은내가TOP

체육학과는 다양한 신체 활동을 통해 현대인의 건강과 여가 생활의 질을 향상시키는 것을 목적으로 한다. 체육학과의 목표는 체계적으로 체육 활동을 지도할 수 있는 전문 체육인을 양성하는 것이다.

체육학과 학생들은 다양한 스포츠 종목의 실기를 체험하고 이를 현장에서 지도하는 방법을 연구한다. 또한 스포츠와 관련된 역학, 생리학, 영양학 등의 기초 과학 이론과 심리학, 사회학, 철학, 경영학 등의 인문학 이론을 넘나들며 다양한 연구를 진행한다. 이 외에도 장애인이나 노인을 대상으로 한 특수체육, 학교 현장에서 체육을 지도하는 방법을 다루는 스포츠교육학 등 체육 전문가가 되기 위해 필요한 여러 분야를 탐구한다.

운동은 인간의 근원적 욕구이면서 삶의 질과 직결된 요소이다. 운동과 스포츠에 대한 사회적 수요가 꾸준히 유지되고 있을 뿐 아니라 프로 스포츠 또한 점점 더 고도화되고 있어 체육학과 졸업생의 진로 또한 더욱 다양해질 전망이다.

관련학과/유사학과

국제스포츠학부
생활체육학과
스포츠지도학과
체육과학부
체육교육과 등

대학에서 어떤 과목을 배울까?

체육학

- 수영 • 농구 • 축구 • 배구 • 배드민턴 • 골프 • 탁구 • 테니스
- 체육원리 • 운동역학 • 운동생리학 • 운동영양학 • 운동처방 • 코칭의 운동역학 및 실습
- 스포츠심리학 • 스포츠사회학 • 스포츠철학 • 사회체육개론 • 한국체육사 • 스포츠경영 및 행정
- 특수체육 • 스포츠교육학

졸업 후 무슨 일을 할까?

계열	비율		직업
예술·방송 스포츠직	**35%**	직업	프로운동선수 / 트레이너 / 스포츠감독·코치 / 스포츠에이전트 스포츠캐스터 / 생활체육강사 / 레크리에이션강사
경영·사무 금융직	**20%**	직업	스포츠마케터 / 레저스포츠경영자 / 체육단체 사무원
교육·법률 사회복지 경찰직	**6%**	직업	체육교사 / 대학교수
기타	**39%**	직업	운동처방사 / 스포츠정책 연구원 등

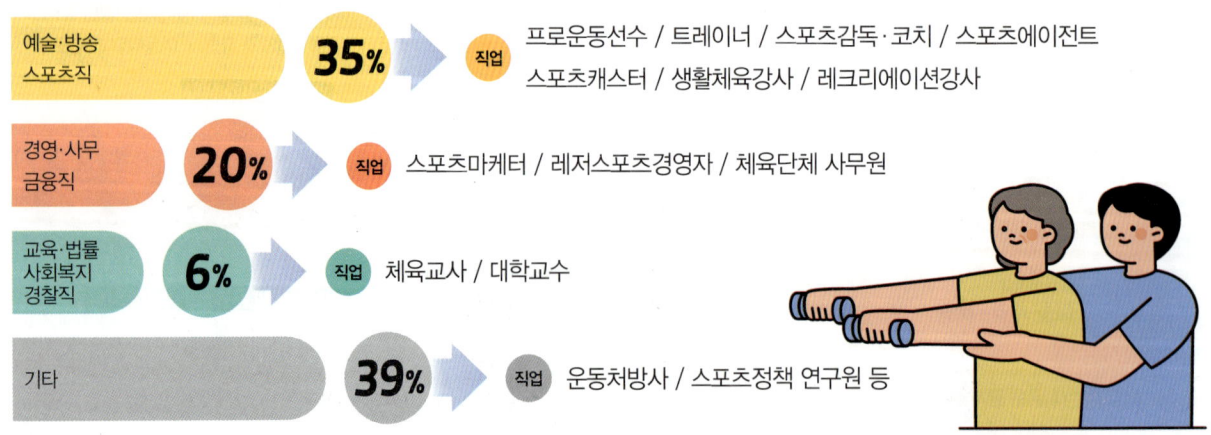

< **진학샘의 특별한 코칭**

체육 관련 과목을 이수하는 것을 추천합니다. 체육학과는 목표 대학/학과의 전형 방법과 실기 시험에 맞춰 준비하는 것이 중요합니다. 실기 전형은 20미터 왕복달리기, 제자리멀리뛰기, 메디신볼 던지기 등의 시험을 준비합니다.

핵심 권장 학과(부)에서 공부하기 위해 필수적 이수를 권장하는 과목

권장 학과(부)에서 공부하기 위해 이수를 권장하는 과목

추천 선택 192학점 이수를 고려해 이수를 권장하는 과목

교과(군)	일반 선택	진로 선택	융합 선택
국어	**화법과 언어** **독서와 작문** **문학**	주제 탐구 독서 문학과 영상 직무 의사소통	독서 토론과 글쓰기 매체 의사소통 언어생활 탐구
수학	**대수** **미적분Ⅰ** **확률과 통계**	기하 · 미적분Ⅱ 경제 수학 · 인공지능 수학 직무 수학	수학과 문화 실용 통계 수학과제 탐구
영어	**영어Ⅰ · 영어Ⅱ** 영어 독해와 작문	영미 문학 읽기 · 영어 발표와 토론 심화 영어 · 심화 영어 독해와 작문 직무 영어	실생활 영어 회화 미디어 영어 세계 문화와 영어
사회	세계시민과 지리 세계사 사회와 문화 현대사회와 윤리	한국지리 탐구 · 도시의 미래 탐구 동아시아 역사 기행 정치 · 법과 사회 · 경제 윤리와 사상 · 인문학과 윤리 국제 관계의 이해	여행지리 역사로 탐구하는 현대 세계 사회문제 탐구 · 금융과 경제생활 윤리문제 탐구 기후변화와 지속가능한 세계
과학	물리학 화학 생명과학 지구과학	역학과 에너지 · 전자기와 양자 물질과 에너지 · 화학 반응의 세계 세포와 물질대사 · 생물의 유전 지구시스템과학 · 행성우주과학	과학의 역사와 문화 기후변화와 환경생태 융합과학 탐구
체육	체육1 · 체육2	운동과 건강 스포츠 문화 · 스포츠 과학	스포츠 생활1 · 스포츠 생활2
예술	음악 미술 연극	음악 연주와 창작 · 음악 감상과 비평 미술 창작 · 미술 감상과 비평	음악과 미디어 미술과 매체
교양	진로와 직업 생태와 환경	인간과 철학 · 논리와 사고 인간과 심리 · 교육의 이해 삶과 종교 · 보건	인간과 경제활동 · 논술
특수 목적고 **체육 계열-체육**	스포츠 개론 · 육상 · 체조 기초 체육 전공 실기 · 심화 체육 전공 실기 고급 체육 전공 실기 · 스포츠 경기 체력 스포츠 경기 기술 · 스포츠 경기 분석	스포츠 교육 스포츠 생리의학 스포츠 행정 및 경영	

예체능 계열

- 일반 선택 **굵은 글자**: 수능 출제 과목
- 상대평가 등급 미산출 과목: 성취도 5단계 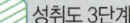 성취도 3단계 P/F

스포츠과학과

#과학·의학 #인문·경영학 #스포츠지도학
#신체운동능력 #의사소통능력
#운동하는내가좋아

관련학과/유사학과

체육과학부
체육교육과
스포츠건강학과
스포츠의학과
스포츠응용산업학과 등

스포츠과학과는 과학적인 관점으로 스포츠를 연구, 지도, 관리, 운영할 수 있는 스포츠과학 전문 인력을 양성하는 것을 목적으로 한다.

스포츠과학과 학생들은 기초 과학, 의학의 지식과 방법론을 기반으로 운동의 원리나 관련 질병을 연구한다. 또한 인문·경영학의 관점에서 스포츠를 탐구하거나, 전문적인 스포츠 지도자가 되기 위한 지도 방법을 연구한다. 이 외에도 빅데이터, 인공지능과 같은 신기술을 활용하여 경기 능력이나 수행 능력을 향상하는 방법을 탐색하는 등 융합적인 연구를 수행하기도 한다.

운동에 대한 관심과 함께 자연과학 분야나 빅데이터, 인공지능과 같은 공학 기술에 흥미가 있는 학생에게 적합한 학과이다. 또한 스포츠과학과 졸업생들은 전문 연구자는 물론 체육계, 교육계, 의료계 등 다양한 분야로 진출할 수 있으므로 스포츠와 관련된 진로를 다양하게 탐색하고 싶은 학생들에게도 추천할 만하다.

대학에서 어떤 과목을 배울까?

스포츠과학

- 스포츠과학개론 · 운동역학 · 운동생리학 · 스포츠의학 · 운동처방론
- 스포츠법학 · 스포츠사회학 · 체육사 · 스포츠윤리 · 스포츠커뮤니케이션 · 스포츠정책 · 스포츠마케팅
- 스포츠코칭 · 스포츠교육학 · 노인스포츠지도
- 스포츠기록분석학 · 스포츠AI

졸업 후 무슨 일을 할까?

분야	비율		직업
예술·방송 스포츠직	35%	직업	트레이너 / 스포츠감독·코치 / 스포츠에이전트 / 생활체육강사 경기기록원 / 경기심판 / 방송기자(스포츠)
경영·사무 금융직	20%	직업	스포츠마케터 / 레저스포츠경영자 / 체육단체 사무원
교육·법률 사회복지 경찰직	6%	직업	체육교사 / 대학교수
기타	39%	직업	운동처방사 / 운동생리학 연구원 등

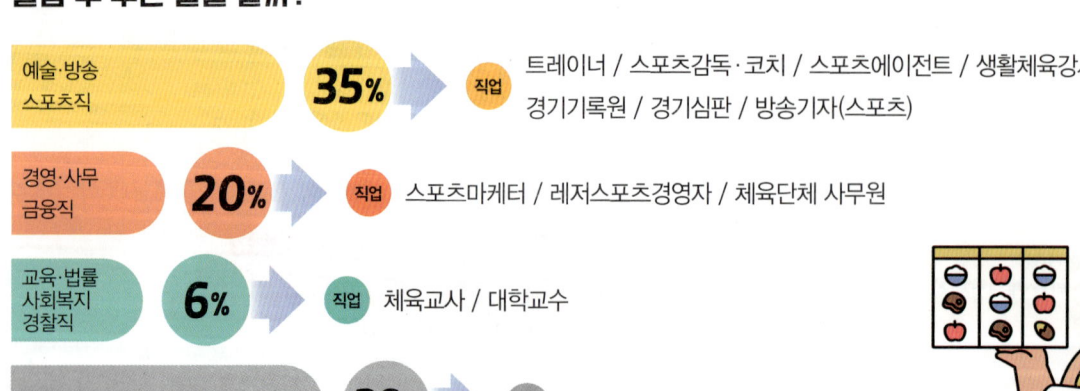

‹ 진학샘의 특별한 코칭

체육 관련 과목과 **사회 교과**, **정보 교과**, **생명과학** 등을 이수하는 것을 추천합니다. 비교과 활동은 좋아하는 스포츠 구단 순위에 영향을 미치는 변인을 찾아 상관관계를 분석하거나 관심 있는 스포츠 산업의 데이터를 분석하는 활동을 추천합니다.

핵심 권장	학과(부)에서 공부하기 위해 필수적 이수를 권장하는 과목
권장	학과(부)에서 공부하기 위해 이수를 권장하는 과목
추천 선택	192학점 이수를 고려해 이수를 권장하는 과목

교과(군)	일반 선택	진로 선택	융합 선택
국어	**화법과 언어** **독서와 작문** **문학**	주제 탐구 독서 문학과 영상 직무 의사소통	독서 토론과 글쓰기 매체 의사소통 언어생활 탐구
수학	**대수** **미적분 I** **확률과 통계**	기하 · 미적분 II 경제 수학 · 인공지능 수학 직무 수학	수학과 문화 실용 통계 수학과제 탐구
영어	**영어 I · 영어 II** 영어 독해와 작문	영미 문학 읽기 · 영어 발표와 토론 심화 영어 · 심화 영어 독해와 작문 직무 영어	실생활 영어 회화 미디어 영어 세계 문화와 영어
사회	세계시민과 지리 세계사 사회와 문화 현대사회와 윤리	한국지리 탐구 · 도시의 미래 탐구 동아시아 역사 기행 정치 · 법과 사회 · 경제 윤리와 사상 · 인문학과 윤리 국제 관계의 이해	여행지리 역사로 탐구하는 현대 세계 사회문제 탐구 · 금융과 경제생활 윤리문제 탐구 기후변화와 지속가능한 세계
과학	물리학 화학 생명과학 지구과학	역학과 에너지 · 전자기와 양자 물질과 에너지 · 화학 반응의 세계 세포와 물질대사 · 생물의 유전 지구시스템과학 · 행성우주과학	과학의 역사와 문화 기후변화와 환경생태 융합과학 탐구
체육	체육1 · 체육2	운동과 건강 스포츠 문화 · 스포츠 과학	스포츠 생활1 · 스포츠 생활2
기술·가정/정보	기술·가정 정보	로봇과 공학세계 · 생활과학 탐구 인공지능 기초 · 데이터 과학	창의 공학 설계 · 지식 재산 일반 생애 설계와 자립 · 아동발달과 부모 소프트웨어와 생활
교양	진로와 직업 생태와 환경	인간과 철학 · 논리와 사고 인간과 심리 · 교육의 이해 삶과 종교 · 보건	인간과 경제활동 · 논술
특수 목적고 체육 계열–체육		스포츠 개론 · 육상 · 체조 기초 체육 전공 실기 · 심화 체육 전공 실기 고급 체육 전공 실기 · 스포츠 경기 체력 스포츠 경기 기술 · 스포츠 경기 분석	스포츠 교육 스포츠 생리의학 스포츠 행정 및 경영

예체능 계열

● 일반 선택 **굵은 글자**: 수능 출제 과목　　● 상대평가 등급 미산출 과목: ▨ 성취도 5단계　▨ 성취도 3단계　▨ P/F

연극영화학과

#연극 #영화 #연기
#창의적사고력 #심미적감성역량
#영화가종아영화만들었네

관련학과/유사학과

연기예술학과
매체연기학과
공연예술학부
영화예술학과 등

연극영화학과는 종합예술로서의 연극과 영화 이론을 깊이 있게 탐구하고 작품 제작이나 연기 능력을 체계적으로 키움으로써 이론적 지식과 실무 능력을 두루 갖춘 공연·영상예술 전문가를 양성하는 것을 목적으로 한다.

연극영화학과의 연구 분야는 크게 연극, 영화, 연기 등으로 나뉜다. 연극과 영화 분야에서는 연극·영화의 역사와 이론을 탐구하여 기초적인 이해를 다지고 연극·영화를 연출·제작하기 위한 실무적 기술을 익힌다. 연기 분야에서는 연기 이론 연구와 실습을 통해 배우로서 매체에 맞게 극중 인물을 연기하는 방법을 탐구한다.

사회가 발달하고 대중문화와 미디어의 수요가 커지면서 연극과 영화에 대한 전문 지식을 갖춘 인재의 필요성도 증가하고 있다. 현대 사회의 문화적, 예술적 요구에 응답할 수 있는 인재를 양성하는 연극영화학과는 문화예술 분야의 발전에 이바지하며 좋은 전망을 유지할 것으로 보인다.

대학에서 어떤 과목을 배울까?

연극영화학

희곡개론 · 연극사 · 공연미학 · 실험연극론 · 뮤지컬양식론 · 희곡분석 · 무대미술실습 · 연극제작실습

영화학입문 · 영화사 · 시나리오작법 · 편집론 · TV연출론 · 영화비평 · 영상마케팅 · 영화제작실습

기초연기 · 즉흥연기 · 카메라연기 · 발성법 · 고급연기

졸업 후 무슨 일을 할까?

예술·방송 스포츠직 **32%** 직업 배우 / 모델 / 가수 / 성우 / 1인 크리에이터 / 영화감독 / 광고감독
시나리오작가 / 연극연출가 / 방송연출가 / 촬영기사 / 무대디자이너

경영·사무 금융직 **22%** 직업 공연기획 사무원 / 영화배급관리자

교육·법률 사회복지 경찰직 **13%** 직업 연기학원강사 / 방과후교사
대학교수

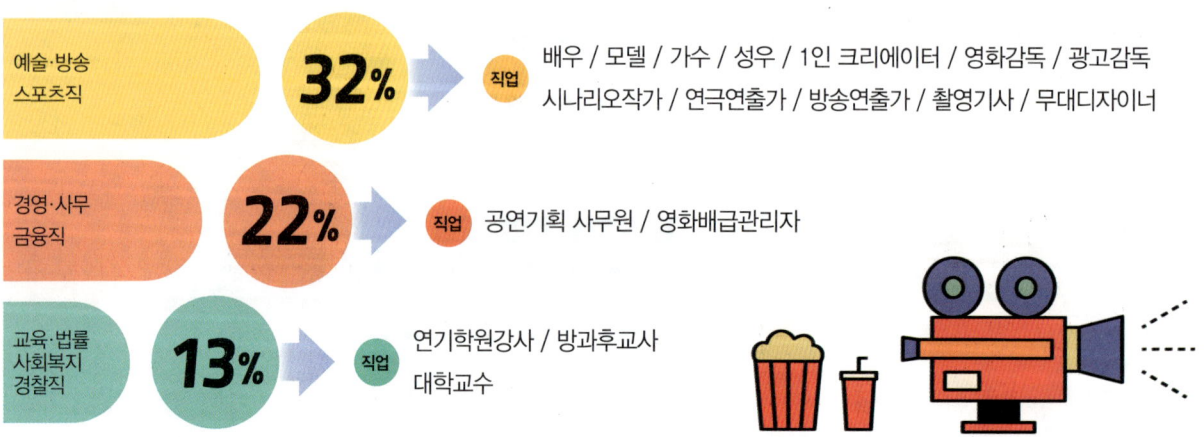

< 진학샘의 특별한 코칭

> **연극** 관련 과목을 이수하는 것을 추천합니다. 연극영화학과는 목표 대학 및 학과의 전형 방법과 실기 시험을 확인하고 그에 맞춰 대입 준비를 하는 것이 중요합니다. 실기 시험은 주로 연기를 통한 연기력과 예술력을 평가합니다.

핵심 권장	학과(부)에서 공부하기 위해 필수적 이수를 권장하는 과목
권장	학과(부)에서 공부하기 위해 이수를 권장하는 과목
추천 선택	192학점 이수를 고려해 이수를 권장하는 과목

교과(군)	일반 선택	진로 선택	융합 선택
국어	**화법과 언어** **독서와 작문** **문학**	주제 탐구 독서 문학과 영상 직무 의사소통	독서 토론과 글쓰기 매체 의사소통 언어생활 탐구
수학	**대수** **미적분 I** **확률과 통계**	기하 · 미적분 II 경제 수학 · 인공지능 수학 직무 수학	수학과 문화 실용 통계 수학과제 탐구
영어	**영어 I · 영어 II** 영어 독해와 작문	영미 문학 읽기 · 영어 발표와 토론 심화 영어 · 심화 영어 독해와 작문 직무 영어	실생활 영어 회화 미디어 영어 세계 문화와 영어
사회	세계시민과 지리 세계사 사회와 문화 현대사회와 윤리	한국지리 탐구 · 도시의 미래 탐구 동아시아 역사 기행 정치 · 법과 사회 · 경제 윤리와 사상 · 인문학과 윤리 국제 관계의 이해	여행지리 역사로 탐구하는 현대 세계 사회문제 탐구 · 금융과 경제생활 윤리문제 탐구 기후변화와 지속가능한 세계
과학	물리학 화학 생명과학 지구과학	역학과 에너지 · 전자기와 양자 물질과 에너지 · 화학 반응의 세계 세포와 물질대사 · 생물의 유전 지구시스템과학 · 행성우주과학	과학의 역사와 문화 기후변화와 환경생태 융합과학 탐구
체육	체육1 · 체육2	운동과 건강 스포츠 문화 · 스포츠 과학	스포츠 생활1 · 스포츠 생활2
예술	음악 미술 연극	음악 연주와 창작 · 음악 감상과 비평 미술 창작 · 미술 감상과 비평	음악과 미디어 미술과 매체
교양	진로와 직업 생태와 환경	인간과 철학 · 논리와 사고 인간과 심리 · 교육의 이해 삶과 종교 · 보건	인간과 경제활동 · 논술
특수 목적고 예술 계열–예술		연극과 몸 · 연극과 말 · 연기 무대 미술과 기술 · 연극 제작 실습 연극 감상과 비평 영화의 이해 · 촬영·조명 · 편집·사운드 영화 제작 실습 · 영화 감상과 비평	연극과 삶 영화와 삶

예체능 계열

- 일반 선택 **굵은 글자**: 수능 출제 과목
- 상대평가 등급 미산출 과목: 성취도 5단계 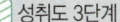 성취도 3단계 P/F

영상학과

#연출 #제작 #촬영 #편집 #음향 #콘텐츠
#창의적사고력 #심미적감성역량
#내가찍은영상에모두행복해

관련학과/유사학과

예술문화영상학과
영상문화학과
영화영상학과 등

영상학과는 미디어 영상과 관련된 이론과 실무를 전문적으로 교육하기 위한 학과이다. 영상학과의 목표는 창의적인 영상 콘텐츠를 개발하여 문화 산업 발전에 기여할 수 있는 전문 인력을 양성하는 것이다.

영상학과의 연구 분야는 크게 영상 제작 실무 분야와 문화 연구 분야로 나눌 수 있다. 제작 실무 관련 분야에서는 기획, 연출, 촬영, 편집 등 실무적인 기술을 탐구하고 실습한다. 문화 연구 분야에서는 다양한 미디어 콘텐츠를 연구하고 비평하며 제작자로서의 철학과 관점을 확립해 나간다. 이 외에도 사진이나 디지털 애니메이션 등 영상학과 관련이 깊은 예술 분야를 함께 연구하는 경우도 있다.

디지털 시대의 진화와 더불어 영상으로 제작된 콘텐츠의 중요성은 더 증가하고 있다. 영상학과 학생들은 영화, 방송, 광고, 인터넷 콘텐츠 등 다양한 분야로 진출할 수 있어 진로의 폭이 넓다. 평소 영상 예술에 관심이 많거나 신기술에 관심이 많은 학생에게 적합한 학과이다.

대학에서 어떤 과목을 배울까?

영상제작기초 · 영상연출 · 방송구성작가론

영상콘텐츠기획 · 영상스토리텔링

촬영기초 · 방송촬영과 조명

영상편집 · 영상음향 · 모션그래픽스

영상학

디지털미디어와 문화 · 대중문화연구 · 미디어수용자론

영상매체산업연구 · 영상미학

졸업 후 무슨 일을 할까?

예술·방송
스포츠직 **45%** 직업 영화감독 / 광고감독 / 촬영기사 / 드론촬영기사 / 영상편집자
방송연출가 / 영상그래픽디자이너 / 게임그래픽디자이너

경영·사무
금융직 **26%** 직업 문화예술기관 사무원 / 행사기획자

영업·판매
운송직 **10%** 직업 미디어제품판매원 / 영상소프트웨어영업원

기타 **19%** 직업 홀로그램 전문가 / 가상현실 전문가 등

< **진학샘의 특별한 코칭**

영화 관련 과목을 이수하는 것을 추천합니다. 영상학과는 목표 대학 및 학과의 전형 방법과 실기 시험을 확인하고 거기에 맞춰 대입 준비를 하는 것이 중요합니다. 비교과 활동은 동영상을 직접 제작해 보는 활동을 추천합니다.

핵심 권장 학과(부)에서 공부하기 위해 필수적 이수를 권장하는 과목

권장 학과(부)에서 공부하기 위해 이수를 권장하는 과목

추천 선택 192학점 이수를 고려해 이수를 권장하는 과목

교과(군)	일반 선택	진로 선택	융합 선택
국어	**화법과 언어** **독서와 작문** **문학**	주제 탐구 독서 문학과 영상 직무 의사소통	독서 토론과 글쓰기 매체 의사소통 언어생활 탐구
수학	**대수** **미적분 I** **확률과 통계**	기하 · 미적분 II 경제 수학 · 인공지능 수학 직무 수학	수학과 문화 실용 통계 수학과제 탐구
영어	**영어 I · 영어 II** 영어 독해와 작문	영미 문학 읽기 · 영어 발표와 토론 심화 영어 · 심화 영어 독해와 작문 직무 영어	실생활 영어 회화 미디어 영어 세계 문화와 영어
사회	세계시민과 지리 세계사 사회와 문화 현대사회와 윤리	한국지리 탐구 · 도시의 미래 탐구 동아시아 역사 기행 정치 · 법과 사회 · 경제 윤리와 사상 · 인문학과 윤리 국제 관계의 이해	여행지리 역사로 탐구하는 현대 세계 사회문제 탐구 · 금융과 경제생활 윤리문제 탐구 기후변화와 지속가능한 세계
과학	물리학 화학 생명과학 지구과학	역학과 에너지 · 전자기와 양자 물질과 에너지 · 화학 반응의 세계 세포와 물질대사 · 생물의 유전 지구시스템과학 · 행성우주과학	과학의 역사와 문화 기후변화와 환경생태 융합과학 탐구
체육	체육1 · 체육2	운동과 건강 스포츠 문화 · 스포츠 과학	스포츠 생활1 · 스포츠 생활2
예술	음악 미술 연극	음악 연주와 창작 · 음악 감상과 비평 미술 창작 · 미술 감상과 비평	음악과 미디어 미술과 매체
교양	진로와 직업 생태와 환경	인간과 철학 · 논리와 사고 인간과 심리 · 교육의 이해 삶과 종교 · 보건	인간과 경제활동 · 논술
특수 목적고 예술 계열-예술		영화의 이해 · 촬영·조명 · 편집·사운드 영화와 삶 영화 제작 실습 · 영화 감상과 비평	

예체능 계열

● 일반 선택 **굵은 글자**: 수능 출제 과목 　　● 상대평가 등급 미산출 과목: 성취도 5단계 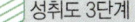 성취도 3단계 P/F

자유전공학과

#전공선택자유 #융합형인재 #무전공
#자기주도성 #창의적사고력
#내인생은내가결정해

관련학과/유사학과

자유전공학부
자율전공학부

자유전공학과는 자신의 전공과 교과과정을 자유롭게 설계하는 기회를 제공함으로써 학문적 경계를 넘어서는 융합형 인재를 양성하는 것을 목적으로 한다.

자유전공학과 학생들은 전공을 정하지 않은 채 대학에 입학하여 1학년 기간 동안 충분히 진로 탐색 과정을 거친 후 전공을 결정한다. 다만 모집 유형에 따라 전공을 선택할 수 있는 범위가 다르며, 의예과, 간호학과, 예체능학과, 계약학과(기업체 연계) 등은 학과의 특수성으로 선택이 제한되어 있는 경우가 많아 최종 지원 시 지원 대학의 모집 요강을 반드시 확인해야 한다.

자유전공학과 1학년은 주로 미래 사회에서 요구하는 역량을 함양하기 위한 소프트웨어, 영어, 수학·과학 등 기초 학문 교육과 진로 탐색 교육을 받는다. 대체로 1학년 2학기에 전공을 결정하고 2학년부터 본격적으로 전공과목을 학습한다.

누구에게 어울릴까?

1 대학교 입학 후 충분한 진로 탐색을 통해 전공을 결정하고 싶은 학생
2 관심사가 다양하여 희망 학과가 여럿인 학생
3 고등학교 생활을 자기 주도적으로 성실하게 한 학생
4 학업 역량은 우수하나 진로 목표가 뚜렷하지 않은 학생

대학에서 어떤 과목을 배울까? (1학년 과목을 중심으로)

자유전공

전공탐색세미나 • 전공설계 • 자율연구 • 미래교육

의사소통영어 • 사고력과 글쓰기 • 인성교육 • 국제사회와 리더십 • 소프트웨어기초 • 희망 전공 관련 과목

대학교 입학 후 어떤 전공을 선택하지?

* 서울대 자유전공학부 전공 선택 현황 (2024년 전공 선택 학생 기준)

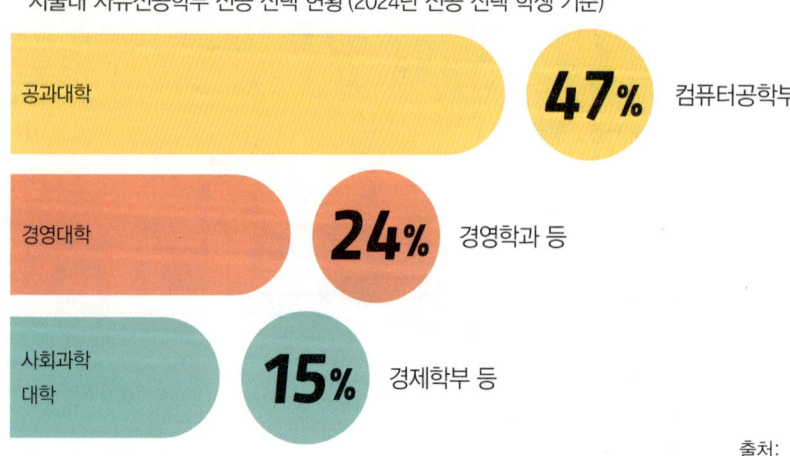

공과대학 **47%** 컴퓨터공학부 등

경영대학 **24%** 경영학과 등

사회과학대학 **15%** 경제학부 등

출처: 대학교육연구소, 〈무전공제 운영 대학〉 현황 연구, 2024.

자유전공학과는 모집 유형별로 무엇이 다를까?

유형1 전공을 정하지 않고 모집 후
모든 전공 자율 선택
(보건의료, 사범 계열 등 제외)

대학 학부로 개설된 **①**자유전공학부 또는 대학에서 신설한 **②**무전공 통합 모집 학부로 입학하여 대학 내 모든 전공을 자유롭게 선택할 수 있도록 한다.

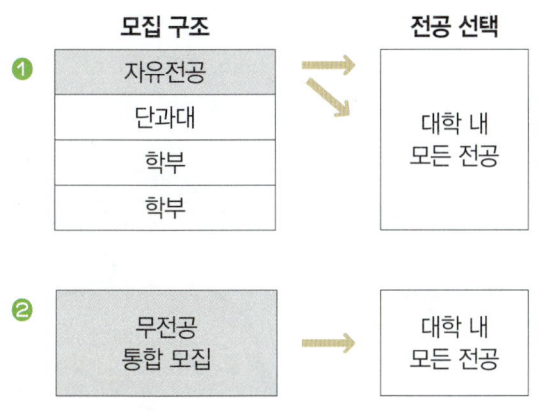

유형2 계열/단과대 단위 모집 후
계열/단과대 내 모든 전공 자율 선택 또는
학과별 정원의 150% 이상 범위 내 전공 선택

유형1과 달리 **①**특정 계열 또는 **②**단과대 내에서만 전공을 선택할 수 있다. 일부 학교는 계열/단과대 내에서도 지정된 학과만 선택할 수 있다.

자유전공학과 학생부종합전형 준비 Tip

일반 학과처럼 학생부종합전형에서 전공 적합성을 평가하기 어려우므로 대신 자기 주도 진로 탐색 활동과 경험을 비롯하여 창의적 문제 해결력, 경험의 다양성 등을 평가합니다. 따라서 자유전공학과에 입학하고자 하는 학생들은 학교 프로그램에 적극적으로 참여하여 다양한 경험을 쌓고 그 과정에서 자신의 우수한 면을 드러내고자 노력해야 합니다.

자유전공학과의 장단점을 알고 싶다!

장점	단점
• 충분한 진로 탐색 후 전공을 결정할 수 있다. • 일반 학과보다 다양한 개성을 지닌 학생들과 함께 생활할 수 있다. • 진로 결정에 유용한 여러 교내외 프로그램이 제공된다.	• 전공이 결정되면 학생들이 흩어질 가능성이 높아 학과 소속감이 낮을 수 있다. • 특정 전공은 선행이수과목 이수, 학점 등의 조건을 충족해야 선택이 가능한 경우도 있다.

대학의 다양한 전공 제도

자유전공학과에 입학하지 않아도 대학에서 제공하는 전공 선택 제도를 활용해 다양한 전공 분야를 공부할 수 있습니다.
대표적으로 복수전공과 부전공 제도가 있으며, 이 외에도 이중전공, 다전공, 학생설계전공 등 다양한 전공 제도가 있습니다.

• **복수전공:** 입학할 때 선택한 주전공(제1전공) 외에 추가로 1개의 전공을 더 이수(제2전공)하여 졸업 시 2개의 학위를 받는 제도
• **부전공:** 입학할 때 선택한 주전공(제1전공) 외에 추가로 특정 전공의 일부 과목을 이수(제2전공)하는 제도. 복수전공보다 적은 학점으로 이수할 수 있으나 별도의 학위는 수여되지 않는다.

자유전공

3부

고등학교
선택 과목 272개

보통 교과 선택 과목

특수 목적고 계열별 선택 과목

더블린 트리니티 칼리지 도서관 1592년 설립된, 아일랜드에서 가장 오래된 공립 대학 트리니티 칼리지의 도서관이다. 아일랜드와 영국에서 출간된 모든 저작물의 사본을 보유할 권리를 지니고 있어 아일랜드에서 가장 큰 규모를 자랑한다.

화법과 언어

#수능필수 #일반선택
#듣기·말하기 #문법 #의사소통

듣기·말하기 영역과 문법 영역을 심화·확장한 과목이다. 다양한 유형의 담화에 능동적으로 참여함으로써 효과적인 의사소통 능력과 바람직한 의사소통 태도를 함양하는 데 목적이 있다.

주요 개념

표준 발음·어휘와 문법 요소·품사·문장 구조·단어의 짜임과 의미 관계

주요 활동

• 언어의 공공성을 점검하고 평가하기
• 자아 개념 인식하고 관계 형성에 적절한 방법으로 대화하기
• 적절한 언어·준언어·비언어적 표현 전략 활용하여 발표하기
• 화자의 공신력과 효과적 설득 전략을 활용하여 연설하기
• 공동체 문제 분석하여 합리적 문제 해결을 위해 토의하기
• 논증에 대해 반대 신문하며 토론하기
• 상호 만족할 수 있는 대안을 탐색하며 협상하기

성적 산출과 학점 정보

교과(군)	이수 학점	성취도	등급	수능
국어	기본 4학점±1	5단계	5등급	○

독서와 작문

#수능필수 #일반선택
#읽기 #쓰기 #의사소통

읽기 영역과 쓰기 영역을 심화·확장한 과목이다. 다양한 글과 자료의 이해·생산 활동으로 문어 의사소통 능력을 기른다.

주요 활동

• 인문·예술/사회·문화/과학·기술 분야 독서·작문 수행하기
• 정보 전달, 논증, 정서 표현 및 자기 성찰의 유형별 작문과 독서 수행하기
• 주제 통합적 독서와 학습을 위한 작문 수행하기
• 매체의 유형과 특성을 고려한 독서와 작문 수행하기

성적 산출과 학점 정보

교과(군)	이수 학점	성취도	등급	수능
국어	기본 4학점±1	5단계	5등급	○

문학

#수능필수 #일반선택
#한국문학 #비평 #창작

문학 영역을 심화·확장한 과목이다. 다양한 문학 경험과 활동을 통해 작품 수용·생산 능력을 기를 수 있다.

주요 개념

• 문학의 본질과 기능
• 문학의 갈래(시, 소설, 수필, 희곡, 비평)
• 한국 문학의 성격과 역사, 보편성과 특수성

주요 활동

• 문학의 특성 탐구하고 문학으로 소통하기
• 문학 작품 해석·감상·비평·재구성·창작하기

성적 산출과 학점 정보

교과(군)	이수 학점	성취도	등급	수능
국어	기본 4학점±1	5단계	5등급	○

주제 탐구 독서

#진로선택 #책읽기 #진로탐색

스스로 주제를 정하고 주제와 관련된 책과 자료를 주체적으로 탐색하여 깊이 있게 읽으며 그 내용을 평가하고 종합하는 데까지 나아가는 과목이다. 주도적인 독서를 실천함으로써 자신의 관점과 견해를 형성하고, 주제에 대해 깊고 넓게 탐구하는 능력을 기르는 데 목적이 있다.

주요 활동
- 주제 탐구를 위한 독서 목적 설정하기
- 탐구할 주제를 선정하고 상세화하기
- 주제와 관련된 책과 자료 탐색하고 선정하기
- 주제와 관련된 책과 자료 이해·분석·평가·종합하기
- 주제에 대한 관점과 견해 형성하기
- 매체를 포함한 다양한 방법으로 주제 탐구의 과정이나 결과를 공유하고 소통하기
- 관심 분야의 특성을 고려하여 주제 탐구 독서 수행하기

성적 산출과 학점 정보

교과(군)	이수 학점	성취도	등급	수능
국어	기본 4학점±1	5단계	5등급	×

문학과 영상

#진로선택 #문학작품 #영상물
#감상 #비평 #제작 #문화산업

문학의 언어적 형상화 방법과 영상의 시·청각적 요소를 통한 형상화 방법을 이해하고 문학과 영상이 상호 작용하는 방식을 탐구하는 과목이다. 문학 작품과 영상물을 감상하고 비평하며 나아가 직접 제작·공유하는 활동을 통해 문화 산업 등 관련 분야 진로에 필요한 문화적 역량을 함양한다.

주요 개념
- 문학의 형상화 방법
- 영상의 형상화 방법
- 문학과 영상 관련 문화적 소양

주요 활동
- 단일양식과 복합양식의 특성과 효과 고려하여 수용하기
- 인쇄물과 디지털 매체를 통한 공유의 특성과 효과 고려하여 수용하기
- 문학과 영상의 영향 관계와 상호 작용의 효과 파악하기
- 문학/영상 창작의 요소와 기법에 유의하여 수용·생산하기
- 유사한 소재를 중심으로 통합적으로 수용하기
- 적절하고 효과적인 경로로 창작물 공유하기

성적 산출과 학점 정보

교과(군)	이수 학점	성취도	등급	수능
국어	기본 4학점±1	5단계	5등급	×

직무 의사소통

#진로선택 #직업 #면접
#갈등조정 #언어예절

미래에 직업을 가졌을 때 원활하게 의사소통하기 위해 필요한 학습 요소들을 통합하여 구성한 과목이다. 직무 환경에 적합한 의사소통의 특징과 방법을 이해함으로써 실질적인 직무 의사소통 능력을 향상하는 데 목적이 있다.

주요 활동

- 직무에 적합하게 자기를 소개하고 면접에 참여하기
- 진로와 직무 탐색을 위해 정보를 이해하고 평가하기
- 직무 정보를 관리·활용하고 조직·표현하기
- 대화와 협의를 통해 직무 의사소통 문제와 갈등 조정하기
- 직무 공동체의 문제에 대한 대안을 탐색하고 해결하기
- 다양한 매체로 직무 공동체 구성원과 협력 기반의 소통하기

성적 산출과 학점 정보

교과(군)	이수 학점	성취도	등급	수능
국어	기본 4학점±1	5단계	5등급	×

독서 토론과 글쓰기

#융합선택 #책읽기 #질문
#토론 #글쓰기 #사고력

다양한 분야의 책을 토대로 독서 토론을 하거나 글쓰기를 수행하는 과목이다. 자신의 생각을 비판적·창의적으로 표현하고 다른 사람과 공유함으로써 사고를 정교화하고 확장하는 한편 세상에 대한 이해의 지평을 넓힐 수 있다.

주요 활동

- 개인이나 공동체의 관심사를 고려하여 읽을 책을 탐색하고 선정하기
- 질문을 생성하며 주체적으로 해석하기
- 대화, 토의, 토론 등의 방법을 활용하여 독서 토론하기
- 쓰기 목적, 독자, 매체를 고려하여 글을 쓰고 공유하기
- 자아를 탐색하고 타자와 세계를 이해하기
- 지식을 확장하고 교양을 함양하기
- 공동체의 문제를 해결하고 사회적 담론에 참여하기

성적 산출과 학점 정보

교과(군)	이수 학점	성취도	등급	수능
국어	기본 4학점±1	5단계	5등급	×

매체 의사소통

> #융합선택 #소셜미디어 #동영상
> #신뢰성판단 #책임감

신문, 라디오, 텔레비전, 디지털 매체 등 다양한 매체가 지니는 특성에 대한 이해를 바탕으로 매체를 통한 의사소통 현상과 문제점을 탐구하고 비판적으로 성찰하는 과목이다. 다양한 매체 자료를 분석하거나 직접 제작해 보는 활동을 통해 매체를 통한 의사소통 능력을 기른다.

주요 개념

- 매체의 유형과 특성
- 디지털 기술과 매체 환경 변화
- 매체 자료의 사회·문화적 구성과 재현

주요 활동

- 매체 의사소통 현상 관찰하기
- 매체 자료 수집·분석하기
- 매체 자료 해석·평가하기
- 매체 자료 기획·구성하기
- 매체 자료 제작·공유하기

성적 산출과 학점 정보

교과(군)	이수 학점	성취도	등급	수능
국어	기본 4학점±1	5단계	5등급	×

언어생활 탐구

> #융합선택 #일상언어
> #인터넷언어 #공공언어

일상의 언어생활에서 다양한 주제를 발견하여 탐구해 보는 과목이다. 다양한 맥락의 글이나 대화 자료를 수집하고 이를 연구해 봄으로써 언어의 힘과 가치를 인식하고 자신의 언어생활에 능동적으로 참여하도록 하는 데 목적이 있다.

주요 활동

- 언어생활에서 탐구 주제 발견하기
- 언어 자료 수집하고 분석하기
- 언어 자료 해석하고 결과 공유하기
- 언어를 통한 정체성 실현과 관계 형성 양상 탐구하기
- 글과 담화의 표현 특성과 효과 탐구하기
- 사회적 담론 형성의 맥락과 과정 탐구하기
- 공공 언어 사용의 실제 탐구하기

성적 산출과 학점 정보

교과(군)	이수 학점	성취도	등급	수능
국어	기본 4학점±1	5단계	5등급	×

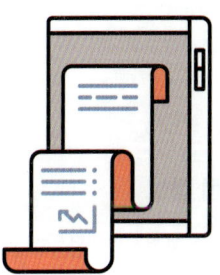

대수

> #수능필수 #일반선택 #지수 #로그
> #사인법칙 #코사인법칙 #등차수열 #등비수열

규칙적으로 변화하는 관계를 표현한 함수를 이해하고 탐구하는 과목이다. 이 과목을 통해 급격히 증감하거나 주기적으로 변하는 대상이나 현상, 또는 나열된 대상의 규칙을 수학적으로 표현하고 이해할 수 있다.

단원

1. 지수함수와 로그함수
2. 삼각함수
3. 수열

성적 산출과 학점 정보

교과(군)	이수 학점	성취도	등급	수능
수학	기본 4학점±1	5단계	5등급	O

미적분 I

> #수능필수 #일반선택
> #미분과적분의기초내용

사회와 자연 현상의 변화를 다루는 수학적 도구인 미분과 적분의 기초 내용을 다루는 과목이다. 이 과목을 통해 무한의 개념을 이해하고 속도, 넓이, 이동 거리 등과 관련된 문제를 해결할 수 있다.

단원

1. 함수의 극한과 연속
2. 미분
3. 적분

성적 산출과 학점 정보

교과(군)	이수 학점	성취도	등급	수능
수학	기본 4학점±1	5단계	5등급	O

확률과 통계

> #수능필수 #일반선택 #경우의수 #확률
> #순열 #조합 #조건부확률 #확률분포

확률, 통계와 관련된 개념을 이해하고 탐구하는 과목이다. 확률은 사건이 일어날 가능성을 수치화한 것이며, 통계는 수집한 자료를 바탕으로 결과를 분석·추정하는 것으로 모두 데이터를 기반으로 한다. 확률과 통계를 학습하면 미래를 계획하거나 합리적으로 의사 결정을 하는 데 도움을 얻을 수 있다.

단원과 주요 개념

1. 경우의 수
순열과 조합·이항정리

2. 확률
확률의 개념과 활용·조건부확률

3. 통계
확률분포·통계적 추정

성적 산출과 학점 정보

교과(군)	이수 학점	성취도	등급	수능
수학	기본 4학점±1	5단계	5등급	O

기하

#진로선택 #도형
#이차곡선 #방정식 #벡터

곡선이나 도형과 같은 기하적 대상을 다양한 방식으로 표현하고 탐구하는 과목이다. 원뿔을 절단하여 나타난 곡선을 분석하고, 공간도형의 성질을 이해하며, 크기와 방향을 가지는 벡터를 이용하여 평면과 공간에서 나타나는 도형을 탐구한다.

단원
1. 이차곡선
2. 공간도형과 공간좌표
3. 벡터

성적 산출과 학점 정보

교과(군)	이수 학점	성취도	등급	수능
수학	기본 4학점±1	5단계	5등급	×

미적분 Ⅱ

#진로선택 #극한 #급수
#도함수 #정적분

사회와 자연 현상의 변화를 다루는 수학적 도구인 미적분을 폭넓게 이해하고 탐구하는 과목이다. 수열의 극한과 급수의 합을 구하는 방법을 직관적으로 이해하고, 여러 가지 함수와 그 함수를 합성하여 얻은 새로운 함수의 미분과 적분을 효율적으로 구하는 방법을 다룬다.

단원
1. 수열의 극한
2. 미분법
3. 적분법

성적 산출과 학점 정보

교과(군)	이수 학점	성취도	등급	수능
수학	기본 4학점±1	5단계	5등급	×

경제 수학

#진로선택 #환율 #세금
#이자 #가격

경제 및 금융의 기본 개념에 수학이 활용되는 다양한 사례를 경험하고, 경제 현상을 수학적으로 해석·탐구하는 과목이다. 수학의 개념, 원리, 법칙을 경제 분야의 지식과 연결하여 융합적 관점에서 이해하고 활용하는 데 도움이 된다.

단원과 주요 개념
1. 수와 경제
수와 생활경제
수열과 금융

2. 함수와 경제
함수와 경제 현상
함수의 활용

3. 행렬과 경제
행렬과 경제 현상
행렬의 활용

4. 미분과 경제
미분과 경제 현상
미분의 활용

성적 산출과 학점 정보

교과(군)	이수 학점	성취도	등급	수능
수학	기본 4학점±1	5단계	5등급	×

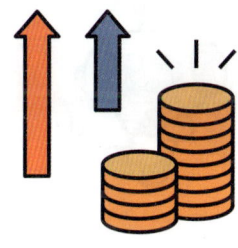

인공지능 수학

 #진로선택 #인공지능 #빅데이터

인공지능의 데이터 처리와 의사 결정에 수학이 활용되는 다양한 사례를 경험함으로써 인공지능과 수학의 관련성을 탐구하는 과목이다. 집합, 벡터, 행렬 등 수학적 원리가 인공지능 기술 전반에 활용되고 있다.

단원과 주요 개념

1. 인공지능과 빅데이터
인공지능의 개념과 역사
빅데이터와 인공지능

2. 텍스트 데이터 처리
텍스트 데이터 표현·분석

3. 이미지 데이터 처리
이미지 데이터 표현·분석

4. 예측과 최적화
경향성과 예측
최적화

5. 인공지능과 수학 탐구
합리적 의사 결정
인공지능과 수학 탐구

성적 산출과 학점 정보

교과(군)	이수 학점	성취도	등급	수능
수학	기본 4학점±1	5단계	5등급	×

직무 수학

#진로선택 #직업 #사칙연산
#단위환산 #가격비교 #물품배치

미래의 직무 상황에서 필요한 수학의 개념, 원리, 법칙을 이해하는 과목이다. 직무의 문제를 해결하고 직무를 효율적으로 처리하는 데 도움이 되는 수학 능력을 기를 수 있다.

단원과 주요 개념

1. 수와 연산
수와 사칙연산
단위 환산

2. 변화와 관계
비율과 백분율
규칙성과 변화
식과 문제 해결

3. 도형과 측정
도형의 관찰과 표현
도형의 측정

4. 자료와 가능성
경우의 수와 가능성
자료의 정리와 해석

성적 산출과 학점 정보

교과(군)	이수 학점	성취도	등급	수능
수학	기본 4학점±1	5단계	5등급	×

수학과 문화

> #융합선택 #예술 #생활
> #사회 #환경 #수학의가치

수학이 예술, 생활, 사회, 환경 등 다양한 문화 영역의 혁신과 발전에 영향을 끼친 사례를 탐구하는 과목이다. 다양한 영역과 수학 사이의 연결성을 인식하고, 수학의 유용성과 가치를 배우는 데 목적이 있다.

단원과 주요 개념

1. 예술과 수학
음악과 수학
미술과 수학
문학과 수학
영화와 수학

2. 생활과 수학
스포츠와 수학
게임과 수학
디지털 기술과 수학
투표와 수학

3. 사회와 수학
민속 수학
점자표와 수학
대중매체와 수학
가치소비와 수학

4. 환경과 수학
식생활과 수학
대기 오염과 수학
사막화와 수학
생명권과 수학

성적 산출과 학점 정보

교과(군)	이수 학점	성취도	등급	수능
수학	기본 4학점±1	5단계	5등급	×

실용 통계

> #융합선택 #모집단 #표본 #자료
> #문제해결 #통계적추정 #통계적검정

통계를 활용한 문제 해결 과정을 이해하고 이를 실생활 문제에 적용해 보는 과목이다. 통계 자료의 가치를 이해하고 문제 해결 능력을 기르는 목적이 있다.

단원
1. 통계와 통계적 문제
2. 자료의 수집과 정리
3. 자료의 분석
4. 통계적 탐구

성적 산출과 학점 정보

교과(군)	이수 학점	성취도	등급	수능
수학	기본 4학점±1	5단계	5등급	×

수학과제 탐구

> #융합선택 #연구윤리
> #문헌연구 #사례조사 #수학실험

수학의 개념, 원리, 법칙을 사회, 자연 현상 등과 연결하여 탐구해 보는 과목이다. 다양한 수학적 탐구 방법과 절차에 대한 이해를 바탕으로 탐구 활동을 수행하고 결과물을 산출한다.

단원
1. 과제 탐구의 이해
2. 과제 탐구의 방법과 절차
3. 과제 탐구의 실행 및 평가

성적 산출과 학점 정보

교과(군)	이수 학점	성취도	등급	수능
수학	기본 4학점±1	5단계	5등급	×

영어 I

 #수능필수 #일반선택
#듣기 #말하기 #읽기 #쓰기

듣기, 말하기, 읽기, 쓰기의 네 기능을 통합적으로 연습하여 영어 의사소통 능력을 향상하는 과목이다.

제재

• 사회생활이나 학업 관련 등 일반적 주제

주요 활동

• 세부 정보, 주제·요지, 말·글의 전개 방식과 구조 파악하기
• 글의 분위기·심정, 의도·목적, 논리적 관계 추론하기
• 어구나 문장의 함축적 의미 추론하기
• 다양한 매체로 표현된 말이나 글 이해하기
• 적절한 듣기 또는 읽기 전략 적용하기
• 시각 자료(그림, 사진, 도표 등), 경험, 계획, 사건 설명하기
• 의견이나 감정 표현하기
• 듣거나 읽은 내용 요약하기
• 서식에 맞게 쓰고 쓰기 윤리를 준수하여 고쳐 쓰기
• 다양한 매체를 활용하여 정보 전달하기
• 적절한 말하기 또는 쓰기 전략 적용하기

성적 산출과 학점 정보

교과(군)	이수 학점	성취도	등급	수능
영어	기본 4학점±1	5단계	5등급	○

영어 II

 #수능필수 #일반선택
#영어의사소통 #심화

사회생활이나 학업에 필요한 영어 의사소통 능력을 더 향상하는 심화 과목이다. 이 과목을 통해 장차 학습자의 진로 및 전공 분야와 관련된 영어 이해와 표현 능력을 연마할 수 있다.

제재

• 사회생활이나 학업, 지역·세계 공동체 관련 등 다양한 주제

주요 활동

• 세부 정보, 주제·요지, 다양한 유형의 말·글 구조 파악하기
• 심정·어조, 의도·목적, 논리적 관계, 함축적 의미 추론하기
• 다양한 유형의 말이나 글의 구조 파악하기
• 다양한 매체로 표현된 정보 이해하기
• 적절한 듣기 또는 읽기 전략 적용하기
• 시각 자료(그림, 사진, 도표 등), 사건 설명하기
• 감상·느낌, 의견·감정 표현하기
• 의견이나 주장 제시하기
• 듣거나 읽은 내용 요약하기
• 서식에 맞게 쓰고 쓰기 윤리를 준수하여 고쳐 쓰기
• 다양한 매체를 활용하여 정보 전달하기
• 적절한 말하기 또는 쓰기 전략 적용하기

성적 산출과 학점 정보

교과(군)	이수 학점	성취도	등급	수능
영어	기본 4학점±1	5단계	5등급	○

영어 독해와 작문

#일반선택 #일상생활
#사회생활 #학문/전공분야

영어 읽기와 쓰기를 중점적으로 학습하는 과목이다. 일상생활이나 사회생활에서 필요로 하는 영어 능력뿐만 아니라 학문 및 전공 분야에서 필요로 하는 독해와 작문 능력을 향상하는 데 도움이 된다.

제재

• 사회생활이나 학업 관련 등 다양한 주제

주요 활동

• 세부 정보, 주제·요지, 논리적 관계, 전개 방식·구조 파악하기
• 심정·어조, 의도·목적, 함축적 의미 추론하기
• 글의 전개 방식이나 구조 파악하기
• 다양한 매체로 표현된 정보 파악하기
• 적절한 읽기 전략 적용하기
• 시각 자료(그림, 사진, 도표 등), 경험, 계획, 사건 설명하기
• 의견이나 감정 제시하기
• 읽은 내용 요약하기
• 다양한 서식 작성하고 점검하여 고쳐 쓰기
• 다양한 매체를 활용하여 정보 전달하기
• 적절한 쓰기 전략 적용하기

성적 산출과 학점 정보

교과(군)	이수 학점	성취도	등급	수능
영어	기본 4학점±1	5단계	5등급	×

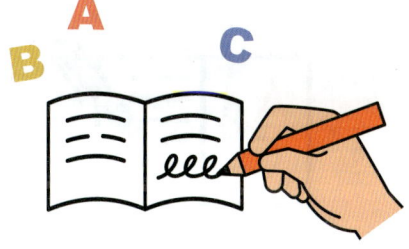

영미 문학 읽기

#진로선택
#시 #희곡 #소설

영어로 쓰인 시, 희곡, 소설 등 다양한 장르의 문학 작품을 감상함으로써 영어 능력을 확장하고 작품에 대한 생각과 느낌을 비판적·창의적으로 표현하는 능력을 기르는 과목이다.

제재

• 시(동요, 동시 등), 희곡(동극), 이야기(동화, 우화, 신화 등), 소설, 수필

주요 개념

• 시의 운율, 이미지, 비유
• 이야기 구조
• 희곡의 구성 요소

주요 활동

• 주요 내용 요약하기
• 의도나 목적 파악하기
• 자신의 느낌이나 감상 공유하고 표현하기
• 문학 작품의 구조 분석·설명하기
• 문학적 비유 표현 활용하여 창의적으로 표현하기
• 매체를 활용하여 다양한 관점에서 분석·비평하기

성적 산출과 학점 정보

교과(군)	이수 학점	성취도	등급	수능
영어	기본 4학점±1	5단계	5등급	×

영어 발표와 토론

> #진로선택 #사회적이슈
> #의사소통전략

영어 듣기와 말하기 기능을 심화하여 학습할 수 있는 과목이다. 다양한 상황에서 적절한 의사소통 전략을 활용하여 영어로 발표하고 토론하는 능력을 기르는 데 목적이 있다.

제재
• 기초 학문 분야 주제 및 사회적 이슈

주요 개념
• 발표·토론을 위한 표현 및 기법
• 발표·토론의 구조와 유형 및 방식
• 발표·토론과 관련된 담화

주요 활동
• 청중/토론자 분석하기
• 발표 목적·주제 및 토론 논제 선정하기
• 정보 수집, 개요·시각 자료 작성 등 발표/토론 준비하기
• 사물, 개념, 방법, 절차, 통계 자료 등 사실적 정보 설명하기
• 사실, 가치, 정책 등에 대한 자신의 관점을 주장·설득하기
• 주장이 논리적인지 분석하고 평가하기
• 다양한 언어적·비언어적 의사소통 방식 이해하고 적용하기

성적 산출과 학점 정보

교과(군)	이수 학점	성취도	등급	수능
영어	기본 4학점±1	5단계	5등급	×

심화 영어

> #진로선택 #의사소통
> #심화 #기초학문분야주제

일상생활에 필요한 영어 의사소통 능력을 한층 향상시키고 기초 학문 분야 등 다양한 주제와 관련된 영어 이해 능력과 표현 능력을 기르는 과목이다.

제재
• 다양한 주제 및 기초 학문 분야 주제

주요 활동
• 세부 정보, 주제·요지 파악하기
• 심정, 태도, 의도, 목적, 논리적 관계, 함축적 의미 추론하기
• 이어질 내용 예측하기
• 다양한 매체의 정보 비판적으로 평가하기
• 적절한 듣기 또는 읽기 전략 적용하기
• 내용, 그림, 사진, 도표, 방법·절차 등 설명하기
• 경험·사건 기술하고 감상·느낌 표현하기
• 의견 조정하며 토의하기
• 듣거나 읽은 내용 요약하거나 비교·대조하기
• 자료 재구성하여 발표하기
• 점검하여 고쳐 쓰기
• 매체 활용하여 정보 전달하기
• 적절한 말하기 또는 쓰기 전략 적용하기

성적 산출과 학점 정보

교과(군)	이수 학점	성취도	등급	수능
영어	기본 4학점±1	5단계	5등급	×

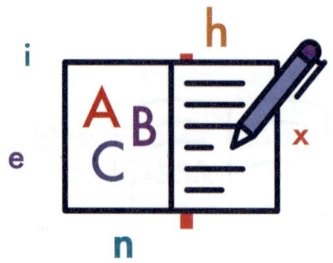

심화 영어 독해와 작문

#진로선택 #영어문해력
#심화 #기초학문분야주제

영어 읽기와 쓰기 기능을 심화하여 학습하는 과목이다. 기초 학문 분야를 포함하는 다양한 주제와 장르의 글을 읽고 이해함으로써 비판적인 독해 능력을 기르고 자신의 의견을 창의적으로 표현하는 종합적인 영어 문해력을 함양할 수 있다.

제재
• 다양한 분야의 기초 학문 주제

주요 활동
• 주요 내용, 문학적 표현과 의미 파악하기
• 심정, 어조, 분위기, 의도, 목적, 논리적 관계, 함축적 의미 추론하기
• 다양한 유형의 글의 구조 비교·분석하기
• 다양한 매체의 글 탐색하고 비판적으로 읽기
• 적절한 읽기 전략 적용하기
• 내용, 그림, 사진, 도표, 방법·절차 등 설명하기
• 경험·사건 기술하고 감상·느낌 표현하기
• 듣거나 읽은 내용 요약하거나 비교·대조하기
• 다양한 매체의 정보를 분석·종합하여 비평하는 글 쓰고 점검하여 고쳐 쓰기
• 적절한 쓰기 전략 적용하기

성적 산출과 학점 정보

교과(군)	이수 학점	성취도	등급	수능
영어	기본 4학점±1	5단계	5등급	×

직무 영어

#진로선택 #직업
#실용영어 #진로탐색

다양한 직무 관련 활동에 필요한 기본적이고 핵심적인 실무 영어 능력을 기르는 과목이다. 학습자의 진로 및 미래 직업 분야에 대한 탐색 기회를 제공한다.

주요 개념
• 국제 무역, 금융, IT 등 다양한 산업 분야의 전문 용어와 비즈니스 관용 표현

주요 활동
• 영어로 자기소개서를 작성하고 해외 기업 면접에 참여하기
• 글로벌 기업의 고객 응대 상황에서 영어로 문제 해결하기
• 영문 이메일, 보고서, 제안서 등 비즈니스 문서 작성하기
• 국제 회의나 화상에서 영어로 의견을 제시하고 토론하기

성적 산출과 학점 정보

교과(군)	이수 학점	성취도	등급	수능
영어	기본 4학점±1	5단계	5등급	×

실생활 영어 회화

 #융합선택 #의사소통 #공공서비스
#대중교통 #식당 #쇼핑 #여가활동

영어 듣기·말하기 능력을 향상하는 데 중점을 둔 과목이다. 이 과목을 통해 다양한 실생활 상황에서 친숙하고 일반적인 주제에 관한 영어를 듣고 이해하며, 자신의 생각이나 의견 또는 감정을 영어로 표현하는 능력을 기를 수 있다.

제재

• 공공 서비스 이용, 대중교통 이용, 식당 방문, 쇼핑 등 실생활 관련 친숙한 주제
• 여가 활동, 건강 등 대인 관계와 사회생활에 관한 일반적 주제

주요 활동

• 상대방의 말을 듣고 주제, 요지, 세부 정보 등의 핵심 정보 파악하기
• 화자의 의도나 목적 추론하기
• 자신이나 주변 사람 또는 사물 소개하기
• 자신의 의견이나 감정 표현하기
• 경험이나 사건 또는 간단한 시각 자료 묘사하기
• 방법이나 절차 설명하기
• 상황이나 목적에 맞게 언어적·비언어적 표현을 사용하여 반응하고 대화 이어 가기

성적 산출과 학점 정보

교과(군)	이수 학점	성취도	등급	수능
영어	기본 4학점±1	5단계	5등급	×

미디어 영어

 #융합선택 #미디어
#미디어리터러시

다양한 미디어에서 접하는 영어 주제를 이해하고 활용할 때 필요한 영어 의사소통 능력과 미디어 리터러시를 함양한다.

주요 활동

• 미디어를 활용하여 협업, 의견·정보 공유, 콘텐츠 제작하기
• 미디어상 영어 정보 요약·재구성, 검색, 선정, 비교·분석하기
• 시청각 단서를 활용하여 다양하게 표현하기
• 미디어로 제시된 작품을 감상하고 평가하기
• 디지털 도구를 활용하여 오류 수정하기

성적 산출과 학점 정보

교과(군)	이수 학점	성취도	등급	수능
영어	기본 4학점±1	5단계	5등급	×

세계 문화와 영어

< #융합선택 #세계영어 #문화존중

다양한 형태의 세계 영어(World Englishes)와 이에 담긴 문화를 학습하고 영어 의사소통 능력을 기르는 과목이다.

주요 활동

• 정보의 핵심 내용, 문화의 보편성과 특수성 파악하기
• 새로운 관점으로 문화 현상 설명하기
• 문화에 내재된 전제, 관점, 또는 가치관 추론하기
• 문화적 산물을 감상하고 표현하기
• 상황, 목적, 대상을 고려하여 의사소통에 참여하기
• 검색·수집한 정보를 요약하거나 목적에 맞게 재구성하기
• 다양한 목적의 문화 콘텐츠 제작하여 공유하기

성적 산출과 학점 정보

교과(군)	이수 학점	성취도	등급	수능
영어	기본 4학점±1	5단계	5등급	×

세계시민과 지리

> #일반선택 #기후 #지형
> #종교 #인구 #에너지

세계 여러 지역의 차이와 다양한 삶의 모습을 자연환경, 경제, 문화, 정치 등 다양한 측면에서 이해하는 과목이다. 세계시민으로서 자신의 역할을 이해하고 지속가능한 미래를 위해 행동하는 태도를 기르는 것을 목적으로 한다.

단원과 주요 개념

1. 세계시민, 세계화와 지역 이해
세계화와 세계시민
지역 변화의 역동성
지리정보와 지리정보기술의 활용

2. 모자이크 세계, 세계의 다양한 자연환경과 문화
다양한 기후와 인간 생활
지형과 인간 생활 및 지형의 지속가능한 이용
세계 주요 종교 경관
다양한 음식과 축제의 지리적 의미

3. 네트워크 세계, 세계의 인구와 경제 공간
인구 분포 및 구조, 국제적 이주의 영향
식량 자원의 생산과 소비
글로벌 경제와 공간적 불균등

4. 지속가능한 세계, 세계의 환경 문제와 평화
세계의 에너지 문제와 대안
세계의 환경 문제와 생태전환적 삶
지정학적 분쟁과 평화를 위한 노력

성적 산출과 학점 정보

교과(군)	이수 학점	성취도	등급	수능
사회	기본 4학점±1	5단계	5등급	×

세계사

> #일반선택 #교역 #종교 #혁명
> #산업혁명 #세계대전 #냉전

세계 여러 지역의 역사와 문화를 이해하고 여러 지역들 사이에서 이루어진 교류와 갈등의 경험을 탐구하는 과목이다. 자료를 비판적으로 활용하는 능력과 성찰적인 역사 인식을 갖추도록 한다.

단원과 주요 개념

1. 지역 세계의 형성
현생 인류와 문명의 형성
동아시아, 인도 세계의 문화와 종교·사상
서아시아, 지중해, 유럽 세계의 문화와 종교

2. 교역망의 확대
이슬람 세계와 몽골 제국
유럽의 신항로 개척과 재정·군사 국가
세계적 상품 교역

3. 국민 국가의 형성
청, 무굴 제국, 오스만 제국
미국 혁명과 프랑스 혁명
산업 혁명과 제국주의
국민 국가 건설 운동

4. 현대 세계의 과제
제1·2차 세계 대전
냉전
지구적 과제와 인류의 노력

성적 산출과 학점 정보

교과(군)	이수 학점	성취도	등급	수능
사회	기본 4학점±1	5단계	5등급	×

사회와 문화

#일반선택 #연구윤리
#대중문화 #불평등

다양한 사회 현상에 대한 기본적인 개념과 이론, 관점을 학습하는 과목이다. 사회적 존재인 개인이 사회 구조의 영향을 받는 동시에 사회를 변화시키는 주체라는 사실을 인식함으로써 민주시민으로서 사회에 참여하는 역량을 함양할 수 있다.

단원과 주요 개념

1. 사회현상의 이해와 탐구
사회현상의 특징과 관점
연구 방법과 다양한 자료 수집 방법
사회현상의 탐구와 연구 윤리

2. 사회 구조와 사회 변동
사회 구조와 사회화
사회 집단과 사회 조직
일탈 행동과 사회 통제
사회 변동과 사회 운동

3. 일상 문화와 문화 변동
대중문화를 바라보는 관점
미디어 효과 이론과 미디어 메시지
하위문화, 이주민 문화, 문화 다양성
문화 변동과 문화의 세계화

4. 사회 불평등과 사회 복지
사회 불평등 현상과 사회 계층 구조
다양한 사회 불평등 양상과 해결 방안
복지 국가와 사회 복지 제도

성적 산출과 학점 정보

교과(군)	이수 학점	성취도	등급	수능
사회	기본 4학점±1	5단계	5등급	×

현대사회와 윤리

#일반선택 #환경문제 #기술발전
#분배정의 #다양성존중 #평화

현대 생활의 각 영역에서 발생하는 윤리 문제와 쟁점들을 동·서양의 윤리 이론과 사회사상을 바탕으로 탐구하고 성찰하는 과목이다. 윤리 문제에 대한 민감성과 도덕적 탐구 능력, 윤리적 성찰 및 실천 능력을 기르는 것을 목적으로 한다.

단원과 주요 개념

1. 현대 생활과 윤리
인간 삶과 윤리의 관계
실천윤리학과 다양한 윤리적 쟁점
동·서양 윤리의 접근

2. 생명윤리와 생태윤리
출생 및 죽음의 의미와 윤리적 쟁점
사랑·성의 관계와 결혼·가족의 윤리
자연을 바라보는 동·서양의 관점과 환경 문제의 윤리적 쟁점

3. 과학과 디지털 학습 환경 윤리
과학기술의 사회적 책임
정보사회의 특징과 윤리적 쟁점들
인공지능의 윤리적 쟁점

4. 민주시민과 윤리
직업윤리와 노동에 대한 존중
시민과 국가의 관계, 시민 참여와 시민불복종
분배 정의, 교정적 정의의 의미와 윤리적 쟁점들

5. 문화와 경제생활의 윤리
대중문화의 윤리 문제
의식주 생활, 경제생활의 윤리적 쟁점
문화 다양성과 존중

6. 평화와 공존의 윤리
통일 문제를 둘러싼 쟁점
평화를 실현하기 위한 윤리적 가치
국제 분쟁의 해결과 방안

성적 산출과 학점 정보

교과(군)	이수 학점	성취도	등급	수능
사회	기본 4학점±1	5단계	5등급	×

한국지리 탐구

> #진로선택 #핫플레이스
> #균형발전 #지속가능성

우리나라의 지리적 환경을 이해하고 지역의 지리적인 문제와 쟁점을 탐구하는 과목이다. 이 과목을 통해 환경의 지속가능한 활용과 지역의 균형 발전을 중시하는 태도를 갖추고 지리적 문제에 책임감 있게 대처하는 시민의 자질을 기를 수 있다.

단원과 주요 개념

1. 공간정보와 지리 탐구
지리적 질문과 지리 탐구
데이터, 야외조사와 지리정보기술

2. 생활 속 지리 탐구
식품과 상품사슬
관광과 여가, 장소 정체성과 장소마케팅
모빌리티와 공유서비스

3. 국토의 변화와 균형 발전 탐구
저출생과 고령화, 외국인 이주자와 다문화
지속가능한 농업과 농촌
산업구조의 전환과 지역 변화
수도권 집중과 지방소멸, 국가균형발전

4. 환경과 지속가능성 탐구
세계유산과 자연경관
환경의 개발과 변화, 보전
자연재해, 재난위험 경감
탄소중립과 에너지 정책

5. 동아시아 갈등과 공존 탐구
북한의 당면과제와 남북협력
경계와 영역, 동아시아 지정학과 평화·공존

성적 산출과 학점 정보

교과(군)	이수 학점	성취도	등급	수능
사회	기본 4학점±1	5단계	5등급	×

도시의 미래 탐구

> #진로선택 #도시변화
> #도시문제 #공공성

도시에 대한 지리적 이해를 바탕으로 세계 여러 도시의 역동적인 변화를 탐색하는 과목이다. 인간과 비인간, 다양성과 차이가 공존하는 도시의 공공성을 인식하고 모두를 위한 도시의 미래를 만들어가는 과정에 적극적으로 참여하는 자질을 기르는 것이 목적이다.

단원과 주요 개념

1. 삶의 공간, 도시
도시의 의미, 발달, 유형과 도시적 생활양식
살기 좋은 도시에 대한 다양한 관점

2. 변화하는 도시
도시 체계와 도시 공간 구조
도시 브랜딩과 건축
도시 경제와 소비
첨단 산업 및 모빌리티의 발달과 스마트 도시

3. 도시 문제와 공간 정의
도시의 환경 문제와 재난
도시의 부동산과 주거 문제
이주에 따른 도시 인구 구성과 도시 공간의 다양화

4. 도시의 미래
지속가능성과 회복력을 높이는 도시 계획과 도시 혁신
도시의 공공성과 도시 민주주의

성적 산출과 학점 정보

교과(군)	이수 학점	성취도	등급	수능
사회	기본 4학점±1	5단계	5등급	×

동아시아 역사 기행

> #진로선택 #생활문화 #교류
> #제국주의침략 #평화

동아시아의 문화유산과 역사 현장을 탐구하여 동아시아의 과거와 현재를 통합적으로 이해하는 과목이다. 동아시아의 평화와 지속가능한 발전에 기여하는 시민으로 성장하며 진로를 탐색하는 것을 목적으로 한다.

단원과 주요 개념

1. 동아시아로 떠나는 역사 기행
역사 기행을 통한 동아시아 역사 탐구의 이해
동아시아의 생태환경과 동아시아 사람들의 생활

2. 교류와 갈등의 현장에서 만난 역사
동아시아 지역 간 교류의 시작
종교와 사상을 중심으로 한 지역 간 교류
몽골의 팽창과 17세기 전후 동아시아 전쟁
동아시아 지역 내외 교류 양상의 다양화

3. 침략과 저항의 현장에서 만난 역사
동아시아 지역에서 전개된 제국주의 침략 전쟁
아시아·태평양 전쟁과 반제·반전을 위한 저항과 연대
침략과 전쟁 및 식민 지배로 인한 생태환경 변화

4. 평화와 공존의 현장에서 만난 역사
냉전 시기 동아시아의 전쟁과 정치·사회적 변화
지역 간 경제와 문화 교류 및 다문화 사회화
상호 공존의 지역 질서 형성을 위한 연대와 참여

성적 산출과 학점 정보

교과(군)	이수 학점	성취도	등급	수능
사회	기본 4학점±1	5단계	5등급	×

정치

> #진로선택 #민주주의 #정당 #선거
> #입법부 #행정부 #사법부 #대통령제 #평화

민주주의 이념과 정치 제도, 국제 문제를 탐구하는 과목이다. 현대 민주주의 사회에서 일상의 정치 생활에 능동적으로 참여하는 민주시민의 자질을 기르는 데 목적이 있다.

단원
1. 시민 생활과 정치
2. 정치과정과 참여
3. 민주 국가의 정부 형태
4. 국제 사회의 정치

성적 산출과 학점 정보

교과(군)	이수 학점	성취도	등급	수능
사회	기본 4학점±1	5단계	5등급	×

법과 사회

> #진로선택 #가족관계 #계약 #헌법
> #법치주의 #노동 #학교폭력

일상에서 발생하는 법적인 문제를 이해하고 민주주의와 법치주의의 원리를 탐구하는 과목이다. 법 관련 자료 활용 능력과 법 관련 문제를 해결하는 능력을 기르는 데 목적이 있다.

단원
1. 개인 생활과 법
2. 국가 생활과 법
3. 사회생활과 법
4. 학교생활과 법

성적 산출과 학점 정보

교과(군)	이수 학점	성취도	등급	수능
사회	기본 4학점±1	5단계	5등급	×

경제

> #진로선택 #미시경제 #거시경제
> #국제경제

경제학의 기본 원리와 이론을 이해하고 현실의 경제 문제를 합리적으로 해결하는 방법을 모색하는 과목이다. 이 과목은 개인과 사회 차원에서 합리적이고 책임 있는 경제 활동을 할 수 있도록 돕는다.

단원과 주요 개념

1. 경제학과 경제 문제
경제학과 경제의 기본 문제
합리적 선택
경제학적 사고방식

2. 미시 경제
시장의 수요와 공급
공공 부문의 조세와 공공재
자원 배분의 효율성과 형평성

3. 거시 경제
거시 경제 변수
경제 성장과 정책
경기 변동과 정책

4. 국제 경제
국제 거래와 무역 원리
무역 정책
외환 시장과 환율

성적 산출과 학점 정보

교과(군)	이수 학점	성취도	등급	수능
사회	기본 4학점±1	5단계	5등급	×

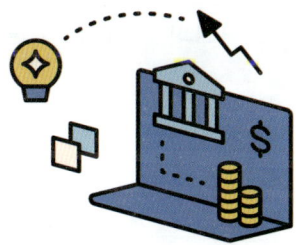

윤리와 사상

> #진로선택 #공자 #불교 #성리학
> #쾌락주의 #의무론 #민주주의

한국과 동·서양의 주요 윤리사상과 사회사상을 학습하는 과목이다. 자신의 삶과 사회를 윤리적 관점에서 탐구하고 성찰하는 능력을 기르는 데 목적이 있다.

단원과 주요 개념

1. 동양 윤리사상
도덕적 질서
다투지 않음과 자연 그대로의 삶
분별을 잊음과 자유롭게 노니는 삶
깨달음을 향한 수행과 자비의 실천

2. 한국 윤리사상
다양성의 조화와 화쟁사상
선과 교의 통합 노력
도덕적 감정의 발현
도덕적 실천 방법

3. 서양 윤리사상
상대주의와 보편윤리
쾌락의 추구와 평정심
그리스도교와 사랑의 윤리
자연법 윤리와 프로테스탄티즘 윤리
의무론과 선의지, 결과론과 공리

4. 사회사상
동·서양의 국가관과 국가의 정당성
시민의 존재
민주주의의 지향과 대의민주주의
자본주의의 윤리적 개선과 대안

성적 산출과 학점 정보

교과(군)	이수 학점	성취도	등급	수능
사회	기본 4학점±1	5단계	5등급	×

인문학과 윤리

 #진로선택 #인문고전 #삶의의미

삶에서 발생할 수 있는 생각의 주제들을 고전의 내용에 비추어 탐구하고 성찰하는 과목이다. 이 과목을 통해 나의 몸과 마음, 타인과의 관계, 자유와 평등의 의미 등 다양한 주제를 고민해 볼 수 있다.

단원과 주요 개념

1. 성찰 대상으로서 나
몸과 마음
삶의 주체로서의 나
고통과 쾌락을 대하는 자세

2. 타인과 관계 맺기
관계 맺기의 어려움과 삶의 상호성
의미 있는 타자로서의 친구
사랑과 배려의 삶

3. 자유와 평등
자유와 평등의 의미와 근거
책임 있는 삶의 자세
능력에 따른 불평등과 정의

4. 다양성과 포용성
민주주의 사회와 다양한 의견의 포용
가상세계와 현실세계

5. 공존과 지속가능성
자아실현과 직업 생활
나와 타인의 조화로운 이익 추구
기후위기와 지속가능한 삶의 실천

6. 삶의 의미에 대한 물음
불안한 현대사회와 불완전한 인간
종교와 윤리적 기준의 관계
인생의 유한성과 삶의 의미

성적 산출과 학점 정보

교과(군)	이수 학점	성취도	등급	수능
사회	기본 4학점±1	5단계	5등급	×

국제 관계의 이해

 #진로선택 #국제사회
#공정무역 #국제분쟁

국제 관계에 대한 다면적인 이해를 바탕으로 국가 간 불평등, 평화와 안전의 문제 등 국제 사회의 주요 이슈들을 탐구하는 과목이다. 합리적인 의사 결정 능력을 함양하여 책임감 있는 세계시민으로 성장하는 데 목적이 있다.

단원과 주요 개념

1. 국제 관계의 특징
국제 관계의 변천
국제 사회를 바라보는 관점
국제 사회의 행위 주체

2. 균형 발전과 상생
국가 간 불평등
공정 무역
공적 개발 원조
우리나라의 위상과 역할

3. 평화와 안전의 보장
전쟁과 테러
팬데믹과 보건
감시와 통제
한반도의 평화

4. 국제 분쟁의 해결
외교와 국제법
국제법의 법원(法源)
지역 통합, 지역 기구
우리나라가 가입한 조약과 지역 기구

성적 산출과 학점 정보

교과(군)	이수 학점	성취도	등급	수능
사회	기본 4학점±1	5단계	5등급	×

여행지리

< #융합선택 #이동수단
#자연환경 #문화유산

우리 주변과 세계 여러 지역에서 나타나는 다양한 자연경관과 인문경관을 탐구하고 인간과 환경의 관계를 이해하여 행복한 여행을 즐기는 데 필요한 지리적 소양을 기르는 과목이다.

단원과 주요 개념

1. 행복하고 안전한 여행
여행의 의미와 영향
장소의 의미와 중요성
모빌리티와 여행 계획

2. 문화와 자연을 찾아가는 여행
여행지로 향유하는 도시
문화경관
여행지의 기후와 장소
지오투어리즘

3. 성찰과 공존을 위한 여행
산업유산과 기념물 여행
평화여행과 다크투어리즘
새로운 여행 지역과 여행 콘텐츠
지속가능한 여행

4. 미래 사회와 여행
미래 여행과 미디어
일상 속 다양한 여행

성적 산출과 학점 정보

교과(군)	이수 학점	성취도	등급	수능
사회	기본 4학점±1	5단계	×	×

역사로 탐구하는 현대 세계

< #융합선택 #전쟁 #기후변화 #다문화

현대 세계의 과제를 역사적 관점에서 파악하고 해결 방안을 모색해 보는 과목이다. 이 과목을 통해 다양한 자료를 분석·해석하는 능력을 기르며 타자를 이해하는 태도를 함양할 수 있다.

단원과 주요 개념

1. 현대 세계와 역사 탐구
세계 대전 이후의 현대 세계
청소년이 바라본 현대 세계의 과제

2. 냉전과 열전
전후 평화를 위한 국제적 노력과 좌절
냉전 시기 열전의 전개
기념 시설로 만나는 역사

3. 성장의 풍요와 생태환경
세계 경제의 성장과 기술 발전
대중 소비 사회와 생태환경의 문제
기후변화 협약으로 만나는 역사

4. 분쟁과 갈등, 화해의 역사
탈냉전 이후의 국제 분쟁과 무력 갈등
권위주의 체제의 변동
역사 정책으로 만나는 역사

5. 도전받는 현대 세계
경제의 세계화와 불평등의 심화
다문화 사회로의 진전과 갈등
국제 규범으로 만나는 역사

성적 산출과 학점 정보

교과(군)	이수 학점	성취도	등급	수능
사회	기본 4학점±1	5단계	×	×

사회문제 탐구

> #융합선택 #성불평등 #미디어
> #저출산·고령화 #인공지능

현대 사회에서 발생하는 여러 사회문제를 탐구하고 해결 방안을 모색하는 능력을 갖추기 위한 과목이다. 사회과학적인 사고 방법을 습득하고 사회문제 해결에 적극적으로 참여하는 자질을 기른다.

단원과 주요 개념

1. 사회문제의 이해와 탐구
사회문제의 의미와 특징
사회문제를 바라보는 관점
사회문제 탐구 방법과 연구 윤리

2. 일상생활과 사회문제
성불평등 문제
미디어 이용 과정에서 나타나는 문제

3. 변화하는 세계와 사회문제
저출산·고령화 관련 사회문제
인공지능의 발전과 사회문제

4. 사회문제 사례 연구
사회문제 탐구 절차와 탐구 계획 수립 방법
다양한 자료 수집 및 분석 방법

성적 산출과 학점 정보

교과(군)	이수 학점	성취도	등급	수능
사회	기본 4학점±1	5단계	×	×

금융과 경제생활

> #융합선택 #금융거래 #예산
> #저축·투자 #노후설계

금융 지식과 금융 의사 결정 능력, 건전한 재무적 태도와 습관을 기르는 과목이다. 경제적으로 안정되고 행복하게 살아갈 수 있는 역량을 갖추는 데 목적이 있다.

단원과 주요 개념

1. 행복하고 안전한 금융 생활
금융과 금융 생활·금융 의사 결정·디지털 금융 환경과 금융 서비스·금융 사기 예방·구제·금융 소비자 보호·금융 거래와 계약

2. 수입과 지출
수입과 소득·소득 결정 요인·지출과 소비·지불 수단·합리적 소비·예산과 예산 관리

3. 저축과 투자
저축의 경제적 의의·저축에 영향을 주는 요인(이자, 세금, 물가 등)·예금자 보호 제도·금융 투자 상품(주식, 채권, 펀드)·투자 위험과 자기 책임 원칙·투자자 보호 제도

4. 신용과 위험 관리
신용과 책임·신용 관리·신용 회복 지원 제도·보험의 원리·고령 사회와 연금

성적 산출과 학점 정보

교과(군)	이수 학점	성취도	등급	수능
사회	기본 4학점±1	5단계	×	×

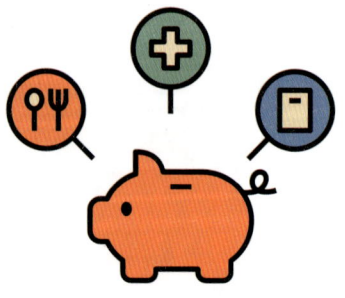

윤리문제 탐구

 #융합선택 #행복 #차별
#인공지능 #반려동물 #기후위기

현재와 미래의 삶에서 경험할 수 있는 다양한 문제를 윤리적 관점에서 탐구하고 합리적 해결 방안을 찾는 과목이다. 인공지능, 생태전환 등 여러 윤리적 쟁점이 발생하는 상황에서 더욱 중요해진 도덕 판단 능력과 실천력을 기르는 것이 목적이다.

단원과 주요 개념

1. 윤리문제 탐구의 이해
윤리문제의 의미와 판단 기준
윤리문제 탐구의 의미와 방법

2. 시민의 삶과 윤리적 탐구
행복의 의미와 뇌과학적 설명
윤리적 삶과 행복의 관계
사생활 보호와 공익 사이의 갈등과 조화 방안
사회적 차별 표현을 바라보는 관점과 문제 해결 방안
배타적 민족주의의 확산과 난민 문제

3. 인공지능 시대의 삶과 윤리적 탐구
메타버스의 윤리문제
빅데이터와 알고리즘의 편향성 문제
인공지능 활용의 윤리적 딜레마와 해결 방안

4. 생태적 삶과 윤리적 탐구
반려동물 관련 윤리문제와 동물 복지
기후위기와 인류의 책임
에너지 전환과 탄소 중립을 둘러싼 논쟁과 실천

5. 윤리문제 탐구의 적용
진로와 연계한 윤리문제 선정
윤리문제 탐구 계획 수립과 활동

성적 산출과 학점 정보

교과(군)	이수 학점	성취도	등급	수능
사회	기본 4학점±1	5단계	×	×

기후변화와 지속가능한 세계

#융합선택 #기후변화 #기후정의 #생태전환

인간과 자연의 관계에 대한 성찰을 바탕으로 생태 위기를 극복하고 지속가능한 세계를 실현할 방안을 탐구하는 과목이다.

단원과 주요 개념

1. 인간과 기후변화
기후변화의 심각성에 대한 인식
기후변화에 대한 다양한 관점
기후변화의 원인

2. 기후정의와 지역문제
세계 여러 지역에서 나타나는 기후재난
차별적으로 나타나는 기후변화의 영향
기후정의와 기후변화에 따른 불평등 문제 해결 방안

3. 지속가능한 세계를 위한 생태전환
국제 및 시민사회의 기후변화 대응 및 협력
이해당사자들의 기후변화 대응 노력
기후변화 대응을 위한 국가 및 지역 차원의 생태전환 노력
적정기술, 순환경제의 중요성과 역할
에너지 전환의 중요성 인식

4. 공존의 세계와 생태시민
지속가능발전목표(SDGs)의 의미와 이행에 대한 이해
지속가능발전목표(SDGs)의 지역 사례 탐구
소비영역에서의 지속가능한 생활양식
공존의 세계를 위한 생태시민의 덕목에 대한 이해

성적 산출과 학점 정보

교과(군)	이수 학점	성취도	등급	수능
사회	기본 4학점±1	5단계	×	×

물리학

#일반선택 #운동 #평형 #뉴턴 #열
#전류 #전압 #전자기유도 #굴절 #반도체

운동, 에너지, 힘과 같이 우리 주위에서 일어나는 여러 자연 현상을 과학적으로 설명하기 위한 기초 개념을 이해하고 현실에 적용해 보는 과목이다. 이 과목을 통해 개인과 사회의 문제를 과학적으로 해결하는 물리학의 탐구 능력을 함양할 수 있다.

단원

1. 힘과 에너지
2. 전기와 자기
3. 빛과 물질

성적 산출과 학점 정보

교과(군)	이수 학점	성취도	등급	수능
과학	기본 4학점±1	5단계	5등급	×

생명과학

#일반선택 #세포 #생태계 #개체군 #군집
#뉴런 #시냅스 #면역 #유전 #진화

생명 현상을 탐구하여 생명과학 분야의 기초 개념을 이해하는 과목이다. 올바른 자연관과 생명관을 기르고, 자연과 일상생활에서 접하게 되는 다양한 생명 현상에 대한 의문점들을 과학적이고 창의적으로 해결하는 역량을 키우는 데 중점을 둔다.

단원

1. 생명 시스템의 구성
2. 항상성과 몸의 조절
3. 생명의 연속성과 다양성

성적 산출과 학점 정보

교과(군)	이수 학점	성취도	등급	수능
과학	기본 4학점±1	5단계	5등급	×

화학

#일반선택 #화학반응 #분자구조 #공유결합
#산과염기 #동적평형 #이온화 #중화반응

일상 생활이나 자연 현상에 적용되는 물질 세계의 기본 법칙을 탐구하는 과목이다. 이 과목을 통해 개인과 사회의 문제를 해결할 때 필요한 화학적 소양을 기를 수 있다.

단원

1. 화학의 언어
2. 물질의 구조와 성질
3. 화학 평형
4. 역동적인 화학 반응

성적 산출과 학점 정보

교과(군)	이수 학점	성취도	등급	수능
과학	기본 4학점±1	5단계	5등급	×

지구과학

#일반선택 #해수 #일기예보 #기압
#지구온난화 #퇴적암 #변성암 #행성운동

자연과 일상생활에서 접할 수 있는 지구와 우주 관련 현상을 과학적으로 이해하는 과목이다. 지구시스템과학과 행성우주과학 분야의 기본 개념을 익히고 과학적 탐구 능력과 태도를 기르는 데 중점을 둔다.

단원

1. 대기와 해양의 상호 작용
2. 지구의 역사와 한반도의 암석
3. 태양계 천체와 별과 우주의 진화

성적 산출과 학점 정보

교과(군)	이수 학점	성취도	등급	수능
과학	기본 4학점±1	5단계	5등급	×

역학과 에너지

#진로선택 #운동 #중력
#열 #파동

물리학의 기초 개념을 바탕으로 역학 및 에너지와 관련된 다양한 현상을 탐구하는 과목이다. 기계, 항공, 조선, 건축, 토목, 음향과 같은 공학 계열 진로와 관련이 있다.

단원과 주요 개념

1. 시공간과 운동

벡터의 합성 · 포물선 운동과 원운동 · 역학적 에너지 · 중력과 천체 운동 · 탈출 속도 · 등가 원리

2. 열과 에너지

열의 이동 · 이상 기체 법칙 · 열역학 제1법칙 · 열기관 · 열역학 제2법칙

3. 탄성파와 소리

탄성파 · 투과·반사 · 도플러 효과 · 간섭과 소음 제어 · 정상파

성적 산출과 학점 정보

교과(군)	이수 학점	성취도	등급	수능
과학	기본 4학점±1	5단계	5등급	×

전자기와 양자

#진로선택 #전기 #자기 #빛
#양자 #핵융합

물리학의 기초 개념을 바탕으로 전자기 및 양자와 관련된 다양한 현상을 탐구하는 과목이다. 전기, 전자, 정보통신, 하드웨어, 디스플레이, 센서, 양자컴퓨팅과 같은 다양한 이공 계열 진로와 관련이 있다.

단원과 주요 개념

1. 전자기적 상호 작용

전기력선과 등전위면 · 유전분극 · 로런츠 힘 · 유도기전력 · 반도체 소자

2. 빛과 정보통신

렌즈와 수차 · 간섭과 회절 · 편광 · 광전효과 · 레이저

3. 양자와 미시세계

입자−파동 이중성 · 확률 파동 · 중첩 · 터널 효과 · 불확정성 원리 · 핵융합

성적 산출과 학점 정보

교과(군)	이수 학점	성취도	등급	수능
과학	기본 4학점±1	5단계	5등급	×

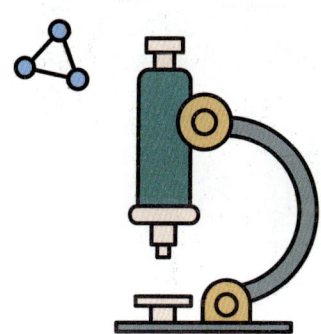

물질과 에너지

> #진로선택 #물질 #용액
> #반응속도 #엔트로피 #삼투현상

고등학교 〈화학〉에서 학습한 내용을 바탕으로 화학에 대한 기초 전문 지식을 습득하는 과목이다. 이 과목에서 중심적으로 다루는 주제인 물질의 변화와 에너지는 반도체, 전지, 의약품, 화장품 등 현대 사회의 다양한 분야에서 활용되고 있다.

단원과 주요 개념

1. 물질의 세 가지 상태
이상 기체 방정식
혼합 기체의 분압과 몰 분율
액체의 분자 간 상호 작용과 성질
입자 배열에 따른 고체의 분류

2. 용액의 성질
물의 성질과 수소 결합
용액의 농도에 따른 증기압, 끓는점, 어는점 변화
삼투현상

3. 화학 변화의 자발성
엔탈피와 열화학 반응식 • 헤스 법칙 • 엔트로피

4. 반응 속도
반응 속도의 표현과 의미
반응 속도식
1차 반응의 반감기
활성화 에너지
반응 속도에 영향을 미치는 요인

성적 산출과 학점 정보

교과(군)	이수 학점	성취도	등급	수능
과학	기본 4학점±1	5단계	5등급	×

화학 반응의 세계

> #진로선택 #산 #염기
> #화학전지 #탄소화합물 #신물질

고등학교 〈화학〉에서 학습한 내용을 바탕으로 화학 반응과 관련된 개념을 중점적으로 다루는 과목이다. 이 과목을 통해 화학공학, 생명공학, 의학 등 다양한 분야에서 요구되는 지식과 탐구 방법을 습득할 수 있다.

단원과 주요 개념

1. 산 염기 평형
산과 염기의 정의와 성질 • 이온화 상수와 산 염기의 세기 • 약산과 약염기 수용액의 pH • 중화 적정 곡선 • 염의 가수 분해 • 완충 작용

2. 산화 · 환원 반응
산화·환원 반응과 산화수 • 산화·환원 반응식 • 표준 환원 전위 • 화학 전지 • 전기 분해 • 화학 전지의 유용성

3. 탄소 화합물과 반응
작용기와 반응 • 고분자 물질 • 신물질 개발

성적 산출과 학점 정보

교과(군)	이수 학점	성취도	등급	수능
과학	기본 4학점±1	5단계	5등급	×

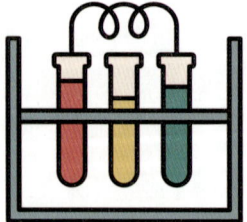

세포와 물질대사

#진로선택 #세포 #에너지공급
#효소 #세포호흡

고등학교 〈생명과학〉에서 학습한 내용을 바탕으로 생명의 기본 단위인 세포와 생명체에서 일어나는 다양한 생명 현상을 탐구하는 과목이다. 이 과목을 통해 이공 계열 분야의 진로를 선택할 때 필요한 생명과학 기초 역량을 기를 수 있다.

단원과 주요 개념

1. 세포
생명체의 구성 물질·세포의 연구 방법·세포 소기관의 유기적 관계·원핵세포와 진핵세포·세포막의 물질 수송

2. 물질대사와 에너지
물질대사·ATP·생명 활동에 필요한 에너지·효소의 작용·효소의 종류·효소의 이용

3. 세포호흡과 광합성
미토콘드리아의 구조와 기능·세포호흡 과정·발효·엽록체의 구조와 기능·명반응과 탄소 고정반응·전자전달계·광합성과 세포호흡의 관계

성적 산출과 학점 정보

교과(군)	이수 학점	성취도	등급	수능
과학	기본 4학점±1	5단계	5등급	×

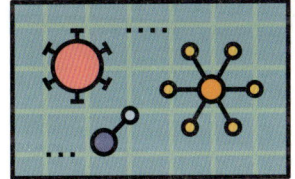

생물의 유전

#진로선택 #유전자 #유전물질
#DNA #생명윤리

고등학교 〈생명과학〉에서 학습한 내용을 바탕으로 생물의 유전과 관련된 다양한 생명 현상을 탐구하는 과목이다. 이 과목을 통해 이공 계열 분야의 진로를 선택할 때 필요한 생명과학 기초 역량을 기를 수 있다.

단원과 주요 개념

1. 유전자와 유전물질
유전자와 유전 형질
상염색체 유전과 성염색체 유전
다유전자유전
사람의 유전병
DNA 구조와 DNA가 유전물질이라는 증거
원핵세포와 진핵세포의 유전체 구성
DNA 복제 원리

2. 유전자의 발현
중심원리
전사와 번역
원핵생물·진핵생물의 유전자 발현 조절
발생과 세포 분화에서의 유전자 발현 조절

3. 생명공학기술
생명공학기술의 발달
생명공학기술 관련 분야
유전자 변형 생물체의 개발과 이용
생명공학기술의 활용과 생명윤리

성적 산출과 학점 정보

교과(군)	이수 학점	성취도	등급	수능
과학	기본 4학점±1	5단계	5등급	×

지구시스템과학

 #진로선택 #지구탄생과정 #지진파 #판구조
#해일 #조석 #온실효과 #바람

지구시스템을 구성하는 지권, 수권, 기권, 생물권 등의 구성 권역을 이해하고 이들의 상호 작용을 탐구하는 과목이다. 고등학교 〈지구과학〉과 연계되어 있어 지구과학 탐구 능력을 기르는데 도움이 된다.

단원
1. 지구 탄생과 생동하는 지구
2. 해수의 운동
3. 강수 과정과 대기의 운동

성적 산출과 학점 정보

교과(군)	이수 학점	성취도	등급	수능
과학	기본 4학점±1	5단계	5등급	×

행성우주과학

 #진로선택 #우주위험 #케플러법칙
#천체관측 #별자리 #암흑물질

행성 지구를 비롯한 천체 및 우주과학 관련 기본 개념을 이해하고 탐구하는 과목이다. 고등학교 〈지구과학〉과 연계되어 있어 지구과학 탐구 능력을 기르는 데 도움이 된다.

단원
1. 우주탐사와 행성계
2. 태양과 별의 관측
3. 은하와 우주

성적 산출과 학점 정보

교과(군)	이수 학점	성취도	등급	수능
과학	기본 4학점±1	5단계	5등급	×

과학의 역사와 문화

#융합선택 #과학혁명
#백신 #핵발전소

인류 문명의 역사에서 과학이 변화해 온 과정을 이해하고, 과학과 사회·문화가 서로에게 끼치는 영향력을 탐구하는 과목이다. 과학의 사회적 역할을 고려하여 미래 사회에 필요한 과학적 소양을 함양하는 데 목적이 있다.

단원과 주요 개념
1. 과학과 문명의 탄생과 통합
과학의 문명과 태동
그리스 문명과 과학
중세 과학과 종교
르네상스와 과학혁명
과학과 예술의 통합
과학자의 신념과 세계관

2. 변화하는 과학과 세계
현대 과학과 사회문화
현대 과학과 예술
감염병과 백신
교통수단 속의 과학
산업 혁명 이후 과학기술의 명암

3. 과학과 인류의 미래
과학기술 기반 문화 콘텐츠
미디어 속 과학의 언어
과학기술과 음악
인간과 사물의 대화
증강 현실과 가상 현실의 세계
과학기술과 시민 참여

성적 산출과 학점 정보

교과(군)	이수 학점	성취도	등급	수능
과학	기본 4학점±1	5단계	×	×

기후변화와 환경생태

 #융합선택 #기후위기
#생태계변화

융합과학 탐구

 #융합선택 #빅데이터 #인공지능

기후변화가 초래하는 환경과 생태계의 변화를 이해하고, 기후위기에 대응하기 위한 인류의 노력을 탐색하는 과목이다. 기후변화로 인해 발생할 수 있는 다양한 문제들에 대한 대처 능력을 함양하는 것을 목적으로 한다.

빅데이터, 인공지능과 같은 과학기술을 활용하여 일상의 다양한 문제를 해결해 보는 과목이다. 디지털 탐구 도구를 활용한 데이터 수집·분석, 인공지능을 활용한 모델링과 예측, 데이터 시뮬레이션과 해석 등의 탐구 활동을 경험할 수 있다.

단원과 주요 개념

1. 기후와 환경생태의 특성
기후요소와 기후인자
지구시스템의 상호 작용
기후와 환경생태의 상호 작용

2. 기후위기와 환경생태 변화
기후위기
해수면 상승
극한 기상 현상
기후변화 시나리오
육상생태계의 변화
수생태계의 변화
기후변화와 감염병

3. 기후위기에 대응하는 우리의 노력
해양생태계의 변화와 복원
급격한 환경생태 변화와 대응 노력
탄소 저감 과학기술
환경생태 보전을 위한 국제적 노력과 시민참여

단원과 주요 개념

1. 융합과학 탐구의 이해
융합과학의 역할과 유용성
다양한 탐구 과정의 특성
데이터의 이해와 활용
디지털 탐구 도구의 이해와 활용

2. 융합과학 탐구의 과정
융합과학 탐구의 요소와 절차
융합적 탐구 문제 발견
가설과 과학적 모형
디지털 탐구 도구와 데이터 수집
데이터의 시각화와 평가
결론 도출 및 과학적 의사소통

3. 융합과학 탐구의 전망
미래 사회와 융합과학기술
융합과학기술과 사회적 난제 해결
융합과학 탐구와 윤리
사회 문제와 시민참여

성적 산출과 학점 정보

교과(군)	이수 학점	성취도	등급	수능
과학	기본 4학점±1	5단계	×	×

성적 산출과 학점 정보

교과(군)	이수 학점	성취도	등급	수능
과학	기본 4학점±1	5단계	×	×

체육1

#일반선택 #건강관리 #축구 #배구 #야구
#사이클링 #서핑 #경기기능 #경기전략

건강 관리를 통해 생애주기에 따라 건강을 유지·증진하고, 타인 또는 환경과 상호 작용하며 스포츠를 생활화하는 데 도움이 되는 과목이다.

단원

1. 건강 관리
2. 전략형 스포츠
3. 생태형 스포츠

성적 산출과 학점 정보

교과(군)	이수 학점	성취도	등급	수능
체육	기본 3학점±1	3단계	×	×

운동과 건강

#진로선택 #요가 #육상
#트레이닝 #응급처치

건강 활동과 체력 운동 영역을 더욱 심화하여 학습하는 과목이다. 이 과목을 통해 운동과 개인 맞춤형 트레이닝으로 건강을 관리하고, 체력을 증진하는 데 도움을 얻을 수 있다.

단원과 주요 개념

1. 건강 운동
운동과 건강 관리
기술형 스포츠와 건강
표현 활동과 건강

2. 체력 운동
트레이닝의 종류와 방법
체력 증진 트레이닝 프로그램
운동 손상과 재활

성적 산출과 학점 정보

교과(군)	이수 학점	성취도	등급	수능
체육	기본 3학점±1	3단계	×	×

체육2

#일반선택 #체력증진 #경기기능 #경기전략
#철봉 #태권도 #체조 #춤

과학적 원리와 방법에 따라 체력을 증진하고, 체육 활동과 표현 활동의 수행 능력을 함양하는 과목이다.

단원

1. 체력 증진
2. 기술형 스포츠
3. 표현 활동

성적 산출과 학점 정보

교과(군)	이수 학점	성취도	등급	수능
체육	기본 3학점±1	3단계	×	×

스포츠 문화

 #진로선택 #역사 #철학 #문학 #예술
#물질문화 #제도문화 #관념문화

스포츠 활동을 통해 형성된 다양한 문화 요소들을 이론적으로 이해하고 실제 스포츠 경기에 참여하며 경험해 보는 과목이다. 스포츠 인문 문화에는 스포츠를 매개로 하는 여러 예술 분야와 종교, 역사, 철학 등이 포함된다. 스포츠 경기 문화에는 장비, 기술 체계, 규범, 사상과 이념, 제도와 조직 등이 포함된다.

단원
1. 스포츠 인문 문화
2. 스포츠 경기 문화

성적 산출과 학점 정보

교과(군)	이수 학점	성취도	등급	수능
체육	기본 2학점±1	3단계	×	×

스포츠 생활1

 #융합선택 #축구 #농구
#사이클링 #서핑 #스키 #체력 #경기

전략형 스포츠에 포함되는 영역형 스포츠, 생태형 스포츠에 포함되는 생활·자연환경형 스포츠를 심화 학습하는 과목이다. 스포츠 경기에 필요한 체력을 강화하고 경기 수행 능력을 증진하여 스포츠를 생활화하는 능력을 기르는 데 목적이 있다.

단원
1. 영역형 스포츠
2. 생활·자연환경형 스포츠

성적 산출과 학점 정보

교과(군)	이수 학점	성취도	등급	수능
체육	기본 3학점±1	3단계	×	×

스포츠 과학

#진로선택 #심리학
#사회학 #생리학 #역학

스포츠의 과학적 원리를 이론적, 실제적으로 탐구하는 과목이다. 스포츠 현상을 체계적으로 분석하고 효율적으로 실천할 수 있는 자질을 길러 주는 데 목적이 있다.

단원
1. 스포츠와 사회과학
2. 스포츠와 자연과학

성적 산출과 학점 정보

교과(군)	이수 학점	성취도	등급	수능
체육	기본 2학점±1	3단계	×	×

스포츠 생활2

#융합선택 #배구 #배드민턴 #테니스
#야구 #소프트볼

전략형 스포츠에 포함되는 네트형 스포츠와 필드형 스포츠를 심화하여 학습하는 과목이다. 스포츠 경기에 필요한 체력을 강화하고 스포츠 경기 수행 능력을 증진하여 스포츠를 생활화하는 능력을 기르는 데 목적이 있다.

단원
1. 네트형 스포츠
2. 필드형 스포츠

성적 산출과 학점 정보

교과(군)	이수 학점	성취도	등급	수능
체육	기본 3학점±1	3단계	×	×

음악

 #일반선택 #노래 #악기연주
#음악감상 #작곡 #편곡

음악 연주, 감상, 창작 등의 활동으로 삶 속에서 음악을 즐길 수 있는 능력과 태도를 기르는 과목이다. 이 과목을 통해 음악의 가치를 판단하는 안목과 음악적 창의성을 개발할 수 있으며, 이를 현실의 다양한 영역에서 활용할 수 있다.

주요 활동

• 노래와 악기 연주로 음악 표현하고 소통하기
• 다양한 시대·사회·문화권의 음악 듣고 비평하기
• 주제에 맞게 다양한 형식의 음악 만들기

성적 산출과 학점 정보

교과(군)	이수 학점	성취도	등급	수능
예술	기본 3학점±1	3단계	×	×

음악 감상과 비평

 #진로선택 #감상
#취향발견 #비평

음악의 핵심 원리와 개념에 대한 이해를 바탕으로 생활 속 다양한 음악을 감상하고 비평하는 활동을 수행하는 과목이다.

주요 개념

감상과 반응	• 음악 요소, 구성, 원리, 특징과 변화·발전 양상 • 다양한 시대, 지역, 사회, 문화, 공동체의 악곡 • 미적 특성, 음악적 취향
비평과 활용	• 다양한 사회, 문화, 산업 속 음악 • 사회·문화·시대적 의미, 음악적 특징, 맥락 • 역할, 필요성, 가치, 영향력

성적 산출과 학점 정보

교과(군)	이수 학점	성취도	등급	수능
예술	기본 3학점±1	3단계	×	×

음악 연주와 창작

 #진로선택 #연주 #작곡
#음악문화 #공연예절

연주와 창작 활동으로 창의적인 음악 표현·구성 능력을 함양하는 과목이다. 이 과목을 통해 문화적으로 다양한 음악을 포용하고 즐기는 역량과 태도를 형성할 수 있다.

주요 개념

표현과 창작	• 다양한 연주 형태, 형식, 장르, 양식의 악곡 • 발성·주법, 기보법 및 매체, 창작 의도 • 음악 요소, 악곡의 구조와 특징, 음악적 표현
실천과 소통	• 다양한 사회, 문화 속 연주·창작 활동 양상과 실제 • 다양한 소리와 매체, 음악적 아이디어의 연계·활용 • 음악의 가치와 역할, 사회·문화적 역할과 공헌

성적 산출과 학점 정보

교과(군)	이수 학점	성취도	등급	수능
예술	기본 3학점±1	3단계	×	×

음악과 미디어

 #융합선택 #영화음악 #광고음악 #게임음악
#음악소프트웨어

과학과 산업의 발달로 음악 미디어의 범위가 확대되는 상황에서 미디어 관련 음악의 역할을 경험해 볼 수 있는 과목이다.

주요 개념

미디어 탐구	• 음악과 미디어의 관계, 의미와 역할 • 음악에서 미디어의 종류와 특징, 변화와 발전 • 미디어 음악과 음악 산업
실용적 연계	• 음악에서 활용되는 미디어, 디지털 기술 • 다양한 소리·악기·아이디어와 미디어 상호 작용 • 다양한 미디어, 타 분야와의 연계, 확장

성적 산출과 학점 정보

교과(군)	이수 학점	성취도	등급	수능
예술	기본 3학점±1	3단계	×	×

미술

#일반선택 #미적가치
#창작 #비평 #전시

자신의 감정과 아이디어를 미술을 매개로 표현하거나, 미술 작품을 맥락적으로 감상하고 비평하는 과목이다. 이 과목을 통해 예술적 성취를 경험하고 미적 안목과 판단 능력을 높이며 공동체의 문화를 풍요롭게 할 수 있다.

주요 활동

미적 체험	• 대상과 현상의 미적 가치 분석하기 • 이미지를 활용한 소통 방식 탐구하기 • 미술을 공동체와 생태환경으로 확장하기
표현	• 주제의 확장을 통한 작품 계획하기 • 표현 매체와 방법을 실험하고 융합하기 • 새로운 표현 효과를 적용하고 활용하기
감상	• 미술과 시대, 사회, 환경과의 관련성 분석하기 • 작품에 대한 자신의 견해와 가치 판단을 논리적으로 표현하기 • 전시를 기획하고 참여하기

성적 산출과 학점 정보

교과(군)	이수 학점	성취도	등급	수능
예술	기본 3학점±1	3단계	×	×

미술 창작

#진로선택 #주제탐색
#창작 #전시

개인의 관심이나 경험과 연관된 주제를 떠올리고 새로운 표현 기법을 활용하여 미술 작품을 제작해 보는 과목이다. 작품 창작 경험을 통해 심미적 감성과 창의성을 기를 수 있으며, 제작된 작품을 전시하여 세상과 소통할 수 있다.

주요 개념

설계와 창작	• 자신의 진로나 관심 분야와 연결된 주제 • 아이디어를 발상하는 방법 • 표현 기법과 매체의 종류
창작의 확장	• 표현 기법·매체의 효과와 적용 방법 • 작품 내용과 형식의 심화 • 전시 목적과 방법

주요 활동

• 정보 수집과 탐색으로 아이디어 시각화하기
• 표현 기법과 매체를 탐구·실험·융합하기
• 표현 매체와 방법을 선정하여 창작하기
• 전시를 기획하고 구성하기
• 창작 과정과 결과를 성찰하고 확장하기

성적 산출과 학점 정보

교과(군)	이수 학점	성취도	등급	수능
예술	기본 3학점±1	3단계	×	×

예술 교과

미술 감상과 비평

> #진로선택 #전시감상 #해석
> #비평 #자료수집

미술 작품의 해석과 감상, 비평을 통해 미적 의미를 탐구하고 미술을 깊이 있게 학습하는 과목이다. 지역, 사회, 문화 등의 맥락을 고려하며 미술 작품의 내용과 형식을 분석하고 비평한다.

주요 개념

미술 감상	• 미술의 변천 과정과 미술사적 의의 • 작가와 작품의 특징과 맥락적 이해
미술 비평	• 미술 작품의 의미 • 비평 방법과 관점

성적 산출과 학점 정보

교과(군)	이수 학점	성취도	등급	수능
예술	기본 3학점±1	3단계	×	×

미술과 매체

> #융합선택 #아날로그매체 #디지털매체

미술 작품을 바탕으로 매체를 이해하고 활용해 보는 과목이다. 매체는 크게 직접 손으로 그리고 만드는 아날로그 매체와 기술의 발달로 새롭게 생겨난 디지털 매체로 나뉜다.

주요 활동

매체의 이해	• 시대별, 지역별 미술과 매체 관련짓기 • 미술에서 매체의 역할과 의미 탐색하기 • 매체의 표현 특성 실험하기
매체의 활용	• 표현 매체를 창의적으로 활용하여 표현하기 • 타 분야와 연결하여 융합하기 • 다양한 매체로 표현하고 전시하기

성적 산출과 학점 정보

교과(군)	이수 학점	성취도	등급	수능
예술	기본 3학점±1	3단계	×	×

연극

> #일반선택 #연기
> #연극기획 #연극감상

연극 예술을 이해하고 직접 체험해 보는 과목이다. 입문 과목이므로 연극에 대한 이해를 바탕으로 인문학적 소양을 기르고자 하는 학습자나 연극을 체계적으로 공부하여 자신의 진로, 진학과 연계하고자 하는 학습자 모두에게 도움이 된다.

주요 활동

표현	• 내 몸과 말 관찰하기 • 생각과 느낌을 몸과 말로 자유롭게 표현하기 • 즉각적으로 반응하기 • 구체적으로 상상하기 • 협력하여 장면 구성하기
체험	• 연극 제작 계획 세우기 • 배역진과 제작진 구성하기 • 협의하며 창의적으로 구현하기 • 공연하고 평가하기
생활	• 일상 속에서 연극의 특성 발견하기 • 다양한 연극 속에서 시대적, 사회·문화적 반영 양상 탐색하기 • 연극적 경험의 진로 활용 방안 모색하기
감상	• 감상의 즐거움을 탐색하기 • 생각과 느낌에 대해 다양한 방법으로 소통하기

성적 산출과 학점 정보

교과(군)	이수 학점	성취도	등급	수능
예술	기본 3학점±1	3단계	×	×

기술·가정

> #일반선택 #의식주 #가족
> #소비 #공학

공학 기술과 생활과학에 대한 지식과 수행 능력을 길러 줌으로써 건강하고 자립적인 삶을 살아갈 수 있도록 하는 과목이다.

단원과 주요 개념

1. 생활문화와 디지털 환경
한국 의식주 생활문화 • 문화다양성 • 미래 식생활과 푸드테크 • 스마트 의류와 메타패션 • 유비쿼터스 주거와 가상공간

2. 소비자와 생활복지
저출생 고령 사회에서의 생애 설계 • 자산 형성과 가계 재무 • 소비자 안전과 소비자 시민성 • 생활복지와 빅데이터 • 맞춤형 스마트복지

3. 인간과 성장하는 관계
성과 사랑 • 성년기의 독립과 결혼 • 부모됨의 선택과 역할 • 중년기 부모와 청소년기 자녀 • 노년기 생활과 유니버설 디자인 • 디지털 시대의 관계 형성 • 회복탄력성과 성장

4. 공학의 기초
공학의 역사와 미래 • 공학의 개념과 설계 과정 • 공학과 융합 • 공학 소양 • 다양한 공학 분야와 진로

5. 미래를 여는 공학 혁신
디지털 기반 설계와 제조 • 로봇과 자동화 • 친환경 에너지와 에너지 전환 • 첨단 수송수단과 항공우주

6. 지속가능한 융합 공학
초연결사회와 정보통신공학 • 스마트 도시와 건설공학 • 생명공학과 의공학 • 첨단 융합공학

성적 산출과 학점 정보

교과(군)	이수 학점	성취도	등급	수능
기술·가정	기본 4학점±1	5단계	5등급	×

로봇과 공학세계

> #진로선택 #작동원리
> #알고리즘 #로봇개발

여러 공학 기술이 융합된 결과물인 로봇의 개념과 가치를 체계적으로 학습한다. 또한 다양한 공학 분야를 탐색함으로써 공학에 대한 흥미를 높이고 진로 탐색의 기회를 가진다.

단원과 주요 개념

1. 로봇의 이해
로봇의 개념과 특성
로봇의 하드웨어와 소프트웨어
생활 속의 로봇 종류와 활용
로봇 윤리

2. 공학 세계의 탐색과 로봇의 활용
제조/건설/생명·환경/에너지·수송/정보통신·인공지능 기술 분야 공학 세계의 이해
기타 공학 분야의 로봇 활용
로봇의 활용 분야에 따른 진로 이해

3. 로봇공학 프로젝트
로봇공학 문제 이해
로봇을 구성하는 하드웨어
로봇을 제어하는 소프트웨어 및 인공지능 기술 이해
로봇공학 문제 해결

성적 산출과 학점 정보

교과(군)	이수 학점	성취도	등급	수능
기술·가정	기본 4학점±1	5단계	5등급	×

생활과학 탐구

‹ #진로선택 #아동 #가족 #소비
#식품 #패션 #주거

생활과학은 의식주와 아동, 가족, 소비자 등을 연구 분야로 삼는 학문으로 인간의 생활환경을 개선하고 가족과 아동 발달을 지원하는 데 관심을 둔다. 이 과목은 생활과학 분야에 대한 탐구를 바탕으로 삶의 질을 위협하는 요인에 대처하고 좋은 삶을 이루는 역량을 기르는 데 목적이 있다.

단원과 주요 개념

1. 인간행동과 생활과학

인간 발달 • 아동상담 • 가족복지 • 소비자와 소비 행동 심리

2. 생활환경과 생활과학

식품영양과 조리 • 식품가공과 외식산업 • 의류직물과 의복디자인 • 패션산업과 머천다이징 • 주거와 실내디자인

3. 생활과학과 진로

미래 사회의 변화와 생활과학 • 생활과학의 융합적 접근 • 리빙 크리에이티브와 창업 • 지역사회에 기여하는 생활과학

성적 산출과 학점 정보

교과(군)	이수 학점	성취도	등급	수능
기술·가정	기본 4학점±1	5단계	5등급	×

창의 공학 설계

‹ #융합선택 #문제해결 #프로젝트

창의 공학 설계를 통한 문제 해결 과정을 이해하고 이를 바탕으로 실제 삶의 문제를 해결하기 위한 프로젝트를 진행해 보는 과목이다. 창의 공학 설계 프로젝트는 사용자의 요구 분석을 통한 문제 정의, 아이디어 탐색과 시각화, 최적의 아이디어 선정과 평가, 구체적 설계, 시제품 제작, 검사와 개선, 평가의 과정으로 이루어진다.

단원과 주요 개념

1. 창의 공학 설계의 이해

공학의 의미와 특성
인류 문명과 공학
지속가능한 미래 공학
공학과 창의성
공학과 팀워크
창의 공학 설계와 문제 해결 과정

2. 창의 공학 설계 프로젝트

사용자 공감
창의적 사고 기법
아이디어 시각화 방법
재료와 도구
최적의 대안 선정 및 평가 기법
제도의 기본 규칙
디지털 기반 공학 설계 도구
시제품 제작 방법
시제품 평가 방법

성적 산출과 학점 정보

교과(군)	이수 학점	성취도	등급	수능
기술·가정	기본 4학점±1	5단계	5등급	×

지식 재산 일반

> #융합선택 #지식재산권 #저작권
> #발명 #특허

발명과 지식재산에 대한 기초적 지식을 바탕으로 관련 사례를 탐구하고 지식재산권을 창출, 보호, 활용할 수 있는 능력을 기르는 과목이다. 지식재산권은 지식·정보·기술·표현 등 인간의 지적 창조물을 보호하기 위해 법이 부여한 권리로서 사회 발전의 원동력이 된다.

단원과 주요 개념

1. 지식재산의 이해
인류 문명과 발명의 역사
지식재산권의 개념과 종류
신지식재산권의 종류와 특징
산업재산권(특허권, 상표권, 디자인권)의 등록 요건
저작물의 분류와 성립 요건

2. 지식재산권의 보호와 활용
지식재산권 보호의 개념과 필요성
지식재산권의 침해와 대응
지식재산권 보호 제도
기술 사업화와 지식재산권 가치 평가
기술 창업과 기업가 정신
직무 발명 제도

3. 지식재산권 창출 프로젝트
발명 문제 해결 과정·특허 정보 검색·특허 명세서·특허 도면·특허 출원

성적 산출과 학점 정보

교과(군)	이수 학점	성취도	등급	수능
기술·가정	기본 4학점±1	5단계	5등급	×

생애 설계와 자립

> #융합선택 #성인 #독립 #대인관계
> #금융거래 #식사 #주거

성인기를 앞둔 고등학생이 성인으로 독립하기 위해 필요한 다양한 주제들에 대해 사고하고 탐구하는 과목이다. 자신의 현재 및 미래 생활과 삶에 적용해 볼 수 있는 학습 내용을 다룸으로써 자립적 생활에 필요한 다양한 역량을 갖추어 주도적이고 책임 있는 삶을 실천하는 데 중점이 있다.

단원

1. 사회·정서적 자립
2. 경제적 자립
3. 일상생활 자립

성적 산출과 학점 정보

교과(군)	이수 학점	성취도	등급	수능
기술·가정	기본 4학점±1	5단계	5등급	×

아동발달과 부모

> #융합선택 #부모됨 #임신 #출산
> #양육 #돌봄

아동발달과 양육에 대한 이해를 높여 건강한 부모됨을 실천할 수 있도록 돕는 과목이다. 부모됨의 실천에는 혈연관계의 자녀 양육뿐만 아니라 지역공동체의 아이들에게 돌봄을 제공하는 사회적 양육 또한 포함된다.

단원

1. 부모됨의 준비
2. 아동발달과 돌봄

성적 산출과 학점 정보

교과(군)	이수 학점	성취도	등급	수능
기술·가정	기본 4학점±1	5단계	5등급	×

정보

 #일반선택 #컴퓨터 #인공지능
#데이터 #알고리즘

데이터에 대한 이해를 기반으로 소프트웨어와 인공지능을 다루기 위한 기본적인 역량을 기르는 과목이다. 이 과목은 컴퓨터를 활용하여 복잡한 문제를 해결하는 컴퓨팅 사고력을 함양함으로써 디지털 사회에서 요구되는 역량과 태도를 갖추는 데 도움을 줄 수 있다.

단원과 주요 개념

1. 컴퓨팅 시스템
네트워크의 구성 · 사물인터넷 시스템의 구성 및 동작 원리

2. 데이터
디지털 데이터 압축과 암호화 · 빅데이터 개념과 분석

3. 알고리즘과 프로그래밍
문제 분해와 모델링 · 정렬, 탐색 알고리즘 · 자료형 · 표준입출력과 파일입출력 · 다차원 데이터 활용 · 제어 구조의 응용 · 클래스와 인스턴스

4. 인공지능
지능 에이전트의 역할 · 기계학습의 개념과 유형

5. 디지털 문화
디지털 사회와 진로 · 정보 보호와 보안

성적 산출과 학점 정보

교과(군)	이수 학점	성취도	등급	수능
정보	기본 4학점±1	5단계	5등급	×

인공지능 기초

#진로선택 #기계학습
#딥러닝 #프로젝트

인공지능에 대한 깊이 있는 이해를 제공하는 과목이다. 인공지능의 발전에 따른 사회 변화를 파악하고 인공지능의 윤리적 쟁점에 관한 올바른 가치관과 태도를 정립하는 한편 인공지능의 원리에 대한 이해를 바탕으로 인공지능을 프로그래밍하는 기술을 익힌다.

단원과 주요 개념

1. 인공지능의 이해
인공지능의 원리 · 인공지능과 탐색 · 지식의 표현과 추론

2. 인공지능과 학습
기계학습과 데이터 · 기계학습 알고리즘 · 인공신경망과 딥러닝

3. 인공지능의 사회적 영향
인공지능의 발전과 사회 변화 · 인공지능과 진로 · 인공지능과 윤리

4. 인공지능 프로젝트
인공지능 프로젝트 주제 탐색하기
인공지능 프로젝트 수행 계획 구안하기
인공지능 소프트웨어 개발 및 평가 방법 설정하기

성적 산출과 학점 정보

교과(군)	이수 학점	성취도	등급	수능
정보	기본 4학점±1	5단계	5등급	×

데이터 과학

> #진로선택 #데이터분석
> #데이터모델 #프로젝트

데이터 과학의 기초적인 원리를 이해하여 데이터를 비판적으로 분석하는 능력을 기르는 과목이다. 디지털 사회에서 데이터는 합리적인 의사 결정을 내리는 데 중요한 역할을 한다.

단원과 주요 개념

1. 데이터 과학의 이해
데이터 과학의 개념 · 데이터의 형태와 속성 · 데이터셋과 데이터베이스

2. 데이터 준비와 분석
데이터 전처리 · 데이터 분석 방법

3. 데이터 모델링과 평가
데이터 모델의 개념 · 회귀 분석 · 군집 분석 · 연관 분석

4. 데이터 과학 프로젝트
데이터 과학의 주제 · 탐색적 데이터 분석 · 결과의 의미 해석

성적 산출과 학점 정보

교과(군)	이수 학점	성취도	등급	수능
정보	기본 4학점±1	5단계	5등급	×

10110010
01010100

소프트웨어와 생활

> #융합선택 #피지컬컴퓨팅
> #데이터분석 #스타트업

소프트웨어가 다양한 학문 분야의 문제 해결을 위해 활용되는 과정을 경험하는 과목이다. 예술, 데이터 분석, 시뮬레이션 프로그램, 스타트업 등 다양한 분야에서 소프트웨어가 수행하는 역할을 탐구함으로써 소프트웨어의 가치와 필요성을 인식할 수 있다.

단원과 주요 개념

1. 세상을 변화시키는 소프트웨어
소프트웨어와 사회 변화 · 소프트웨어 융합과 문제 해결

2. 창작을 지원하는 소프트웨어
피지컬 컴퓨팅 도구 · 미디어 아트 · 웨어러블 장치

3. 현상을 분석하는 소프트웨어
데이터 유형별 수집 방법 · 데이터 시각화와 분석

4. 모의 실험하는 소프트웨어
시뮬레이션의 개념과 구성 요소 · 시뮬레이션 활용 분야 · 시뮬레이션 모델

5. 가치를 창출하는 소프트웨어
소프트웨어 스타트업의 개념 · 소프트웨어 스타트업 프로젝트

성적 산출과 학점 정보

교과(군)	이수 학점	성취도	등급	수능
정보	기본 4학점±1	5단계	5등급	×

제2외국어

독일어·프랑스어·스페인어·중국어· 일본어·러시아어·아랍어·베트남어

#수능선택 #일반선택
#기본표현 #의사소통

일상생활에서 자주 사용되는 제2외국어 기본 표현을 학습하여 기초적인 의사소통 능력을 키우고, 해당 언어권 지역의 사회·문화적 특성을 이해하도록 설계된 과목이다.

주요 개념

(1)듣기	• 인사와 소개 • 묘사 및 견해(인물/사물, 주거, 생각/입장, 허락 등) • 감정 및 의사(감정, 관심, 선호/호감, 감사, 제안 등)
(2)말하기	• 정보 요구 및 제공(위치/교통, 시간, 숙박, 환경과 기후 등) • 일상생활(취미와 여가 활동, 신체와 건강, 음식 주문과 계산, 상품 구매, 미디어 활용 등)
(3)읽기	• 간단한 대화문
(4)쓰기	• 간단한 텍스트(문자 메시지, 이메일, 사회 관계망 서비스, 초대장, 메모, 일기, 안내문, 광고문 등)
(5)문화	• 언어문화(인사말, 속담과 격언, 관용적 표현 등) • 생활 문화(의식주, 여가 활동, 취미, 기념일, 디지털 매체 등) • 사회 문화(인물, 예술, 지리, 환경, 문화유산, 명절과 축제 등)

성적 산출과 학점 정보

교과(군)	이수 학점	성취도	등급	수능
제2외국어	기본 4학점±1	5단계	5등급	○

제2외국어 회화

독일어·프랑스어·스페인어·중국어· 일본어·러시아어·아랍어·베트남어 회화

#진로선택 #듣기·말하기
#소통능력 #의사소통

제2외국어 과목에서 습득한 어휘, 의사소통 표현, 문화에 대한 지식을 바탕으로 일상생활에서 해당 지역의 언어로 유창하게 소통할 수 있는 듣기와 말하기 능력을 키우는 과목이다.

주요 개념

• 인사와 소개
• 묘사 및 견해(인물 및 사물, 주거, 생각 및 입장, 허락·도움·금지·조언·권유 등)
• 감정 및 의사(감정, 관심, 선호 및 호감, 감사·실례·사과·유감, 제안·초대·약속 등)
• 정보 요구 및 제공(위치 및 교통, 시간, 숙박, 환경과 기후 등)
• 일상생활(취미와 여가 활동, 신체와 건강, 음식 주문과 계산, 상품 구매, 미디어 활용 등)
• 비언어적 표현(표정, 몸짓 등)
• 언어문화(인사말, 속담과 격언, 관용적 표현 등)

주요 활동

• 발음 규칙에 따라 올바르게 발음하기
• 묘사하거나 설명하기
• 자신의 생각과 의도 논리적으로 말하기
• 상황과 맥락에 맞게 대화에 참여하기
• 내용이나 의도 파악하거나 추론하기

성적 산출과 학점 정보

교과(군)	이수 학점	성취도	등급	수능
제2외국어	기본 4학점±1	5단계	5등급	×

제2외국어 심화
독일어·프랑스어·스페인어·중국어· 일본어·러시아어·아랍어·베트남어 심화

< #진로선택 #의사소통
#외국어문화 #외국어관련진로

제2외국어 과목에서 습득한 해당 언어의 의사소통 능력과 해당 언어권 지역의 문화에 대한 이해를 확장·심화하는 과목이다. 해당 언어와 관련하여 자신의 삶과 진로를 모색하는 데 도움을 얻을 수 있다.

주요 개념

(1)듣기	• 인사와 소개 • 묘사 및 견해(인물 및 사물, 주거, 생각 및 입장, 허락·도움·금지·조언·권유 등) • 감정 및 의사(감정, 관심, 선호 및 호감, 감사·실례·사과·유감, 제안·초대·약속 등)
(2)말하기	• 정보 요구 및 제공(위치 및 교통, 시간, 숙박, 환경과 기후 등) • 일상생활(취미와 여가 활동, 신체와 건강, 음식 주문과 계산, 상품 구매, 미디어 활용 등)
(3)읽기 (4)쓰기	• 대화문 • 텍스트(문자 메시지, 이메일, 사회 관계망 서비스, 초대장, 메모, 일기, 안내문, 광고문 등) • 각종 서식 등
(5)문화	• 언어문화(인사말, 속담과 격언, 관용적 표현 등) • 생활 문화(의식주, 여가 활동, 취미, 기념일, 디지털 매체 등) • 사회 문화(인물, 예술, 지리, 환경, 문화유산, 명절과 축제, 제도, 역사, 문학, 교육, 정치, 경제 등)

성적 산출과 학점 정보

교과(군)	이수 학점	성취도	등급	수능
제2외국어	기본 4학점±1	5단계	5등급	×

제2외국어 문화
독일어권·프랑스어권·스페인어권· 중국·일본·러시아·아랍·베트남 문화

< #융합선택 #세계시민
#상호문화 #포용과존중 #공동체의식

해당 언어권 문화와 삶의 양식을 상호 문화적 관점에서 폭넓게 이해함으로써 포용적 문화 이해 능력을 함양하는 과목이다. 또한 제2외국어 가운데 독일어, 프랑스어, 스페인어는 영어와 더불어 다양한 지역에서 사용되는 언어이므로 해당 국가뿐 아니라 그 언어권 지역의 문화도 함께 배우게 된다.

주요 개념

1. 언어
낱말 • 구 • 문장 • 의사소통 표현

2. 문화
• 언어문화(인사말, 속담과 격언, 관용적 표현, 지역어, 청소년 언어, 전문어 등)
• 생활 문화(의식주, 여가 활동, 취미, 기념일, 디지털 매체 등)
• 사회 문화(인물, 예술, 지리, 환경, 문화유산, 명절과 축제, 제도, 역사, 문학, 교육, 정치, 경제, 철학, 과학기술 등)
• 예술 문화(음악, 미술, 건축, 문학 등)

성적 산출과 학점 정보

교과(군)	이수 학점	성취도	등급	수능
제2외국어	기본 4학점±1	5단계	5등급	×

한문

> #수능선택 #일반선택
> #한자성어 #한시 #한자문화권

한문과 관련된 지식을 익혀 한자 어휘 활용 능력과 한문 독해 능력을 신장하는 과목이다.

주요 개념

(1) 한자와 어휘

한자의 모양·음·뜻 • 한자가 만들어진 원리 • 단어의 짜임 • 실사와 허사 • 단어와 성어의 음과 뜻 • 한자 문화권의 문화

(2) 문장

문장의 구조와 유형 • 내용과 주제 • 한시의 특징

성적 산출과 학점 정보

교과(군)	이수 학점	성취도	등급	수능
한문	기본 4학점±1	5단계	5등급	○

한문 고전 읽기

> #진로선택 #고전자료 #심미성 #생태주의

한문으로 기록된 고전 자료를 바탕으로 한문 독해 능력을 향상시키고 인문학의 기초 소양을 쌓는 과목이다.

주요 활동

- 한자의 음과 뜻을 알아 글을 읽고 풀이하기
- 허사의 쓰임과 문장의 구조에 유의하여 문장 풀이하기
- 글의 배경 조사, 내용 이해, 주제 파악하기
- 심미적 요소 찾아 감상하고 자료 활용하여 이해 심화하기
- 자신의 삶에 비추어 설명하기
- 주제 탐구 활동을 통해 진로 탐색에 활용하기

성적 산출과 학점 정보

교과(군)	이수 학점	성취도	등급	수능
한문	기본 4학점±1	5단계	5등급	×

언어생활과 한자

> #융합선택 #한자어휘
> #한자성어 #문해력

정확하고 풍부한 언어생활에 필요한 한자와 한자 어휘를 익히는 과목이다. 인간의 삶과 가치, 생태·환경, 문화·예술, 정치·사회, 과학·기술 등 다양한 범주에 속하는 주요 한자 어휘를 학습함으로써 문해력과 의사소통 능력을 높일 수 있다.

주요 개념

- 한자 및 한자 어휘의 음과 뜻
- 한자 어휘의 의미와 어원
- 한자 어휘의 어휘 관계

주요 학습 내용

- 한자의 음과 뜻 파악하기
- 표준 발음법에 맞게 한자 어휘 읽기
- 한자 어휘의 의미, 어원, 어휘 관계 파악하기
- 사회·문화 현상에 대응해 생성된 한자 어휘와 조어 특성 조사하기
- 학습을 위한 어휘를 개념적으로 이해하여 의미 추론하기
- 한자 어휘 활용하고 한자 문화권의 어휘 비교하기

성적 산출과 학점 정보

교과(군)	이수 학점	성취도	등급	수능
한문	기본 4학점±1	5단계	5등급	×

진로와 직업

> #일반선택 #직업세계
> #진로탐색 #진로설계

변화하는 직업 세계에 대한 이해를 바탕으로 자신의 진로를 탐색하고 준비하는 역량을 함양하는 과목이다. 이 과목을 통해 일생에 걸쳐 이루어지는 진로 인식, 탐색, 설계, 관리의 과정을 탐구할 수 있다.

단원과 주요 개념

1. 진로와 나의 이해
관심 분야 직업인의 진로 특성 및 나의 진로 특성
직업 가치 및 직업윤리의 개념
건강한 일터의 특징
삶과 진로에 영향을 미치는 일, 학습, 여가의 상호 관계

2. 직업 세계와 진로 탐색
관심 분야의 산업 및 기술 발전과 요구 역량
관심 직업의 진로 경로
관심 분야의 진학 및 취업 정보
사회 문제 해결과 창업가 정신
고용 관계의 권리와 책임

3. 진로 설계와 실천
진로의사결정의 요인과 변화 가능성
생애 진로 경로의 변화와 특징
진로 계획과 학업 설계의 연계성
진로 설계와 자기 관리

성적 산출과 학점 정보

교과(군)	이수 학점	성취도	등급	수능
교양	기본 3학점±1	P/F	×	×

생태와 환경

> #일반선택 #환경관 #기후위기
> #생물다양성 #지속가능성

기후변화와 생물다양성 감소 등 환경 위기에 대한 문제의식을 바탕으로 지속가능한 사회의 가능성을 고민하는 과목이다. 이 과목을 통해 지속가능한 사회의 체계와 삶의 양식을 탐구하고 실천할 수 있다.

단원과 주요 개념

1. 환경과 인간
환경의 의미와 다양한 환경관
생명과 환경에 대한 윤리적 성찰
삶의 터전과 장소로서의 환경

2. 환경 체계
환경 체계의 의미와 복잡성
지구 생태계와 사회 체계의 상호 작용

3. 환경 문제와 쟁점
물, 대기, 토양 등 지구 생태계 관련 환경 문제와 쟁점
정치, 경제 등 사회 체계 관련 환경 문제와 쟁점
지역 및 지구 차원의 환경 문제와 쟁점
지속가능성과 형평성을 고려한 환경 문제와 쟁점의 해결 방안

4. 기후위기와 기후행동
기후변화와 기후위기
기후변화로 인한 생물다양성 감소와 삶의 질 저하
기후위기의 원인(온실가스 배출 등)
기후변화 미래 시나리오
기후행동(탄소중립, 순환경제, 에너지 전환, 정의로운 전환)

5. 지속가능성과 시민 참여
지속가능한 삶의 양식 · 지속가능발전목표(SDGs)와 삶의 질 · 생태시민과 공동체 · 연대와 협력

성적 산출과 학점 정보

교과(군)	이수 학점	성취도	등급	수능
교양	기본 3학점±1	P/F	×	×

인간과 철학

#진로선택 #사상 #질문
#공동체 #생태계 #예술

철학의 다양한 사상들을 탐구하며 철학적 사유 과정을 익히고 실천하는 데 목적을 두는 과목이다. 이를 위해 동서양의 철학적 지식과 지혜를 습득할 뿐만 아니라 인간과 세계의 본질에 대해 스스로 질문할 수 있는 능력을 기른다.

단원과 주요 개념

1. 나의 삶과 철학함
자아와 철학하는 삶·철학적 사유의 특징과 철학하는 방법·인간의 본성과 몸과 마음의 관계·인간의 실존과 성찰적 삶

2. 공동체와 철학함
개인과 사회의 관계·경제와 공유의 문제·권력과 정치의 문제·역사와 미래의 관계

3. 생태계와 철학함
인간의 앎과 세계 인식·세계 구성 요소와 그 기원의 문제·생명과 환경에 관한 문제와 인간의 책임·디지털 생태계와 미래의 생활 세계

4. 창조성과 철학함
인간의 언어와 문화 창조 능력·미의 기준과 예술 철학·아름다움과 좋은 삶·대중문화와 여가 생활 속 철학하는 삶

성적 산출과 학점 정보

교과(군)	이수 학점	성취도	등급	수능
교양	기본 3학점±1	P/F	×	×

논리와 사고

#진로선택 #추론 #논증
#연역 #귀납 #합리성

주장을 뒷받침하기 위해 제시된 근거가 충분한지 검토하고, 증거로부터 추론할 수 있는 가설이 무엇이고 그 추론이 얼마나 훌륭한지 따져 보는 논리적 사고를 훈련하는 과목이다. 이를 통해 편견과 오해에서 벗어나 합리적으로 생각하고 판단하는 방법을 배울 수 있다.

단원과 주요 개념

1. 생활과 논리
인간 사고와 논리·추론과 논증·논리적 오류와 합리적 결정

2. 언어와 논리
연역과 귀납·논증의 타당성과 건전성·논증 분석과 논술

3. 기호와 논리
논리 기호와 주장의 형식화·논리 기호와 논증의 타당성·자연 연역의 추론 규칙·연역 논리와 코딩

4. 과학과 논리
귀납 추론의 종류·가설과 증거 그리고 과학적 방법·과학적 추론과 확률·통계·귀납 논리와 머신러닝

성적 산출과 학점 정보

교과(군)	이수 학점	성취도	등급	수능
교양	기본 3학점±1	P/F	×	×

인간과 심리

#진로선택 #심리학 #뇌
#성격 #집단 #행복

인간의 마음과 행동을 연구하는 심리학을 이해하고 이를 실생활에 적용할 수 있도록 돕는 과목이다. 과학적인 증거를 기초로 자신과 타인을 이해하고 사회 문제에 대한 해결 방안을 모색하며 행복한 삶을 설계하는 데 목적이 있다.

단원과 주요 개념

1. 마음의 과학적 탐구
과학으로서 심리학 • 심리학 연구 방법과 연구 윤리 • 심리학의 주요 하위 분야와 진로

2. 자기 이해
행동의 생물학적 기초 • 전 생애 발달과 청소년기 • 인지 • 성격과 동기 • 정서와 정서 조절

3. 타인 이해
사회인지 • 집단과 사회적 영향 • 사회적 관계

4. 삶과 적응
적응과 부적응 • 삶의 변화와 스트레스 대처 • 정신 장애와 사회적 낙인 • 행복의 다면적 의미와 행복 증진 활동

성적 산출과 학점 정보

교과(군)	이수 학점	성취도	등급	수능
교양	기본 3학점±1	P/F	×	×

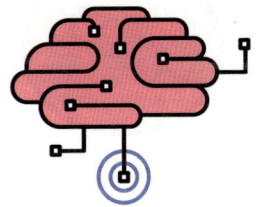

교육의 이해

#진로선택 #배움 #가르침
#교육제도 #미래교육

교육의 의미와 중요성에 대한 이해를 바탕으로 배우고 가르치는 원리와 방법을 익히는 과목이다. 교육 제도의 변천 과정과 교육의 다양한 사회적 기능을 이해하며, 한국 사회가 당면한 교육 문제들의 해결 방안을 모색하고 미래 교육 변화에 대응하기 위한 역량을 기른다.

단원

1. 교육의 의미와 중요성
2. 교육 활동
3. 교육 제도
4. 미래 교육

주요 개념

• 교육의 개념
• 자기주도적 학습 역량
• 학습 및 교수의 원리와 방법
• 교육 제도와 교육의 기능
• 교육 문제
• 미래 교육의 변화와 과제

성적 산출과 학점 정보

교과(군)	이수 학점	성취도	등급	수능
교양	기본 3학점±1	P/F	×	×

삶과 종교

> #진로선택 #종교
> #종교문화유산 #상호존중

인간의 삶에 영향을 미치는 종교의 내용과 의미를 다차원적으로 이해하고 다양한 종교를 탐구해 보는 과목이다. 다종교 사회에서 다른 사람의 종교를 존중하는 태도를 기르고, 종교적인 관점에서 개인의 삶과 사회의 문제를 성찰하는 방법을 익힌다.

단원과 주요 개념

1. 인간과 종교
종교의 정의와 역할
종교성과 영성
삶의 다양한 문제에 대한 종교적 접근

2. 다양한 종교에 대한 이해
다양한 종교의 기원과 역사
다양한 종교의 경전과 교리
다양한 종교의 공동체와 의례
다양한 종교의 세계관과 윤리적 실천

3. 종교 문화유산
일상생활 안의 종교 문화
종교와 통과 의례
종교와 예술

4. 변화하는 사회와 종교
종교적 지혜와 가치
현대 사회의 주요 문제에 대한 종교의 역할과 책임

성적 산출과 학점 정보

교과(군)	이수 학점	성취도	등급	수능
교양	기본 3학점±1	P/F	×	×

보건

> #진로선택 #건강 #질병 #안전
> #스트레스관리 #성적자기결정권 #안전수칙

몸과 마음에 대한 이해를 높이고 건강과 삶의 질을 향상하는 데 목적이 있는 과목이다. 건강과 질병은 연속적인 상태로서 건강에 영향을 미치는 요인을 파악하고 관리하는 것은 행복한 삶을 누리기 위해 중요하다.

단원
1. 건강증진과 질병예방
2. 정서와 정신건강
3. 성과 건강
4. 건강안전과 응급처치
5. 건강자원과 건강문화

주요 개념
- 건강과 건강관리
- 중독과 정서·정신건강
- 성적 발달과 성 건강문제
- 질병관리과 응급처치 방법
- 건강권과 의료보장

성적 산출과 학점 정보

교과(군)	이수 학점	성취도	등급	수능
교양	기본 3학점±1	P/F	×	×

인간과 경제활동

> #융합선택 #합리성
> #직업세계 #분배

실용적인 경제 지식을 습득하고 경제적 의사 결정 능력을 갖추는 것을 목적으로 하는 과목이다. 경제적 의사 결정 요인, 직업 세계와 취·창업, 소득 불평등 해소를 위한 경제 정책, 산업 질서의 변화 등을 탐구한다.

단원과 주요 개념

1. 인간과 의사 결정
합리적 의사 결정 과정 · 비합리적 의사 결정 유형 · 공정성

2. 인간과 직업 세계
취업과 창업 · 노동 문제 · 기업가 정신

3. 인간과 경제 공동체
소득 분배의 원리 · 사회적 경제 · 지식 정보 사회와 디지털 경제

4. 인간과 미래 사회
4차 산업 혁명 · 저출산·고령화와 경제 성장 · 기후변화와 지속가능한 발전

성적 산출과 학점 정보

교과(군)	이수 학점	성취도	등급	수능
교양	기본 3학점±1	P/F	×	×

논술

> #융합선택 #논리적글쓰기
> #자료수집 #정당화

논리적인 글쓰기 능력을 기르기 위한 과목이다. 다양한 유형의 정보와 자료를 수집, 분석, 평가하고, 자신의 주장을 결정하며 이를 정당화하는 근거를 찾는 훈련을 통해 비판적 사고력과 합리적인 의사 결정 능력을 기른다.

단원
1. 논술과 비판적 사고
2. 요약하는 글쓰기
3. 평가하는 글쓰기
4. 주장하는 글쓰기

주요 개념
- 합리적 설득과 비판적 사고의 의미
- 자료 활용법과 글쓰기 윤리
- 텍스트의 유형 비교
- 필수 평가 요소와 일반 평가 요소
- 주장의 정당화

성적 산출과 학점 정보

교과(군)	이수 학점	성취도	등급	수능
교양	기본 3학점±1	P/F	×	×

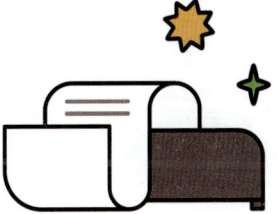

과학 계열 수학

진로 선택

과목	주요 내용
전문 수학	삼각함수와 미적분, 기하, 확률과 통계의 심화된 내용을 이해하고 탐구하는 과목이다. 여러 영역의 수학 내용을 이해하는 데 도움을 주며 타 교과 학습의 기초가 된다. 단원: 1. 삼각함수와 미적분 2. 기하 3. 확률과 통계
이산 수학	이산적인 현상을 수학적으로 해석하고 탐구하는 과목이다. '이산'이란 유한하거나 불연속적인 것을 의미하며 이산적인 대상에는 대표적으로 자연수가 있다. 자신의 진로와 적성을 고려하여 더 심화된 수학을 학습하기를 원하는 학생들이 선택할 수 있다. 단원: 1. 선택과 배열 2. 점화 관계와 알고리즘 3. 수의 표현과 부울 대수 4. 그래프
고급 기하	기하의 심화된 내용과 추론 방식을 이해하고 탐구하는 과목이다. 기하적 대상을 대수, 미적분과 연결하여 탐구하며 공학 도구를 활용하여 도형을 나타내거나 분석하기도 한다. 단원: 1. 작도와 평면기하 2. 곡선의 성질 3. 곡면의 성질
고급 대수	대수의 심화된 내용과 추론 방식을 이해하고 탐구하는 과목이다. 인공지능, 기계공학, 전자공학 등 다양한 분야에서 행렬과 벡터가 어떻게 사용되는지 이해하는 데 도움을 얻을 수 있다. 단원: 1. 벡터공간 2. 행렬과 선형변환 3. 행렬의 대각화
고급 미적분	미적분의 심화된 내용과 추론 방식을 이해하고 탐구하는 과목이다. 극좌표와 극곡선, 테일러급수, 미분방정식의 개념을 이해함으로써 자연 및 사회 현상에서 발견한 문제를 수학적으로 모델링하는 문제 해결 전략을 습득하고 수학을 실생활이나 타 교과와 연결 지어 사고할 수 있다. 단원: 1. 미적분의 활용 2. 극좌표와 극곡선 3. 급수 4. 미분방정식

성적 산출과 학점 정보

계열	교과(군)	이수 학점	성취도	등급	수능
과학 계열	수학	시·도 교육감이 정함.	5단계	5등급	×

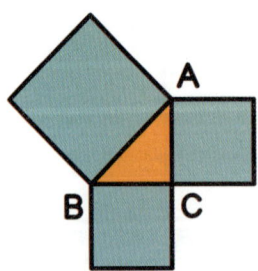

과학 계열 　과학

진로 선택

과목	주요 내용
고급 물리학	물리학의 학문 체계와 내용을 심화 학습하는 과목으로 탐구 과제를 수행한다. 단원: 1. 역학 2. 전자기학 3. 광학 4. 현대 물리
고급 화학	반도체, 전지, 의약품, 화장품 등 현대인의 삶과 공존하는 영역에서 활용된 화학적 원리를 이해하는 과목이다. 단원: 1. 물질의 구조 2. 물질의 성질 3. 물질의 변화와 에너지 4. 물질의 변화와 화학 평형
고급 생명과학	생명과학의 학문적 체계와 내용을 심화 수준에서 학습하기 위한 과목이다. 단원: 1. 생물의 구조와 에너지 2. 생물의 조절과 방어 3. 생명의 연속성 4. 생명공학기술과 미래
고급 지구과학	지구를 포함한 우주 공간을 이해하고 지구과학적 탐구를 체험한다. 단원: 1. 고체 지구 2. 대기와 해양 3. 우주
과학과제 연구	과학기술 분야로 진로를 선택한 학생들이 실험·실습 등 탐구 중심의 학습을 통해 연구 수행 능력을 기를 수 있도록 구성된 과목이다. 단원: 1. 과학 연구 문제 탐색·선정 2. 과학 연구 설계·수행 3. 과학 연구 결론 도출·공유

융합 선택

과목	주요 내용
물리학 실험	물리학의 핵심 개념을 바탕으로 다양한 실험을 설계하고 수행하는 과목이다. 단원: 1. 물리 실험의 기초 2. 역학 3. 전자기학 4. 광학 5. 현대 물리
화학 실험	화학의 핵심 개념을 바탕으로 다양한 실험을 설계하고 수행하는 과목이다. 단원: 1. 화학 실험 기초 2. 물질의 성질 3. 화학 반응 4. 탄소 화합물의 합성과 특성
생명과학 실험	생명과학의 핵심 개념을 바탕으로 다양한 실험을 설계하고 수행하는 과목이다. 단원: 1. 생물의 구조와 에너지 2. 자극과 반응 3. 생명의 연속성과 다양성 4. 환경과 생태계 5. 생명공학
지구과학 실험	지구과학의 핵심 개념을 바탕으로 다양한 실험을 설계하고 수행하는 과목이다. 단원: 1. 고체 지구 탐구 2. 대기와 해양 탐구 3. 우주 탐구

성적 산출과 학점 정보

계열	교과(군)	이수 학점	성취도	등급	수능
과학 계열	과학	시·도 교육감이 정함.	5단계	5등급	×

과학 계열 · 정보

진로 선택

과목	주요 내용
정보과학	컴퓨터과학과 소프트웨어 공학에 대한 깊이 있는 학문적 이해를 바탕으로 디지털 사회의 다양한 문제를 해결하는 능력을 기르는 과목이다. **단원:** 1. 프로그래밍 2. 데이터 구조 3. 알고리즘 4. 정보과학 프로젝트

성적 산출과 학점 정보

계열	교과(군)	이수 학점	성취도	등급	수능
과학 계열	정보	시·도 교육감이 정함.	5단계	5등급	×

체육 계열 | 체육

진로 선택

과목	주요 내용
스포츠 개론	스포츠의 시대적·사회적 변화를 이해하고 스포츠 관련 학문 지식을 습득하며 스포츠 분야의 다양한 직업과 직무 특성을 알아본다. 단원: 1. 스포츠와 사회 2. 스포츠와 학문 3. 스포츠와 진로
육상	달리고 뛰고 던지는 기본적인 움직임을 전문화한 육상의 기술 능력을 기르고 경기 문화를 이해한다.
체조	과학적인 트레이닝으로 체조 기술 능력을 기르고 경기 문화를 이해한다.
수상 스포츠	수영, 다이빙, 카누 등 물에서 이루어지는 스포츠의 기술 능력을 기르고 경기 문화를 이해한다.
기초 체육 전공 실기	실제 경기 상황에서 발휘할 수 있는 경기 기능을 숙련하는 과목이다.
심화 체육 전공 실기	전문적인 수준의 복합 기능을 숙련하는 과목이다.
고급 체육 전공 실기	전문적인 수준의 응용 기능을 숙련하는 과목이다.
스포츠 경기 체력	스포츠 경기에 필요한 체력을 체계적으로 증진·관리하는 방법을 익힌다. 단원: 1. 스포츠 경기와 체력 2. 경기 체력 트레이닝 3. 경기 체력 관리
스포츠 경기 기술	공격과 수비 기술을 경기 전략에 맞게 활용하는 능력을 기른다. 단원: 1. 스포츠 경기와 기술 2. 경기 기술 트레이닝 3. 경기 기술과 전략
스포츠 경기 분석	스포츠 경기를 데이터에 근거하여 과학적으로 분석하는 방법을 익혀 경기 기술과 전략을 개선하는 데 활용한다. 단원: 1. 스포츠 경기와 분석 2. 경기 분석 방법 3. 경기 분석과 전략

융합 선택

과목	주요 내용
스포츠 교육	스포츠 교육을 폭넓게 이해하고 실습하는 과목이다. 단원: 1. 스포츠와 교육 2. 스포츠 교육의 실제 3. 스포츠 교육과 진로
스포츠 생리의학	스포츠 생리의학에 대한 이해를 바탕으로 운동을 효율적으로 수행하고 신체를 관리하는 방법을 실습한다. 단원: 1. 스포츠와 생리의학 2. 스포츠 생리의학의 실제 3. 스포츠 생리의학과 진로
스포츠 행정 및 경영	체육 정책을 수립·집행하거나 스포츠 서비스로 이윤을 창출하는 데 필요한 지식을 이해하고 기초적인 실습을 수행하는 과목이다. 단원: 1. 스포츠와 행정 및 경영 2. 스포츠 행정 및 경영의 실제 3. 스포츠 행정 및 경영과 진로

성적 산출과 학점 정보

계열	교과(군)	이수 학점	성취도	등급	수능
체육 계열	체육	시·도 교육감이 정함.	5단계	5등급	×

예술 계열　예술(음악)

진로 선택

과목	주요 내용
음악 이론	음악의 원리와 체계를 학습하여 음악을 탐구하고 분석하는 능력을 키우는 과목이다. 음악 이론가, 작곡가, 비평가 등 음악 관련 직업에 필요한 전문 지식과 역량을 쌓는 데 도움을 준다.
음악사	여러 문화권의 음악이 시대에 따라 어떻게 변화하고 발전해 왔는지 배우는 과목이다. 다양한 시대의 음악이 지닌 특징과 사회적 배경을 이해함으로써 미적 가치를 판단하는 능력과 음악에 대한 비평적 안목을 기를 수 있다.
시창·청음	악보를 보고 노래를 부르는 시창 능력과 음악을 듣고 악보로 기록하는 청음 능력을 키우는 과목이다. 음악을 읽고 쓸 줄 아는 음악적 문해력을 길러 연주와 창작 활동을 돕고, 전문 음악가로 성장하는 데 필요한 기초 역량을 제공한다.
음악 전공 실기	성악, 기악, 작곡 등 자신의 음악 전공 분야에 필요한 실기 능력을 심화하고 전문성을 키우는 과목이다. 연주와 창작 활동을 통해 음악적 표현력과 창의성을 기르며, 전문 음악가로 성장하기 위해 필요한 자질을 갖추는 데 도움을 얻을 수 있다.
합창·합주	여러 사람이 함께 노래를 부르거나 음악을 연주하는 능력을 기르는 과목이다. 협동심과 조화로움을 배우고 음악적 표현력을 키울 수 있으며, 전문적인 음악 활동에 필요한 기초 역량을 쌓는 데 도움을 준다.
음악 공연 실습	음악 공연에 대한 이해를 바탕으로 무대에서 음악을 연주하고 청중과 소통하는 능력을 기르는 과목이다. 음악적 표현력을 실천적으로 발전시키고, 전문 음악가나 공연기획자로 성장하는 데 필요한 역량을 갖출 수 있다.

융합 선택

과목	주요 내용
음악과 문화	음악과 문화의 관계를 탐구하고, 다양한 공동체의 음악 문화를 알아보는 과목이다. 생활 속 다양한 음악 문화 활동을 통해 음악의 가치와 역할을 경험하고, 공동체의 음악 문화 발전에 공헌하는 음악인을 양성하는 데 목적이 있다.

성적 산출과 학점 정보

계열	교과(군)	이수 학점	성취도	등급	수능
예술 계열	예술	시·도 교육감이 정함.	5단계	5등급	×

예술 계열 　예술(미술)

진로 선택

과목	주요 내용
미술 이론	미술 전공자가 갖추어야 할 미술에 대한 전문적 이해를 증진하기 위한 과목이다. 미술 전공 실기와 작품 감상·비평 활동의 바탕이 되는 동서양의 미술 이론, 조형론, 미술 비평론을 다룬다.
드로잉	주로 선을 활용하여 사물의 형태나 심상의 세계 등을 표현하는 실기 과목이다. 드로잉을 위한 다양한 재료와 용구의 사용 방법과 특징을 파악하여 다양한 표현 기법을 익히고 적용해 볼 수 있다.
미술사	시대와 지역, 문화권에 따른 미술의 역사적 변천과 특성, 변화 요인 등을 탐구하는 과목이다. 미술을 바라보는 다양한 관점을 이해함으로써 미술 작품의 의미를 분석하고 확장하는 능력을 기를 수 있다.
미술 전공 실기	예술 계열 미술 관련 진로 선택 과목에서 학습한 내용과 경험을 자신의 전공 실기와 연계하여 활용함으로써 기본적인 표현 역량을 향상하는 과목이다. 미술 분야의 전공별 표현 특성, 재료와 기법, 표현 형식의 종류를 이해하고 의도와 목적에 따라 주제를 표현하는 방법을 익힌다.
조형 탐구	평면 공간과 입체 공간에서 이루어지는 조형의 다양한 표현 방법을 탐구하여 조형에 대한 기초적인 이해와 표현 역량을 기르는 과목이다. 평면 조형 분야에서는 회화, 서예, 판화, 시각 디자인 등을 다룰 수 있으며 입체 조형 분야에서는 조소, 공예, 제품·환경 디자인 등을 다룰 수 있다.

융합 선택

과목	주요 내용
미술 매체 탐구	신기술 발전에 따라 사진, 영상, 애니메이션, 디지털 그래픽, 증강·가상 현실, 인공지능 등으로 확장되고 있는 미술 분야의 다양한 매체를 탐색하고 이를 활용한 표현 능력을 기르는 과목이다.
미술과 사회	미술의 사회적 역할과 가치, 소통 방식을 탐구하여 미술을 인간, 사회, 환경과의 관계 속에서 통합적으로 이해하는 과목이다. 삶의 다양한 문제를 미술로 표현하고 사회 변화에 주도적으로 참여하며 공동체의 문화 발전에 기여하는 태도를 기르는 데 목적이 있다.

성적 산출과 학점 정보

계열	교과(군)	이수 학점	성취도	등급	수능
예술 계열	예술	시·도 교육감이 정함.	5단계	5등급	×

예술 계열 | 예술(무용)

진로 선택

과목	주요 내용
무용의 이해	무용의 시대적 변화와 무용과 삶의 관계를 탐색하여 무용의 본질과 특징을 이해하는 것을 목적으로 한다. 예술 계열 무용 관련 선택 과목 중 가장 기초가 되는 입문 과목이다. 단원: 1. 무용의 역사 2. 무용과 삶
무용과 몸	몸에 대한 이해와 성찰을 바탕으로 다양한 무용 동작을 자유롭게 수행할 수 있는 '춤추는 몸'을 이해하는 과목이다. 전공으로서 무용을 심화하기 위한 기초 과목으로 〈무용 기초 실기〉, 〈무용 전공 실기〉 과목에 선행하거나 병행하여 학습하는 것이 바람직하다. 단원: 1. 몸의 이해와 성찰 2. 춤추는 몸
무용 기초 실기	무용 동작의 기본 원리를 이해하고 동작으로 표현하는 기초 과목으로 자신의 생각과 감정을 움직임으로 표현하는 능력과 태도를 기르는 데 목적이 있다. 〈무용 전공 실기〉에 선행하여 학습하는 것이 바람직하다.
무용 전공 실기	무용 동작 원리에 대한 이해를 기초로 기본 동작을 응용하고 확장하는 과목이다. 다양한 레퍼토리와 창작 작품 실기를 통해 확장된 응용 동작을 자유롭게 표현하는 데 목적이 있다. 〈안무〉, 〈무용 제작 실습〉 등의 과목을 학습하기 위해 선행하거나 병행해야 하는 과목이다.
안무	무용 작품을 구성하는 안무 원리와 방법을 이해하고 주제에 적합한 움직임으로 작품을 구성하는 경험을 할 수 있는 과목이다. 무용 관련 교과에서 학습한 내용을 총체적으로 활용하는 과목으로서 실제 공연 과정은 〈무용 제작 실습〉 과목을 통해 체험할 수 있다.
무용 제작 실습	〈안무〉 과목과 연계하여 무용 제작의 전 과정을 이해하고 실제로 무용 제작을 경험해 보는 과목이다.
무용 감상과 비평	무용 작품을 감상하고 다양한 측면에서 해석하여 비평문을 쓰는 경험을 제공하는 과목이다. 무용 작품을 이해·분석하는 능력과 무용 작품의 미적 가치를 판단하는 능력을 신장하는 데 도움이 된다.

융합 선택

과목	주요 내용
무용과 매체	매체에 대한 이해를 기초로 무용 표현에 적합한 매체를 선택하고 활용하는 방법을 탐색하는 과목이다. 이를 통해 매체를 활용하여 창의적인 콘텐츠를 제작하는 안목과 감각을 신장할 수 있다.

성적 산출과 학점 정보

계열	교과(군)	이수 학점	성취도	등급	수능
예술 계열	예술	시·도 교육감이 정함.	5단계	5등급	×

예술 계열

예술(문예 창작)

진로 선택

과목	주요 내용
문예 창작의 이해	문학에 대한 이해와 성찰을 바탕으로 문학 작품 창작 원리를 탐구하고 실제로 문학 작품을 창작해 보는 과목이다. 단원: 1. 문예 창작의 원리 2. 문예 창작의 실제
문장론	자신의 생각을 독자에게 효과적으로 전달하기 위해 문장을 진술하고 표현하는 방법을 탐구하는 과목이다. 문장 표현 능력과 전문적인 글 작성 능력을 신장하는 데 목적이 있다. 단원: 1. 문장 표현 방법 2. 글 작성 과정
문학 감상과 비평	문학 작품을 감상하고 비평하는 원리를 학습하는 과목이다. 고전 문학과 현대 문학을 대표하는 정전과 고전을 감상하며 창작자로서 문학 작품을 보는 안목을 기르고 문학 갈래의 특징을 이해할 수 있다. 단원: 1. 문학 감상과 비평의 원리 2. 문학 감상과 비평의 실제
시 창작	운율, 심상, 화자 등 시를 구성하는 요소에 대한 탐구를 바탕으로 시 창작 과정을 실습해 보는 과목이다. 경험과 상상을 바탕으로 짜임새 있는 시 작품을 창작하는 능력을 기르는 데 목적이 있다. 단원: 1. 시 창작의 원리 2. 시 창작의 실제
소설 창작	사건, 인물, 배경, 시점 등 소설을 구성하는 주요 요소에 대한 탐구를 바탕으로 소설 창작 과정을 실습해 보는 과목이다. 경험과 상상을 바탕으로 짜임새 있는 소설 작품을 창작하는 능력을 기르는 데 목적이 있다. 단원: 1. 소설 창작의 원리 2. 소설 창작의 실제
극 창작	대사, 지문, 해설 등 극을 구성하는 주요 요소에 대한 탐구를 바탕으로 극 창작 과정을 실습해 보는 과목이다. 경험과 상상을 바탕으로 개성 있고 짜임새 있는 극 작품을 창작하는 능력을 기르는 데 목적이 있다. 단원: 1. 극 창작의 원리 2. 극 창작의 실제

융합 선택

과목	주요 내용
문학과 매체	문학의 확장 가능성을 탐색하기 위해 다양한 매체와 문학의 융합을 탐구하는 과목이다. 여러 매체를 활용하여 개성적 상상력과 문학적 인식을 표현하는 능력을 기르는 데 목적이 있다. 단원: 1. 다매체 시대의 문학 2. 문학의 확장과 융합

성적 산출과 학점 정보

계열	교과(군)	이수 학점	성취도	등급	수능
예술 계열	예술	시·도 교육감이 정함.	5단계	5등급	×

예술 계열 　예술(연극)

진로 선택

과목	주요 내용
연극과 몸	연기의 주된 표현 수단인 몸에 대해 이해하고, 다양한 대상과 인물, 상황을 몸으로 표현할 수 있도록 훈련하는 과목이다. 몸에 대한 자기 조절 능력을 기르는 데 도움을 주며 〈연기〉 과목의 기초가 된다.
연극과 말	연극의 주된 표현 수단 중 하나인 말에 대해 이해하고, 자신이 의도한 대로 의미와 감정을 대사에 담아 표현할 수 있도록 훈련하는 과목으로 〈연기〉 과목의 기초가 된다.
연기	대본 분석, 장면 연기, 즉흥 연기 등의 훈련을 통하여 다양한 환경에서 연기할 수 있는 연기 능력과 자질을 기르는 과목이다. 또한 공연에 참여하는 실연자를 넘어 공연기획자, 창작자 등 다양한 영역으로 배우의 역할이 확장될 가능성을 탐구하며 새로운 진로를 탐색해 볼 수 있다.
무대 미술과 기술	희곡 작품을 실제 무대로 형상화하는 데 필요한 여러 분야의 디자인 능력과 기술 활용 능력을 기르는 과목이다.
연극 제작 실습	연극 제작 과정에 대한 이해를 바탕으로 연극 제작을 체험하고 실습하는 과목이다. 예술 계열 연극 관련 과목에서 학습한 기본적인 내용을 활용할 수 있다.
연극 감상과 비평	연극 예술을 다양하게 감상하면서 자신의 관점을 갖고 가치 판단을 한 뒤 그 결과를 타인과 소통하는 방법을 학습하는 과목이다.

융합 선택

과목	주요 내용
연극과 삶	연극과 삶의 밀접한 연관성을 탐구하여 연극에 대한 이해를 높이는 과목이다. 연극 예술을 즐겁게 창작하고 감상할 수 있는 토대를 마련하는 데 목적이 있다. 단원: 1. 일상과 연극 2. 연극의 특성 3. 연극의 흐름 4. 연극과 직업

성적 산출과 학점 정보

계열	교과(군)	이수 학점	성취도	등급	수능
예술 계열	예술	시·도 교육감이 정함.	5단계	5등급	×

예술 계열

예술(영화)

진로 선택

과목	주요 내용
영화의 이해	영화의 기초적인 개념과 역사를 학습하여 영화의 특성을 이해하고 영화 분석 능력을 기르며 나아가 영화 창작의 기반을 다질 수 있는 과목이다. 영화를 구성하는 이미지와 사운드, 스토리를 구체적으로 학습할 수 있다. 단원: 1. 영화의 특성 2. 영화의 구성 요소 3. 영화의 역사
촬영·조명	카메라를 조작하고 조명을 활용하는 전반적인 원리와 방법을 학습하는 과목이다. 화면 구성 능력과 다양한 영화적 표현 방법을 활용하는 능력을 기르는 데 목적이 있다.
편집·사운드	촬영으로 만들어진 영상 재료와 녹음된 소리를 편집·가공하는 과정을 통해 영화의 예술적 완성도에 기여하는 능력을 기르는 과목이다. 편집과 사운드의 역할을 이해하고 이를 직접 수행해 봄으로써 영화적 표현력을 키우는 데 목적이 있다.
영화 제작 실습	영화를 제작하는 전반적인 과정을 경험해 봄으로써 영화 제작의 각 단계에서 요구되는 능력을 기르는 과목이다. 〈영화의 이해〉, 〈촬영·조명〉, 〈편집·사운드〉와 같은 기초 과목에서 학습한 내용을 적용, 실습할 수 있다. 단원: 1. 사전 제작 단계 2. 제작 단계 3. 후반 제작 단계
영화 감상과 비평	영화 작품을 감상하고 분석함으로써 영화를 더욱 풍부하게 향유할 수 있도록 하는 과목이다. 역사, 사회, 예술, 기술 등 다양한 관점에서 영화를 감상하고 해석하는 활동을 통해 사회를 이해하고 자기 생각을 표현하는 능력을 기를 수 있다.

융합 선택

과목	주요 내용
영화와 삶	영화가 우리의 삶에 얼마나 밀접하게 연결되어 있으며 우리의 일상에 얼마나 많은 영향을 끼치고 있는지 살펴볼 수 있는 과목이다. 영화적 체험을 통해 우리의 삶과 세상을 이해하고 영상으로 자기 생각을 표현하는 능력을 기르며 자신의 진로를 탐색하는 데 목적이 있다. 단원: 1. 영화로 표현하기 2. 영화로 세상읽기 3. 영화로 탐색하기

성적 산출과 학점 정보

계열	교과(군)	이수 학점	성취도	등급	수능
예술 계열	예술	시·도 교육감이 정함.	5단계	5등급	×

예술 계열 · 예술(사진)

진로 선택

과목	주요 내용
사진의 이해	사진의 기본 개념과 특성을 체계적으로 이해하고, 사진이 발명된 시기부터 현대에 이르기까지 사진의 발달과 변화를 학습하는 과목이다. 사진에 관한 기본 지식을 습득하고 사진 작품을 제작하는 과정을 탐구해 봄으로써 이미지의 해석 능력과 표현 능력을 확장하는 데 목적이 있다.
사진 촬영	카메라의 특성과 구조, 사용 방법과 함께 조명의 전반적인 원리와 사용 방법을 이해하고 실습하는 과목이다. 빛을 응용한 여러 표현 방법을 사진 촬영에 활용하는 능력과 태도를 기른다.
사진 표현 기법	사진 보정과 편집에 필요한 다양한 소프트웨어의 특징과 기능을 이해하고, 이를 활용하여 작업자의 의도에 맞게 이미지를 재창작하는 과목이다. 원하는 이미지를 제작해 보는 실습을 통해 작품 제작 능력과 제작한 이미지를 다양하게 활용하는 역량을 키운다.
영상 제작의 이해	영상 제작 기자재와 편집 소프트웨어의 사용법을 익혀 다양한 영상을 제작하는 능력과 태도를 기르는 과목이다. 콘텐츠 제작자로서의 역량을 기르는 데 목적이 있다.
사진 감상과 비평	사진 작품을 형식과 내용 측면에서 분석하고 예술적 가치를 평가하여 그 결과를 말이나 글로 표현해 보는 과목이다. 감상과 비평 능력을 높이고 이를 작품 창작에 활용하는 능력을 기르는 데 목적이 있다.

융합 선택

과목	주요 내용
사진과 삶	일상을 기록하는 도구인 사진이 자신의 삶과 얼마나 밀접한지를 알아보는 과목이다. 사진 이미지를 창조하고 가치를 분석하며 사진 매체를 적절히 사용할 수 있는 능력을 기르는 데에 목적이 있다.

성적 산출과 학점 정보

계열	교과(군)	이수 학점	성취도	등급	수능
예술 계열	예술	시·도 교육감이 정함.	5단계	5등급	×

외국어·국제 계열 영어

진로 선택

과목	주요 내용
심화 영어 회화 I	일반적 주제에 관해 영어로 듣거나 말하는 능력을 기르는 과목이다.
심화 영어 회화 II	다양한 분야에 관해 영어로 듣거나 말하는 능력을 기르는 과목이다.
심화 영어 I	다양한 일반적 주제의 정보뿐만 아니라 기초 학문 영역의 정보 등을 다룰 때 필요한 영어 이해 능력과 표현 능력을 기르는 과목으로 〈심화 영어 II〉를 이수하는 데 필요한 준비를 할 수 있게 한다.
심화 영어 II	다양한 일반적 주제의 정보뿐만 아니라 기초 학문 영역의 정보 등을 다룰 때 필요한 영어 이해 능력과 표현 능력을 기르는 과목이다.
심화 영어 독해 I	다양한 주제와 장르의 영어 글을 읽고 이해하는 능력을 기르는 과목으로 〈심화 영어 독해 II〉를 이수하는 데 필요한 준비를 할 수 있게 한다.
심화 영어 독해 II	다양한 주제와 장르의 영어 글을 읽고 이해하는 능력을 기르는 과목이다.
심화 영어 작문 I	친숙한 일반적 주제에 맞는 영어 글을 조리 있게 쓸 수 있는 능력을 기르는 과목이다.
심화 영어 작문 II	다양한 일반적 주제에 맞는 영어 글을 조리 있게 쓸 수 있는 능력을 기르는 과목이다.

성적 산출과 학점 정보

계열	교과(군)	이수 학점	성취도	등급	수능
외국어·국제 계열	영어	시·도 교육감이 정함.	5단계	5등급	×

외국어·국제 계열 | 사회

진로 선택

과목	주요 내용
국제 정치	국제 정치와 국제 사회의 여러 가지 문제를 이해하기 위한 과목이다. 단원: 1. 국제 정치의 이해 2. 국제 분쟁과 해결 3. 국제 관계와 외교 4. 우리나라와 국제 정치
국제 경제	국제 경제 현상을 이해하고 분석하는 능력을 키우는 과목이다. 단원: 1. 국제 경제 이해 2. 국제 교역 체제의 변화 3. 국제 통화 체제의 변화 4. 세계 속 한국 경제의 과제
국제법	국제법의 체계와 내용, 특징을 이해하여 국제 사회 주체들의 다양한 갈등 사례들을 법적 관점에서 분석하고 해결하는 능력을 기르는 과목이다. 단원: 1. 국제법의 성립과 발전 2. 국제법의 주체 3. 국제법의 적용 대상과 기능 4. 국제 조약과 외교 　　　 5. 국제법과 국제 조직
지역 이해	지역 연구 방법을 활용하여 특정 지역을 심층적으로 이해하고 지역 문제의 해결 방안을 탐구해 보는 과목이다. 단원: 1. 지역의 개념과 지역 조사 방법 2. 인간과 환경의 상호 작용으로서의 지역 이해 3. 규모에 따른 지역 이해 　　　 4. 지역 갈등과 공존의 모색
한국 사회의 이해	현대 한국 사회의 정치·경제·사회·문화를 통합적으로 이해하는 과목이다. 단원: 1. 한국 사회의 정치 이념과 기초 2. 한국 사회의 경제 체제와 특징 3. 한국 문화의 형성과 발전 　　　 4. 한국 사회의 당면 과제
비교 문화	종교, 언어, 인종, 지역 등 다양한 기준으로 분류되는 여러 문화권의 문화를 비교하고 객관적으로 이해하는 과목이다. 단원: 1. 문화 이해와 연구 방법 2. 문화의 구성 요소 3. 문화 변동과 문화 적응 4. 문화권과 문화 비교
세계 문제와 미래 사회	전 지구적 성격의 문제들을 종합적으로 이해하고 미래 사회에 대한 객관적 전망을 바탕으로 해결 방안을 모색하는 과목이다. 단원: 1. 지정학적 갈등과 공존 2. 국제 사회의 인권 문제 3. 환경과 에너지 문제 4. 이주민과 문화 다양성 문제 　　　 5. 미래 사회의 전망과 대응
국제 관계와 국제기구	국제 사회의 구조와 질서를 이해하고 국제기구의 역할을 분석한다. 단원: 1. 세계화와 국제 관계 2. 국제 안보와 국제기구 3. 국제 무역과 국제기구 4. 국제 금융과 국제기구 　　　 5. 환경·에너지와 국제기구
현대 세계의 변화	서구 근대 국민 국가 형성부터 현재까지의 국제 사회 변화를 탐구한다. 단원: 1. 근대 사회의 형성 2. 제국주의의 확산과 이데올로기 갈등 3. 세계 대전과 냉전 체제 　　　 4. 새로운 국제 질서와 인류의 미래
사회 탐구 방법	국제 사회 현상을 체계적으로 분석하고 탐구하는 능력을 기른다. 단원: 1. 사회 탐구 방법의 의미와 특징 2. 사회 탐구 방법의 유형 3. 사회 탐구 설계 4. 사회 탐구의 적용
사회과제 연구	국제 계열 과목에서 학습한 지식을 바탕으로 소규모 연구를 수행한다. 단원: 1. 과제 연구의 의미 2. 과제 연구 계획 수립 3. 과제 연구 수행 및 보고서 작성 4. 과제 연구 발표와 평가

성적 산출과 학점 정보

계열	교과(군)	이수 학점	성취도	등급	수능
외국어·국제 계열	사회	시·도 교육감이 정함.	5단계	5등급	×

외국어·국제 계열

제2외국어
독일어·프랑스어·스페인어·중국어·
일본어·러시아어·아랍어·베트남어

진로 선택

과목	주요 내용
전공 기초 제2외국어	일상생활에 사용되는 기본적인 제2외국어 의사소통 표현과 제2외국어권 문화를 이해하는 과목이다.
제2외국어 회화 I	일상생활의 다양한 제2외국어 의사소통 표현을 듣고 이해하며 말하는 능력을 기르는 과목이다.
제2외국어 회화 II	〈제2외국어 회화 I〉에서 학습한 내용을 심화하여 제2외국어를 듣고 말하는 능력을 기르는 과목이다.
제2외국어 독해와 작문 I	제2외국어로 작성된 글을 읽고 이해하며 제2외국어로 글을 쓰는 능력을 기르는 과목이다.
제2외국어 독해와 작문 II	〈제2외국어 독해와 작문 I〉에서 학습한 내용을 심화하여 제2외국어로 작성된 글을 읽고 쓰는 능력을 기르는 과목이다.

성적 산출과 학점 정보

계열	교과(군)	이수 학점	성취도	등급	수능
외국어·국제 계열	제2외국어	시·도 교육감이 정함.	5단계	5등급	×

부록

학과별 추천 도서

학과 진학을 위해 읽어 두면 좋을 기본적인 도서들입니다.
이 도서 목록을 바탕으로 관련 도서들을 더 찾아 읽고
진로·진학에 활용하기 바랍니다.

인문 계열

국어국문학과

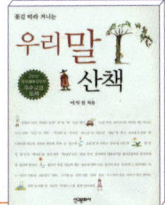 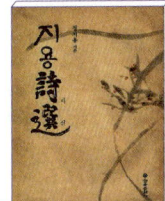   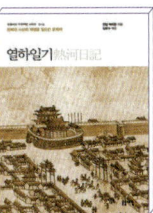

우리말 산책	지용시선	토지	소년이 온다	열하일기
이익섭	정지용	박경리	한강	박지원

영어영문학과

 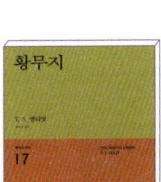  

영미문학의 길잡이	이야기 미국사	황무지	1984	허클베리 핀의 모험
영미문학연구회	이구한	T. S. 엘리엇	조지 오웰	마크 트웨인

철학과

동양철학 에세이	스피노자 윤리학 수업	라플라스의 악마, 철학을 묻다	소크라테스 익스프레스	왜 칸트인가
김교빈 외	진태원	최훈	에릭 와이너	김상환

사학과

역사란 무엇인가	내일을 위한 역사학 강의	세계사 편력	비이성의 세계사	한국 문화유산 산책
E. H. 카	김기봉	J. 네루	정찬일	고려대학교 한국사연구소

언어학과

왜 우리만이
언어를 사용하는가
노엄 촘스키 외

언어의 탄생
빌 브라이슨

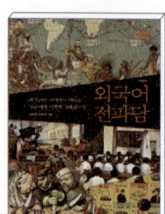
외국어 전파담/
외국어 학습담
로버트 파우저

언어학이 만나는
인공 신경망 언어 모델
박명관

쉽게 읽는 언어철학
박병철

유럽언어학과

한국 교양인을 위한
새 독일문학사
안삼환

프랑스 현대 시
155편 깊이 읽기
오생근

스페인
중세·황금세기 문학
민용태

러시아 문학의
맛있는 코드
석영중

브레히트 선집
한국브레히트학회

종교학과

성과 속
멀치아 엘리아데

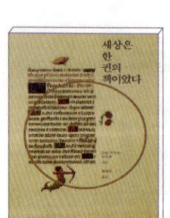
우리 인간의 종교들
아르빈드 샤르마 외

종교 전쟁:
종교에 미래는 있는가
신재식 외

축의 시대
카렌 암스트롱

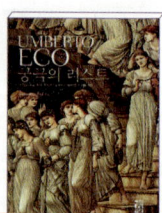
청소년을 위한
세계 종교 여행
김나미

문헌정보학과

도서관 친구들 이야기
여희숙 외

세상은 한 권의 책이었다
소피 카사뉴 브루케

아름다운 삶,
아름다운 도서관
전국학교도서관담당교사 서울모임

문헌정보학의 이해
한국문헌정보학회

궁극의 리스트
움베르토 에코

중어중문학과

중국의 체온
쑨거

중국을 만든 문장들
김근

새로 읽는
이야기 동양 신화
정재서

사기 열전
사마천

루쉰 문학선
루쉰

일어일문학과	 국화와 칼 루스 베네딕트	 일본 근대문학의 기원 가라타니 고진	 인간 실격 다자이 오사무	 노르웨이의 숲 무라카미 하루키	 은근 몰랐던 일본 문화사 조재면

사회 계열

경제학과	 잘 산다는 것 강수돌	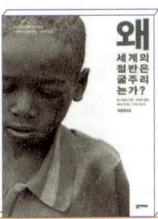 왜 세계의 절반은 굶주리는가? 장 지글러	 장하준의 경제학 강의 장하준	 괴짜 경제학 스티븐 더브너 외	 죽은 경제학자의 이상한 돈과 어린 세 자매 추정경
경영학과	 누가 내 머릿속에 브랜드를 넣었지? 박지혜	 경영학 콘서트 장영재	 우리는 작은 가게에서 어른이 되는 중입니다 박진숙	 돈의 심리학 모건 하우절	 빅데이터, 경영을 바꾸다 함유근 외
미디어 커뮤니케이션학과	 뉴스, 믿어도 될까? 구본권	 슬기로운 미디어 생활 권혜령 외	 미디어의 이해 마셜 맥루언	 읽는 인간 리터러시를 경험하라 조병영	 저널리즘 글쓰기의 논리 남재일 외
광고홍보학과	 광고는 왜 10대를 좋아할까? 샤리 그레이든	 인문학으로 광고하다 박웅현 외	 팝콘을 먹는 동안 일어나는 일 김선희	 카피라이터 정철의 머리를 9하라 정철	 디지털 마케팅과 페이스북 광고 이민규

심리학과

간단명료한 심리학
마이클 아이젠크

인지심리학은 처음이지
김경일 외

마음의 법칙
폴커 키츠 외

꿈의 해석
지그문트 프로이트

청소년에게 심리학이
뭔 소용이람?
이남석

문화콘텐츠학과

나는 게임한다
고로 존재한다
이동은

이 장면,
나만 불편한가요
태지원

유튜브 쫌 아는 10대
금준경

벤야민 & 아도르노
대중문화의 기만 혹은 해방
신혜경

만화의 이해
스콧 맥클라우드

사회학과

세상물정의 사회학
노명우

사회학적 상상력
C. 라이트 밀즈

위험사회
울리히 벡

청소년을 위한
사회학 에세이
구정화

난장이가 쏘아올린
작은 공
조세희

사회복지학과

그냥, 사람
홍은전

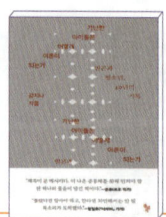
가난한 아이들은
어떻게 어른이 되는가
강지나

연결된 고통
이기병

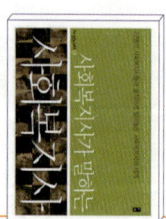
사회복지사가 말하는
사회복지사
김세진 외

올리버 트위스트
찰스 디킨스

정치외교학과

국제정세의 이해
유현석

민주화 이후의 민주주의
최장집

정치학으로의 산책
이병화 외

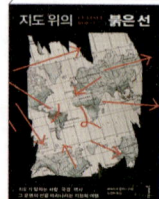
지도 위의 붉은 선
페데리코 람피니

공정하다는 착각
마이클 샌델

행정학과

공리주의
존 스튜어트 밀

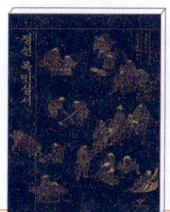
정선 목민심서
정약용

사회계약론
장 자크 루소

세상을 바꾼
놀라운 정책들
조성주 외

시민참여론
이승종 외

국제학과

국제분쟁의 이해
조지프 나이

국제정세의 이해
유현석

문명의 충돌
새뮤얼 헌팅턴

빈곤의 종말
제프리 D. 삭스

세계화 시대의 정치학
홍익표 외

회계학과

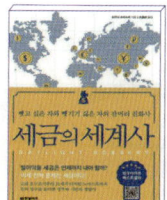
세금의 세계사
도미닉 프리스비

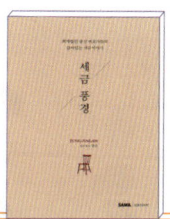
세금 풍경
법무법인 정안

7대 이슈로 보는
돈의 역사 2
홍춘욱

하마터면 회계를
모르고 일할 뻔했다!
김수헌 외

회계학 리스타트
유관희

무역학과

무역의 세계사
윌리엄 번스타인

문명충돌과 미중무역전쟁
정인갑 외

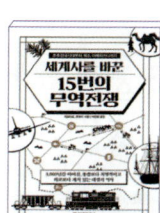
세계사를 바꾼
15번의 무역전쟁
자오타오 외

인간의 얼굴을 한
시장경제, 공정무역
마일즈 리트비노프 외

처음 시작하는 무역
김용수

지리학과

지식정보사회의
지리학 탐색
박삼옥 외

경제를 읽는
쿨한 지리 이야기
성정원

내가 사랑한 지구
최덕근

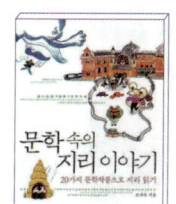
문학 속의 지리 이야기
조지욱

세상을 변화시킨
열 가지 지리학 아이디어
수잔 핸슨

| 관광학과 |  나도 호텔리어가 될 수 있다 권성애 |  넥스트 투어리즘 윤지환 외 |  도시를 살리는 문화관광 이광희 외 |  여행의 기술 알랭 드 보통 |  우물 밖 여고생 슬구 |

 교육 계열

| 교육학과 |  서머힐 A. S. 닐 |  교육심리학 임규혁 외 |  민주주의와 교육 존 듀이 |  교육의 미래, 티칭이 아니라 코칭이다 폴 김 외 |  아동을 위한 세계시민교육 마거릿 콜린스 |

| 국어교육과 |  말들의 풍경 고종석 | 열하일기 박지원 |  시를 잊은 그대에게 정재찬 |  청소년을 위한 고전 소설 에세이 류수열 |  한국문학통사 조동일 |

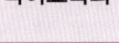

| 영어교육과 |  신화의 시대 토머스 불핀치 |  언어의 탄생 빌 브라이슨 |  영미문학의 길잡이 영미문학연구회 |  (영미시 산책) 생일 그리고 축복 장영희 | 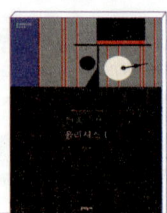 율리시스 제임스 조이스 |

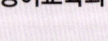

| 수학교육과 | 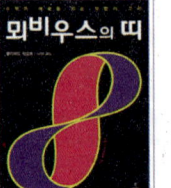 뫼비우스의 띠 클리퍼드 픽오버 |  수학이 불완전한 세상에 대처하는 방법 박형주 |  세상 모든 비밀을 푸는 수학 이창옥 외 |  유추를 통한 수학탐구 한인기 외 |  페르마의 마지막 정리 사이먼 싱 |

사회교육과				
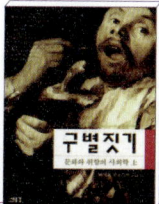				
구별짓기 피에르 부르디외	미래를 여는 역사 한중일3국공동 역사편찬위원회	살아있는 지리 교과서 전국지리교사연합회	시민정부론 존 로크	페더럴리스트 알렉산더 해밀턴 외

과학교육과				

과학혁명의 구조 토머스 S. 쿤	모든 순간의 물리학 카를로 로벨리	생명과학 교과서는 살아있다 유영제 외	사이언스 101 지질학 마크 맥메나민	화학으로 이루어진 세상 크리스틴 메데페셀헤르만 외

기술·가정교육과				

과학을 달리는 십대: 스마트 테크놀로지 구정은 외	에밀 장 자크 루소	의복과 환경 수잔 M. 와트킨스	이상한 정상가족 김희경	컴퓨터과학이 여는 세계 이광근

컴퓨터교육과				

미래를 바꾼 아홉 가지 알고리즘 존 맥코믹	실용주의 프로그래머 데이비드 토머스 외	역사 속의 소프트웨어 오류 김종하	아는 만큼 보이는 IT지식 민완기	컴퓨팅 사고력을 키우는 이산수학 박주미

체육교육과				

건강생활과 레저스포츠 즐기기 강선희 외	쫌 이상한 체육 시간 최진환	스포츠 문화사 이종성	운동화 신은 뇌 존 레이티 외	체육과 스포츠의 역사 하남길 외

| 유아교육과 |  내가 정말 알아야 할 모든 것은 유치원에서 배웠다 로버트 풀검 |  모리와 함께한 화요일 미치 앨봄 |  몬테소리 유아교육 김지영 |  창가의 토토 구로야나기 테츠코 |  훌륭한 교사는 무엇이 다른가 토드 휘태커 |

| 초등교육과 |  그렇게 초등교사가 되었습니다 박현진 |  들꽃처럼 피어나라 교육의 봄날 이성대 |  무엇을 가르칠 것인가 허버트 스펜서 |  아이들은 무엇을 어떻게 배워야 하는가 비노바 바베 | 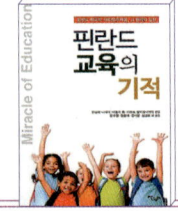 핀란드 교육의 기적 아울리 툼 외 |

| 특수교육과 |  나를 대단하다고 하지 마라 해릴린 루소 | 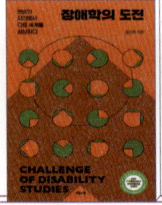 장애학의 도전 김도현 |  평범한 대화 유인비 |  한국에서 장애학 하기 강민희 외 | 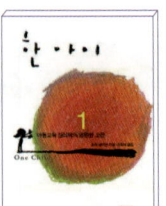 한 아이 토리 헤이든 |

자연 계열

| 수학과 |  박경미의 수학 콘서트 플러스 박경미 |  수학의 역사 지즈강 |  수학의 오솔길 이정례 | 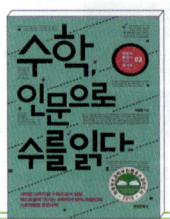 수학, 인문으로 수를 읽다 이광연 | 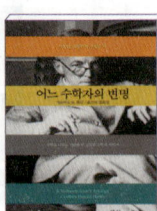 어느 수학자의 변명 G. H. 하디 |

| 물리학과 |  모든 순간의 물리학 카를로 로벨리 |  세상을 바꾼 과학 이야기 권기균 |  찻잔 속 물리학 헬렌 체르스키 |  힉스: 신의 입자를 찾아서 사이언티픽 아메리칸 편집부 |  떨림과 울림 김상욱 |

생명과학과

단백질의 일생
나가노 히로유키

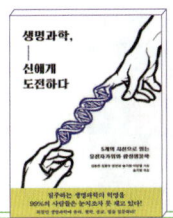
생명과학,
신에게 도전하다
김응빈 외

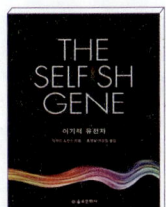
이기적 유전자
리처드 도킨스

종의 기원
찰스 다윈

질병 정복의 꿈,
바이오 사이언스
이성규

화학과

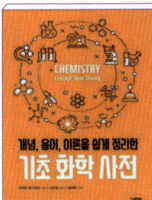
기초 화학 사전
다케다 준이치로

미술관에 간 화학자
전창림

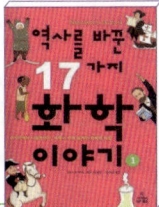
역사를 바꾼 17가지
화학 이야기
제이 버레슨 외

화학 교과서는 살아있다
문상흡 외

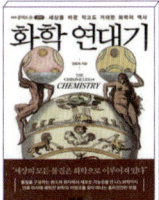
화학 연대기
장홍제

지구환경과학과

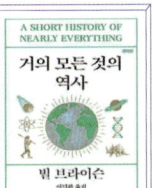
거의 모든 것의 역사
빌 브라이슨

인간이 만든 재앙,
기후변화와 환경의 역습
반기성

천재들의 과학노트 5
해양학
캐서린 쿨렌

라이엘이 들려주는
지질 조사 이야기
이한조

야누스의 과학
김명진

통계학과

벌거벗은 통계학
찰스 윌런

빅데이터를 지배하는
통계의 힘
니시우치 히로무

세상을 읽는
새로운 언어, 빅데이터
조성준

통계의 미학
최제호

틀리지 않는 법:
수학적 사고의 힘
조던 엘렌버그

식품영양학과

맥도날드 그리고
맥도날드화
조지 리처

식사가 잘못됐습니다
마카타 젠지

영양의 비밀
프레드 프로벤자

채소의 인문학
정혜경

희망의 밥상
제인 구달 외

의류학과	 샤넬, 미술관에 가다 김홍기	 옷을 바꾸고 상식을 바꾸고 세상을 바꾼다 나기노 준조	 패션, 문화를 말하다 이재정 외	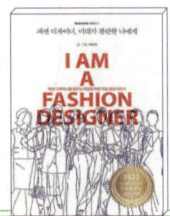 패션 디자이너, 미래가 찬란한 너에게 박민지	 MT 의류학 채금석
동물자원학과	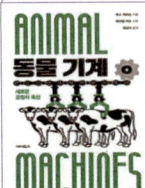 동물 기계 루스 해리슨 외	 동물 윤리 대논쟁 최훈	 동물을 먹는다는 것에 대하여 조너선 사프란 포어	 숲은 고요하지 않다 마들렌 치게	 최재천의 인간과 동물 최재천
산림과학과	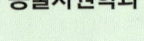 나무를 심은 사람 장 지오노	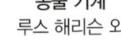 숲 생태학 강의 차윤정 외	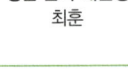 숲에게 길을 묻다 김용규	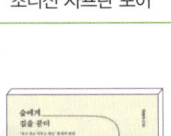 최재천의 생태경영 최재천	 산림 녹화 배상원

공학 계열

반도체공학과	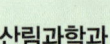 반도체의 미래 수재 킹류 외	 반도체 제대로 이해하기 강구창	 쉽게 읽는 반도체 이야기 1 손진석	 일렉트릭 유니버스 데이비드 보더니스	 대학생을 위한 공학윤리 김문정
컴퓨터공학과	 컴퓨팅 사고력을 키우는 이산수학 박주미	 컴퓨터과학이 여는 세계 이광근	 역사 속의 소프트웨어 오류 김종하	 아는 만큼 보이는 IT지식 민완기	 비전공자들을 위한 이해할 수 있는 IT지식 최원영

소프트웨어학과	 거의 모든 IT의 역사 정지훈	 누워서 읽는 알고리즘 임백준	 소프트웨어 세상을 여는 컴퓨터 과학 김종훈	 역사 속의 소프트웨어 오류 김종하	 한 권으로 시작하는 소프트웨어 한옥영
인공지능학과	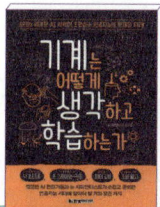 기계는 어떻게 생각하고 학습하는가 닉 보스트롬 외	 누워서 읽는 알고리즘 임백준	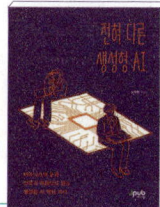 전혀 다른 생성형 AI 심영환	 컴퓨팅 사고: 소프트웨어를 통한 문제해결 데이비드 D. 라일리 외	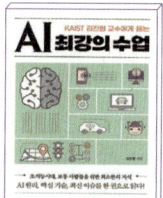 AI 최강의 수업 김진형
전자전기공학과	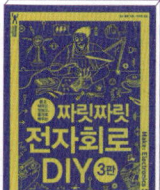 짜릿짜릿 전자회로 DIY 찰스 플랫	 처음 읽는 2차전지 이야기 시라이시 다쿠	 뉴턴의 프린키피아 안상현	 일렉트릭 빅뱅 한근우	 일렉트릭 유니버스 데이비드 보더니스
화학생명공학과	 공학철학 루이스 L. 부치아렐리	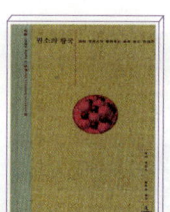 원소의 왕국 피터 앳킨스	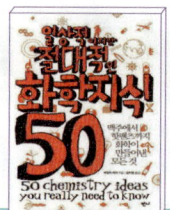 일상적이지만 절대적인 화학지식 50 헤일리 버치	 엔트로피 제러미 리프킨	 화학 교과서는 살아있다 문상흡 외
기계공학과	 공학자의 세상 보는 눈 유만선	 공학이 필요한 시간 이인식 외	 기계의 재발견 나카야마 히데타로	 제2의 기계 시대 에릭 브린욜프슨 외	 공학의 눈으로 미래를 설계하라 연세대학교 공과대학

| 로봇공학과 | 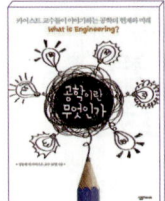 공학이란 무엇인가
성풍현 외 | 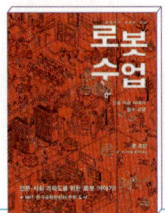 로봇 수업
존 조던 |  기술의 충격
케빈 켈리 |  공학철학
루이스 L. 부치아렐리 |  기계비평
이영준 |

| 스마트
모빌리티학과 |  자동차 구조 교과서
아오야마 모토오 | 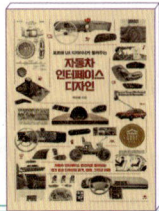 자동차 인터페이스
디자인
박수레 |  공학철학
루이스 L. 부치아렐리 |  미래자동차
모빌리티 혁명
정지훈 외 |  전기자동차 혁명
무라사와 요시히사 |

| 건축공학과 | 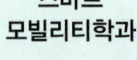 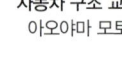 건축학교에서 배운
101가지
매튜 프레더릭 |  만인의 건축
만인의 도시
김석철 |  빌트, 우리가 지어 올린
모든 것들의 과학
로마 아그라왈 |  사람 건축 도시
정기용 |  건축 속 재미있는
과학 이야기
이재인 |

| 건축학과 | 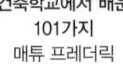 공간에게 말을 걸다
조재현 |   건축, 음악처럼 듣고
미술처럼 보다
서현 |  알기 쉬운 건축 이야기
장정제 |  풍경류행
백진 |  건축가의 공간 일기
조성익 |

| 산업경영공학과 |  공학과 경영
김상균 |  공학의 눈으로
미래를 설계하라
연세대학교 공과대학 | 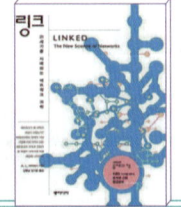 링크
A. L. 바라바시 |  스마트 세상을 여는
산업공학
대한산업공학회 |  스마트 스웜
피터 밀러 |

| 도시공학과 |  동네 걷기 동네 계획
박소현 외 |  공학의 눈으로
미래를 설계하라
연세대학교 공과대학 |  도시, 인간과 공간의
커뮤니케이션
대한국토도시계획학회 |  사람 건축 도시
정기용 |  우리, 마을 만들기
김기호 외 |

| 생명공학과 |  크리스퍼가 온다
제니퍼 다우드나 외 |  생명과학,
공학을 만나다
유영제 |  이중나선
제임스 왓슨 | 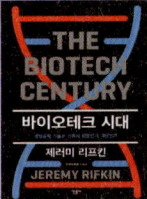 바이오테크 시대
제러미 리프킨 | 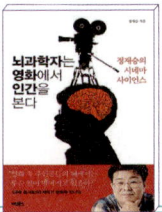 뇌과학자는
영화에서 인간을 본다
정재승 |

| 신소재공학과 |  부분과 전체
베르너 하이젠베르크 |  바이오미메틱스
로버트 앨런 외 | 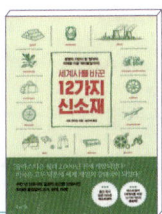 세계사를 바꾼
12가지 신소재
사토 겐타로 |  탄소 문명
사토 겐타로 |  파인만의 여섯가지
물리 이야기
리처드 파인만 |

| 에너지자원
공학과 |  객관성의 칼날
찰스 길리스피 |  에너지와 기후변화
김정배 외 |  더 오래, 더 깨끗하게,
더 편리하게 신재생에너지
손재익 외 |  대통령을 위한
에너지 강의
리처드 A. 뮬러 |  에너지 상식사전
이찬복 |

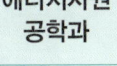

| 정보통신공학과 |  해커와 화가
폴 그레이엄 |  십 대가 알아야 할 인공지능과
4차 산업혁명의 미래
전승민 |  하룻밤에 읽는
블록체인
정민아 외 |  컴퓨팅 사고:
소프트웨어를 통한 문제해결
데이비드 D. 라일리 외 | 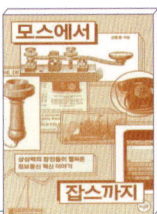 모스에서 잡스까지
신동흔 |

조선해양공학과	 새로워진 세계의 바다와 해양생물 김기태	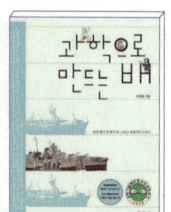 과학으로 만드는 배 유병용	 천재들의 과학노트 5 해양학 캐서린 쿨렌	 교양으로 읽는 조선공학 해리 벤포드	 한국의 배 김효철

건설환경공학과	 더 나은 세상을 디자인하다 장승필 외	 명화 속에 담긴 그 도시의 다리 이종세	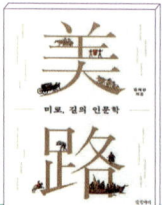 미로, 길의 인문학 김재성	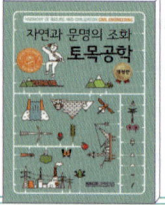 자연과 문명의 조화 토목공학 대한토목학회	 재미있는 흙 이야기 히메노 켄지 외

환경공학과	 매일매일 유해화학물질 이동수 외	 미래혁신기술, 자연에서 답을 찾다 김완두	 에너지 세계 일주 블랑딘 앙투안 외	 월든 헨리 데이비드 소로우	 지구별에서 함께 살아가기 박강리

항공우주공학과	 누리호, 우주로 가는 길을 열다 오승협	 로켓 컴퍼니 패트릭 J. G. 스티넌 외	 처음 읽는 미래과학 교과서 5 우주공학 채연석	 플레인 센스 김동현	 하늘의 과학 장조원

의약보건 계열

의학과	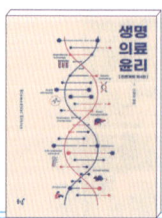 생명의료윤리 구영모 외	 인체 구조 교과서 다케우치 슈지	 미래의 의사에게 페리 클라스	 불량의학 크리스토퍼 완제크	 청진기가 사라진다 에릭 토폴

치의학과	입속에서 시작하는 미생물 이야기 김혜성	이 상한 나라의 치과 건강사회를 위한 치과의사회	치과의사 피에르 포샤르	치과의사가 말하는 치과의사 안현세 외	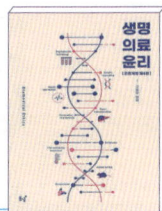생명의료윤리 구영모 외
한의학과	동의보감, 몸과 우주 그리고 삶의 비전을 찾아서 고미숙	하이브리드 한의학 김종영	중국 의학은 어떻게 시작되었는가 야마다 게이지	흐름의 철학 경락 이혜정 외	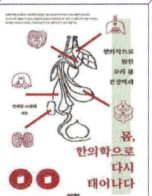몸, 한의학으로 다시 태어나다 안세영 외
약학과	위대하고 위험한 약 이야기 정진호	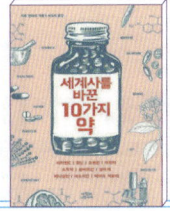세계사를 바꾼 10가지 약 사토 겐타로	약사 고기현 외	약국에는 없는 의약품 이야기 김영식	약사 어떻게 되었을까? 심주아
수의학과	날개 달린 형제, 꼬리 달린 친구 제인 구달 외	미리 가보는 수의학 교실 충북대학교 수의학교재 편찬위원회	인류 역사를 바꾼 동물과 수의학 임동주	인수공통 모든 전염병의 열쇠 데이비드 콰먼	최재천의 인간과 동물 최재천
간호학과	간호사, 너 자신이 되어라 한화순	아파야 산다 샤론 모알렘	미스터 나이팅게일 문광기	간호사가 말하는 간호사 권혜림 외	생명윤리 이야기 권복규

물리치료학과					
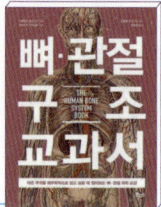					
뼈·관절 구조 교과서 마쓰무라 다카히로	나는 날마다 성장하는 물리치료사입니다 안병택	근육 관절 통증을 즉각 해소하는 브릴 운동법 페기 W. 브릴 외	물리치료사로 살아가기 오덕원 외	나는 대한민국 물리치료사다 이문환	

치위생학과					
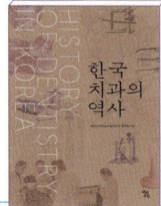					
한국 치과의 역사 치과의사학교수협의회와 연구팀	나는 치과위생사로 살기로 했다 허소윤	치아건강과 구강관리 한유나	뇌 노화를 멈추려면 35세부터 치아 관리 습관을 바꿔라 하세가와 요시야	치아·구강의 관리와 치료 김종열	

임상병리학과					
		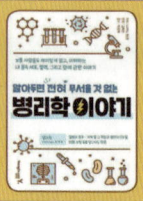			
평등해야 건강하다 리처드 윌킨슨	이해하기 쉬운 병리학의 기본과 구조 다무라 고이치	병리학 이야기 나카노 토오루	병리학 – 그림으로 읽는 잠 못 들 정도로 재미있는 이야기 성안당 편집부	내 몸 안의 질병 원리 병리학 하야카와 긴야	

방사선학과					

마리 퀴리 이렌 코엔–장카	머릿속에 쏙쏙! 방사선 노트 고다마 가즈야	방사능 무섭니? 방사선안전전문가포럼	방사선 피폭의 역사 나카가와 야스오	알기 쉬운 방사능·방사선 &식품안전 권중호	

응급구조학과					

난생처음 응급구조 이태양	당신도 한 생명을 구할 수 있다 박성무	만약은 없다 남궁인	위기의 지구에서 살아남는 응급치료법 박은기 외	출동 중인 119구급대원입니다 윤현정	

| 안경광학과 |  빛의 핵심
고재현 |  빛이 매혹이 될 때
서민아 |  빛 Light
김성근 외 |  내 안경이 왜 이래
최병무 | 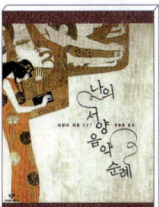 인공지능 안경
류영환 |

예체능 계열

| 음악학과
(작곡, 성악, 피아노) | 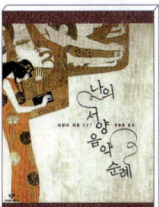 나의 서양음악 순례
서경식 |  음악에서 무엇을
들어 낼 것인가
에런 코플런드 |  쉬운 화성학
길일섭 외 |  직업으로서의 예술가:
열정과 통찰
박희아 |  비하인드 클래식
여자경 |

| 실용음악과 |  음악편애
서정민갑 |  김도훈 작곡법
김도훈 |  실용음악
기초 화성학
이채현 |  음악은 왜 중요할까?
데이비드 헤즈먼드핼시 |  랩으로 인문학 하기
박하재홍 |

| 미술학과
(동양화, 서양화, 조소) |  난처한 미술 이야기 1-8
양정무 |  현대미술 강의
조주연 |  반 고흐, 영혼의 편지
빈센트 반 고흐 |  무량수전 배흘림기둥에
기대서서
최순우 |  조각에 나타난 몸
톰 플린 |

| 디자인학과
(산업, 시각, 패션) | 인간을 위한 디자인
빅터 파파넥 |  상품의 탄생,
그리고 디자인 이야기
하비 몰로치 | 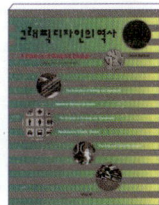 그래픽 디자인의 역사
필립 B. 멕스 |  패션, 근대를 만나다
변경희 외 |  상상력에
엔진을 달아라
임헌우 |

애니메이션학과				

애니메이션은 이렇게 써라 제프리 스캇	당장 써! CREATE NOW! 맥라우드 형제	캐릭터 애니메이션 허성회	애니메이터 서바이벌 키트 리처드 윌리엄스	냥도리의 그림 수업 박순찬

체육학과				

스포츠 인문학 수업 강현희	스포츠 문화사 이종성	체육과 스포츠의 역사 하남길 외	New 근육운동가이드 프레데릭 데라비에	새로 만든 내몸 사용설명서 마이클 로이젠 외

스포츠과학과				

스포츠의 과학 사이언티픽 아메리칸 편집부	심장을 뛰게 하라 추일승	달리기의 과학 크리스 네이피어	운동화 신은 뇌 존 레이티 외	인공지능이 스포츠 심판이라면 스포츠문화연구소

연극영화학과				
		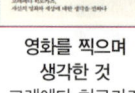		
액팅 원 로버트 코헨	브레히트 연극 사전 한국브레히트학회	영화를 찍으며 생각한 것 고레에다 히로카즈	배우 수업 콘스탄틴 스타니슬랍스키	필름메이커의 눈 구스타보 메르카도

영상학과				

영상학 카페 강승묵	영혼의 시선 앙리 카르티에 브레송	디지털 가상성, 영상예술과 이미지 미학의 모색 정헌	깊고 충실한 사진 강의 바버라 런던 외	시선을 사로잡는 매력적인 영상 만들기 강수석

더 알아보기

학과별 추천 도서 외에도, 자신의 관심사에 맞는 도서를 더 찾아 읽고 싶은 학생들이 참고할 수 있는 도서 목록입니다.

국립중앙도서관 사서 추천 도서

- **선정 주체:** 국립중앙도서관 사서
- **특징:** 책과 함께 생활하는 현장 사서가 분야·테마별로 좋은 책을 소개함.
- **추천 분야:** 문학, 인문과학, 사회과학, 자연과학, 테마(예 환경, 청년, 여행 등)
- **제공 정보:** 서지정보, 추천 글, 목차

독서IN 기관별 추천 도서

- **선정 주체:** 정부/공공기관, 교육청, 대학교 등
- **특징:** 공공기관이나 대학 도서관에서 선정한 추천 도서 목록을 소개함.
- **제공 정보:** 서지정보, 책 소개, 저자 소개, 목차

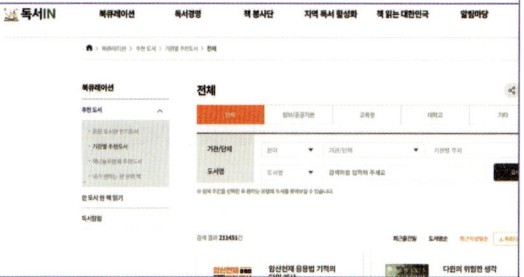

독서로 기관 추천 도서

- **선정 주체:** 공공기관
- **특징:** 공공기관 선정 추천 도서로 일부 도서는 서평도 함께 제공함.
- **제공 정보:** 서지정보, 관련 키워드, 간략한 책 소개
- * 독서로(read365.edunet.net): 온라인 독서 활동 지원을 위한 사이트로 관심 도서를 검색하면 학생 후기를 볼 수 있음.

환경부 우수 환경 도서 선정 목록

- **선정 주체:** 환경부·교육부·기상청
- **특징:** 환경에 관한 지식과 문제 해결 능력을 증진할 수 있는 우수한 환경 교육 도서를 선정함.
- **제공 정보:** 서지정보, 책 소개

카이스트 독서문화위원회 추천 도서 101선

- **선정 주체:** 카이스트 교수 및 학생 대표로 이루어진 독서문화위원회
- **특징:** 이공계 학생들이 인문사회 분야의 폭넓은 교양 지식을 함양할 수 있도록 선정함.
- **제공 정보:** 서지정보, 책 소개, 저자 소개

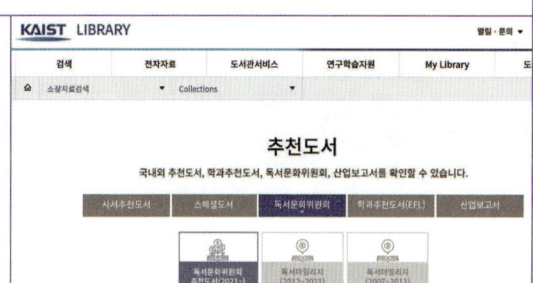

직업 흥미 유형 검사

각 문항의 활동을 얼마나 좋아하는지 생각해 보고, 좋아하는 정도를 표시해 봅시다. 이전에 해 보지 않은 활동들이라면, 이후 직업인으로서 이러한 일을 한다고 가정한 후 표시합니다.

점수 척도　1 매우 싫어한다　2 싫어한다　3 좋아한다　4 매우 좋아한다

번호	문항	1	2	3	4
1	생명체의 진화 과정에 관해 연구한다.				
2	물건들을 정해진 종류에 따라서 정리한다.				
3	내 의견을 따르도록 다른 사람들을 설득한다.				
4	보육원에서 자원봉사를 한다.				
5	소방 훈련 연습을 한다.				
6	기계 장치를 조작한다.				
7	화초가 잘 자라도록 잡초를 뽑아 준다.				
8	회의를 진행한다.				
9	영수증을 보관한다.				
10	단체의 대표로서 의견을 말한다.				
11	인체의 질병에 관해 연구한다.				
12	소설 작품을 쓴다.				
13	불이 난 현장에 출동하여 사람들을 구한다.				
14	우편물을 분류하고 정리한다.				
15	과일나무를 심고 잘 자라도록 나뭇가지를 다듬는다.				
16	그림을 그린다.				
17	화초나 식물을 재배한다.				
18	사건 현장에서 인터뷰를 한다.				

출처: 〈직업 흥미 탐색 검사(간편형)〉, 고용24

		1	2	3	4
19	용돈이 들어오고 나가는 것을 꼼꼼히 기록한다.				
20	시를 감상한다.				
21	성인이나 아동을 교육시킨다.				
22	인체의 구조와 기능을 연구한다.				
23	신문사 해외 특파원으로 활동한다.				
24	실업률 증가 원인에 대해 연구한다.				
25	물건의 가격과 영수증 금액을 일일이 대조한다.				
26	유전자 구조를 연구한다.				
27	음악 동호회 활동을 한다.				
28	한국화를 그린다.				
29	문서를 꼼꼼하게 작성한다.				
30	학생들의 진로 지도를 한다.				
31	암석의 성질을 자세히 분석한다.				
32	모둠 활동의 리더가 된다.				
33	혼자 살고 계신 노인들을 방문하여 도와드린다.				
34	클래식 음악을 듣는다.				
35	사람들이 자신의 적성에 맞는 직업을 찾도록 돕는다.				
36	학교에서 학생들을 가르친다.				

검사 점수

332~333쪽에서 표시한 점수를 해당 문항에 맞춰 적어 보고 합계 점수를 써 봅시다.

유형	선호 활동	관련 문항과 점수						합계
현실형 (R)	기계나 도구, 사물을 조작하는 활동	5	6	7	13	15	17	
탐구형 (I)	문제 해결을 위해 자료를 분석하고 깊이 생각하며 탐구하는 활동	1	11	22	24	26	31	
예술형 (A)	단순하고 반복되는 활동보다는 자유롭고 창조적이며 예술적인 활동	12	16	20	27	28	34	
사회형 (S)	다른 사람들의 문제를 들어 주고 이해하며 도와주는 활동	4	21	30	33	35	36	
진취형 (E)	다른 사람들을 설득하고 관리하며 영향력을 발휘하는 활동	3	8	10	18	23	32	
관습형 (C)	규칙을 따르는 안정적인 활동	2	9	14	19	25	29	

나의 직업 흥미 유형과 관심 직업

점수가 높은 상위 2가지 유형을 쓰고, 그 유형에 맞는 직업 중 관심 있는 직업을 오른쪽 자료에서 찾아 써 봅시다.

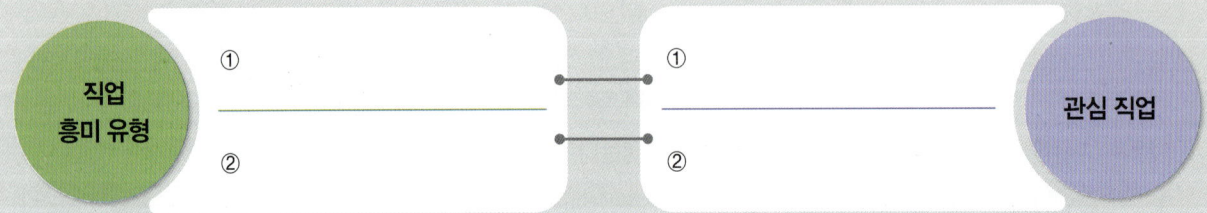

직업 흥미 유형   ①_____   ①_____   관심 직업
②_____   ②_____

직업 흥미 유형별 특성과 대표 직업

유형	특성	대표 직업
현실형 (R)	• 현실적이고 실제적인 것에 영향을 받는다. • 직접 느끼고 움직이는 체험을 중시한다. • 손이나 도구를 사용하는 조작을 즐겨 한다. • 어떤 대상이나 기계를 조작하는 활동에 관심을 둔다. • 동물, 식물을 키우고 자연친화적인 활동을 한다.	촬영기사, 비행기조종사, 경찰관, 항공기정비원, 운동경기심판, 소방관, 동물보호보안관, 운동선수, 요리사, 군인
탐구형 (I)	• 깊게 탐구하는 과정을 즐긴다. • 논리적으로 생각하고 추론한다. • 합리적인 사고를 한다. • 새로운 것에 대한 호기심이 많다. • 복잡한 현상을 풀어서 논리적으로 해명한다.	프로파일러, 무인항공시스템·드론개발자, 심리학 연구원, 로봇윤리학자, 천문학연구원, 의사, 신약개발 연구원, 빅데이터전문가, 로봇 연구원, 수의사
예술형 (A)	• 감수성이 풍부하다. • 예술 분야(미술, 음악, 문학 등)에 관심이 많다. • 자신만의 개성이 뚜렷하다. • 창의성을 발휘할 수 있는 주제에 흥미를 느낀다. • 감정을 솔직하고 자유롭게 표현한다.	제품디자이너, 연주가, 화가, 모델, 웹툰작가, 연기자, 패션디자이너, 가수, 인테리어디자이너, 뷰티디자이너
사회형 (S)	• 타인의 감정을 잘 이해한다. • 봉사활동에 참여한다. • 사람들과 잘 어울리고 사교적인 모습을 보인다. • 혼자 일하기보다 함께 일하는 것을 즐긴다. • 배려심을 가지고 행동한다.	사회복지사, 승무원, 간호사, 노년플래너, 상담 전문가, 사회단체활동가, 노무사, 괴롭힘방지조언사, 교사, 스포츠심리상담사
진취형 (E)	• 리더십으로 다른 사람들을 이끈다. • 다른 사람을 설득하는 일이나 토론 및 논쟁을 즐긴다. • 다른 사람들의 생각이나 관점에 영향을 주고 싶어 한다. • 외향적이고 적극적인 성격으로 주목받기를 원한다. • 모험을 시도하고 경쟁적인 활동에 참여한다.	쇼핑호스트, 외교관, 캐스팅디렉터, 방송연출가, 국제개발협력 전문가, 금융자산운용가, 경영컨설턴트, 크라우드펀딩 전문가, 스포츠감독, 기업고위임원/CEO
관습형 (C)	• 맡은 일에 대한 책임감이 있다. • 약속을 잘 지키는 편이다. • 세심하고 꼼꼼하다. • 어떤 일에 대해 미리 준비하고 대비하는 성향이 강하다. • 안정적이고 체계적인 일을 선호한다.	회계사, 법무사, 판사, 출판편집자, 도선사, 식품가공검사원, 사서, 항공교통관제사, 항공기선박조립검사원, 공무원

출처: 커리어넷 직업 흥미 검사(H) 소개

직업 적성 검사

각 문항을 잘 읽고, 평소 생각이나 태도에 따라 자신의 능력 정도를 표시해 봅시다.

점수 척도 1 전혀 아니다 2 아니다 3 보통이다 4 그렇다 5 매우 그렇다

		문항	1	2	3	4	5
신체·운동 능력	1	몸을 구부리는 동작을 잘할 수 있다.					
	2	새로운 동작을 쉽게 배울 수 있다.					
	3	운동기구(라켓 등)를 능숙하게 사용할 수 있다.					
	4	운동할 때 효과적인 방법으로 할 수 있다.					
손재능	5	도구나 측정 장비를 사용할 수 있다.					
	6	부품을 조립하여 완성품을 만들 수 있다.					
	7	요리 재료를 손질할 수 있다.					
	8	물건을 분해하고 조립할 수 있다.					
공간지각력	9	가 본 길을 설명할 수 있다.					
	10	물건의 위치를 기억할 수 있다.					
	11	입체도형을 보고 전개도를 떠올릴 수 있다.					
	12	지도의 등고선을 읽을 수 있다.					
음악능력	13	처음 보는 악보를 보고 노래할 수 있다.					
	14	새로운 악기를 쉽게 익힐 수 있다.					
	15	음을 듣고 음정을 구별할 수 있다.					
	16	음악 감상을 할 수 있다.					
창의력	17	여러 과목에서 배운 내용을 융합할 수 있다.					
	18	많은 양의 아이디어를 낼 수 있다.					
	19	어떤 문제에 대한 새로운 해결 방법을 생각할 수 있다.					
	20	전에 해보지 않았던 새로운 것에 도전할 수 있다.					

*이 검사는 짧은 시간에 하도록 만들어진 간이 검사입니다. 진로 특성을 정확하게 측정하기 위한 정식 검사는 커리어넷에서 할 수 있습니다.

정식 검사 명칭
• 커리어넷(career.go.kr): 직업 적성 검사

커리어넷

출처: 커리어넷

			1	2	3	4	5
언어능력	21	글의 내용을 이해할 수 있다.					
	22	나의 생각을 논리적으로 표현할 수 있다.					
	23	외국어를 쉽게 배울 수 있다.					
	24	말과 글에서 적절한 단어를 사용할 수 있다.					
수리·논리력	25	수학 기호의 의미를 말할 수 있다. ($+, -, \times, \div, \Sigma, \subset, \leq, \neq, \Delta, \log, \pi, x^2$)					
	26	통계자료의 도표나 그래프를 이해할 수 있다.					
	27	문제 해결의 과정을 단계별로 수행할 수 있다. (문제 파악, 원인 분석, 방안 모색 및 선택, 평가)					
	28	과학 실험 과정의 인과관계를 파악할 수 있다.					
자기성찰 능력	29	목표 달성을 위해 계획을 세우고 지키려고 노력한다.					
	30	내 감정을 잘 파악하고 조절할 수 있다.					
	31	맡은 일을 책임지고 한다.					
	32	돈 관리를 잘할 수 있다.					
대인관계 능력	33	사람이나 조직을 이끄는 리더십이 있다.					
	34	처음 만난 사람과 어울릴 수 있다.					
	35	상황이나 분위기를 파악할 수 있다.					
	36	나와 주변 사람의 갈등을 해결할 수 있다.					
자연친화력	37	식물에 대한 관심이 있다.					
	38	동물에 대한 관심이 있다.					
	39	자연에 대한 관찰력이 있다.					
	40	자연환경의 중요성에 대한 인식 능력이 있다.					
예술시각 능력	41	영화를 볼 때 화면 구성을 주의 깊게 본다.					
	42	어울리는 패션을 연출할 수 있다.					
	43	생각과 느낌을 시각적으로 표현할 수 있다.					
	44	대상을 입체적으로 그릴 수 있다.					

검사 점수

336~337쪽에서 표시한 점수를 해당 문항에 맞춰 적어 보고 합계 점수를 써 봅시다.

신체·운동능력		손재능		공간지각력		음악능력		창의력		언어능력	
문항	점수	문항	점수	문항	점수	문항	점수	문항	점수	문항	점수
1		5		9		13		17		21	
2		6		10		14		18		22	
3		7		11		15		19		23	
4		8		12		16		20		24	
합계		합계		합계		합계		합계		합계	

수리·논리력		자기성찰능력		대인관계능력		자연친화력		예술시각능력	
문항	점수	문항	점수	문항	점수	문항	점수	문항	점수
25		29		33		37		41	
26		30		34		38		42	
27		31		35		39		43	
28		32		36		40		44	
합계		합계		합계		합계		합계	

나의 직업 적성과 관심 직업

점수가 높은 상위 3가지 적성을 쓰고, 그 적성과 연관된 직업 중 관심 있는 직업을 오른쪽 자료에서 찾아 써 봅시다.

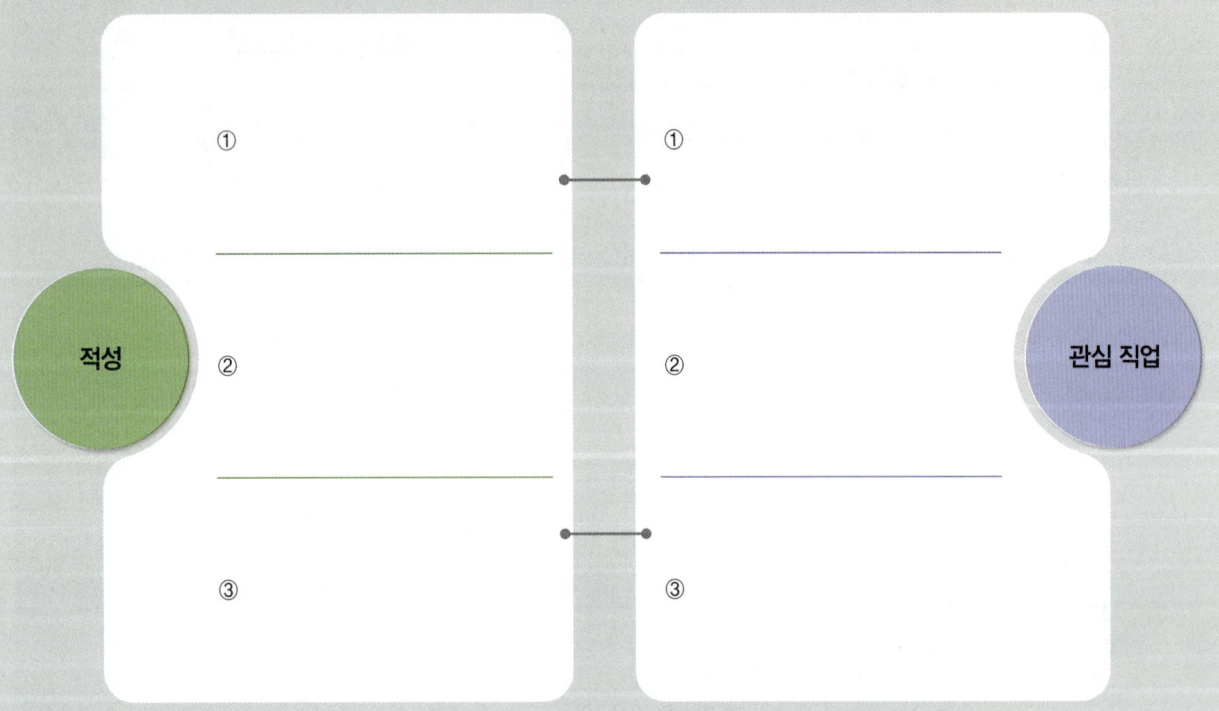

적성별 추천 직업

적성	추천 직업
신체·운동능력	운동감독, 스포츠강사, 트레이너, 소방관, 경찰관, 응급구조사, 운동선수, 무용가, 버스운전기사, 철도 및 지하철 기관사, 선장 및 항해사 등
손재능	미용사, 네일아티스트, 분장사, 메이크업아티스트, 제과사 및 제빵사, 조리사 및 주방장, 항공기정비원, 전통건축원, 패턴사 등
공간지각력	비행기조종사, 도선사, 카레이서, 무대감독, 건축공학 기술자, 도시계획가, 자동차공학 기술자, 로봇 연구원, 기계공학 기술자, 석유화학 기술자, 산업공학 기술자, 식품공학 기술자 등
음악능력	국악인, 연주가, 작곡가, 지휘자, 성악가, 가수, 녹음기사, 음향기사, 음반기획자, 음악치료사, 음악강사, 악기제조원, 악기수리원 및 조율사 등
창의력	연기자, 영화감독, 패션디자이너, 시각디자이너, 작가, 평론가, 애니메이션작가, 카피라이터, 영화기획자, 광고기획자, 큐레이터, 마술사, 개그맨, 레크리에이션강사, 만화가, 일러스트레이터, 애니메이터, 웹디자이너, 화가, 조각가 등
언어능력	기자, 소설가, 평론가, 번역가, 카피라이터, 애니메이션작가, 변호사, 통역가, 출판편집자, 리포터, 아나운서, 인문사회계열 교수, 언어학 연구원, 심리학 연구원 등
수리·논리력	회계사, 투자분석가, 변리사, 식품공학 기술자, 건축공학 기술자, 산업공학 기술자, 네트워크 엔지니어, 물리학 연구원, 통계학 연구원, 생물학 연구원, 이공계열 교수, 자연계 중등학교 교사, 경영컨설턴트, 마케팅 전문가 등
자기성찰능력	사회복지사, 외교관, 의사, 수의사, 변호사, 검사, 사회단체활동가, 상담 전문가, 직업능력개발훈련 교사, 독서지도사 등
대인관계능력	비행기승무원, 간호사, 자동차영업원, 호텔지배인, 국제회의 전문가, 연예인매니저, 스포츠에이전트, 웨딩플래너, 전문비서, 일반공무원, 여행기획자 등
자연친화력	동물조련사, 수의사, 농업 기술자, 원예 기술자, 조경원, 환경컨설턴트, 환경공학 기술자 등
예술시각능력	사진작가, 촬영기사, 만화가, 애니메이터, 플로리스트, 국가유산보존원, 패션디자이너, 패션코디네이터, 인테리어디자이너, 시각디자이너, 웹디자이너, 광고 및 홍보 전문가, 게임기획자, 출판물기획 전문가, 큐레이터 등

출처: 〈2018 고등학생 직업 적성 검사 활용 안내서〉, 교육부·한국직업능력개발원

직업 가치관 검사

자신이 직업을 선택할 때 어떤 가치를 중요하게 여기는지 생각해 보고, 각 문항별로 자신의 생각과 일치하는 정도를 표시해 봅시다.

점수 척도 1 전혀 아니다 2 아니다 3 그저 그렇다 4 그렇다 5 매우 그렇다

		문항	1	2	3	4	5
안전성	1	재정적, 고용적으로 안정적인 직업을 갖는 것이 중요하다.					
	2	정년이 보장되는 일을 하는 것이 중요하다.					
	3	안정적으로 수입이 생기는 일을 하는 것이 중요하다.					
	4	내가 하고 싶은 일을 계속 안정적으로 하는 것이 중요하다.					
보수	5	나의 성과에 대해서 경제적 보상을 받는 것이 중요하다.					
	6	직업에서 경제적으로 충분한 보상을 받는 것이 중요하다.					
	7	충분한 보수를 받을 수 있는 직업을 선택하는 것이 중요하다.					
	8	일을 열심히 하기 위해서 적절한 경제적 보상을 받는 것이 중요하다.					
일과 삶의 균형	9	일하는 시간 외에 충분한 휴식을 갖는 것이 중요하다.					
	10	일과 개인 생활이 분리되는 것이 중요하다.					
	11	개인의 삶과 일의 균형을 지키는 것이 중요하다.					
	12	일과 개인의 여가 사이에 균형을 잡는 것이 중요하다.					
즐거움	13	즐길 수 있는 일을 하는 것이 중요하다.					
	14	직업을 선택할 때 나의 흥미가 중요하다.					
	15	일 자체로 행복을 느낄 수 있는 것이 중요하다.					
	16	일 자체에 흥미를 느끼고 즐거움을 얻는 것이 중요하다.					
소속감	17	일할 때 다른 사람들과 좋은 관계를 유지하는 것이 중요하다.					
	18	직장 동료들과 좋은 관계를 맺는 것이 중요하다.					
	19	직장 동료들과 팀워크를 이루는 것이 중요하다.					
	20	사람들과 함께 일하면서 구성원이 되는 것이 중요하다.					
자기 계발	21	자신을 성장시킬 수 있는 기회를 갖는 것이 중요하다.					
	22	나의 능력을 향상시키는 것이 중요하다.					
	23	미래에 지속적으로 발전할 수 있는 일을 하는 것이 중요하다.					
	24	내 지식이나 역량이 발전하는 일을 하는 것이 중요하다.					

* 이 검사는 짧은 시간에 하도록 만들어진 간이 검사입니다. 진로 특성을 정확하게 측정하기 위한
정식 검사는 커리어넷에서 할 수 있습니다.

정식 검사 명칭
• 커리어넷(career.go.kr): 직업 가치관 검사

커리어넷

출처: 〈직업 가치관 검사 활용 도움서〉, 교육부

			1	2	3	4	5
도전성	25	새로운 방법으로 일을 하는 것이 중요하다.					
	26	새로운 일을 시도하는 것이 중요하다.					
	27	다양한 것을 시도해 보는 것이 중요하다.					
	28	정해진 일보다 변화가능성이 있는 일을 하는 것이 중요하다.					
영향력	29	조직이나 단체에 나아갈 방향을 제시하고 이끄는 것이 중요하다.					
	30	개인, 조직, 단체 등에 영향을 미치는 것이 중요하다.					
	31	리더 역할을 하는 것이 중요하다.					
	32	다른 사람에게 리더십을 발휘하고 이끄는 것이 중요하다.					
사회적 기여	33	나의 이익보다 사회적으로 기여하는 것이 중요하다.					
	34	다른 사람들에게 도움이 되는 것이 중요하다.					
	35	다른 사람들에게 긍정적인 영향을 주는 것이 중요하다.					
	36	사회에 도움이 되는 일을 하는 것이 중요하다.					
성취	37	나의 능력을 발휘할 수 있는 일이 중요하다.					
	38	나의 능력을 발휘하여 목표를 달성하는 것이 중요하다.					
	39	내가 세운 목표를 달성하는 것이 중요하다.					
	40	일을 통해 성취감을 느끼는 것이 중요하다.					
사회적 인정	41	다른 사람들이 내가 하는 일을 높이 평가하는 것이 중요하다.					
	42	나의 직업 분야에서 유명해지는 것이 중요하다.					
	43	일을 통해 사회적으로 인정을 받는 것이 중요하다.					
	44	다른 사람이 나의 능력을 인정하는 것이 중요하다.					
자율성	45	스스로 일을 계획하고 관리하는 것이 중요하다.					
	46	자율적으로 일을 하는 것이 중요하다.					
	47	나 스스로 일 처리 방법을 결정하는 것이 중요하다.					
	48	다른 사람들의 지시와 감독에 따르기보다 스스로 알아서 일하는 것이 중요하다.					

검사 점수

340~341쪽에서 표시한 점수를 해당 문항에 맞춰 적어 보고 합계 점수를 써 봅시다.

가치 지향 유형	가치관	설명	문항	점수 합계	
안정지향형	안전성	내가 하고 싶은 일을 계속해서 안정적으로 하는 것	1~4		
	보수	일을 통해 돈과 같은 경제적 보상을 얻는 것	5~8		
	일과 삶의 균형	일과 개인 생활의 균형을 이루는 것	9~12		
의미지향형	즐거움	일에서 흥미와 보람을 느끼고 즐거움을 얻는 것	13~16		
	소속감	사람들과 함께 일하면서 구성원이 되는 것	17~20		
	자기 계발	일을 통해서 자신의 능력을 발전시키고 성장해 나가는 것	21~24		
변화지향형	도전성	실패를 두려워하지 않고 새로운 일에 도전하는 것	25~28		
	영향력	다른 사람에게 영향을 미치고 사람들을 이끄는 것	29~32		
	사회적 기여	다른 사람들의 행복과 복지에 기여하는 것	33~36		
성취지향형	성취	자신의 능력을 발휘하여 목표한 바를 달성하는 것	37~40		
	사회적 인정	다른 사람들에게 인정받고 존경받는 것	41~44		
	자율성	일의 내용과 환경을 스스로 결정하고 선택하는 것	45~48		

나의 직업 가치관과 관심 직업

점수가 높은 상위 3개 가치관과 합계 점수가 가장 높은 가치 지향 유형을 써 봅시다. 그리고 나의 가치 지향 유형에 맞는 직업 중 관심 있는 직업을 오른쪽 자료에서 찾아 써 봅시다.

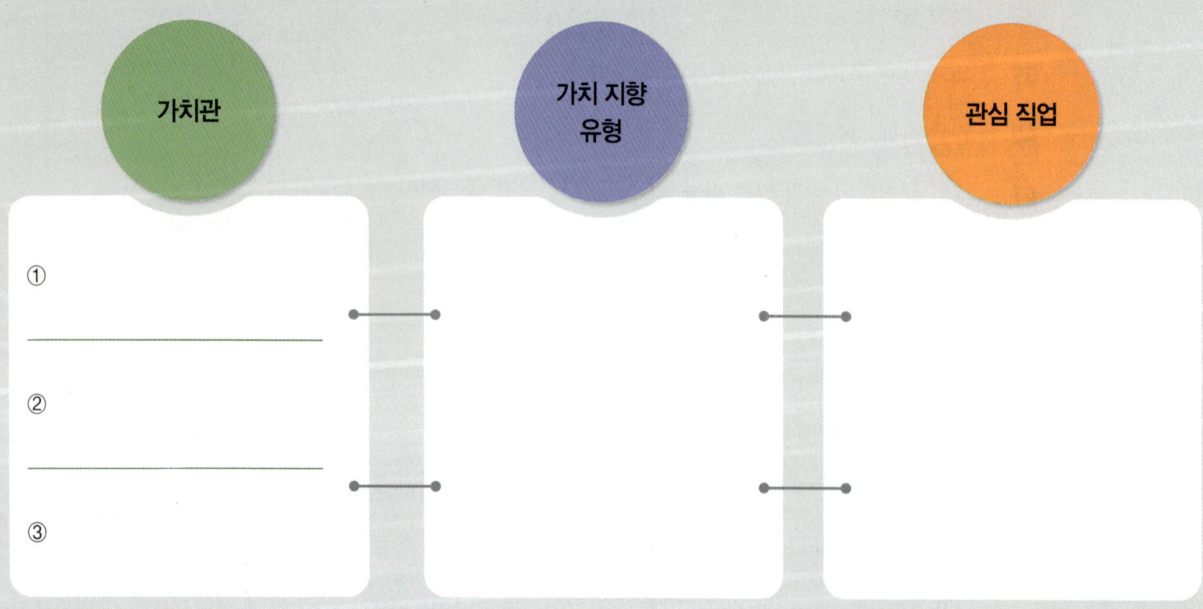

가치 지향 유형별 설명과 대표 직업

유형	설명	대표 직업
안전지향형	안정지향형은 직업 활동을 통하여 변화보다는 안정적인 생활을 얻고자 하는 유형이다. 이 유형의 학생들은 안정적인 생활을 위해 충분한 보수를 얻고자 할 수 있으며, 한 직장에서 오랫동안 일하는 환경을 추구할 수 있고, 자신의 삶과 일의 균형을 유지함으로써 잘 정리된 삶을 누리고자 할 수 있다. • 주요 가치: 안정성, 보수, 일과 삶의 균형	세무사, 회계사, 금융 및 보험 관련 사무원, 관세사, 사서, 철도 및 전동차 기관사 등
의미지향형	의미지향형은 직업을 통해서 자기 삶의 의미를 확인하고자 하는 유형이다. 미래의 직업에서 소속감을 가짐으로써 자신의 존재감을 느끼고 싶어 할 수 있으며, 일에서 즐거움을 느낌으로써 자신이 일을 하는 의미를 확인하고자 할 수 있다. 그리고 자기 계발을 통해 발전과 성장을 지속함으로써 변화하고 있는 자신을 확인하고자 할 수 있다. • 주요 가치: 즐거움, 소속감, 자기 계발	사진가, 공예원, 만화가, 경호원, 배우, 모델, 음악가 등
변화지향형	변화지향형은 안정적인 생활보다는 자신의 일을 통해 변화를 추구하고자 하는 유형이다. 이 유형의 학생들은 직업을 통해서 끊임없이 새로운 일에 도전하고자 할 수 있으며, 자신의 일을 통해 자신뿐만 아니라 다른 사람에게도 영향을 끼침으로써 환경적 변화를 일으키고자 할 수 있다. • 주요 가치: 도전성, 영향력, 사회적 기여	시민단체활동가, 기자, 경영컨설턴트, 광고 및 홍보 전문가, 소방관, 경찰관 등
성취지향형	성취지향형은 직업을 통해서 무엇인가를 이루어 내고자 하는 유형이다. 이때 성취는 타인보다는 자신에게 도움이 되는 성취를 말한다. 이 유형의 학생들은 자신의 일을 통해서 개인적인 성취를 이루고자 할 뿐 아니라, 성취를 통한 사회적인 인정을 얻고자 할 수 있다. 그리고 자신 스스로 삶을 통제해 나갈 수 있는 자율성을 추구할 수 있다. • 주요 가치: 성취, 사회적 인정, 자율성	건축공학 기술자, CEO, 자산운용가, 증권 및 외환 딜러, 네트워크시스템 개발자, 의사 등

출처: 〈직업 가치관 검사 활용 도움서〉, 교육부

일러두기와 참고 문헌

이 책의 각 부분을 집필할 때 고려한 사항에 대한 안내와 참고한 자료 목록입니다. 학업 설계와 관련하여 더 많은 정보를 얻고자 할 때 활용하기 바랍니다.

1부 고교학점제와 학업 설계에 대한 이해

- 교육부에서 고시한 2022 개정 교육과정 내용을 바탕으로 구성했습니다.
- 학업 설계를 위해 학생들이 필수적으로 알아야 하는 내용 위주로 수록했습니다.

참고 문헌
- 〈2022 개정 고등학교 교육과정(교육부 고시 제2022-33호)〉, 교육부, 2022. 12.
- 〈2022 개정 교육과정 총론 해설(고등학교)〉, 교육부, 2022. 12.
- 〈미래 사회를 대비하는 2028 대학입시제도 개편 확정안〉, 교육부, 2023. 12. 27.
- 《2022 개정 교육과정에 따른 고등학교 진로·학업 설계 가이드북》, 교육부, 2025.
- 《고교학점제에 따른 진로·학업 지원 역량 강화 자료집》, 인천광역시교육청, 2025. 6.
- 《2025 진로·학업 설계 과목 선택 익힘책》, 울산광역시교육청, 2025. 6.
- 《2022 개정 교육과정 고등학교 과목 안내서》, 인천광역시교육청, 2025. 5.
- 《2025 빛고을 진로 학업 설계서》, 광주광역시교육청, 2025. 2.
- 《2025 선택 과목 뭐하지?》, 경상남도교육청, 2025.
- 〈학생부종합전형 공통 평가 요소 및 평가 항목〉, 건국대·경희대·연세대·중앙대·한국외대 공동 연구, 2022.
- 2027학년도 대입 전형 시행 계획(건국대·경북대·경희대·고려대·부산대·서울대·서울시립대·성균관대·연세대·한양대), 각 대학 입학처 누리집

2부 대표 학과 90개 전공 연계 과목 선택 안내

계열 표지 – 학과 분류 인포그래픽

- 《2024 학과(전공) 분류 자료집》에 제시된 대분류와 중분류에 따라 구성했습니다.
- 분류가 명확하지 않은 학과는 일반적인 대학 분류에 따랐습니다.

참고 문헌
- 《2024 학과(전공) 분류 자료집》, 교육부·한국교육개발원, 2024. 12.
- 대학알리미 〉 학과정보 〉 표준분류 정보

대표 학과 90개

- 계열별 입학 정원, 주요 국립대 학과 설치 현황 통계를 바탕으로, 학생들의 일반적인 학과 선호도와 진로·진학 전문가의 의견을 종합적으로 고려해 선정하였습니다.

참고 문헌
- 〈대학과정 계열별 입학정원 입학자(신입생 충원률)〉, 교육통계서비스, 2024.
- 주요 국립대 누리집 학과 목록

관련학과/유사학과

- 대표 학과와 교과과정이나 진출 분야·직업이 유사한 학과 중심으로 제시하였습니다.
- 최신 학과 정보를 반영하기 위해 한국대학교육협의회에서 운영하는 대입정보포털 어디가(adiga.kr)에 검색되는 학과명만 포함하였습니다.

  참고 문헌 • 커리어넷 〉 학과정보 〉 학과개요 〉 관련 세부 학과
  　　　　　 • 고용24 〉 학과정보 〉 관련학과

취득 가능 자격

- 학과 졸업과 동시에 전문 직종 자격을 바로 취득하거나, 취득 시험 응시 자격이 부여되는 일부 학과에서 관련학과/유사학과 대신 제시했습니다.
- 학과와 관련성이 높은 자격증은 관련학과/유사학과와 함께 제시하기도 했습니다.

  참고 문헌 • 커리어넷 〉 학과정보 〉 학과개요 〉 관련 자격
  　　　　　 • 고용24 〉 학과정보 〉 취득 자격

대학에서 어떤 과목을 배울까?

- 주요 대학 학과에서 학습하는 대표적인 교과목 위주로 제시했습니다.
- *대학별로 교과과정 및 교과목 명칭이 상이하므로 정확한 정보는 희망 대학의 학과 누리집을 참고 하는 것이 좋습니다.

  참고 문헌 • 커리어넷 〉 학과정보 〉 학과개요 〉 대학 주요 교과목
  　　　　　 • 4년제 대학 누리집 학부/학과 교과과정 안내

졸업 후 무슨 일을 할까?

① 진출 분야 통계

- 커리어넷 누리집의 〈졸업 후 첫 직업 분야〉 통계를 바탕으로 구성했습니다.
- '기타' 없이 주요 분야 3개를 제시한 경우 전체 비율이 100%가 되지 않는 경우도 있습니다.
- 진출 분야는 커리어넷과 동일하게 한국고용직업분류(KECO)의 대분류(10개)를 따르되 중복되 거나 중요도가 낮은 부분을 생략하여 간략화했습니다.

한국고용직업분류의 대분류	이 책에서 사용한 대분류 명칭
0. 경영·사무·금융·보험직	0. 경영·사무·금융직
1. 연구직 및 공학 기술직	1. 연구직 및 공학 기술직
2. 교육·법률·사회복지·경찰·소방직 및 군인	2. 교육·법률·사회복지·경찰직
3. 보건·의료직	3. 보건·의료직
4. 예술·디자인·방송·스포츠직	4. 예술·방송·스포츠직
5. 미용·여행·숙박·음식·경비·청소직	5. 미용·여행·음식·경비직
6. 영업·판매·운전·운송직	6. 영업·판매·운송직
7. 건설·채굴직	7. 건설·채굴직
8. 설치·정비·생산직	8. 설치·정비·생산직
9. 농림어업직	9. 농림어업직

  참고 문헌 • 커리어넷 〉 학과정보 〉 학과전망 〉 졸업 후 첫 직업 분야
  　　　　　 * 커리어넷 자료 출처: 〈대졸자 직업이동 경로조사〉, 한국고용정보원, 2020.

② **진출 분야별 직업**

- 고용24의 학과별 진출가능직업을 바탕으로 학과 관련성과 직업 전문가의 의견을 종합적으로 고려해 선정하였습니다.
- 세분류 명칭을 제시하는 것을 원칙으로 하되 학생 이해를 돕기 위해 세세분류 명칭이나 일상적으로 많이 사용되는 명칭을 제시한 경우도 있습니다.
- 한 단어로 업무 내용이 묶일 수 있는 것은 붙여 쓰고, 사무원, 전문가, 연구원, 기술자 등 앞말과 한 단어로 묶이기 어려운 것은 띄어 썼습니다.

> **참고 문헌** • 고용24 〉 학과정보 〉 진출가능직업
> • 커리어넷 〉 학과정보 〉 학과개요 〉 졸업 후 진출 분야
> • 4년제 대학 누리집 학과 소개/졸업 후 진로

③ **자유전공학과 전공 선택 통계 (248쪽)**

- 자유전공학과는 진출 분야와 직업 대신 전공 선택 통계를 제시하였습니다.

> **참고 문헌** • 〈무전공제 운영 대학〉 현황 연구 보도 자료, 대학교육연구소, 2024.
> * 유형1에 해당하는 서울대 자유전공학부 통계 사용

고교학점제, 무슨 과목을 선택할까?

- 대학 입학 전형 자료, 진로·진학 전문가의 상담 경험, 실제 학생들의 과목 선택 등을 고려하여 선택 과목을 추천하였습니다.
- 대학에서 필수적으로 이수해야 한다고 제시한 과목은 **핵심 권장과목**으로, 가급적 이수하면 좋다고 권장한 과목은 **권장과목**으로 제시했습니다. **추천 선택 과목**은 졸업 요건인 192학점을 충족하기 위해서 들으면 좋은 과목들로 개인의 상황에 맞추어 이수할 수 있도록 제시하였습니다.
- 자연·공학 계열 학과와 달리 필수 이수 과목이 불명확한 인문·사회 계열 학과의 경우 학생들이 일반적으로 이수하는 과목을 추천하기도 하였습니다.
- 대학 진학을 목표로 하는 학생들을 주 독자층으로 상정하여 취업 준비 학생들에게 필요한 직무 의사소통, 직무 수학, 직무 영어는 추천하지 않았습니다. 실생활 영어 회화도 다루는 어휘 수가 적어 가급적 추천하지 않았습니다.
- 특수 목적고 선택 과목이 학생부종합전형에서 경쟁력을 높이거나 실기 준비에 도움이 되는 경우 추천 과목에 포함하였습니다.
- 대학 진학을 목표로 하는 학생들이 이수해야 하는 수능 출제 과목은 모든 학과에서 **굵은 색자**로 표기하여 참고하도록 하였습니다.

* 학생의 내신 성적, 목표 대학과 학과, 준비하는 입시 전형 등 다양한 요소에 따라 선택 과목 추천은 달라질 수 있으므로 자신의 상황을 고려해서 참고하는 것을 추천합니다.

> **참고 문헌** • 〈2028학년도 전공 연계 과목 선택 안내〉, 서울대학교 입학본부, 2025. 6. 30.
> • 〈건국대학교 2028학년도 입학 전형 변경 사항 안내〉, 2025. 5. 2.
> • 〈2028학년도 대입 준비를 위한 동국대학교 모집 단위별 전공 관련 교과 영역〉, 2025. 4. 1.
> • 〈경희대학교 「2028 자연 계열 학문 분야의 고등학교 교과 이수 권장과목」 안내〉, 2025. 3. 31.
> • 《진로진학을 위한 학과탐색 가이드》, 숙명여자대학교, 2025.
> • 《2022 개정 교육과정에 따른 고등학교 과목 안내서》, 교육부, 2025.
> • 《2025 진로·학업 설계 과목 선택 익힘책》, 울산광역시교육청, 2025. 6.
> • 《2022 개정 교육과정 선택 과목 안내서》, 서울특별시교육청교육연구정보원, 2025.
> • 《2022 개정 교육과정 고등학교 선택 과목 안내서》, 대전광역시교육청, 2024. 11.

3부 고등학교 선택 과목 272개

- 2022 개정 교육과정의 과목별 내용 체계를 바탕으로 구성했습니다.
- 각 과목에서 무엇을 배우는지 쉽게 파악할 수 있도록 일부 내용은 생략하기도 했습니다.

> **참고 문헌** • 〈2022 개정 고등학교 교육과정(교육부 고시 제2022-33호)〉, 교육부, 2022. 12.
> • 《2022 개정 교육과정에 따른 고등학교 과목 안내서》, 교육부, 2025.
> • 《2022 개정 교육과정 선택 과목 안내서》, 서울특별시교육청교육연구정보원, 2025.

부록

추천 도서

- 공공기관 및 대학 추천 도서, 일반적인 전공별 추천 도서, 현직 교사의 자문 의견 등을 고려하여 선정하였습니다.
- 학과별 5권으로 간략히 추천하고 추가 도서 목록이 필요한 학생들은 331쪽의 추천 도서 목록 QR을 활용하도록 제시하였습니다.
- 도서 제목 띄어쓰기와 문장 부호는 출판사에서 제시한 것을 그대로 따랐습니다.

> **참고 문헌** • 국립중앙도서관 사서 추천 도서
> • 독서IN 기관별 추천 도서
> • 독서로 기관 추천 도서
> • 환경부 우수 환경 도서 선정 목록
> • 카이스트 독서문화위원회 추천 도서 101선
> • 책으로따뜻한세상만드는교사들 공식 추천 도서

진로 간이 검사지

- 짧은 시간에 할 수 있는 간이 검사지로 수록하였습니다.
- *정식 검사는 커리어넷(career.go.kr) 또는 고용24(work.go.kr)에서 할 수 있습니다.

> **참고 문헌** • 〈직업 흥미 탐색 검사 (간편형)〉, 고용24
> • 〈직업 흥미 검사(H) 소개〉, 커리어넷
> • 〈직업 적성 검사〉, 커리어넷
> • 《2018 고등학생 직업 적성 검사 활용 안내서》, 교육부·한국직업능력개발원
> • 《직업 가치관 검사 활용 도움서(고등학생용)》, 교육부·울산광역시교육청·한국청소년상담복지개발원, 2019.

기타

수록 글 출처

- 2쪽 《루쉰 소설 전집》, 루쉰(김시준 옮김), 을유문화사, 2008.

이미지 출처

- 11쪽, 55쪽, 251쪽 위키미디어

학과 · 과목 찾아보기

이 책에 나오는 모든 대학 학과와 선택 과목을 가나다순으로 정리한 목록입니다. 관심 있는 학과나 선택 과목을 한 번에 찾고자 할 때 활용하기 바랍니다.

대학 학과

고등학교 선택 과목

이 책을 만드는 데 함께해 주신 분들

심재준 (휘문고등학교) 2부 '고교학점제, 무슨 과목을 선택할까?' 집필
- 2009, 2015, 2022 개정 교육과정 고 진로와 직업 교과서 집필
- 《나의 진로를 위하여 알아야 할 대학의 모든 것》(키다리, 2014) 공동 집필
- 〈대학 계열 탐색 검사〉(오엠알커리어넷) 공동 개발
- 교직원 대상 강의 〈대학진학지도 꿀팁!〉(한국교원연수원, 2019), 진로진학상담교사 부전공 자격 연수 강사
  (한국교원대학교, 2021), 고교학점제 관련 단위학교 강의 다수 진행(2024~)

한상근 (한국직업능력연구원) 2부 학과별 직업 집필
- 2009, 2015, 2022 개정 교육과정 진로와 직업 교과서 집필
- 전) 국가진로교육센터장, 진로정보망 커리어넷 개발 및 운영 참여
- 《GO GO! JOB월드》(와이즈만북스, 2018), 《미래의 직업세계-직업편, 학과편》(교육부·한국직업능력개발원, 2015),
  《10살에 떠나는 미래 세계 직업 대탐험》(주니어중앙, 2010), 《10살에 떠나는 미래 직업 대탐험》(중앙북스, 2007) 등

〈검토〉

박여진 (한영고등학교)
- 한영고등학교 진학지도부장, 진로상담부장 역임
- 동국대학교, 숙명여자대학교 교사자문위원 역임

이수정 (양일고등학교)
- '책으로 따뜻한 세상 만드는 교사들' 운영진
- 《책따세와 함께하는 책쓰기 교육》(문학과지성사, 2018)

이진선 (충현고등학교)
- 충현고등학교 교육과정기획부장
- 광명개방형 고교학점제 TF 참여

고교학점제 과목 선택과 학점 관리를 위한
고1 학업 설계

초판 발행	2025년 7월 15일 **2쇄 발행** 2026년 2월 10일
기획 개발	씨마스진로교육연구소
발 행 인	김남인
발 행 처	씨마스21
편 집	강민아, 현은진, 박영지
디 자 인	표지: 조윤주, 내지: 고아라
마 케 팅	김진주
출판등록	제 2021-000079호(2020년 11월 24일)
주 소	서울특별시 강서구 강서로 33가길 78 5층
내용 문의	02-2268-1597
팩 스	02-2278-6702
홈페이지	cmassedumall.com
이 메 일	cmass@cmass21.co.kr
ISBN	979-11-983470-7-7 53370

책값은 뒤표지에 있습니다.